Walther Stein

Handels- und Verkehrsgeschichte der deutschen Kaiserzeit

Walther Stein

Handels- und Verkehrsgeschichte der deutschen Kaiserzeit

ISBN/EAN: 9783954273096
Erscheinungsjahr: 2013
Erscheinungsort: Bremen, Deutschland

© maritimepress in Europäischer Hochschulverlag GmbH & Co. KG, Fahrenheitstr. 1, 28359 Bremen. Alle Rechte beim Verlag und bei den jeweiligen Lizenzgebern.
www.maritimepress.de | office@maritimepress.de

Bei diesem Titel handelt es sich um den Nachdruck eines historischen, lange vergriffenen Buches. Da elektronische Druckvorlagen für diese Titel nicht existieren, musste auf alte Vorlagen zurückgegriffen werden. Hieraus zwangsläufig resultierende Qualitätsverluste bitten wir zu entschuldigen.

ABHANDLUNGEN
ZUR
VERKEHRS- UND SEEGESCHICHTE

IM AUFTRAGE DES HANSISCHEN GESCHICHTSVEREINS
HERAUSGEGEBEN VON

DIETRICH SCHÄFER

BAND X

HANDELS- UND VERKEHRSGESCHICHTE DER DEUTSCHEN KAISERZEIT

VON

WALTER STEIN (†)

AUS DEM NACHLASS HERAUSGEGEBEN VON OTTO HELD

BERLIN ◈ KARL CURTIUS ◈ 1922

Vorwort des Herausgebers.

Walter Stein ist am 20. September 1920 aus dem Leben geschieden. Mitten im rüstigen Schaffen, als er eben darangehen wollte, in umfangreichen, großzügigen Darstellungen den Ertrag seiner Lebensarbeit niederzulegen, raffte ihn der Tod dahin.

Zwei druckfertige Arbeiten fanden sich noch in W. Steins Nachlaß vor. Der Aufsatz über: „Die Hanse und England beim Ausgange des hundertjährigen Krieges" ist im 26. Bande seiner lieben „Hansischen Geschichtsblätter", 1921 S. 27—126 gedruckt worden. Vermutlich war er als „ein Teil einer großangelegten umfassenden Geschichte der Deutschen Hanse gedacht" So hat uns ein tragisches Geschick die schönste Frucht der Studien des Mannes, der sein ganzes Leben in den Dienst der hansischen Geschichtsforschung gestellt hatte, vorenthalten. D. Schäfers Nachruf an der oben erwähnten Stelle bringt uns diese Erkenntnis zu schmerzvollem Bewußtsein.

Die zweite, jetzt vorgelegte Arbeit W. Steins ist in gleicher Weise nur ein Bruchstück eines durch das ganze Leben vorbereiteten Werkes. Der Verfasser hat nie darüber gesprochen. Still und zähe ist er bemüht gewesen, eine Geschichte des deutschen Handels und Verkehrs zu schaffen, die beruhen sollte auf einer planmäßigen und erschöpfenden Sammlung aller handels- und verkehrsgeschichtlich wichtigen Stellen aus der urkundlichen und darstellenden Ueberlieferung des Mittelalters. Er sagte mir einmal, daß er die „Monumenta Germaniae historica" genau durchgesehen habe; aber auch in der „Patrologia latina", in den „Acta Sanctorum" und ähnlichen Werken stecke noch manches wichtige Material, das man für die Wirtschaftsgeschichte hervorziehen müsse. Sein nachgelassenes Werk zeigt, daß er auch diesen Boden betreten hat. Es kam ihm also darauf an, bisher gar nicht oder nicht genügend beachtetes Quellenmaterial ans Licht zu ziehen und handels- und verkehrsgeschichtlich im großen Zusammenhange auszuwerten.

W. Steins Arbeit bestand aus zwei Lagen von 184 und 231 Quartblättern; die erste ist begonnen am 23. April 1919, die zweite am 10. November desselben Jahres. Alles ist mit der Sorgfalt, die W. Stein auszeichnete, für den Druck vorbereitet. Wer aber des Verfassers kleine, schwer lesbare Handschrift kennt, wer weiß, daß er zu einem Blatt oft ein halbes Dutzend Ergänzungszettel mit Verweisungen legte, wem bekannt ist, daß er immer wieder sein Manuskript durchsah und verbesserte, noch einmal verwarf und wieder besserte, der wird zugeben, daß noch viel Arbeit nötig war, das verwaiste Werk zum Druck zu bringen.

W. Stein hat die beiden Blätterlagen mit II. und III. bezeichnet. Daraus läßt sich schließen, daß er noch den ersten Teil zu schreiben gedachte. Wahrscheinlich aber hat er erst längere Zeit verstreichen lassen wollen nach der Abfassung seines Artikels „Handel" in J. Hoops „Reallexikon der germanischen Altertumskunde", Straßburg 1914, S. 373—410. Hier ist in kurzen Zügen das handelsgeschichtliche Material der praehistorischen, römischen und fränkischen Zeit verarbeitet.

Eine Inhaltsangabe und Gliederung des gesamten Werkes liegt nicht vor; nur die Ueberschrift des ersten Kapitels stammt von dem Verfasser. Vermutlich wollte er ähnlich wie in seinen „Beiträgen zur Geschichte der Deutschen Hanse bis um die Mitte des 15. Jahrhunderts", Gießen 1900 eine ausführliche Inhaltsangabe nach Seiten geordnet bieten. Daher ist dasselbe Verfahren auch hier angewandt.

Ueber den Titel des Werkes liegen ebenfalls keine Aeußerungen W. Steins vor. Unzweifelhaft aber wollte er eine erschöpfende Darstellung des deutschen Handels und Verkehrs im Mittelalter schreiben. So trage ich kein Bedenken, im Anschluß an Ausdrücke, die vom Verfasser selbst gebraucht sind, dem Torso den Titel „Handels- und Verkehrsgeschichte der deutschen Kaiserzeit" zu geben.

Der Druck ist ermöglicht worden durch die opferwillige Unterstützung von seiten der Familie des Verewigten, dann aber auch durch die Bereitwilligkeit D. Schäfers, die nachgelassene Arbeit W Steins in seine „Abhandlungen zur Verkehrs- und Seegeschichte" aufzunehmen. Die Vorbereitungen zum Druck übernahm der Unterzeichnete, der seinem verehrten Lehrer dankbar ist für vielfache Anregung und Förderung auf wissenschaftlichem Gebiete und für die freundschaftliche Gesinnung, die er ihm auch über die Studienzeit hinaus bewahrte.

Magdeburg, Ostern 1922.

Dr. Otto Held, Studienrat.

Diesen neuen Band der „Abhandlungen zur Verkehrs- und Seegeschichte" möchte ich nicht hinausgehen lassen ohne warme Worte des Dankes und der Anerkennung für den Herausgeber, der mit hingebender Selbstlosigkeit sich der Arbeit unterzogen hat, die nicht unschwierige Niederschrift seines Lehrers druckreif zu machen und ihren Druck zu überwachen. Er hat damit der planmäßigen, sorgfältigen und ausdauernden Forschungsarbeit des Verstorbenen ein weiteres Denkmal gesetzt und sich alle Freunde hansischer und allgemein deutscher Geschichte tief verpflichtet.

Berlin-Steglitz, im Oktober 1922.

Dietrich Schäfer.

Inhalt

Erstes Kapitel.

Vom Ende der Karolingerzeit bis zum Beginn der inneren Unruhen unter Heinrich IV. Seite 1—166
Die Ueberlieferung zur Geschichte des Verkehrs während der Zeit der sächs. Kaiser 1—2. — Bedeutung der Königsurkunden für die Verkehrsgeschichte 2—5. — Nachweis von Verkehrsorten durch Königsurkunden: Märkte 5—8. — Zahl und Lage der Märkte: östlich und westlich der Weser 9—10. — In Mittel- und Oberdeutschland 11—13. — Gründe für die Unvollständigkeit des Verzeichnisses 13—14. — Die Erwähnung von Märkten in den Urkunden 15—17. — Die 15 wichtigsten Marktorte 17—20. — Die Rolle des Königtums bei der Marktgründung 21—22. — Aeltere Märkte als Vorbild bei der Marktgründung 23—26. — Münz- und Zollstätten als Ergänzung der Märkte 26—31. — Unterschiede zwischen den einzelnen Märkten 31—32. — Die Märkte als Einkunftsquellen der Marktgründer 32—33. — Marktgründung und Marktansiedlung 33. — Oeffentlicher und gesetzlicher Markt 33—34. — Die Dauerhaftigkeit der Gründung infolge von Ansiedlung 35—38. — Die Ausstattung der Märkte 39—40. — Die Regelung der Marktzeit 40. — Wochen- und Jahrmärkte 41. — Marktschutz durch Königsfrieden 48—52. — Straßenschutz durch das Königtum 52—53. — Die Marktbesucher und ihre Rechte 53—59. — Land- und Wasserverkehr zwischen den Marktorten 60—66. — Die Märkte als Zwischenstellen für den Fernhandel 67—73. — Die Beteiligung der Klöster am inneren Verkehr 73—75. — Unterschied zwischen den älteren und jüngeren Marktgründungen: Magdeburg 75—77. Goslar und die Harzstädte 78—82. — Die Städte nördlich vom Harz: Lüneburg, Bardowiek, Bremen, Hamburg 82—85. — Die westfälischen Städte: Dortmund, Soest, Paderborn, Minden 85—89. — Die Städte des Bistums Utrecht: Utrecht, Dorstat, Tiel 89—93. — Bedeutung der niederrheinischen Städte in Handel und Verkehr: Köln 93—96; Mainz 96—98; Worms, Speyer 98—100. — Die oberrheinischen Städte: Basel, Konstanz 101—102. — Die Mainstädte: Würzburg, Nürnberg, Fürth 102. — Die Donaustädte: Regensburg, Passau 103—104. — Die Entwicklung des Außenhandels 104—105. — Der

Sklavenhandel 106—110. — Der Handel nach den Slavenländern 110—15; nach Böhmen 116—17; nach England 118—123. — Der Handel Tiels 123—124. — Englisch-italienischer Verkehr durch Deutschland 124—125. — Deutsch-dänischer Verkehr 125—126. — Deutsch-nordischer Verkehr: Adam v. Bremen 126—147. — Die inneren Verhältnisse der Kaufleute in den Marktorten 148—152. — Mißstände in den Marktorten 153—156. — Organisationen unter den Kaufleuten 157. — Rechtsgewohnheiten 158. — Die Gegenstände des Handels 158—161. — Persönliche Beziehungen des Königs zu den Märkten 162—166.

Zweites Kapitel.

Bis zum Abschluß des Wettkampfes zwischen Bardowiek und Lübeck zur Zeit Heinrichs des Löwen. Seite 167—370.

Weiterbildung des Verkehrswesens im erweiterten Reichsgebiet 167—170. Die Großen des Reichs als Marktgründer 171—186. Fortschritte des Jahrmarktwesens 187—191. — Milderung scharfen Wettbewerbs unter den Märkten durch das Königtum: Vermeidung zeitlichen Zusammenfalls 191—197. — Begünstigung einzelner Märkte 198—201. — Die Zollbegünstigung als Mittel zur Hebung der Jahrmärkte 201—205. — Begünstigung der Jahrmärkte durch die Städte 205—207. — Marktfrieden wird Stadtfrieden 207. — Verkehr und Landfriedensgesetzgebung 208—210. — Der Verkehr auf den Wasserwegen 210—213. — Der Verkehr an den Kreuzungsstellen von Land- u. Wasserwegen 213—215. — Erhöhte Bedeutung der Brücken 215—218. — Brückenpolitik ist zugl. Straßenpolitik 219—220. — Marktverlegung durch Aenderung der Verkehrsrichtung 220—221. — Belebung des Zollwesens 221—222. — Anfänge einer städtischen und territorialen Zollpolitik 222—230. — Zollbefreiung und Zollbegünstigung der Klöster 231—234. — Der Handel der Klöster 234—240. — Die Verleiher von Zollbefreiungen 241—244. — Ueberwiegen der städtischen Ueberlieferung in diesem Zeitraum 244—246. — Erweiterung der äußeren Verkehrslinien 246—248. — Der Rheinhandel nach dem Koblenzer Zolltarif 248—250. — Die niederländischen Handelsorte 250—253. — Der Verkehr der ober- und mittelrheinischen Städte 254—261. — Handelsverbindungen zwischen Huy und Metz 261. — Der Handelsverkehr des Niederrheins: Köln, die erste Handelsstadt des Reiches 262—263. — Die Kaufleute von Lüttich und Huy in Köln 263—264. — Handel von Köln über Dortmund nach Goslar 265—268; nach dem Südosten über Regensburg 268—273. — Die Wettbewerber Kölns im Rheinhandel 273—287. — Köln als Ansiedlungsort 288—292. — Der Rheinverkehr oberhalb Kölns 292—296. — Der Verkehr oberhalb von Mainz 296—298. — Kölns und der westrheinischen Städte Anteil am oberdeutschen Handel

298—302. — Fürsorge des Königtums für den Verkehr der in Hessen liegenden Reichsorte 302—306. — Der Handel der Donaustädte 306—325. — Handel und Ansiedlung von Fremden im Hzt. Oesterreich 325—327. — Kaufleute aus den linksrheinischen und rheinischen Gebieten im Donaugebiet, in Siebenbürgen und Ungarn 328—330. — Handel mit Böhmen 330—332. — Handel und Verkehr im Norden Deutschlands 332—334. — Handel Dortmunds 334; Soests 335—339; Medebachs 339—343; Münsters und der kleineren Städte Westfalens 344—347; Goslars 347—353; Quedlinburgs 353; Magdeburgs 354; Burgs 355—356. — Die Bedeutung Eb. Wichmanns v. Magdeburg für Handel und Verkehr 357—358. — Otto von Bambergs Missionsreisen in ihrer verkehrsgeschichtlichen Bedeutung 350—351. — Der Handel von Merseburg, Erfurt, Hildesheim 360; — der Altmark und der Mark Brandenburg 361; von Ungarn, Lüneburg 362. — Der Wettkampf zwischen Bardowiek und Lübeck 362—370

Berichtigungen.

Seite 65 Zeile 22 lies: Rorschach. — *S. 66 Z. 5:* Hengersberg. — *S. 88 Z. 25:* Hoffart. — *S. 89 Z. 25:* Muiden. — *S. 92 Z. 10:* Theophano. — *Anm. 321 u. 451:* Müllenhoff. — *S. 117 Anm. 364:* Bohemiae. — *S. 124 A. 376:* Tioler. — *S. 135 Anm. 392:* Schröder. — *S. 137 A. 396:* Estridson. — *S. 139 Z. 4:* Ostrogard. — *S. 158 Z. 5:* Alparts. — *S. 161 Anm. 453:* Charterboek. — *S. 163 Anm. 455 Z. 7:* matthones. — *S. 215 Z. 17:* Rainalds. — *S. 299 letzte Zeile:* Ermächtigung. — *S. 309 Z. 27:* Könige. — *S. 338 letzte Zeile:* Stadt. — *S. 360 Z. 15:* erheblich *ist zu tilgen.*

Erstes Kapitel.

Vom Ende der Karolingerzeit bis zum Beginn der inneren Unruhen unter Heinrich IV.

Die Ueberlieferung, welche von dem Verkehrsleben im Deutschen Reiche während des ersten Abschnittes der Kaiserzeit Kunde gibt, unterscheidet sich in bestimmten Zügen von den Quellen, aus denen die Handelsgeschichte des Karolingerreiches schöpfte. Die früher reiche und mannigfaltige, so viele Seiten des öffentlichen Lebens berührende und ordnende Gesetzgebung versiegte im neuen Ottonenreiche fast völlig und hat im Schrifttum desselben nur geringe Spuren hinterlassen. Damit fällt die ergiebigste Quelle, die in der fränkischen Zeit auch in die Verkehrsgeschichte den besten Einblick vom Standpunkt der Centralregierung des Reiches bot, in dem nächstfolgenden Zeitabschnitt weg. Briefe und Dichtungen gewährten vordem hier und da zuverlässige, wenn auch nur vereinzelte Nachrichten. Jetzt läßt sich aus dieser Ueberlieferung kaum etwas Nennenswertes mitteilen. Ein gewisser Fortschritt kündet sich darin an, daß jetzt auch bereits gelegentlich Zeugnisse des Auslandes auftreten, die auf deutsche Handelsverhältnisse Licht werfen. Aber die deutsche Geschichtschreibung vermochte das in dem neuen Reiche fortschreitend sich gestaltende Verkehrsleben noch kaum irgendwo literarisch zu fassen. Der rasche Aufschwung des Reiches, die äußeren Erfolge seiner Waffen, die mächtige Stellung, die es bald einnahm, dazu die entscheidende Wendung in der inneren Politik, die zu dem engen Bunde von Staat und Kirche, von Königtum und Bistum, führte, zogen die Aufmerksamkeit der Geschichtschreiber in erster Linie auf sich und hielten die Geister noch längere Zeit in dieser einseitigen Richtung fest. Erst am Ende dieses Zeitraumes versuchte die Geschichtschreibung diesen Mangel an Wirklichkeitssinn auszugleichen. Dagegen übertrifft der Zeitabschnitt der älteren Kaiserzeit den karolingischen durch den größeren Reichtum an urkundlichen Nachrichten zur Geschichte der Entfaltung des inneren Verkehrs. In der verkehrsgeschichtlichen Ueberlieferung seiner Zeit stehen die Urkunden nach Umfang und Wert an der Spitze. Neben ihnen treten alle anderen schriftlichen und sonstigen Denkmäler weit zurück. Die ganz überwiegende Mehrzahl aller Urkunden, die sich auf den Verkehr beziehen, bilden Königsurkunden. Privaturkunden ähnlichen Inhalts, und zwar meist Bischofsurkunden, finden sich noch sehr selten. Demnach nimmt in der handelsgeschichtlichen Ueberlieferung des ersten kaiserzeitlichen Abschnittes die Königsurkunde die beherrschende Stellung ein. Ihr verdankt die Forschung ihre besten Hilfsmittel und gesicherte Kenntnisse von den Fortschritten des inneren Verkehrslebens, der Vorbedingung und Grundlage der äußeren Handelsbeziehungen. Sie vermag der Forschung diesen Dienst nicht nur deshalb zu leisten, weil neben ihr die Privaturkunde sich in Deutschland erst langsam entwickelte, sondern hauptsächlich aus dem Grunde, weil das Königtum die entscheidenden Mittel zur Ordnung und zur Förderung des Verkehrslebens, das Verfügungsrecht im Markt-, Zoll- und Münzwesen in seiner Hand hielt und in allen Teilen des weiten Reiches handhabte.

Die Bedeutung der Königsurkunde für die verkehrsgeschichtliche Forschung dieser Zeit läßt sich nach einer zweifachen Richtung hin bestimmen. Zunächst bieten die zahlreichen Königsurkunden einen gewissen Ersatz für den soeben erwähnten Mangel an eigener Gesetzgebung im Deutschen Reiche. Zwar regelte die einzelne Urkunde immer nur einen örtlich und sachlich begrenzten Fall, der dadurch im Gesamtverkehr seine rechtlich gesicherte Stellung erhielt. In ihrer Gesamtheit vermögen aber die Königsurkunden auch Aufschluß zu geben über gewisse Grundzüge der königlichen Verkehrspolitik, und diese Grundsätze ergaben sich wiederum erst aus den allgemeinen Verkehrszuständen im Reiche und aus deren Bedürfnissen. Da außerdem nicht wenige Königsurkunden Hinweise enthalten auf Rechtsverhältnisse anderer Verkehrsorte oder auf allgemeine Rechtsverhältnisse des Verkehrs, denen der neue Einzelfall in bestimmter Weise eingeordnet wurde, so ergibt sich ohne weiteres, daß in den Königsurkunden ein ebenso bedeutsames wie zuverlässiges Mittel vorliegt, um die Reichsverkehrspolitik und die allgemeinen Verkehrszustände Deutschlands wenigstens in wichtigen Grundzügen kennen zu lernen. Indem hiermit die Urkunden gewissermaßen an die Stelle der dem Reiche fehlenden Gesetzgebung treten, bieten sie zugleich den Vorzug, daß sie die Anwendung der in ihnen erkennbaren Grundzüge der Verkehrspolitik und der für den Verkehr geltenden Rechtsanschauungen auf bestimmte Orte und örtliche Verhältnisse anzeigen. Das führt auf den zweiten Gesichtspunkt, unter dem die Königsurkunden ihre große Bedeutung für die deutsche Verkehrsgeschichte gewinnen. Sie beziehen sich auf viele Gebiete und Orte des weiten Reiches. Unmittelbar regeln sie den Verkehr an zahlreichen Stellen des Landes, und mittelbar weisen sie hin auf den Verkehr an anderen Stellen oder im Reiche überhaupt. Für die meisten Orte, in deren Verkehrsverhältnisse sie nach Maßgabe ihrer besonderen Absicht eingreifen, gewähren sie der Forschung die erste sichere geschichtliche Kunde über den Verkehr in und nach ihnen. Sie allein sind es, die im einzelnen und in ihrer Gesamtheit zum ersten Mal das über dem Verkehrsleben des inneren Deutschlands lagernde und durch die fränkische Ueberlieferung nur an wenigen Stellen gelichtete Dunkel weit und breit aufhellen, die eine große Anzahl der wichtigeren Verkehrsstellen und manche minderbekannten Verkehrsorte hervortreten lassen und die es bereits ermöglichen, ein Netz mannigfacher Verkehrsbeziehungen im Reiche nachzuweisen. Ihnen verdankt man den ersten genaueren Einblick in die Verkehrsverhältnisse des rechtsrheinischen Deutschlands, des alten freien Germaniens, der Gebiete außerhalb der ehemals römischen Provinzen am Rhein und an der Donau, in denen unter Nachwirkung der römischen Provinzialkultur auch im fränkischen Reiche, vermutlich während der karolingischen Herrschaft, Verkehr und Handel sich am kräftigsten entwickelt hatten. Vor allem fällt durch sie jetzt Licht auf die Verkehrsverhältnisse Sachsens, besonders an der Ostgrenze des Reiches, auf die ansehnlicheren Verkehrsorte in diesen Reichsteilen, die sich der eifrigen Fürsorge des herrschenden ottonischen Hauses erfreuten und in dem neuen Reiche zunächst und noch auf längere Zeit eine Kulturgrenze gegen den benachbarten slavischen Osten bezeichneten, wie einst die römischen Städte an den Ufern des Rheins und der Donau gegen das germanische Barbarenland. Der überlieferungsgeschichtliche Wert der Königsurkunden steht daher außerordentlich hoch. In der Geschichte der weitgestreckten, städtelosen noch fast rein naturalwirtschaftlich kultivierten Teile des Reiches, die sich selbstverständlich dem Einfluß der überlegenen, aus der römischen Reichs- und Städtekultur aufbewahrten Bildung und Erfahrung der mittleren und westlichen Teile des früheren Frankenreiches auch in den Angelegenheiten des Verkehrslebens nicht entziehen konnten, bilden die Königsurkunden im einzelnen und in ihrer Gesamtheit für die Erkenntnis sowohl des Verkehrswesens in gewissen Grundzügen und in seiner örtlichen Ausgestaltung, als auch der Anfänge des Städtewesens in ihren tatsächlichen und rechtlichen Grundlagen die denkbar zuverlässigste und dabei reichlich fließende Quelle. Indem mit ihrer Hilfe die nach Osten hin fortschreitende Entwicklung des Verkehrslebens bis an die Elbe ans Licht tritt, erscheint zum ersten Mal in der Geschichte der gesamte westelbische Teil der großen norddeutschen Tiefebene, von welcher im karolingischen Zeitalter nur der westlichste Streifen, die Rheingebiete, einen ansehnlichen Verkehr hervorgebracht hatte, vielfach von Handel und Wandel erfüllt.

Die meisten und wichtigsten Nachrichten über den Verkehr im Deutschen Reiche bieten die Königsurkunden sowie einige wenige Privaturkunden, und zwar Fürstenurkunden. Alle Urkunden mit solchem Inhalt beziehen sich nach ihrem Hauptzweck unmittelbar oder mittelbar auf Einrichtungen des Verkehrs. Da aber der eine Teil der Urkunden diese Einrichtungen im einzelnen und an bestimmten Orten regelt oder als Regel aufstellt, ein anderer Teil diese Einrichtungen nur im allgemeinen innerhalb eines größeren Raumes, im Bereiche einer Grafschaft oder eines Bistums oder eines noch größeren Gebiets im Reiche oder endlich, was nicht selten der Fall ist, für den ganzen Umfang des Reiches im Auge hat, kann man auch kurz sagen, daß die in Betracht kommenden Urkunden entweder bestimmte Verkehrseinrichtungen oder den Verkehr überhaupt betreffen. Ihre große Zahl gestattet, zahlreiche Orte im Reiche mit Verkehrseinrichtungen nachzuweisen. Es sind Orte von schon damals tatsächlich und ideal sehr verschiedener Bedeutung. Manchen von ihnen zeichnete seine Stellung in der staatlichen und kirchlichen Organisation des Reiches aus. Fluß- und Landstädte, ehemalige Römerstädte mit mächtigen Denkmälern und Ueberresten antiker Baukunst und einfache, offene oder erst neuerdings befestigte, altgermanische Ansiedlungen im rechtsrheinischen Reiche gehörten zu ihnen. Neben Bischofssitzen erscheinen viele zerstreut im Lande gelegene Klöster. Ein Unterschied von groß und klein, sowohl hinsichtlich der örtlichen Ausdehnung wie der Zahl der Bewohner, bestand für sehr viele von diesen Orten ohne Zweifel bereits zu jener Zeit. Anders steht es, wenn die Frage nach dem Unterschiede der Bedeutung der einzelnen Orte für den Verkehr gestellt wird. Sie bedarf einer sehr vorsichtigen Prüfung. Jedenfalls aber bleiben diese Orte nicht mehr vereinzelt und ohne Zusammenhang.

Die Urkunden ermöglichen, wie schon hervorgehoben wurde, gewisse Grundzüge der Verkehrspolitik zu erkennen. Verkehrsverbindungen zwischen jenen Orten finden sich bezeugt oder lassen sich unschwer erkennen. Das Beispiel einzelner Teile und Orte des Reiches wirkte, auch in weiter Entfernung, auf andere Teile und Orte des Reiches nachweisbar fördernd ein.

An dem weiten Gesamtumfang des Reiches gemessen erscheint die Ueberlieferung vielleicht gering, ihre Verteilung auf die einzelnen Teile des Reiches spärlich, ihr nächster Zweck einseitig und ihr allgemeiner verkehrsgeschichtlich wichtiger Gedankeninhalt karg und spröde. Aber sie reicht aus, um namentlich mit Hilfe der vielen in ihr genannten Orte mit Verkehrseinrichtungen eine Vorstellung von dem Verkehrsleben des ersten Zeitabschnittes zu vermitteln, die bereits über Einzelheiten hinaus reicht und das Ganze in gewissen Umrissen vorsichtig zu erfassen wagen darf.

Die Königsurkunden beziehen sich auf diejenigen für den Verkehr getroffenen Einrichtungen, die dem Fiskus Einkünfte lieferten und daher dem Königtum zunächst uneingeschränkt zur Verfügung standen: Märkte, Zölle und Münzen. Wie der König über die vorhandenen Märkte, Zölle und Münzen verfügte, so stand auch ihm ausschließlich das Recht zu, die Errichtung neuer Märkte, Zölle und Münzen vorzunehmen oder ihre Einrichtung durch Andere zu gestatten. Die Zahl der vorhandenen Märkte, Zölle und Münzen war naturgemäß insofern bekannt und begrenzt, als über ihr Vorhandensein im einzelnen nur in Ausnahmefällen Zweifel bestehen konnten. Eine Verminderung oder Vermehrung der bestehenden Anzahl konnte aus verschiedenen Gründen erfolgen. Hier war zu unterscheiden zwischen vorhandenen Märkten, Zöllen und Münzen, die in der Verfügung des Königs blieben, und solchen, die der König an Andere übertragen und daher aus seiner Verfügungsgewalt entlassen hatte. Die innere Politik des Reiches schlug, wie bekannt, schon unter Otto I. entschieden die Richtung ein, der Schwierigkeiten, die aus dem raschen Machtaufschwung des Reiches, seiner Vergrößerung und der Unvollkommenheit und Rückständigkeit seiner staatlichen Einrichtungen erwuchsen, dadurch einigermaßen Herr zu werden, daß an zahlreichen Stellen im Reiche wichtige Bestandteile der königlichen Herrschergewalt auf untergeordnete Gewalten, vor allem auf die Bischöfe, übertragen wurden. Davon sind auch die Verkehrseinrichtungen in weitem Umfang betroffen worden, zumal diese erst ihrem Inhaber die Mittel gewährten, um überhaupt die Pflichten der Herrschaft zu erfüllen. Viele Märkte, Zölle und Münzen gelangten im Laufe der Zeit in die Hände der Großen, besonders der Geistlichen. Gewiß lag das im Interesse einer schnelleren und sachlicheren Entwicklung des Verkehrs. Die unteren Gewalten vermochten in ihrem engeren Wirkungskreise die Bedürfnisse des noch unentwickelten und der Förderung sehr bedürftigen Verkehrs besser zu beurteilen als das mit zu vielen Aufgaben belastete Königtum, und die Urkunden bezeugen, daß das in die Einsicht und die Fähigkeit der Beauftragten, namentlich der Bischöfe gesetzte Vertrauen im allgemeinen nicht unbegründet war. Jedenfalls entäußerte sich das Königtum in vielen Fällen des Verfügungsrechtes über vorhandene Märkte, Zölle und Münzen zu Gunsten der niederen Gewalten. Dadurch trat keine Verminderung der bestehenden Einrichtungen ein. Dagegen konnte eine solche erfolgen durch Aufhebung bestehender Einrichtungen. Das ist sicherlich vorgekommen. Ferner konnte eine Einwirkung auf die Zahl der bestehenden Einrichtungen dadurch stattfinden, daß dieselbe festgelegt oder wenigstens als nicht vermehrbar erklärt wurde. Auch das ist bezeugt. Entscheidend für den Fortschritt des

Verkehrs war die Vermehrung der Verkehrseinrichtungen, vor allem der Märkte. Sie erfolgte in reichem Maße gerade damals. Aber auch später ließ sie nicht nach.

Die meisten Königsurkunden, die das Verkehrsleben berühren, behandeln neue Einrichtungen desselben. Hier spendete das Königtum mit freigebiger Hand Gerechtsame zum Nutzen der größeren Regsamkeit und der größeren Sicherheit des Verkehrs, besonders im rechtsrheinischen Deutschland und in den Gebieten des inneren Reiches, die früher von dem Verkehr noch wenig berührt waren und in sich selbst erst geringe Verkehrsbeweglichkeit entwickelt hatten.

Die für das Verkehrsleben wichtigste der drei genannten Einrichtungen waren die Märkte. Sie bildeten Mittelpunkte des Verkehrs für die ortsansässige Bevölkerung der nächsten oder der weiteren Umgebung, Austauschplätze für die täglichen Bedürfnisse oder für gelegentliche höher steigende Wünsche; sie gewährten die Möglichkeit zur Begründung neuer und neuartiger Ansiedlungen; sie dienten als Durchgangsstellen und Stationen des Fernverkehrs; sie zogen um sich neue Bevölkerung heran, eine Marktbewohnerschaft, die sich dem Verkehrsleben beruflich widmete und in der das Vorherrschen oder die Ausschließlichkeit dieses Berufs mit seinen ihm eigentümlichen Erfordernissen die Bedingungen einer neuen Standesbildung erzeugte; sie waren der fruchtbare Boden, in welchem sich jetzt auch in den städtelosen Teilen des Reiches der Gedanke des Bürgerstaats im Rahmen und Umfang einer Einzelgemeinde verwirklichen konnte. Allein der Weg der Entwicklung von Markt zur Stadt war weit, unsicher und mühsam. Zunächst bedarf es einer Vorstellung von der Zahl und der Verbreitung der Märkte. Die Urkunden nennen unter den rund 170 Orten im Reiche, an denen Einrichtungen für den Verkehr überhaupt erwähnt werden, etwa 130 Orte mit Märkten. In dem Bereich Ostsachsens zwischen der Elbe und Weser finden sich folgende Marktorte: Lüneburg; Stade; Heeslingen an der Oste im Kreise Zeven;[1] Verden; Bremen; Wienhausen südöstlich von Celle;[2] Nörten zwischen Göttingen und Northeim;[3] Gandersheim; Gittelde am Westrande des Harzes;[4] Goslar; Uhrsleben im Kreise Neuhaldensleben;[5] Magdeburg;[6] Domäne Kölbigk in Anhalt (Kreis Dessau);[7] Merseburg; in dem von Saale, Unstrut, Helme, Ocker und Bode umschlossenen Raume, der schon nach Thüringen übergreift: Osterwiek (Seligenstadt), Quedlinburg, Halberstadt, Eisleben, Wallhausen, Rottleberode, Harzgerode, Klosterort Hagenrode im Selketal bei Alexisbad (Wüstung),[8] Staßfurt an der Bode, verlegt nach Nienburg a. d. Saale, Nordhausen.[9] Westlich der Weser werden genannt: Minden; Helmarshausen unweit der Mündung der Diemel in die Weser bei Carlshafen;[10] Osnabrück; Herford (Odenhausen);[11] Meppen;[12] Winsum nicht fern vom Reitdiep nördlich von Groningen[13] und Garrelsweer im Fivelgau nordöst-

---

1. DK II n. 278; Lappenberg, Hamb. UB. I n. 70.
2. Janicke, UB. d. Hochstifts Hildesheim (Publ. a. d. Kgl. Preuß. Staatsarch. 65 I n. 89.
3. Gudenus, Cod. dipl. Mogunt. I n. 12.
4. DO I n. 312.
5. Bresslau, Dipl. Centum n. 35; Riedel, Cod. dipl. Brand. I 8 S. 100 n. 11.
6. Cod. dipl. Anhalt. I n. 100.
7. DK II n. 234.
8. DO III n. 135, 350; Cod. dipl. Anhalt. I n. 83; VI S. 110; DK II n. 223. Die Namensformen für Harzgerode und Hagenrode stellt K. Schultze, Zeitschr. d. Harzvereins 20 (1887) S. 207 f., nicht ganz fehlerfrei, zusammen. Hazechenrode in der Urkunde Konrads II. von 1035, DK II n. 223, ist sicher auf Hagenrode zu beziehen.
9. DO II n. 5; III n. 55, 104, 155.
10. DO III n. 357, vgl. n. 256.
11. DO I n. 430; Wilmans Kaiserurkunden d. Pr. Westfalen 2 n. 90.
12. DO I n. 77.
13. Lappenberg, Hamburg. UB. I n. 79; OB. v. Groningen en Drente I n. 24.

lich von Groningen;[13] Oldenzaal in Twenthe;[14] Wiedenbrück südwestlich von Bielefeld;[15] Erwitte südlich von Lippstadt;[16] Ludwighausen südwestlich von Münster;[17] Essen;[18] Dortmund; Werden an der Ruhr; Meschede an der oberen Ruhr;[19] Cambrai; Le Cateau-Cambrésis; Hornu südlich von St. Ghislain im Hennegau;[20] Fosses östlich von Charleroi;[21] Dinant; Nivelles in Brabant;[22] Lennick ebendort;[23] Kessel an der Maas zwischen Venlo und Roermond;[24] Thorn in holl. Limburg;[25] Maastricht;[26] Visé an der Maas oberhalb Maastricht;[27] Donchery und Mouzon, beide an der Maas;[28] Kornelimünster;[29] Köln; Siegburg;[30] Sinzig am Rhein;[31] Stablo;[32] Prüm; Gillenfeld in der Eifel nordöstlich von Manderscheid;[33] Koblenz; Boppard;[34] Klotten an der Mosel;[35] Trier; Wasserbillig an der Mosel am Einfluß der Sauer;[36] Königsmachern an der Mosel nordöstlich von

---

14. Muller, Het oudste catularium van het sticht Utrecht 54 S. 91.
15. DO I n. 150.
16. DK II n. 82.
17. DO II n. 88.
18. Lacomblet, UB. f. d. Gesch. d. Niederrheins I n. 176.
19. DO I n. 190.
20. DH II n. 386.
21. DO II n. 85.
22. Miraeus, Op. dipl. I S. 660 f.; Steindorf, Jahrb. Heinrichs III.
23. DO II n. 179.
24. DO I n. 129.
25. DH II n. 140.
26. DO III n. 145.
27. DO II n. 308.
28. DO III n. 238; H II n. 96.
29. DO III n. 18.
30. Lacomblet I n. 213, 214.
31. Lappenberg, Hamburg. UB. I n. 88.
32. MG. SS. XI S. 307 u. Anm. 26.
33. DH II n. 352.
34. Lacomblet I n. 304.
35. Lacomblet I n. 186; H. Beyer, Mittelrheinisches UB. I n. 343.
36. DO III n. 364; Beyer, Mittelrhein. UB. I n. 347.

Diedenhofen;[37] Diedenhofen und Kreuznach;[38] Mainz; Oppenheim;[39] Worms; Kaiserslautern;[40] Saarbrücken;[41] Ober- oder Nieder-Querbach bei Zweibrücken;[42] Verdun; St. Dié;[43] Epinal.[44]

Wenden wir uns Mitteldeutschland, Hessen, Thüringen und den Maingebieten zu, so finden wir Märkte genannt in: Kailbach in der hessischen Provinz Starkenburg, Kreis Erbach;[45] Weilburg an der Lahn;[46] Wolfsanger bei Kassel;[47] Kaufungen südöstlich von Kassel;[48] Fulda; Memleben;[49] Naumburg;[50] Bad Sulza an der Ilm;[51] Wertheim an der Mündung der Tauber in den Main;[52] Würzburg.

Zahlreicher begegnen uns Märkte in Oberdeutschland. Im Elsaß werden solche genannt: in Selz nahe am Rhein nordöstlich von Hagenau;[53] Altdorf südwestlich von Straßburg;[54] Andlau in den Vogesen. Sodann östlich des Rheins:[55] Lorsch;[56] Bensheim nordöstlich von Lorsch;[57] Weinheim an der Bergstraße;[58] Wiesloch südlich von

---

37. Beyer, Mittelrhein. UB. I n. 358.
38. DO III n. 367.
39. DH II n. 187.
40. DO III n. 9.
41. DO III n. 316.
42. DO I n. 424.
43. DO II n. 99.
44. DO II n. 313.
45. DH II n. 393.
46. DK I n. 19.
47. DH II n. 412.
48. Stumpf, Reichskanzler 3 n. 50.
49. DO III n. 142.
50. DK II n. 194.
51. Cod. dipl. Sax. I 1 n. 126.
52. DH II n. 207.
53. DO III n. 130.
54. DO III n. 325; Kehr, D. Urk. Ottos III. S. 300 ff.
55. DH II n. 79.
56. Cod. Lauresham. I S. 190 ff.
57. DO I n. 177.
58. DO III n. 372.

Heidelberg;[50] Sinsheim an der Elsenz, südöstlich von Heidelberg;[60] in der heute verschwundenen, nur in dem Flurnamen Felderen erkennbaren villa vallator bei Stollhofen unfern des Rheins südwestlich von Rastatt;[61] an den ebenfalls verschwundenen Ort Rinka bei Steinenstadt unweit von Sulzburg im Breisgau;[62] Villingen in Baden nördlich von Donaueschingen.[63] Marbach am Neckar im württembergischen Neckarkreis.[64] Weiter im Gebiet des Oberrheins: Basel; Zürich; Rorschach am Bodensee;[65] Konstanz; Allensbach am Bodensee.[66]

In Bayern werden in den Urkunden erwähnt: Bamberg; Amberg in der Oberpfalz;[67] Fürth; Nürnberg; Hersbruck an der Pegnitz;[68] Eichstätt; Beilngries am Einfluß der Sulz in die Altmühl;[69] Waldkirchen; Donauwörth;[70] Regensburg; donauabwärts am bayerischen Wald Metten;[71] weiter abwärts Hengersberg nordöstlich vom Kloster Niederaltaich;[72] Passau; Freising; Pfarrdorf Riding im Bezirksamt Erding;[73] Augsburg.

Endlich in Oesterreich und Kärnten: Salzburg; Wels

---

59. DO I n. 283.
60. Stumpf, Reichskanzler 3 n. 73.
61. DO III n. 153.
62. DH II n. 78; s. Schulte, Ztschr. f. d. Gesch. d. Oberrheins NF. 6, S. 572, Anm. 5; Heyck, Gesch. d. Herz. v. Zähringen 1, S. 6, Anm. 12.
63. DO III n. 311.
64. DH II n. 190.
65. DO I n. 90.
66. DO III n. 280.
67. DK II n. 207.
68. Mon. Boica 29 a n. 396 u. 406.
69. a. a. O. n. 381.
70. DK II n. 144.
71. Mon. Boica 11 n. 14 S. 440.
72. DH II n. 198.
73. Bitterauf, Traditionen d. Hochst. Freising II n. 1457.

an der Traun;⁷⁴ St. Poelten am Traisen;⁷⁵ Kloster Lieding im Gurktal;⁷⁶ Villach.

Die Unvollständigkeit des Verzeichnisses liegt auf der Hand. Es beschränkt sich streng auf die Orte, in denen die Quellen einen Markt ausdrücklich nennen. Diese Regel durchbricht hier zunächst nur ein Ort, den die Urkunden als Vorbilder für neue Marktgründungen hinstellen: Bamberg.⁷⁷ Die Liste erweitert sich allerdings um einzelne bestimmte Märkte, deren örtliche Lage die Urkunden selbst unbestimmt lassen. Heinrich II. gestattete dem Grafen Wilhelm, sich auf seinem Eigengut innerhalb seiner Grafschaft Friesach in Kärnten, in Friesach oder an einem anderen ihm passenden Orte einen Markt anzulegen.⁷⁸ Erzbischof Bardo von Mainz erhält 1049 von Heinrich III. die Erlaubnis, im Rheingau an einem ihm dazu geeignet scheinenden Orte einen Markt einzurichten.⁷⁹ Die summarischen Besitzbestätigungen einzelner Bistümer, wie Hildesheim, Paderborn, Bremen, Freising und Bamberg, erwähnen in den Pertinenzformeln eine Mehrzahl von Märkten.⁸⁰ Darunter könnten Marktorte sein, deren Namen auch die übrigen Quellen verschweigen. Dasselbe geschieht

---

74. UB. d. L. Ob d. Enns II 70. 71.
75. Mon. Boica 31 a n. 182.
76. DO II n. 110.
77. Mon. Boica 29 a n. 406.
78. DH II n. 347; dazu DK II n. 134.
79. A. Sauer. Cod. dipl. Nassoicus I n. 120.
80. DK II n. 127, 136. 206; Mon. Boica 29 a n. 346; Janicke, UB. d. Hochstifts Hildesheim I n. 113 f. Lappenberg. Hamburg. UB. I n. 88. Im allgemeinen bemühen sich die Pertinenzformeln, wie man auf Grund der Durchsicht des gesamten Materials über die Verkehrseinrichtungen ausführen darf, hinsichtlich so wichtiger Bestandteile wie Markt, Münze, Zoll, Fähre gewissenhaft den Stand der Dinge, wenn auch nur summarisch, wiederzugeben. Unwirklich erscheint nur das „mercatis" der Pertinenzformel der Schenkung der villa Sinzig am Rhein im Ahrgau durch Heinrich IV. an Erzbischof Adalbert von Bremen i. J. 1065, Lappenberg n. 97.

bei der Uebertragung ganzer Grafschaften. Auch da nennen die Pertinenzformeln Märkte schlechthin als Zubehör der Grafschaft.[87] Das mag auf Orte hindeuten, deren Eigenschaft als Marktorte wir nicht kennen. Man kann die wenigen, schon in karolingischer Zeit genannten Marktorte hinzufügen. Von einzelnen Orten, wie z. B. Osnabrück, wurde vermutlich auf Grund gefälschter Karolingerprivilegien im 10. Jhd. ein Markt errichtet. Das alles ändert nicht viel an der großen Unvollständigkeit der Liste. Sie würde noch schroffer hervortreten, wenn die Liste die einzelnen Marktorte nach der zeitlichen Reihenfolge ihrer frühesten Erwähnung in den Quellen aufzählte. Denn da herrschten der Zufall und das bloße Wort, nicht aber die Sache.[82] Sicher fehlen eine Anzahl bekannter Bischofssitze,[83] an denen, wie andere Nachrichten erweisen, bereits reger Handelsverkehr stattfand. Aber es hat keinen Zweck, Namen zu suchen und nennen; denn das würde die ohnehin bestehende Unsicherheit nur verstärken.

Die Unvollständigkeit des Verzeichnisses hat verschiedene Gründe. Diese wurzeln letzten Endes in den

---

81. Lappenberg a. a. O. n. 88 u. 89; Muller. Het oudste cart. van het sticht Utrecht n. 64 S. 101 f.

82. In dem Verzeichnis ist daher auf die Beifügung von Jahreszahlen verzichtet.

83. Eine forensis ecclesia in Paderborn nennt die Vita des Bischofs Meinwerk (1009—1036) c. 157, MG. SS. XI S. 139. Diese ist aber erst nach der Mitte des 12. Jahrhunderts abgefaßt. Sie hat sogar bereits den Ausdruck domus forensis, S. 141. Die Bezeichnung ecclesia forensis ist dem 10. und 11. Jahrhundert unbekannt. Sie erscheint auch nicht für Geseke, weder in der Stiftungsurkunde Ottos I. von 952. DO I n. 158. noch in der Inkorporationsurkunde Erzbischof Annos II. von Köln (1056—1075), Seibertz, UB. d. Hzgt. Westfalen I n. 29. Die Urkunde Markgraf Geros für das Nonnenkloster Gernrode von 964, in der die forensis ecclesia erwähnt wird, ist Fälschung von c. 1200. Cod. dipl. Anhalt. I n. 38. Der Ausdruck forensis ecclesia gehört erst dem 12. Jahrhundert, also der Periode der Städtegründungen an. Das wird von Rietschel, Markt u. Stadt, S. 148 f., 171 f., und auch von andern nicht beachtet.

besonderen Verhältnissen der Ueberlieferung. Wir erkennen sie nur auf Grund einer kritischen Stellungnahme zur Ueberlieferung. Mit ihrer Hilfe sind wir dann aber auch imstande, die Mängel des Verzeichnisses bis zu einem gewissen Grade auszugleichen. Ein Teil der Ueberlieferung ist zu Grunde gegangen. Der Umfang ihres alten Bestandes läßt sich nicht ermitteln. Daß der Verlust auch Marktprivilegien und Urkunden mit Nachrichten über Märkte und Marktverkehr betraf, versteht sich von selbst. Sicher bleibt aus diesem Grunde mancher Markt unbekannt. Der erhaltene Rest verteilt sich, wie das Verzeichnis lehrt, auf alle Gebiete des Reiches, ausgenommen die Markengebiete östlich der Elbe. Auf den ersten Blick scheint diese Verteilung ziemlich gleichmäßig zu sein und demgemäß auch die Gleichmäßigkeit der Erhaltung der Ueberlieferung der des Verlustes zu entsprechen. In Wirklichkeit täuscht dieser erste Eindruck. Die Gelegenheit zur Erwähnung eines Marktes in den Urkunden bietet sich in der weit überwiegenden Mehrzahl der Fälle bei bestimmten Anlässen dar: bei der Schenkung oder Bestätigung eines vorhandenen Marktes, bei der Errichtung eines neuen Marktes und bei der Aufstellung eines oder mehrerer Vorbilder, nämlich älterer, schon angesehener Marktorte, für den neu zu errichtenden Markt. Nach dieser Mannigfaltigkeit der Anlässe gruppieren sich im allgemeinen auch die Urkunden, und die Gruppen sind fast durchweg leicht zu trennen. Bei sehr vielen Urkunden läßt der Wortlaut keinen Zweifel zu, daß die Urkunde Gewährung und Auslegung eines neuen Marktes beabsichtigt. Wir brauchen sie nicht einzeln aufzuzählen. Außerdem bemerken einige Urkunden, so die Ottos II. für den Markt in Epinal und die Heinrichs II. für den Markt in Gillenfeld, daß der Markt während der Regierungszeit des Königs errichtet sei.[84] Hierhin gehören auch die wenigen Beispiele von Marktverlegungen. In

---

84. DO II n. 313; DH II n. 352.

einzelnen Fällen läßt sich die Einrichtung des Marktes innerhalb eines bestimmten Zeitraumes nachweisen. Diese Gruppe ist die umfangreichste; sie umfaßt 68 Märkte, mehr als die Hälfte aller in unserem Zeitraum genannten Märkte. Die zweitgrößte Gruppe besteht aus den Urkunden, die schon vorhandene Märkte bestätigen oder an Bistümer, Klöster und Kirchen verschenken oder sie sonst im Zusammenhang mit anderen Vergünstigungen erwähnen. Sie enthält 49 Märkte. Manche von diesen Märkten reichen gewiß in frühere Zeit zurück. Dafür kann man geltend machen ihre Lage auf dem linken Rheinufer, in alten Römerorten oder in Plätzen, die im Verkehr und in der weltlichen und kirchlichen Organisation des Reiches Bedeutung besaßen. Ueber die Entstehung dieser Märkte ist nichts bekannt und läßt sich auch nichts Sicheres aussagen. Aber bei ihnen liegt kein einleuchtender Grund vor zu der Annahme, daß sie erst im 10. oder 11. Jahrhundert entstanden seien. Dahin mögen Märkte gehören wie Kassel, Metz, Diedenhofen, Toul, Verdun, St. Dié, Maastricht, Mouzon, Kornelimünster, Thorn, Nivelles, Dinant, Klotten, Königsmachern, Kaiserslautern, Marbach, Würzburg, Regensburg, Passau, Fulda u. a. Anders nun als bei diesen Märkten, deren Entstehung in nachkarolingischer Zeit in einzelnen Fällen nicht geleugnet werden soll, verhält es sich aber bei anderen Märkten dieser Gruppe. Es ist nicht wahrscheinlich, daß die Märkte von Magdeburg, Merseburg, Frohse schon aus karolingischer Zeit stammten. Ebensowenig läßt sich annehmen, daß die in der Urkunde Ottos III. für Quedlinburg vom Jahre 994[85] zwischen Bode und Helme als vorhanden genannten Märkte in Eisleben, Wallhausen, Rottleberode, Harzgerode und Osterwiek (Seligenstadt)[86] sämtlich bereits im 9. Jahrhundert als öffent-

---

85. DO III n. 155.
86. Der Markt in Osterwiek (Seligenstadt) wird schon für die Zeit Ottos II. als vorhanden erwähnt, DO III n. 104; nach derselben

liche Märkte bestanden haben; umso weniger als in demselben Gebiete während der älteren Kaiserzeit mehrere andere Märkte erst entstanden sind.[87] Einzelne, zu dieser Gruppe zählenden Märkte, wie in Meschede, Siegburg u. a., verdanken vielleicht ihre Entstehung der erst im 10. und 11. Jahrhundert erfolgten Gründung der Klöster, denen sie gehörten, wiewohl auf die Wahl der Orte für Klostergründungen auch das Vorhandensein eines Marktes mitunter Einfluß geübt haben dürfte. Jedenfalls verpflichtet eine vorsichtige Beurteilung der Ueberlieferung dazu, aus der zweiten Gruppe eine Reihe von Märkten auszuscheiden, die zwar nur als bereits vorhanden erwähnt wurden, deren Entstehung aber doch nicht in die nachkarolingische Zeit verlegt werden muß. Diese Verschiebung verstärkt aber das Uebergewicht der ersten Gruppe, die der neubegründeten Märkte, noch mehr. Die dritte Gruppe besteht aus den Marktorten, deren Verhältnisse bei der Gründung neuer Märkte als vorbildlich und als Richtschnur für die Neugründung hingestellt werden. Nicht selten enthalten die königlichen Markturkunden allgemein gefaßte Hinweise auf die übrigen königlichen Orte im Reiche, auf „andere öffentliche Märkte", auf die Art, „wie der öffentliche Markt in anderen Städten und Dörfern gehalten wird", gelegentlich auch auf „die größeren Orte und Städte unseres Reiches".[88] Außerdem aber nennen sie diese größeren Orte selbst, die damit als die bedeutendsten und bekanntesten Marktorte des Reiches bezeichnet werden. Geordnet nach der zeitlichen Reihenfolge der ersten Erwähnung der einzelnen Orte in den Urkunden treten fünfzehn Marktorte auf: Magdeburg (989), Dortmund (990), Köln (994), Mainz (994), Worms (998), Konstanz (998), Zürich

---

Urkunde wurde der DO III n. 155 genannte Markt in Halberstadt erst 992 eingerichtet.

87. S. das Verzeichnis oben.

88. DO I n. 77, 307; DO III n. 364, 372; DH II n. 78, 325, Beyer, Mittelrhein. UB. I n. 347, Cod. Lauresham. I S. 192 f.

(999), Trier (1000), Cambrai (1001), Regensburg (1030), Augsburg (1030), Goslar (1040 [1042]), Würzburg (1062), Bamberg (1062), Basel (1075).[89] Auch hier treibt der Zufall sein Spiel. Würzburg war viel früher ein ansehnlicher Handelsplatz als Bamberg; Magdeburg und Dortmund stehen vor den alten Römerorten; Regensburg erscheint verspätet; Goslar als wichtiger Handelsort gehört zeitlich vielleicht erst an die letzte oder vorletzte Stelle der ganzen Reihe. Die Liste kann über die Entstehung dieser Märkte nichts aussagen, und die Reihenfolge begründet auch kein Urteil über den Rang, den diese Märkte untereinander im Verkehrsleben einnahmen. Doch gleicht die Ueberlieferung diesen Mangel bis zu einem gewissen Grade aus. Die elf Urkunden, die diese angesehenen Marktorte nennen, sind für ebensoviele verschiedene Empfänger ausgestellt, und daher ist es nicht gleichgiltig, wenn sie einzelne von diesen Marktorten wiederholt erwähnen. Es spricht sich doch ein Rangverhältnis hinsichtlich des Rufes und der Bedeutung des einzelnen Marktortes in dem Umstande aus, daß hierbei

---

89. DO III n. 55, 66, 155, 280, 311, 357, 364 (Beyer, Mittelrhein. UB. I n. 347); 399; Stumpf, Reichskanzler 3 53. Mon. Boica 29 a n. 406, Keutgen, Urk. z. städt. Verfassungsgesch. n. 99. Vermutlich gehörte auch Straßburg zu diesen bereits entwickelteren Marktorten. Das ursprüngliche Privileg, in welchem Otto III. dem Grafen Eberhard i. J. 999 oder 1000 die Gründung eines Marktes zu Altdorf im Elsaß erlaubte, wurde am Ende des 12. oder Anfang des 13. Jahrhunderts gefälscht, DO III n. 325, war aber schon vorher im wesentlichen wörtlich in die Bestätigung des Privilegs durch Friedrich I. vom J. 1153, Schoepflin, Alsatia I n. 289, übergegangen; Kehr, die Urk. Ottos III. S. 300 ff. Der Verfasser des Gründungsprivilegs für Wasserbillig vom J. 1000, DO III n. 364, hat auch wie Kehr S. 303 durch Diktatvergleichung nachweist, das Privileg für Altdorf verfaßt, und dieses weist nicht, wie das für Wasserbillig, auf das Vorbild der Märkte von Mainz, Köln und Trier, sondern, was für einen elsässischen Markt naheliegend erscheint, auf das Vorbild von Mainz, Köln und Straßburg hin. Da eine Unsicherheit bestehen bleibt, hat aber unsere Darstellung Straßburg nicht in den Kreis der großen Marktorte einbezogen.

Mainz viermal, Köln und Magdeburg dreimal, Regensburg, Dortmund und Konstanz[90] zweimal und die übrigen neun nur einmal genannt werden. Verlorene Urkunden würden vielleicht die Zahl dieser Marktorte oder die Nennungen einzelner derselben vermehren. Aber insgesamt bestätigt auch der sonstige Bestand der verkehrsgeschichtlichen Ueberlieferung dieser Zeit die Richtigkeit der aus den elf Urkunden abzuleitenden Folgerungen. Unter den angesehenen Marktorten jener Zeit besaßen ohne Zweifel jene mehrfach genannten Märkte einen anerkannten Vorrang.

Die Reihe der fünfzehn wichtigen Marktorte gibt aber noch zu anderen Beobachtungen Anlaß. Zwei Drittel von ihnen sind alte Römerorte, nur Magdeburg, Dortmund, Goslar, Würzburg und Bamberg lagen außerhalb des ehemaligen römischen Kulturlandes nördlich von der Donau und östlich vom Rhein. Darin prägt sich die noch immer im Verkehrsleben fortdauernde Ueberlegenheit der Reichsteile aus, die früher unter römischer Herrschaft gestanden hatten und den Vozug eines weit älteren und entwickelteren Verkehrs genossen. Die Rheinlinie allein ist mit einem Drittel der fünfzehn Orte beteiligt: Konstanz, Basel, Worms, Mainz und Köln. Außerdem fällt die Tatsache auf, daß über die Entstehung und Gründung aller dieser Märkte nichts bekannt ist. Keiner von ihnen gehört zur ersten Gruppe der neueingerichteten Märkte. Auch über die Gründung der sicher erst in der frühen Kaiserzeit zu Ansehen gelangten Märkte von Magdeburg, Dortmund, Goslar und Bamberg fehlt jede Nachricht. Das kann kein Zufall sein. Der Untergang großer Teile der Ueberlieferung allein erklärt es nicht, weshalb über die Neugründung von Märkten an Bischofssitzen Bremen, Minden, Osnabrück,

---

90. Die doppelte Erwähnung von Konstanz in der Urkunde des Abts Ekkehard von Reichenau für Allensbach aus dem Diplom Ottos III., DO III n. 280, und in der eigenen Verleihung von 1075, Keutgen a. a. O., rechne ich in diesem Zusammenhang nur als eine einzige Erwähnung.

Verdun, Halberstadt, Salzburg, Freising, Eichstätt, die fast durchweg weder ehemalige Römerorte waren noch auf einstmals römischen Gebiete lagen, die Urkunden noch vorhanden sind, dagegen Urkunden über die Gründung von Märkten an den alten Bischofssitzen der römischen und fränkischen Zeit, an den angesehensten kirchlichen Metropolen wie Köln, Mainz und Trier, gänzlich mangelten und außerdem auch gelegentliche Erwähnungen von Märkten an diesen zahlreichen alten Bischofssitzen und Verkehrsorten äußerst selten sind. Für die meisten der fünfzehn Marktorte bildet ihr Erscheinen in jenen Urkunden, die sie sogleich als ansehnliche und nachahmenswerte Vorbilder bezeichnete, überhaupt die erste Erwähnung als Marktorte, bei mehreren von ihnen bleibt es die einzige während des ganzen Zeitraumes. Es kommt hinzu, daß in anderen Bischofssitzen des Westens, über deren Bedeutung im Verkehrsleben urkundliche und andere Quellen keinen Zweifel lassen, wie Utrecht, Lüttich, Speyer und Chur, Märkte nicht ein einziges Mal erwähnt werden. Eine Erklärung dieser Tatsachen läßt sich nicht aus dem Umstand gewinnen, daß zahlreiche Urkunden verloren sind; denn warum sollten gerade der ganze Westen und die alten fortgeschritteneren Kulturgebiete von diesem Verlust betroffen sein, zumal die Gesamtüberlieferung dieser Reichsteile so außerordentlich viel umfangreicher ist als die der innerdeutschen und außerdem wiederum, wie schon erwähnt, gerade auch die wichtigsten innerdeutschen Marktorte der älteren Zeit wie Magdeburg, Goslar und Dortmund den Verlust etwa vorhandener Marktgründungsurkunden erlitten haben müßten. Große Verluste der urkundlichen Ueberlieferung zugestanden, die Lösung des Rätsels kann sich nur ergeben aus der Art der Ueberlieferung selbst. Die Ueberlieferung ist einseitig und unvollständig, nicht weil sie zertrümmert ist, sondern weil sie von vornherein einseitig und unvollständig war. Die Begründung eines neuen oder die Bestätigung eines vorhandenen Marktes bedurfte an sich nicht einer königlichen Urkunde. Mündlicher Befehl oder mündliche Anordnung des Königs als des Inhabers des Marktregals genügte ohne Zweifel, um einen neuen Markt zu schaffen, so zunächst da, wo ein neuer Markt auf königlichem Boden, bei einer Königspfalz oder Königsburg, errichtet wurde, der König also selbst Marktgründer und Marktherr war.[91] Bei vorhandenen Märkten brauchte der König nur einzugreifen, wenn Veränderungen an ihnen stattfanden, durch Umgestaltung der räumlichen Verhältnisse oder der Marktverwaltung. In manchen Orten des Westens und Südens werden die aus der römischen und fränkischen Zeit stammenden Marktplätze oder für Marktverkehr bestimmte Oertlichkeiten im Laufe der Jahre Aenderungen erfahren haben. Ebenso ist es natürlich, daß auch die im Innern des Reiches während der karolingischen Zeit vorhandenen Verkehrsorte dem etwa anwachsenden Verkehr durch äußere Einrichtungen Rechnung getragen und diese gelegentlich verbessert haben. Häufiger bot wohl die Uebertragung der Marktverwaltung an die Bischöfe und deren Beamte Anlaß zu Neuordnungen. Auch das geschah in der Regel nicht auf schriftlichem Wege oder durch Ausstellung einer Urkunde. Eine schriftliche Bekundung hielt man überall da für überflüssig, wo das Wesentliche der Verkehrsverhältnisse althergebracht war und die darin vorgenommenen Aenderungen selbstverständlich und unbedenklich erschienen. Sie trat erst da ein, wo das Königtum oder ein Begünstigter sie für nötig erachtete, in der Regel also dann, wenn eine Verkehrsordnung des Königs in die Rechte oder Gewohnheiten der nahen oder der weiteren Umgebung erheblich eingriff. Auch andere Gründe mögen dazu veranlaßt haben, die Sicherung einer königlichen Anordnung durch eine Königsurkunde zu erwirken. Bei weitem der größte Teil der Markturkunden ist für Bistümer, Klöster und Kirchen ausgestellt. Namentlich die Klöster waren

---

91. Rietschel, Markt u. Stadt S. 41.

auf schriftliche Sicherheit bedacht. Auch die Kaufleute in den neubegründeten Marktorten hielten gewiß häufiger, als wir erfahren, darauf, daß der König ihre Rechte durch Urkunde bestätige und verbürge. Das lehrt, außer den Urkunden Ottos II. für die Kaufleute von Magdeburg vom Jahre 975 und Heinrichs III. für die Kaufleute von Quedlinburg vom Jahre 1040 (1042),[92] besonders die aus der Zeit Konrads II. stammende Erklärung des Bischofs Kadaloh von Naumburg für die nach Naumburg übergesiedelten Kaufleute von Kleinjena.[93] Der Bischof, Konrads einflußreicher Kanzler, erwirkte zur Ergänzung seiner den Kaufleuten bei der Ansiedlung gewährten wichtigen Zugeständnisse hinsichtlich des zinslichen Besitzes ihrer Hofstätten und ihres freien Verfügungsrechtes über dieselben vom Könige noch die Zusicherung des freien Verkehrs der Kaufleute außerhalb des Ortes durch besondere Königsurkunde. Die erwähnte Urkunde Ottos II. für die Kaufleute von Magdeburg ist die älteste, für die Kaufmannschaft eines Marktortes als solche, für die lebende und die zukünftige, ausgestellte Urkunde, die wir besitzen.[94] Für weltliche Herren sind Markturkunden nur in geringer Zahl vorhanden. Aus dem ganzen Zeitraum liegen nur sieben Marktverleihungen für Laien, meist Grafen, vor.[95] In manchen Fällen bedeutete wohl nicht allein die Schenkung selbst, sondern auch die Bewilligung ihrer Beurkundung

---

92. DO II n. 112; Stumpf, Reichskanzler 3 n. 53; Janicke n. 9.
93. DK II n. 194.
94. DO II n. 112; DK II n. 18.
95. Otto I. für seinen Vasallen Ansfrid (Markt Kessel) DO I n. 129; Otto III. für Graf Berchtold (Markt Villingen) DO III n. 311; für Graf Eberhard (Markt Altdorf), n. 325; Heinrich II. für Graf Wilhelm (Markt in der Grafschaft Friesach) DH II n. 347; Konrad II. für Mangold bezw. Otto III. für dessen Vater Aribo (Markt Donauwörth) DK II n. 144; Heinrich IV. für Pfalzgraf Friedrich von Sachsen (Markt Badsulza i. Thüringen) Cod. dipl. Sax. I 1 n. 126; für Graf Zeizolf (Markt Sinsheim) Stumpf, Reichskanzler 3 n. 73.

ein Zeichen außerordentlicher königlicher Gunst.[96] Hauptsächlich sind Fälle eingreifender Neuerungen durch Königsurkunden beglaubigt worden, mithin vor allem die Gründung neuer Märkte. Die Folge davon ist, daß von vornherein die Urkunden der bereits vorhandenen Märkte seltener gedenken, daß, mit anderen Worten, die bestehenden Zustände in den Urkunden zurücktreten, dagegen die Neuerungen und Neugründungen sich vordrängen. Wie viel zahlreicher die Erwähnungen der Neugründungen als die der vorhandenen Märkte sind, wurde schon oben gezeigt. Indem aber die Urkunden die hergebrachten und eingewohnten Zustände im großen und ganzen unberücksichtigt lassen, verschiebt sich für uns das Bild der Verkehrszustände, soweit es sich aus der Hauptquelle, den Königsurkunden, gewinnen läßt, in doppelter Hinsicht. Einerseits besteht die Gefahr, daß die Bedeutung der zahlreichen Neugründungen von Märkten, welche die Urkunden beglaubigen, für den Verkehr im einzelnen und im ganzen überschätzt wird.

Diesen Fehler zu vermeiden, bieten allerdings die Urkunden ein Mittel, indem sie selbst auf die erwähnten Vorbilder schon älterer und höher entwickelter Marktorte hinweisen. Ueber die wirklichen Zustände in dieser sagen sie freilich wenig genug aus. Andererseits stellt sich die Zahl der von ihnen erwähnten Neugründungen im Vergleich zu den der vorhandenen Märkte viel zu günstig dar. Wenn die bestehenden Märkte in der Regel keinen Grund boten für königliche Beurkundungen und sogar die größeren und demnach bekannteren Marktorte in den Beurkundungen gewissermaßen nur nebenher und selten oder zum Teil auch gar nicht erwähnt wurden, so liegt guter Grund zu der Annahme vor, daß die Zahl der vorhandenen Märkte, die zum Teil aus früherer Zeit stammten, zum Teil ohne Beurkundung von den Königen eingerichtet oder zugelassen waren, tatsächlich viel größer war, als wir aus der Ueberlieferung

---

96. So die Erlaubnis zur Gründung des Marktes Rinka.

wissen. Sicher sind nicht wenige Königsurkunden über neugegründete Märkte verloren gegangen, deren Namen die Zahl der uns bekannten Neugründungen vielleicht nicht unerheblich vermehren würde. Aber auch sie wären, so wenig wie die erhaltenen, im Stande, unsere Vorstellungen von dem richtigen Verhältnis der urkundlich beglaubigten Gründungen zu den vorhandenen Märkten oder den nicht beurkundeten Gründungen wesentlich zu erklären. Vorhandene, aber uns unbekannte Märkte in größerer Zahl lassen sich vermuten in den Landschaften des Westens, besonders in den Rheinlanden, in denen Handelsverkehr seit alter Zeit fortdauerte, sodann wohl auch an anderen größeren Flußläufen, die den Verkehr durchweg begünstigten. Gerade aus dem Osten des Reiches stammt aber ein Zeugnis, das in die wirklichen Verhältnisse Einblick gewähren kann. Bei der Gründung des Marktes von Quedlinburg im Jahre 994 bestimmte der König, daß in der weiteren Umgebung des Ortes, welche die Gründungsurkunde im Osten und Westen durch die Flußläufe der Saale und Ocker, im Süden und Norden durch die Flußläufe der Unstrut, Helme und Bode sowie durch das von Quedlinburg nach Hornburg sich erstreckende Sumpfgebiet umgrenzt, keine anderen Märkte außer dem Quedlinburger bestehen bleiben und benutzt werden dürften als die bereits bestehenden und gesetzlich begründeten sechs Märkte in Eisleben, Wallhausen, Rottleberode, Harzgerode, Halberstadt und Osterwiek (Seligenstadt); alle anderen Märkte innerhalb jenes Gebiets sollten jetzt und für immer aufhören.[97] Hiernach bestanden inner-

---

97. DO III n. 155. Nach dem Hinweis auf die vorbildlichen Marktorte Köln, Mainz, Magdeburg u. a. fährt die Urkunde fort: huncque mercatum sic clare illis perdonavimus, ut nullus dux vel comes de hoc se intromittere presumat, nec quisquam infra hos terminos: ab orientali plaga ad occidentalem, a Sala dico usque Queecaram, in australi latere ad aquilonare de Unstrod et Helmana usque Badam fluvios et paludem, quae ex Oschereslevo tendit usque Hornaburbe, ullatenus alium [a]ut aliquem promovendo exerceat.

halb des umschriebenen Gebiets damals sechs, mit Quedlinburg sieben öffentliche Märkte. Ob die Urkunde tatsächlich andere vorhandene Märkte abschaffte, was ihr Wortlaut wohl möglich erscheinen läßt, sei dahingestellt. Von den sechs bestehenden Märkten, über deren Gründungszeit die Urkunde nichts aussagt, sind nur die Märkte in Osterwiek (Seligenstadt) und Halberstadt aus früheren Urkunden Ottos III. von 989 und 992 bekannt, und zwar wurde der Halberstädter Markt 989 gegründet; der Osterwieker wird 992 als bestehend erwähnt.[98] Die anderen vier Märkte erscheinen nur bei dieser Gelegenheit. Der größte Teil, zwei Drittel der in diesem Gebiet bestehenden Märkte würde unbekannt bleiben, wenn nicht ausnahmsweise die Urkunde auch die Nachbarmärkte der Neugründung aufzählte. Die Fürsorge des Königs für das Gedeihen der Familienstiftung des Königshauses veranlaßte hier nur sorgfältige urkundliche Regelung und Feststellung der Verkehrsverhältnisse in ihrer Umgebung. Sie blieb aber, soweit unsere Kenntnis reicht, Ausnahme, die allerdings genügt zur Sicherung der Annahme, daß in anderen Teilen des Reiches viele Märkte vorhanden waren, die unbekannt sind. Die genaueren Angaben der Urkunden von 994 gestatten außerdem noch weitere Schlüsse. Damals enthielt das in der Urkunde umschriebene Gebiet, das einen Flächeninhalt von 130—140 Quadratmeilen besitzt, nach königlicher Vor-

---

[quod] toto offensionis nostre sub periculo summaeque iussionis obtestatione omni virtute hoc prohibendo firmiter interdicimus. Exceptis igitur his que prius. quam istud inciperet preceptum, locis legaliter constructa esse cernuntur vera[c]iter atque creduntur, quorum et nomina, ne hii quibus hoc manet incognitum erroris nodo amplius dubitarent, definite subtus scribere precepimus: in oriente Islevo, in austro Vualahusun, Radoluoroth, Hazacanroth, in occidente Ha[l]uerstedi, Saliganstedi, haec constare laudamus atque concedimus, caetera omnia regalis nostre potestatis damnatione infra supradeterminatum fluviorum ambitum nunc et inantea perpetuo destruentes. Die Schreibfehler des Dictators habe ich verbessert.
98. DO III n. 55 u. 104.

schrift sieben öffentliche Märkte. Außerdem lagen, soweit uns bekannt ist, unmittelbar auf oder an der Peripherie des Gebiets, der Markt von Hagenrode im Selketal, der Markt in Staßfurt, der dem Kloster Nienburg gehörte und dessen Verlegung nach Nienburg Konrad II. 1035 dem Abt erlaubte,[99] der Markt von Merseburg, der von Nordhausen und der von Memleben. Besaß auch die Landschaft zum großen Teil den Vorzug eines der früh besiedelten Gebiete des Reiches zu sein, so liegt doch auf der Hand, daß zur Zeit Ottos III. und seiner Nachfolger für den Verkehr in ihr reichlich gesorgt war. Die Verhältnisse, wie sie für diese Landschaft bestanden und ausnahmsweise gut bezeugt sind, lassen sich gewiß nicht auf das ganze Reich übertragen. Aber es gab darin auch anderwärts gut angebaute Landstrecken, deren Verkehr überdies durch größere Flußläufe noch stärkere Anregung erhielt. Eine Schätzung der Gesamtzahl der damals im Reiche vorhandenen Märkte auf 200 bis 300 greift daher schwerlich zu hoch.

Die Märkte waren die wichtigsten, aber nicht die einzigen Verkehrseinrichtungen im Reiche. Unsere Vorstellung von ihrer Häufigkeit und ihrer Beschaffenheit vervollständigen zunächst die vorhandenen Nachrichten über die Münzstätten und die Zollstätten. Sie werden in großer Zahl genannt und bildeten als fiskalische Einrichtungen eine Ergänzung der Märkte. Ihr äußeres Verhältnis zu den Märkten blieb freilich in vielen Fällen unklar. Häufig erscheinen Münze und Zoll unmittelbar verbunden mit dem Markt. Sie lieferten das Münzgeld für den Marktverkehr und besorgten die Erhebung der Abgaben vom Marktverkehr. Mehr als 45 Marktprivilegien nennen Markt, Münze und Zoll zusammen. Die gleichzeitige Gewährung und Einrichtung von Münze und Zoll bei der Neugründung eines Marktes bildete nicht gerade die Regel. Immerhin erfolgte sie in 35 Fällen. Bei einzelnen Neugründungen fehlte ent-

---

99. DK II n. 223.

weder die Verleihung des Zolles oder, was häufiger vorkam, die der Münze. In Heinrichs III. Privileg für den Erzbischof Bardo von Mainz, worin er ihm die Gründung eines Marktes im Rheingau bei freier Ortswahl gestattet, ist weder vom Zoll noch von der Münze die Rede.[100] Die Gründe für solche Abweichungen lassen sich meistens weder erkennen noch vermuten. Der König gewährte dann nur einen Teil des Ganzen und behielt das übrige sich oder anderen vor, oder ließ es überhaupt bei einer unvollständigen Gründung. Nicht alle Gründungsprivilegien erwähnen wörtlich den Zoll (teloneum), oder, wie in der Urkunde Heinrichs II. von 1009 für Wertheim, die Einkünfte vom Markte.[101] Dem Kloster Prüm wurde 1016 der Markt verliehen nur mit allem Recht desselben, nämlich dem jährlichen und wöchentlichen, womit auch die Einkünfte geschenkt wurden.[102] Ottos II. Privileg für die Abtei Werden von 974 gestattete die Einrichtung von Markt und Münze in Lüdinghausen und Werden und gewährte im übrigen nur, „was in diesem öffentlichen Markte oder der Münze zu unserem Recht gehört".[103] In den Gründungsurkunden Ottos III. für Sulz, Allensbach und, wie es scheint, auch für Altdorf, mangelt jeder Hinweis auf Zoll und Einkünfte.[104] Beachtenswerter ist, daß in den Gründungsurkunden für die hier in der zeitlichen Folge ihrer Gründung aneinander gereihten Märkte in Wiesloch, Lennick, Weinheim, Oppenheim, Hengersberg, für den Markt des Grafen Wilhelm in seiner Grafschaft Friesach, für Kaufungen, Wolfsanger, Kölbigk, Heeslingen und Metten keine Münze genannt wird. Das kann nicht ohne Absicht unterblieben sein. Heinrich II. nahm 1004 in seinen

---

100. Sauer, Cod. dipl. Nassoicus I n. 120.
101. DH II n. 207: mercatum fieri permittimus ibique factum cum omni sua utilitate et publica functione.
102. DH II n. 358.
103. DO II n. 88.
104. DO III n. 130, 280, 325.

Gründungsurkunden für die Märkte von Andlau im Elsaß und von Rinka im Breisgau, denen er mit dem Markt Bann und Zoll verlieh, die Münze ausdrücklich aus.[105] Daß auch in jenen Fällen die Münze nicht verliehen wurde, ergibt sich aus Heinrichs IV. Privileg für das Kloster Lorsch von 1065, worin der König die von Otto III. im Jahre 1000 dem Kloster für den Ort Weinheim gestattete Marktgründung bestätigte und jetzt erst auch die Münze in Weinheim dem Kloster zu Eigen schenkte.[106] Es steht demnach dahin, was als zweifelloses Zubehör eines neubegründeten Marktes zu gelten hatte, wenn Heinrich II. dem Kloster St. Médard bei Soissons oder Heinrich III. dem Bistum Utrecht nichts anderes erlaubten, als in Donchery „einen Markt zu erbauen" oder in Oldenzaal einen Markt zu „haben",[107] und wenn Otto III. dem Kloster Lorsch einen Markt in Stein am Rhein gewährte und ihn „mit allem seinen Zubehör — cum omnibus utensilibus suis — dem Kloster schenkte, das nun „den Nutzen des Marktes" genießen sollte. Heinrich IV. gestattete 1067 dem Grafen Zeizolf für Sinsheim die Errichtung der Münze samt dem Markt „mit dem Recht, wie in irgendwelchen anderen Orten des Reiches der Markt gehalten wird".[108] Auch hiernach schloß die Gründung eines Marktes die Einrichtung einer Münze nicht ohne weiteres in sich. Die Urkunden, die über schon vorhandene Märkte verfügten, bestätigen im allgemeinen diesen Befund. Hier ist es schwieriger aus dem Wortlaut Sicherheit zu gewinnen. In den meisten Fällen besaßen diese Märkte auch Zoll und Münze, in einigen konnte die Münze gefehlt haben. Die Privilegien, welche Kaiserslautern, Thorn, Kailbach, Amberg, Beilngries und Waldkirchen betreffen, gewährten ihren Empfängern außer anderem nur Markt und Zoll. Daß damit bestehende Münzen stillschweigend von der Verleihung ausgeschlossen werden sollten, ist nicht wahrschein-

---

105. DH II n. 78 u. 79.
106. DO III n. 372, Cod. Lauresham. I S. 192 f.
107. DH II n. 96; DO III n. 166; Muller, Het oudste cart. S. 91.
108. Stumpf, Reichskanzler 3 n. 73.

lich. Denn Otto I. nahm 958 bei der Schenkung des Zolles und der Einkünfte vom Fleischmarkt an das Kloster Meschede die Münze ausdrücklich aus, die vermutlich schon bestand. Auch Heinrichs II. Verfügung zu Gunsten des Bistums Speyer von 1909, worin er ihm in Marbach Markt und Zoll bestätigte und außerdem erlaubte, in Marbach Münzen zu schlagen (faciendi monetam) nach Gewicht und Gehalt der Denare von Speyer und Worms zur Verdrängung der falschen Münzen in der Umgegend,[109] läßt sich wegen dieses Hinweises auf den besonderen Zweck der Maßregel sinngemäßer auf die Einrichtung einer neuen Münzstätte als auf eine Aenderung der Münzprägung in einer schon bestehenden Münze beziehen. Auch der Zoll erscheint nicht durchweg mit dem Markt verbunden. Otto I. schenkte seinem Vasallen Ansfried Markt und Münze in Kessel und gestattete den bisher in Echt erhobenen Zoll jetzt in Kessel zu erheben.[110] Doch behalten wir die Erörterung des Zollbegriffes für einen späteren Abschnitt vor. Die große Mehrheit der bekannten und unbekannten Märkte besaß zugleich Münzen und Zoll. Die Ueberlieferung nennt noch eine Reihe von Orten, an denen Märkte nicht nachweisbar sind, aber ein Zoll oder eine Münze oder beides bestand. Ihre Namen ergänzen unser Verzeichnis der Verkehrsorte, das sich zunächst aus den Märkten zusammensetzt. Eine reichhaltige Vervollständigung bietet auch unsere Ergänzung nicht. Zölle werden genannt[111] im Westen des Reiches in Muiden an der Zuiderzee,[112] in Tiel am Waal,[113] Esserden bei Rees am Rhein,[114] Bonn,[115] Zülpich,[115] Gerresheim,[116]

---
109. DH II n. 190.
110. DO I n. 129.
111. Ganze Grafschaften und Bistümer, bei deren Pertinenz auch Zölle und Münzen erwähnt werden, habe ich nicht aufgeführt.
112. DO I n. 164; DO II n. 107.
113. DO II n. 112.
114. Muller, Het oudste Cart. v. Utrecht n. 62 S. 99.
115. bei Lacomblet a. a. O.
116. DO II 153; DH II n. 415.

Angermünde,[117] Hammerstein,[117] Frankfurt a. M.,[117] Echt (bis 950) in der Provinz Limburg,[118] Dieuze;[119] im Süden in Chur,[120] an den Klausen unter Kloster Säben am Eisack,[121] in Pettau (Steiermark)[122] und Lambach südwestlich von Wels,[123] in Ottmaring südöstlich von Augsburg;[124] im Osten in Aderstedt an der Saale,[125] zwischen Ohre und Bode,[126] zwischen Belgern an der Elbe oberhalb Torgau[127] und dem Hafen von Meißen; im Norden in Wildeshausen.[128] Einzelne Münzstätten nennen die Urkunden in Echternach, Saarburg, Straßburg, Brumpt im Elsaß, Kirchheim am Neckar.[129] Wichtiger sind zumeist die Orte, an denen beides, Münze und Zoll, nachzuweisen ist: im Norden Bardowiek,[130] Lesum nordwestlich von Bremen,[131] Groningen,[132] im Westen Utrecht,[133] Zaltbommel,[134] Deventer,[135] Vught bei s'Hertogenbosch,[136] Duisburg,[137] Remagen,[138] Speyer,[139] Ivoy und

---

117. Boos, UB. d. St. Worms I n. 56.
118. DO I n. 129.
119. DK II n. 40.
120. DO I n. 148, 191, 209.
121. DK II n. 115; Mon. Boica 29 a n. 349 u. 393.
122. Zahn, UB. d. Hzgt. Steiermark I n. 59 u. 64.
123. UB. d. Landes ob d. Enns II n. 71 f.
124. Mon. Boica 31 a n. 186.
125. Cod. dipl. Anhalt. I n. 140.
126. DO I n. 299.
127. DO II n. 184.
128. DO II n. 228.
129. DO II n. 72, DO III n. 89, 371; Stumpf, Reichskanzler 3 n. 307; Württemb. UB. I n. 232.
130. DO I n. 309; DO II n. 112.
131. Lappenberg, Hamburg. UB. I n. 87.
132. Muller, Het oudste cart. v. Utrecht n. 49, S. 84 f.
133. DO II n. 106—108.
134. DO III n. 312; DH II n. 15.
135. Muller, Het oudste cart. n. 51, S. 87 f.
136. Sloet, OB. d. graafsch. Gelre en Zutfen I n. 132.
137. Lappenberg, Hamburg. UB. I n. 96; Lacomblet I n. 205.
138. Lacomblet 1 n. 137.
139. Hilgard, Urk. z. Gesch. d. St. Speyer n. 4 u. 10; DO II n. 94; DK II n. 110.

Longuion;[140] im Osten Giebichenstein.[141] Sicher bestanden auch in manchen von diesen Orten Märkte. Endlich werden eine größere Anzahl von Orten nur durch die Umschriften der Münzen selbst als Münzprägestätten und damit als Verkehrsorte erwiesen;[142] im Osten und Norden: Meißen, Hildesheim, die jetzt verschwundene Mundburg am Zusammenfluß der Oker und Aller gegenüber dem Dorfe Müden, Soest, Emden, Bolsward, Leeuwarden, Staveren, Dokkum; im Westen: Antwerpen, Brüssel, Namur, Ciney nordöstlich von Dinant, Lüttich, Celles westlich von Lüttich, Huy, Thuin an der Sambre, Xanten, Meer südöstlich von Krefeld, Andernach, Marsal an der Seille, Dieulouard an der Mosel oberhalb Pont à Mousson, Hattonchâtel nordwestlich von Pont à Mousson, Breisach; in Mittel- und Oberdeutschland: Hersfeld, Erfurt, Cham am Regen, Nabburg an der Naab östlich von Amberg, Neuburg an der Donau oberhalb Ingolstadt. Mehrere von diesen Orten erscheinen bereits im Auslandshandel tätig und erweisen damit auch ihre Bedeutung als wichtige Stätten des Binnenverkehrs.

Unvollständigkeit und Einseitigkeit der Ueberlieferung erschweren einen genaueren Einblick in den Gesamtbestand des Reiches an Märkten, Zöllen und Münzen, in ihrer Verteilung über das Land und in den inneren Zusammenhang des von ihnen abhängigen Verkehrs. Sie beeinträchtigte auch unsere Vorstellung von der Beschaffenheit und dem äußeren Zustande dieser Verkehrsstätten. Dieser Mangel trifft ziemlich gleichmäßig die früheren Römerorte und die neuerstandenen und gegründeten Marktorte in allen Teilen des Reiches. Das wenige, was wir von dem

---

140. DO II n. 58.
141. DO III n. 34.
142. Nach Dannenberg, Die deutschen Münzen der sächsischen und fränkischen Kaiserzeit (1876). Für die Zusammenstellung im Text sind nur solche Münzen unseres Zeitraumes berücksichtigt, deren Zuteilung an eine der genannten Münzstätten durch die Umschriften selbst und andere Beweisgründe gesichert erscheint.

Aeußeren des Marktwesens wissen, läßt sich ohne Willkür nicht zu einem deutlichen Gesamtbilde vereinigen. Damals schon bestanden jedenfalls sehr augenfällige Unterschiede zwischen den einzelnen Marktorten. Es gab große und kleine, alte schon in römischer oder fränkischer Zeit an Verkehr gewöhnte und darauf eingerichtete und viele erst später aufgekommene oder vom Verkehr erfaßte. Auch die Neugründungen lagen in Bischofssitzen, bei Klöstern, Dörfern und größeren Häfen. Für die kleinen und die neugegründeten Marktorte fehlte es nicht an Vorbildern. Die Urkunden selbst wiesen, wie schon früher gezeigt wurde auf diese hin, indem sie die Rechte dieser bekannten und in ihrer Entwicklung bereits fortgeschrittenen Verkehrsplätze auch der Neugründung gewährten. Die meisten dieser Vorbilder, alte Römerorte, zeichneten sich durch die mehr oder weniger ansehnlichen Reste ihrer alten Befestigungen, Mauern und Türme, durch stattliche und, wie in Köln und Mainz, zahlreiche Kirchenbauten, sowie durch eine in dieser Zeit seltene Geräumigkeit der Gesamtanlage aus. Was aber zur Nachahmung reizte oder als Vorbild vorschwebte, war nicht so sehr die äußere eindrucksvolle Gestalt, das stadtartige Bild, welches die alten Verkehrsplätze dem Beschauer darboten. Dies zu erstreben und zu erreichen, kam den meisten Marktgründern nicht in den Sinn; es lag noch nicht im Gedankenkreise der Zeit; es hätte auch schon durch seine Kostspieligkeit tatsächlich das verhindert, was als eigentlicher Zweck des Marktes und der Marktgründungen galt. Den Marktherren und Marktgründern kam es vor allem auf die Einkünfte an, die der Markt und der Verkehr auf ihm gewähren sollte, auf den „Nutzen" des Marktes, dem Königtum und allen denen, die es mit Märkten und Marktrechten begabte. Hauptsächlich aus diesem selbstverständlichen Grunde erteilten eben die Könige Marktprivilegien. Ebenso verfuhren die Bischöfe. Kadaloh von Naumburg gewährte den von Kleinjena nach Naumburg übergesiedelten Kaufleuten zinsfreien Besitz ihrer Hofstätten und freies Verfügungsrecht über diese unter der Bedingung, daß sie ihm die landesüblichen Handelsabgaben bezahlten.[143] Die Förderung des Handels durch Erleichterungen des Verkehrs und durch Verbesserung der Lebensverhältnisse der Kaufleute geschah gewiß oft genug unter dem Gesichtspunkt, daß ihr Handel durch Zölle um so größere Erträge einbrachte. Wenn Bischof Piligrim von Passau von Otto II. für die Passauer Kaufleute zu einiger Sicherung ihres Lebensunterhaltes Zollfreiheit auf allen Gewässern des Reiches, ferner zinslosen Besitz ihrer Hofstätten erwirkte, so genoß er davon Vorteil, indem er für sich vom Könige einen Teil des Zolles in Passau erhielt zur Herstellung und Ausstattung der Domkirche und zum Unterhalt der an ihr tätigen Geistlichen.[144]

Das Königtum so gut wie die Bischöfe, Klöster, Grafen, Herren und andere mit Marktrechten ausgestattete Privatpersonen bedurften dieser Einkünfte, und der Zustand, in dem sowohl der Verkehr wie die militärisch-politischen Verhältnisse des Reiches sich befanden, gestatteten keine andere Art der Heranziehung eines großen, vielleicht des größten Teiles des Verkehrs zu den öffentlichen Lasten als mit Hilfe der Märkte. Diesen Zweck der Märkte, den die älteren Marktorte bereits erfüllten, erreichten aber die späteren Marktgründer am sichersten durch Regelmäßigkeit und Dauerhaftigkeit des Verkehrs auf den von ihnen gegründeten Märkten. Und diese Eigenschaften verbürgte am ersten ein ständig bewohnter Markt, eine mit dem Markt verbundene, zu ihr gehörige Ansiedlung. Allerdings brachte nicht überall erst die Marktgründung die Marktansiedlung hervor oder bereitete ihr das Feld, auf dem sie allmählich erwachsen konnte. Es gab auch Märkte, die nicht im Sinne

---

143. DK II n. 194.
144. DO II n. 137; Piligrim bat für die Passauer, ut aliquam securitatem vite et conversationis eorum de nostro imperiali vigore acciperent, n. 138.

des öffentlichen Rechts gegründet waren, die wohl zum Teil aus älterer Zeit stammten. Es sind auch Märkte im rechtsrheinischen Deutschland gegründet worden an Orten, die nicht nur bereits Ansiedlungen, sondern auch schon Verkehr besaßen. Darauf weisen zunächst die Ausdrücke „öffentlicher" oder „gesetzlicher" Markt (publicum mercatum, legitimum mercatum oder forum, publici mercatorum loci) hin. Ein „öffentlicher" Markt bedeutete einen Ort, in dem die Staatsgewalt „öffentlichen Handel" gestattete.[145] Sie gewährte diesen Orten Vorrechte mancherlei Art, durch Erlaubnis zur Errichtung einer Münze am Orte, durch Bevorzugung ihrer Bewohner in ihrem Verkehr außerhalb des Ortes und ihrem inneren Rechtsleben, durch Einrichtungen, die zum Nutzen der Besucher des Marktes getroffen waren, und durch die mit alledem verbundene Aussicht auf wachsenden Wohlstand, und erhob dafür vom Verkehr am Ort die unter dem Namen „Zoll" zusammengefaßten Abgaben. Die geflissentliche und häufige Betonung der „gesetzlichen" und „öffentlichen" Märkte in den Urkunden[146] deutet aber schon den Gegensatz an. Es gab Märkte, die nicht als „öffentlich" oder „gesetzlich" galten. Otto III. befahl in jener aufschlußreichen Urkunde für Quedlinburg von 994,[147] daß außer den sechs (mit Einschluß von Quedlinburg sieben) genannten, vor der Erteilung des Privilegs „gesetzlich" errichteten Märkten alle anderen in bestimmtem Umkreise jetzt und in Zukunft zerstört werden sollten. Der Erzbischof Bezelin von Bremen und Hamburg erhält 1038 von Konrad II. die Erlaubnis zur Gründung des Marktes in Heeslingen mit der Maßgabe, daß der erzbischöfliche

---

145. Otto I. gewährte 956 dem Kloster Lorsch für dessen Dorf Bensheim nichts anderes, als daß dort publicas mercationes fieri. DO I n. 177. Damit ist sicher ein Markt gemeint.
146. DO I n. 77; DO III n. 364, 367, 372; DK II n. 234; Janicke, UB. d. Hochstiftes Hildesheim I n. 89; Beyer, Mittelrhein. UB. I n. 347; Stumpf, Reichskanzler 3 n. 73.
147. DO III n. 155.

Vogt an den Tagen, an denen der Jahrmarkt dort begangen „zu werden und das Volk am zahlreichsten zusammen zu strömen pflegt", den Marktbann ausüben sollte.[148] Der Jahrmarkt zu Heeslingen fand also schon vor der Gründung des Marktes statt. Das bestätigte mittelbar dieselbe Urkunde, indem sie weiter dem Erzbischof freistellt, in Stade auf Kirchenboden einen Markt zu errichten, „wenn es die Notwendigkeit oder der Nutzen der Sache erfordert" Hier wird die Freiheit der Schöpfung betont und ist folgerichtig erst die Rede von dem zukünftigen Bau von Wohnungen.[149] Ebenso läßt der Wortlaut der Urkunde, in der Otto I. 965 dem Erzbischof Adaldag von Hamburg die Gründung des Marktes in Bremen gestattete und „die Kaufleute, die Einwohner dieses Ortes", mit seinem Schutz beschenkte, kaum einen Zweifel daran, daß es in Bremen schon vor der Marktgründung eine Kaufmannsansiedlung gab.[150] In manchen Fällen konnte die Entwicklung nicht anders sein. Wo seit früherer Zeit schon Verkehr bestand und Kaufleute wohnten, vollzog sich die Aenderung zum gesetzlichen Markt entsprechend den neuen Anschauungen und Anforderungen, die das Königtum stellte, durch Herstellung der erforderlichen Markteinrichtungen unter Regelung der Ausübung der öffentlichen Gewalt durch das Königtum zu gunsten des Marktherrn und seiner Beamten.

Aber vielfach begannen die Marktgründer ihr Unternehmen aus freier Hand. Hier kam es, wir erwähnten es schon, ganz besonders auf die Haltbarkeit und Dauerhaftigkeit der Gründung an, die von verschiedenen Umständen abhängig war und sich erst mit der Zeit erweisen konnte.

---

148. DK II n. 278: licentiam dedimus construendi mercatum in loco Heslingoa ., eo scilicet tenore, ut advocatus eiusdem ecclesiae his diebus, quibus annualis mercatus inibi celebrari et confluentia populi maxime solet fieri, videlicet in festivitate sancti Viti martyris, potestatem habeat banno nostro constringendi usw.

149. a. a. O.: homines vero, qui in predicto predio quoquo modo sibi habitacula faciant.

Der neue Markt zu Andlau sollte bestehen „mit Dauerhaftigkeit allen Rechts, so daß im ganzen Elsaß kein dauerhafterer Markt als dieser von den Königen und Kaisern zugelassen sein soll"; auch der Handelsbetrieb selbst auf dem Markt soll „dauerhaft" sein.[151] Nicht alle Marktgründungen gediehn zur Blüte, manche verkümmerten. Der Markt zu Allensbach, dessen Gründung Otto III. 998 dem Abt Alawich von Reichenau erlaubte, verkam und mußte dreiviertel Jahrhundert später wiederhergestellt werden.[152]

Eine dauernde Ansiedlung am Markt bot, außer dem natürlichen Vorteil, den die Verkehrslage des Orts gewährte, die sicherste Gewähr für das Gedeihen der Gründung. Sie lag wohl auch in der Regel in der Absicht des Gründers. Das Königtum beschränkte sich auf die Erlaubnis zur Anlegung der Einrichtungen und Gebäude, mit denen die Ausübung der Hoheitsrechte verbunden war. Das übrige überließ es dem Marktherrn. Gleichwohl deuten auch die Königsurkunden nicht selten auf diese Ansiedlungen hin. Der neugegründete Markt zu Sulz im Elsaß sollte nicht nur für die von allen Seiten zusammenströmen-

---

150. DO I n. 307: construendi mercatum in loco Bremen nuncupato . licentiam. Bannum et theloneum necnon monetam totumque quod inde regius rei publicae fiscus obtinere poterit, prelibatae conferimus sedi, quin etiam negotiatores eiusdem incolas loci nostrae tuitionis patrocinio condonavimus. Dasselbe war die Meinung Adams von Bremen, Schmeidler, II c. 2: Adaldagus itaque primo ut ingressus est episcopatum, Bremam longo prius tempore potestatibus ac iudiciaria manu compressam precepto regis absolvi et instar reliquarum urbium immunitate simulque libertate fecit donari. Schmeidler Anm. 1; v. Bippen, Gesch. d. St. Bremen 1, S. 24, nimmt an, daß erst durch die Marktgründung eine ständige Kaufmannsansiedlung geschaffen sei. Eine unbefangene Auslegung des Urkundentextes spricht dagegen.

151. DH II n. 79 (1004): cum totius stabilitate iuris, ita ut non sit in tota Alsatia stabilius mercatum hactenus a regibus sive ab imperatoribus permissum quam illud a nobis perpetualiter concessum (sc. mercatum); vorher: mercimonia stabilia ventilandi.

den Besucher ein bequemer und notwendiger Handelsplatz sein, sondern auch für die Mönche und Leute, die an ihm wohnten.[153] Solche Erwähnungen der Marktansiedlungen auf dem alten Kulturboden der Rheinlande sind selten. Da fehlte es nicht an kaufmännischen Ansiedlungen, aber an Anlässen, sie zu nennen. Viel häufiger treten sie uns entgegen im rechtsrheinischen Lande, namentlich auf sächsischem Boden. Und hier bezeugen sie den gewaltigen Fortschritt, den die Zeit vollzog. Sie brachte an immer zahlreicheren Stellen, im Anschluß an die Märkte ständige Siedlungen von einer besonderen und scharf ausgeprägten Eigenart hervor. Bei der Gründung des Marktes in Gandersheim wurden die Rechte der Kaufleute von Dortmund und anderer Orte den „Kaufleuten und Bewohnern" des neuen Marktortes verliehen.[154] Große und ältere Handelsorte besaßen eine ständige Bewohnerschaft. Die in Magdeburg wohnenden Juden und anderen Kaufleute werden zum ersten Mal (965) gleichzeitig mit der Verleihung des Marktes an die Moritzkirche genannt.[155] Damals bestand diese Kaufmannssiedlung bereits. Ebenso war sie, wie wir sahen, in Bremen schon zur Zeit der Gründung des Marktes vorhanden. Konrads II. Urkunde für die Gründung des Marktes in Stade von 1038 sah die Errichtung von Wohnungen an demselben vor. Die Leute, die sich dort Wohnstätten bauten, sollten der Gerichtsbarkeit des bremischen Stiftsvogts unterworfen sein.[156] Der Markt von Quedlinburg wurde von Otto III. 994 begründet; 1040 oder 1042 traf Heinrich III. Bestimmungen über Selbstverwaltungs-

---

153. DO III n. 130 (993): simul etiam monachis et populis ibi commanentibus et habitantibus.
154. DO III n. 66 (990).
155. DO I n. 300, 301 (965).
156. DK II n. 278 (1038): Homines vero, qui in predicto predio quoquo modo sibi habitacula faciant, sub banno et constrictione advocati episcopalis nec alicuius alterius manere decernimus.

befugnisse der dort angesiedelten Kaufleute.[157] Schon unter den Bischöfen Arnulf und Brantog von Halberstadt (996—1023—1036) befanden sich die in Halberstadt wohnenden und dem Bischof zinspflichtigen Kaufleute im Besitz von Weideland.[158] Die größeren Handelsorte, die eine starke Anziehungskraft ausübten, wuchsen über die älteren Befestigungen hinaus. Es bildeten sich Vororte; wie in den ehemaligen Römerstädten, so im inneren Deutschland. Der Vorort (suburbium) von Worms erscheint unter Otto II.;[159] in demselben Jahre (979) auch der Vorort (suburbium) von Magdeburg; in diesem wohnten die Kaufleute, Juden und anderen Ansiedler[160] Außerdem berühren die Urkunden die Art des Wohnens selbst. Sie nennen wiederholt die Hofstätten der angesiedelten Kaufleute. Heinrich II. bestätigte 1004 dem Bistum Merseburg samt dem Markt mit Münze und Zoll und dem Königshof mit den zugehörigen Geländen innerhalb der Burg von Merseburg auch die Hofstätten (curtilia) in und außer der Burg, welche die Kaufleute besaßen.[161] Bischof Piligrim von Passau erwirkte von Otto II. für die Kaufleute von Passau mit der Zollfreiheit für ihren auswärtigen Verkehr zugleich Zinsfreiheit für ihre Hofstätten in Passau.[162] Für die Neuansiedlung der von Großjena nach Naumburg verpflanzten Kaufleute gewährte ihnen Bischof Kadaloh zins-

---

157. Janicke, UB. d. St. Quedlimburg n. 9.
158. Schmidt, UB. v. Halberstadt I n. 1.
159. DO II n. 199.
160. DO II n. 198: nur der erzbischöfliche Vogt soll eine richterliche Gewalt ausüben in sepe dicta civitate vel suburbium eius undiquessecus inhabitantibus aut in posterum habitaturis negotiatoribus sive Judeis aliisque cuiuscumque conditionis inibi morantibus. Der etwas unklare Wortlaut läßt es zweifelhaft, ob auch in der civitas Kaufleute wohnten.
161. DH II n. 64: curtem quoque regiam cum aedificiis infra urbem Merseburg positam et omnia curtilia infra et extra urbem, que negotiatores possident, ferner mercatum, monetam etc.
162. DO II n. 137.

freien Besitz ihrer umzäumten Hofstätten in Naumburg und freies Verfügungsrecht darüber.[163] Die öffentlichen und die privaten Interessen forderten in gleicher Weise die Dauerhaftigkeit der Verkehrseinrichtungen. Die Markteinrichtungen selbst suchten, außer der Ausprägung des Münzgeldes der Münze, den Bedürfnissen des öffentlichen Verkehrs in verschiedener Weise gerecht zu werden. Der Markt sorgt für regelmäßige Feilbietung von Lebensmitteln. Mehrfach gewährten die Schenkungen der Könige auch das „macellum", die Marktvorrichtungen für den Verkauf von Fleisch waren, auch wohl von Fischen, Oel und Brot. Otto I. schenkte 958 dem Kloster zu Meschede den Zoll und was vom „macellum" in Meschede einkomme.[164] „Macella" werden erwähnt in Diedenhofen und Metz,[165] Kloster Hornbach erhielt 972 ein in Urbach gelegenes „macellum" mit seinen Einkünften.[166] Fünf Jahre später beschenkte Otto II. das Bistum Minden mit dem Bann in Minden und erlaubte ihm, dort eine Münze und ein öffentliches „macellum" zu errichten.[167] Dem Kloster Niedernburg in Passau gewährte Heinrich II. 1010 den Bann über das auf dem Eigenboden des Klosters erbaute „macellum" samt dem Zoll davon.[168] Nach dem Wortlaut der Urkunden ist an Einrichtungen zu denken, an Verkaufsstände, an die ohne Zweifel der Verkauf von Lebensmittel gebunden war.[169] Ob sich damit ein weitergehendes Bann-

---

163. DK II n. 194: que septa cum areis quisque insederit, perpeti iure sine censu possideat indeque licentiam faciendi quicquid voluerit habeat.
164. DO I n. 190.
165. DO I n. 313; DO II n. 218.
166. DO I n. 424: quoddam macellum in Urebach situm.
167. DO II n. 147: et ut monetam macellumque publicum ibi construi liceret; DH II n. 189; DK II n. 165; Wilmans, Kaiserurk. d. B. Westfalen 2 n. 201, 206.
168. DH II n. 214: bannum macelli in proprietate eiusdem monasterii facti cum omni theloneo.
169. In allen oben erwähnten Fällen habe ich das Vorhanden-

recht verknüpfte, läßt sich nicht ermitteln. Auf ein anderes Zubehör des Marktes deuten mehrere Urkunden, die sich auf niederländische Verhältnisse beziehen. Otto II. erlaubte 974 dem Bistum Lüttich, in Fosses einen Zoll, Markt, Münze und Bierbrauerei herzurichten.[170] Das Bistum Utrecht gelangte durch Otto III. 999 in den Besitz der öffentlichen Gewalt in Zaltbommel mit dem Zoll, der Münze und der Grutbierbereitung.[171] Heinrich III. verfügte 1040 und 1041 zu gunsten des Klosters Nivelles über Markt, Zoll, Münze, „materia" und anderes in dem Ort Nivelles.[172]

Dagegen regelten die Urkunden sehr häufig die Marktzeit. Sie gewährten Wochenmärkte und Jahrmärkte. An diesen Orten, die im kontinentalen Verbreitungsgebiet des Grutbieres lagen, kamen wahrscheinlich Bannrechte in Frage, das Recht zur alleinigen Herstellung und zum Ausschank dieses beliebten Würzbieres.[173] So lag kein Anlaß vor für die Urkunden, der Schenken und Märkte zu gedenken,[174] die für die Märkte und Marktansiedlungen aus

---

sein eines Marktes angenommen, auch wo dieser nicht ausdrücklich erwähnt wird. Vgl. aber Rietschel S. 101.

170. DO II n. 85: ut in loco Fossas nuncupato theloneum mercatumque et monetam et materiam cervise constitueret.

171. DO III n. 312: theloneum vero, monetam et negocium generale fermentatae cervisiae, quod vulgo grut nuncupatur.

172. Miraeus, op. dipl. 1 S. 660, 661; Waitz, Deutsche Verfassungsgeschichte 8, S. 276, Anm. 3. Steindorff, Jahrbücher Heinrichs III. 1, S. 525 ff.

173. A. Schulte, Vom Grutbiere, Annalen des histor. Ver. f. d. Niederrhein 85, S. 118 ff.

174. Das früheste Beispiel, das eine Schenke (taberna) im Zusammenhang mit der Marktgründung (und mit dem Markt überhaupt) erwähnt, ist die aus dem Marktprivileg Ottos III. für Altdorf i. Elsaß vom J. 999 oder 1000 geschlossene Bestätigung desselben durch Friedrich I. vom J. 1153. S. oben S. 29 a A. 1. Hiernach gewährte Otto III. potestatem mercatum, monetam, tabernam et teloneum publicum habendi, construendi et legitime faciendi. Die Ueberlieferung läßt immerhin die Möglichkeit einer späteren Ergänzung des alten Gründungsprivilegs zu.

Gründen des inneren und äußeren Verkehrs unentbehrlich waren.

Bei Neugründung von Märkten findet übrigens deren Eigenschaft als Wochen- oder Jahrmärkte erst in Urkunden Ottos III. seit dem letzten Jahrzehnt des 10. Jahrhunderts Erwähnung.[175] Der Wochenmarkt diente in erster Linie, natürlich nicht ausschließlich, den Bedürfnissen des Marktorts selbst und seiner näheren Umgebung, dem gewohnheitsmäßigen Austausch der Landeserzeugnisse auf dem Markt und der regelmäßigen Versorgung des Marktortes mit Lebensmitteln aus der Umgegend. Der Wochenmarkt konnte gewissermaßen ständig sein, indem er täglich offen und in Betrieb war. Solche „täglichen" oder „an jedem Tage gesetzlichen" Märkte besaßen Würzburg, Salzburg und Freising.[176] Oefter findet sich der Markt festgesetzt auf bestimmte Wochentage. Es scheint, daß das für kleinere Orte die Regel war. Am häufigsten legte man den Markt auf den Mittwoch, außerdem auf Donnerstag und Samstag. Montag, Dienstag und Freitag werden als Wochenmarkttage nicht genannt. Das Kloster Lorsch erhält 1067 Erlaubnis, den Wochentag für seinen Markt selbst zu bestimmen.[177] Einzelne Orte erwarben mit dem Wochenmarkt zugleich den Jahrmarkt. Die Jahrmärkte (annuum mercatum, annuale m., annuale et generale m.,[178] nundinae) übten ihre Anziehungskraft auf eine weitere Umgebung aus; sie sollten besonders auch den Fernhandel beleben und damit den Austausch der Fremdwaren fördern. Der Jahresmarkt war ein allgemeiner Markt.[179] Die Jahrmärkte werden in den Urkunden zuerst im Westen auf ehemals

---

175. Zuerst für Salzburg und Freising: (996) DO III n. 197, 208.

176. DO III n. 197, 208; DK II n. 154. Rietschels Auslegung S. 45 f. ist zu eng.

177. Cod. Lauresham. I S. 191 f.

178. Stumpf, Reichskanzler 3 n. 50.

179. Toul, Metz, Visé, Kloster Prüm, DH I 16; DO I n. 104; DO II n. 308; DH II n. 358.

römischem Gebiet genannt.[170] Am frühesten, erst im Jahre 1019, erschienen im rechtsrheinischen Deutschland die Jahrmärkte von Wolfsanger und Kaufungen bei Kassel.[180] Später finden sich noch rechtsrheinische Jahrmärkte in Bremen, Heeslingen, Oldenzaal, Essen, Nörten, Donauwörth und Kloster Metten.[181] Den erwähnten Zweck der Fernwirkung der Jahrmärkte läßt während dieses Zeitraumes die Ueberlieferung nur selten so bestimmt hervortreten. Erst in dem nächsten Zeitabschnitt liegt er klarer vor Augen. Einzelne Nachrichten, z. B. bei der Gründung des Jahrmarktes in Heeslingen (1038) und später bei der Erwähnung der Kölner Ostermesse, sprechen von dem Zuströmen einer großen und aus der Ferne kommenden Menge.[182] Aber dieselbe Wirkung wird im 10. Jahrhundert auch Wochenmärkten beigelegt. Von dem Würzburger Markt, der erst 1030 auch einen Jahrmarkt erhielt, heißt es schon 918, daß dorthin die Leute aus allen Provinzen und Orten des Handels wegen zusammen kämen, und bei der Gründung des Marktes zu Sulz im Jahre 993 ist die Rede von der Menge des Volkes, das von allen Seiten dorthin zusammenströmt.[183] Man kann vermuten, daß im rechtsrheinischen Deutschland sich ein Bedürfnis nach den Jahrmärkten erst langsam einstellte und im allgemeinen während des 10. Jahrhunderts noch die Wochenmärkte auch für den Fernhandel ausreichten. Neben den zahlreichen kleinen und in der Entstehung begriffenen Märkten und Marktansiedlungen kamen für den inneren und äußeren Fernhandel nur wenige bedeutende Märkte in Betracht. Nicht anders war es in dieser Hinsicht auch in späterer Zeit, da der Fernhandel bereits einen größeren Umfang ge-

---

180. DH II n. 412.
181. DK II n. 144. 222, 278; Lacomblet I n. 176; Muller, Het oudste. cart. v. Utrecht n. 54, S. 91; MG. SS. XI, S. 307 u. Anm. 26; Gudenus I. n. 129; Mon. Boica 11 S. 440.
182. DK II n. 278.
183. DK I n. 35; DK II n. 154; DO III n. 130.

wonnen hatte. Außerdem ist weder damals noch später der Fernhandel ausschließlich an den Jahrmarkt und die Jahrmarktzeit gebunden gewesen. Fernhandel mußte es schließlich auch ohne Jahrmärkte und außer der Jahrmarktzeit an den Marktorten geben. In welchem Maße der innere Fernhandel im Laufe dieses Zeitabschnittes in Uebung kam und ein Bedürfnis wurde, läßt sich im einzelnen doch nur selten, im allgemeinen höchstens in einigen allgemeinen Zügen wahrnehmen. Das Erscheinen und die Zunahme der Jahrmärkte bekundete wenigstens die Tatsache, daß der innere Fernhandel seit dem Beginn des 11. Jahrhunderts dauernd anwuchs und sich regelmäßiger über das Land ausbreitete.

Der allmähliche Uebergang zum Jahrmarkt im rechtsrheinischen Deutschland legt daher die Frage nahe, worin der Unterschied zwischen Wochenmarkt und Jahrmarkt bestand[184] und worin man die Mittel sah, um den erwünschten Zweck, die Förderung des Fernhandels, zu erreichen.

Der Unterschied darf nicht zu einseitig in dieser oder jener Eigenschaft des Jahrmarktes gesucht werden. Er bestand zunächst in der grundsätzlich längeren Dauer der Jahrmärkte. Die meisten Marktorte, besonders die kleineren, besaßen Wochenmärkte nur an einzelnen bestimmten Wochentagen. Für sie bedeutete der Jahrmarkt mit seiner mehrtägigen Dauer, den ebenfalls der König verlieh, etwas tatsächlich und rechtlich Neues. Trotzdem kann der Unterschied zwischen Wochenmarkt und Jahrmarkt nicht allein oder hauptsächlich in der längeren Dauer der Jahrmärkte bestanden haben, darin also, daß der Wochenmarkt grundsätzlich ein eintägiger, der Jahrmarkt ein mehrtägiger Markt war. Denn Würzburg besaß, wie erwähnt wurde, längst bereits einen „täglichen" Markt, ehe es 1030

---

184. Rietschels Ausführungen, Markt und Stadt S. 46 f. reichen nicht aus.

einen Jahrmarkt erwarb.[185] Freising verfügte seit 996 über einen „an jedem Tage gesetzlichen" Markt und erhielt dazu von Konrad III. 1140 noch einen Jahrmarkt.[186] Diese Bischöfe waren lange vor der Verleihung von Jahrmärkten berechtigt, Märkte von beliebiger Dauer in ihren Bischofssitzen abhalten zu lassen.[187] Auch die regelmäßige Festsetzung des Jahrmarktes auf einen bestimmten Zeitpunkt des Jahres bildete nicht durchweg einen maßgebenden Unterschied. Sie hatte den Vorteil, den Fremden Gewißheit zu verschaffen, daß sie zu der angekündigten Zeit andere fremde Händler am Jahrmarktsort trafen, daß überhaupt ein augenblicklich größerer Zusammenfluß von Menschen und Gütern dort stattfinden würde. Aber in dieser organisatorischen Maßnahme der Ansetzung eines bestimmten Zeitpunktes eines Marktes, der sich über mehrere aufeinander folgende Tage erstreckte, bestand in den erwähnten Fällen von Würzburg und Freising schwerlich der oder ein Hauptwert der feierlichen Verleihung des Jahrmarktes durch Königsurkunde. Denn die Bischöfe dieser Marktorte waren berechtigt, Märkte von beliebiger Dauer zu beliebigen Zeiten im Jahre abzuhalten. Sie

---

185. DK II n. 154.
186. DO III n. 197; Mon. Boica 31 a n. 208.
187. Die Ansicht Riezlers. Studien zur ältesten Geschichte Münchens, Abh. d. bayer. Akad., hist. Klasse, 24 (1907) S. 318: daß ein täglicher Markt einen Jahrmarkt in sich schließe, ist nur richtig, wenn man, mit Riezler, den Jahrmarkt erklärt als einen nur an bestimmten Tagen alljährlich sich wiederholenden Markt: diese Bestimmung des Begriffs Jahrmarkt ist aber zu eng: Riezler lehnt ebenso irrig die Auffassung ab, daß ein Jahrmarkt gegenüber dem täglichen Markt ein neues Recht bedeute. In den zutreffenden Einwendungen Baumanns, Zur Geschichte Münchens, Archival. Zeitschr. N. F. 14 (1907) S. 269 f., ist wiederum unhaltbar die Behauptung, daß der Grund für die Verleihung von Jahrmärkten auch an Orte mit täglichem Markt der den Jahrmarktbesuchern besonders zugesicherte Königsfriede und Königsbann gewesen sei. Beides besaßen die vom König verliehenen Märkte ebenso regelmäßig und ausreichend wie die Jahrmärkte, auch wo es nicht eigens ausgesprochen wird.

konnten den Vorteil der festen Zeitbestimmung eines solchen Dauermarktes erreichen durch eigene Mitteilung und Verkündigung nach auswärts. Immerhin bestand, wie schon gesagt wurde, ein Vorzug der Jahrmärkte, der gerade dem Fernhandel erwünscht sein mußte, in der zuverlässigen Festsetzung der Marktzeit, die vermutlich auch damals schon mit Rücksicht auf die Jahrmärkte der näheren oder weiteren Umgebung getroffen wurde. Auch lag kein wichtiger Unterschied in der Verschiedenheit des Marktfriedens und des Marktbannes, die der König verlieh. Ein Jahrmarktprivileg gewährte den Besuchern des Jahrmarktes keinen höheren oder ausgedehnteren Marktfrieden, als ihn die Besucher des Wochenmarktes genossen. Einen Unterschied zwischen Königsfrieden und Königsbann für einen Wochenmarkt und für einen Jahrmarkt gab es nicht.[188] Veranstaltungen, die der Marktherr für den Aufenthalt einer größeren und ungewohnten Anzahl von Fremden traf, mögen den Besuchern des Jahrmarktes besondere Vorteile geboten haben. Aber diese begründeten doch nur einen tatsächlichen, nicht einen rechtlichen Unterschied zwischen

---

188. Rietschels Behauptung, Markt u. Stadt S. 48, daß das Bremer Jahrmarktprivileg von 1035, DK II n. 222, gegenüber den früheren Bremer Markturkunden etwas durchaus Neues, nämlich die besondere Befriedung der von außen kommenden Marktbesucher enthalte, ist unter der Voraussetzung richtig, daß trotz der Gründung des Marktes i. J. 965, DO I n. 307, den Besuchern des Marktes der königliche Marktfriede gefehlt habe, was m. E. ausgeschlossen ist. Der Friede, den das Jahrmarktprivileg von 1035 den Besuchern verleiht, ist nichts anderes als der den Besuchern neugegründeter (Wochen-) Märkte regelmäßig verliehene Frieden. Auch das Beispiel von Magdeburg, das Rietschel Anm. 5 anführt, trifft nicht zu, denn die Magdeburger Urkunde von 1035 ist Fälschung. DK II n. 222. Den Unterschied, den Schröder, Deutsche Rechtsgeschichte, 6. Aufl., S. 683 konstruiert zwischen dem Marktbanne in ständigen Märkten und dem Marktbann auf Jahrmärkten, der auch den auswärtigen Marktbesuchern bei der Hin- und Rückreise zugute gekommen sei, machen die Urkunden in Wirklichkeit nicht. Die dort angeführten unmittelbaren „Jahrmarktsbänne" sind sämtlich Marktbänne.

Wochenmärkten und Jahrmärkten. Hiernach müssen zu den bisher genannten Eigenschaften der Jahrmärkte noch andere Kennzeichen getreten sein, die diese Einrichtung wesentlich von der der Wochenmärkte unterschieden. Hält man fest, daß der Jahrmarkt keine Einrichtung war, die sich durch eine einzige bestimmte Eigenschaft auszeichnet, sondern eine Reihe von mehr oder minder wichtigen Vorzügen in sich vereinigte, so wird die Erscheinung als Ganzes am besten verständlich. Es scheint, daß der Jahrmarkt, als er sich auch im rechtsrheinischen Deutschland einzubürgern begann, eine in seinem Wesen bekannte und feststehende Einrichtung war, die man im linksrheinischen Reichsgebiet längst besaß und daher in ihrer Besonderheit zu erklären nicht für nötig hält. Deshalb begnügten sich die Urkunden im allgemeinen damit, den Zeitpunkt und die Dauer der Jahrmärkte festzusetzen, ohne sonst etwas Charakteristisches über die Art der Einrichtung auszusagen. Diese anderen, nicht ausdrücklich genannten Eigenschaften der Jahrmärkte, die zu dem Begriff des Jahrmarktes gehörten, müssen, wie die Beiträge von Würzburg und Freising lehren, solche gewesen sein, die besondere Vorzüge enthielten und zugleich der Bewilligung des Königs bedurften. Sie können daher, da die mehr formalen Abweichungen von der äußeren Erscheinung der Wochenmärkte, die Zeit und Dauer betreffen, schon in den Urkunden genannt werden, nur bestanden haben in Abweichungen von dem eigentlichen Handelsbetrieb und dem Verfahren, wie es auf den Wochenmärkten üblich und gesetzlich war. Die Abweichungen von dem gewohnten Betrieb auf den Wochenmärkten bedeuteten demnach wichtige Vergünstigungen für die Fremden. Sie sind vielleicht zu suchen in dem Wegfallen von Vorrechten, die auf den Wochenmärkten die einheimischen beanspruchen, hauptsächlich aber in einer von der normalen ganz oder teilweise abweichenden Regelung der Marktabgaben und des Gerichtsverfahrens. Auf diesen Gebieten gewährten, wie die Ueberlieferung lehrt, im 12. Jahrhundert die Jahrmärkte ihren Besuchern mitunter besondere Vorteile. Wahrscheinlich taten sie das schon im 11. Jahrhundert. Näheres wissen wir darüber nicht. Aber diese Vergünstigungen, welche die Gerichts- und die Finanzhoheit des Königs berührten, waren wohl diejenigen Eigenschaften der Jahrmärkte, die am ersten eine Bewilligung durch den König erforderten. Demnach bleibt bestehen, was schon hervorgehoben wurde, daß die Verschiedenheit der Jahrmärkte und der Wochenmärkte nicht in einer einzigen oder einem überwiegenden Vorzug jener vor diesen bestand, sondern daß die Jahrmärkte ihren Besuchern eine Reihe von mehr oder minder wichtigen tatsächlichen und rechtlichen Vorteilen vor den Wochenmärkten bieten konnten. Es wird auch nicht anzunehmen sein, daß jeder Jahrmarkt diese Vorteile insgesamt seinen Besuchern gewährte, sondern vermutlich gab es da schon früher, wie sicher späterhin, bei den einzelnen Jahrmärkten manche Verschiedenheiten und Abstufungen in den Mitteln, mit deren Hilfe man den Fernhandel für den Besuch des Jahrmarkts zu gewinnen suchte. Die Dauer des Jahrmarktes betrug zwei, drei oder mehrere Tage, — eintägige Jahrmärkte kommen nicht vor —, er überschritt aber nicht eine Woche. Die Wahl der Marktzeit richtete sich oft nach den Festtagen der Heiligen, deren Feier an der ihnen geweihten Kirche eine größere Menschenmenge aus weiterem Umkreise zusammenführte,[189] und wohl auch nach der Zeit anderer Jahrmärkte in der Umgegend. Von den wenigen Marktorten, deren Jahrmärkte damals bekannt sind, besaßen einige schon mehrere Jahrmärkte. Bremen, Kaufungen und Kloster Metten erfreuten sich zweier Jahrmärkte, Bremen zweier von sieben Tagen, die beiden andern von je drei Tagen. Die Festzeiten der Jahrmärkte verteilten sich über die gute Jahreszeit, von Anfang Mai bis in

---

189. Vgl. Rathgen, Die Entstehung der Märkte, S. 59.

den November. Bemerkenswert ist, daß es Märkte gab, die noch längere Unterbrechungen erfuhren als die Jahrmärkte.

Die Freisinger Traditionen erwähnen vor der Mitte des 11. Jahrhunderts einen Markt zu Riding in Oberbayern, der nur in jedem zweiten Jahre stattfand.[100]

Gehn wir auf den Verkehr selbst ein, so gilt es auch hier zunächst die Stellung ins Auge zu fassen, die das Königtum zu der praktischen Ausbildung des Verkehrs einnahm. Die Märkte bildeten an vielen Stellen des Reiches größere oder kleinere Mittelpunkte des Verkehrs. Sie gewöhnten, je mehr ihre Zahl anwuchs und je mehr dadurch auch wenig oder gar nicht vom Verkehr berührte Gebiete in den Verkehr hineingezogen wurden, die Bevölkerung desto mehr an einen regelmäßigen Güteraustausch. Sie boten freilich nicht die einzigen Gelegenheiten zum Handelsverkehr. Auch abgesehen von Märkten oder marktartigen Veranstaltungen, die nicht als „öffentlich" oder „gesetzlich" galten, begnügte sich der Handel nicht mit dem Besuch der öffentlichen Märkte, sondern setzte sich auch in unmittelbare Beziehung zu der Bevölkerung des platten Landes und suchte sie in ihren Dörfern und Wohnungen auf. Allein die öffentliche Gewalt sah in den Märkten um so mehr die wichtigsten Verkehrsmittelpunkte, als sie nur einen konzentrierten Verkehr auch finanziell ausgiebig erfassen konnte. Sie mußte daher notwendig den Markthandel begünstigen und ihn mit allen Mitteln zu sichern suchen. Das geschah, indem sie den Marktbesuch unter den besonderen Schutz des Königfriedens stellte. Das Königtum versprach den Besuchern der Märkte sicheren Frieden für ihren Aufenthalt auf dem Markt, zugleich auch beim Kommen und Weggehn, bei Ankunft und Abreise. Den Bruch des Friedens stellte es unter die Strafe des Königsbannes und verwies dabei, zur unzweideutigen Kundmachung seiner Absicht, häufig auf das Beispiel der älteren angesehenen Marktorte, wo der Marktfrieden durch den Königsbann erzwungen und seine Verletzung mit dem

Königsbann gestraft wurde.[191] Schon in dem ältesten Zeugnis für die Verleihung des Marktfriedens an die Marktbesucher in einem dem Kloster Corvey gewährten Privileg von 946 für den neuen Markt in Meppen wies Otto I. darauf hin, daß dieser Frieden bereits sicher von seinen Vorgängern den anderen öffentlichen Marktorten verliehen sei.[192] Zahlreiche spätere Marktgründungsurkunden wiederholten königliche Zusicherungen mit großer Regelmäßigkeit.[193] Sie bildeten einen festen und notwendigen Bestandteil der Marktgründung. Offenbar wäre ohne sie der Zweck der Gründung nicht erreicht worden. Unzweifelhaft galt derselbe Frieden für die Besucher der älteren, überhaupt

---

190. Bitterauf a. a. O. (1039—1046): cum mercatu in secundo anno redeunte.
191. DO I n. 430 (Herford): pacemque omnibus querentibus mercatum ac redeuntibus faciendum concessimus; DO III n. 197 u. 208 (Salzburg u. Freising): et omnibus quidem eundem mercatum inquirentibus pacificum aditum ac reditum nostri imperialis banni districtione firmiter sancimus; DO III n. 280 (Allensbach): vel aliquem illuc venientem molestaverit, eandem penam et imperiale bannum persolvat, quod solvere debet, qui Mogontinum et Uuormatiense aut Constantiense mercatum et monetam dissipare et annullare temptat; DO III n. 311 (Villingen): ut cuncti qui illud iam dictum mercatum visitare cupiant, secure et cum totius tranquillitatis pace eant, redeant et sine iniusto quolibet dampno negocium suum excolant, scilicet comparando, emendo, vendendo et quicquid huius artis nominari potest faciendo; DO III n. 364 (Wasserbillig): ut omnes homines presentes futurique predictum mercatum visitantes cum omni pace illuc eant, redeant, comparent et quicquid illis placuerit sicut in aliis publicis mercatis vendant; wer das verletzt, soll componere nostrum bannum ita sicut ille, qui mercato Mogoncie, Colonie et Treveris confracto et contaminato dampnatus fuerit. Diese wörtlichen Anführungen mögen hier genügen.
192. DO I n. 77.
193. So die für Herford, Freising, Salzburg, Allensbach, Villingen, Weinheim, Wasserbillig, Kreuznach, Helmarshausen, Câteau-Cambrésis, Andlau, Donauwörth, Würzburg, Bremen, Kölbigk, Essen, Kaufungen, Mainzer Markt im Rheingau, Wienhausen, Hersbruck, Villach, Sinsheim.

der vorhandenen öffentlichen Märkte. In ihnen und für sie bestand dieser Verkehrsschutz bereits. Gerade sie bildeten ja in dieser Hinsicht die Beispiele und Vorbilder für die Neugründungen. Alle Märkte besaßen diesen Frieden, der ihre Besucher schützte. Otto III. gewährte bei der Gründung des Kreuznacher Marktes den Besuchern allgemein solchen Frieden, wie ihn diejenigen haben, die unsere öffentlichen Märkte besuchen".[194] Durch die Gewährung des Friedens an die Marktbesucher übte das Königtum einen starken Zwang auf die öffentlichen Zustände aus. Allerdings galt die Zusicherung des Königsfriedens an die Marktbesucher nur für die Zeit ihres Aufenthaltes auf dem Markt und für den Bereich des privilegierten Marktes selbst, wie auch dieser Königsfriede immer nur dem einzelnen Marktherrn und seinem Markte verliehen wurde. Wenn die Gründungsurkunden neben dem Verweilen auf dem Markt auch häufig das Kommen und Gehen, Zugang und Abgang, Hinkunft und Rückkehr der Marktbesucher betonen und den Königsfrieden erteilen, so wollten sie ihn doch nicht nur auf ihre gesamte Hin- und Rückreise erstrecken. Das würde, bei der großen und immer mehr anwachsenden Zahl der Märkte in dem weiten Reiche, tatsächlich zu einer empfindlichen Rechtsunsicherheit im Verkehr und außerdem dazu geführt haben, daß gewissermaßen der Handelsverkehr im ganzen Reiche, der sich doch zum guten Teil zwischen den Marktorten, namentlich den ansehnlicheren, bewegte, unter den besonderen Schutz des Königfriedens gestellt wurde. Mochte da auch ein Ziel der Entwicklung liegen, so kam ihm die Zeit doch erst allmählich näher. Die Urkunden vermeiden auch Ausdrücke, die unzweideutig die Reise oder Fahrt bezeichnen, wie iter, via und ähnliche. Jene Bestimmungen der Dauer des Marktfriedens vor und nach dem eigentlichen Aufenthalt der Besucher auf dem Markte sollten in

---

194. DO II n. 867.

erster Linie dazu dienen, die Hauptfrage, nämlich die Friedensgewährung für den Aufenthalt selbst, nicht schon von vornherein in Frage zu stellen. Sie beseitigten für den Aufenthalt hinderliche Rechte der Marktherrn selbst und der benachbarten öffentlichen Beamten oder Grundherren oder sonstiger Privater und stellten vor allem den unmittelbaren Verkehr der Nachbarschaft mit dem Marktort sicher. Denn dieser regelmäßige und ungehinderte Verkehr der Marktorte, und zwar sowohl der großen wie der kleinen, mit ihrer unmittelbaren Umgebung bildete doch zunächst die Grundlage für die Existenz des Marktortes selbst. Die durch die Marktgründung erfolgte wirtschaftliche und rechtliche Heraushebung des neuen Marktes aus seiner Umgebung und seine Bevorzugung vor dieser geschah gewiß in manchen Fällen nicht ohne Aenderungen, die als unbequem empfunden wurden, oder ohne Verlegung und Durchkreuzung fremder Ansprüche, Bestrebungen und Wünsche innerhalb der näheren Umgebung der neuen Gründung. Das Gebiet, innerhalb dessen der Königsfrieden für die Marktbesucher galt, fiel in der Regel zusammen mit dem Marktort selbst. Das zeigen deutlich die wenigen Ausnahmen, die bekannt sind. Den Markt des Klosters Andlau stattete Heinrich II. im Jahre 1004 mit besonderen Vorrechten aus, „so daß im ganzen Elsaß bisher kein dauerhafterer Markt von den Königen und Kaisern gegründet worden ist", und verlieh ihm den Königsfrieden für den Raum einer Meile im Umkreise.[195] In der Gründungsurkunde für den Markt in Villingen (999) erstreckte Otto III. den Marktfrieden auch über den Bereich der Grafschaft Bar.[196] Die Anordnungen Heinrichs IV. für Siegburg von 1071 und des Abtes von Reichenau für Allensbach von 1075, die beide die Ver-

---

195. DH II n. 79: ut omnes homines in eiusdem loco mercati invicem negotiantes pacem et securitatem in circuitu per spatium milliarii tam certam nostri banni et defensionis teneant, quam usw.
196. DO III n. 311.

letzung der Marktbesucher durch Raub, Diebstahl, Gefangennahme, Verwundung u. dgl. in einem bestimmten Umkreise mit dem Königsbann bedrohten, hielten sich innerhalb der näheren Umgebung des Marktortes.[107] Obwohl die Villinger Urkunde entferntere Verkehrsbeziehungen zu Konstanz und Zürich und die Allensbacher zu Konstanz und Basel andeutet, beschränkt sich der Geltungsbereich des Königsfriedens auch in diesen Ausnahmefällen auf den Bezirk der unmittelbaren Nachbarschaft.

Diese fast überall nur lokale Geltung des den Marktbesuchern erteilten Königsfriedens konnte nicht verhindern, daß durch ihn das Königtum auch auf den Gesamtverkehr im Reiche eine starke Wirkung ausübte. Die Marktorte standen als hochbefriedete und vom Königtum bevorzugte Verkehrsstätten in vielfacher Verbindung untereinander. Das Anwachsen einzelner Marktorte und die starke Vermehrung ihrer Zahl regten den Güteraustausch an und vermehrten die Gelegenheit dazu, erleichterten auch den wechselseitigen Verkehr und machten ihn gefahrloser und sicherer. Das Königtum war nach Kräften der berufene Hüter des öffentlichen Friedens im Reiche und bemühte sich, diese Aufgabe zu erfüllen. Die öffentlichen Straßen standen in seinem Schutz. So nahm sich das Königtum auch des Zwischenverkehrs der Marktorte untereinander an. Denn der Verkehr bedurfte dieses Schutzes. Er begegnete auch Widerständen im Lande. Die Bevölkerung selbst hinderte ihn gelegentlich. Otto II. mußte in dem Privileg für die Magdeburger Kaufleute von 975, worin er ihnen den Verkehr im Reiche zu erleichtern suchte, ausdrücklich der Bevölkerung verbieten, die Brücken und Bohlwege zu zerstören oder irgendwelche Hindernisse auf den Wegen zu

---

197. Rietschel S. 200 ff. Was den Geltungsbereich des Königsfriedens für die Marktbesucher anbetrifft, hat Joachim, Hans. Geschichtsblätter Jg. 1909, S. 230 ff. im wesentlichen das Richtige getroffen.

schaffen.[198] Ein Mißtrauen der Bevölkerung besteht ja noch bei stärker entwickeltem Verkehr. Die umständliche Art des Reisens und der häufige Zusammenschluß der Kaufleute zu gemeinschaftlicher Reise, die häufig Waffen mit sich führten und Ursache hatten, auf ihre eigene Sicherheit bedacht zu sein, war auch geeignet, die Bevölkerung zu beunruhigen. Der Reisende sah sich oft genug auf Selbsthilfe und Selbstversorgung angewiesen. Die Leute des Klosters St. Maximin in Trier, die die auswärtigen Geschäfte desselben besorgten, erhielten von den Königen die Erlaubnis zu freiem Besuch der königlichen Orte, zum Handelsbetrieb darin, zum Weiden und Tränken.[199] Dieses Verfahren der Reisenden zum Unterhalt ihrer Last-, Zug- und Reittiere, das in die Rechte Anderer eingriff, konnte leicht zu Streitigkeiten mit der Landbevölkerung Anlaß geben. Auch die spätere Gesetzgebung befaßt sich noch mit Zugeständnissen, die man diesen Bedürfnissen des Reiseverkehrs machen mußte.

Wichtiger waren andere Hindernisse des freien Marktbesuchs. Sie lagen in der öffentlichen Stellung und in dem Beruf der Marktbesucher. Sicher standen nicht alle Marktbesucher hinsichtlich ihres Standes und Berufes auf der gleichen Stufe. Die Besucher der Märkte kamen aus verschiedener Entfernung, aus der Nähe des Marktortes und aus weiterer Ferne. Die Verhältnisse an den einzelnen Marktorten lagen da verschieden. Die größeren, älteren

---

198. DO II n. 112: ne aliquis pontes destruere aut aliquod impedimentum in viis facere velit. Unter „pontes" sind nicht nur die noch seltenen schwebenden Hochbauten, sondern vor allem die Holzbrückenwege, Bohlbrücken, Knüppeldämme und ähnliche, zum Teil nicht unbedeutende und kostspielige Vorrichtungen zum Ueberschreiten sumpfiger Stellen zu verstehen. Edw. Schröder, „Brücke" in Hoops Reallexikon d. germ. Altertumskunde 1, S. 332 ff. § 5; mein Artikel: Verkehrswesen das. 4. (In Magdeburg erscheinen noch in gleichem Sinne die Straßennamen: Stephans-, Tischler-, Goldschmiedebrücke. Der Herausgeber.)

199. DO III n. 62; DH II n. 94; Beyer, Mittelrhein. UB. I n. 360.

und günstig gelegenen zogen zahlreichere Besucher aus der Ferne an als die kleinen und jungen Märkte. Manche Märkte sollten in erster Linie zur Versorgung eines Klosters dienen oder beschränkten sich auf die Zusammenziehung des Verkehrs aus engem Umkreise. Die Wochenmärkte, die an einem bestimmten Tage der Woche oder täglich stattfanden und in kleineren Orten lagen oder neu gegründet wurden, waren naturgemäß auf den Besuch aus der unmittelbaren Nachbarschaft angewiesen. Unter diesen Besuchern aus der näheren Umgebung befanden sich ohne Zweifel auch Leute, die keine Händler waren. Die Beschickung des Marktes mit Lebensmitteln zum öffentlichen Verkauf auf ihm konnte zum großen Teil doch nur durch die ansässige Landbevölkerung aus der Nachbarschaft erfolgen. Die Urkunden sprechen zwar gelegentlich davon, daß der Königsfrieden alle Kaufleute (omnes negotiatores), die den Markt besuchten, verliehen werde,[200] Das bedeutete aber nichts anderes als die Verleihung des Friedens an alle, die „des Handels wegen" (causa negotiationis) kommen.[201] Ueberdies erstreckten sie wiederholt den Frieden ausdrücklich nicht nur auf Kaufleute, sondern auch auf andere Besucher des Marktes.[202] Häufig gewährten sie den Frieden schlechthin allen Besuchern.[203] Das Königtum machte hier keinen Unterschied zwischen

---

200. DO III n. 372 (Weinheim): ita ut omnes negotiatores id ipsum mercatum ineuntes pacem obtineant.
201. DO III n. 367 (Kreuznach): ut omnes homines causa negotiationis id ipsum mercatum ineuntes pacem obtineant.
202. DO III n. 357 (Helmarshausen): ut omnes negotiatores ceterique mercatum excolentes talem pacem obtineant; Heinrich III. für Kaufungen 1041: et negotiatoribus ce[terisque] hominibus ad ipsum mercatum venientibus eundi et redeundi liberam facultatem tribuimus; Stumpf, Reichskanzler 3 n. 50; für Essen 1041: ut negociatores ceterique homines ad predictum mercatum venientes eundo et redeundo ibique manendo liberam potestatem habeant, Lacomblet I n. 176.
203. Z. B. DO I n. 430; DO III n. 197, 208.

den Berufen und konnte ihn nicht machen. Die entscheidende Eigenschaft, um deretwillen es den Frieden gewährte, war die tatsächliche Ausübung einer Handelstätigkeit durch den Besucher auf dem Markt. Es betonte daher diese Absicht, indem es öfter den Abschnitt der Gesamtdauer des Friedens, der zwischen Hinkunft und Rückreise lag, den Aufenthalt auf dem Markt, genauer bestimmte durch Hinweise auf die Handelstätigkeit selbst, auf die Ausübung rechter Handelsgeschäfte (negotia rationabilia), auf „Kaufen und Verkaufen".[204] Diese gleichmäßige Behandlung der Marktbesucher, die eine strenge Scheidung der Berufe vermied, konnte stattfinden, weil die Berufe selbst, Landwirtschaft, Handwerk und Handel, noch vielfach ungetrennt ausgeübt wurden und sich im täglichen Leben tatsächlich nicht voneinander trennen ließen, sowohl in den Marktorten wie auf dem Lande. Allerdings begann die wachsende Zahl der Märkte und der durch ihr Aufkommen und ihren Betrieb gesteigerte Verkehr die hergebrachte Ordnung und die alten Gewohnheiten zu stören und zu ändern. Die Landesprodukte fanden neuen und vermehrten Absatz auf dem Markt; die auf dem Markte verhandelten Waren suchten mehr als früher ihren Weg in das Land hinein; in der Landbevölkerung erwachten neue Bedürfnisse, sie lernte eine zum Teil vorteilhaftere Verwertung ihrer Arbeit kennen; der Beruf und die Tätigkeit des Händlers wurden bekannter; den einen oder anderen zog es zur dauernden Niederlassung in den Marktort hinein. Das alles war geeignet, hie und da die bestehende Ordnung zu lockern, und daher fand die neue Entwicklung gewiß auch Widerspruch in der Bevölkerung, in den unteren und oberen Schichten, bei den hohen Beamten, Großgrundbesitzern und

---

204. DO III n. 280 (Allensbach): et quae negotia rationabilia voluerit, exerceat, comparet et vendat; DO III n. 311 (Villingen): negotium suum excolant scilicet comparando emendo vendendo et quicquid huius artis nominari potest faciendo; DO III n. 364; DH II n. 413; DK II n. 144.

unter der bäuerlichen Bevölkerung, bei allen, denen die Erhaltung der herkömmlichen Verhältnisse erwünscht und die stärkere Bewegung im Menschen- und Güterverkehr verdächtig war. In Wirklichkeit bestand aber wohl überall, sowohl in dem Verkehr am Marktorte selbst wie besonders im Zwischenverkehr der Marktorte untereinander, der wichtigste Teil der Marktbesucher aus Leuten, die den Handel als Hauptberuf trieben oder ihn etwa mit einem Handwerk oder Gewerbe verbanden. Das lag in den Erfordernissen des Handels selbst und macht sich auch in den Aeußerungen der Urkunden geltend. Der natürliche, tiefgreifende Unterschied des Berufes, der den Landwirt und den Handwerker überwiegend an den Ort band und in der Regel von ihnen eine dauernd seßhafte Tätigkeit verlangte, den Händler dagegen zum häufigen Ortswechsel, zum Umherziehen und Wandern verpflichtete, blieb immer bestehen und trat mit der zunehmenden Belebung des Verkehrs durch die Märkte nur noch schärfer hervor. Der Verkehr zwischen den einzelnen Märkten, namentlich zwischen den entfernteren, konnte in der Hauptsache nur durch Kaufleute von Beruf vermittelt werden, mochten diese auch einen mehr oder weniger notwendigen Nebenerwerb in landwirtschaftlicher oder handwerklicher Tätigkeit finden. Diese Kaufleute waren Bewohner anderer Marktorte. Insofern sie als Kaufleute auf einem fremden Marktorte auftraten, schützte und deckte sie bei Hinkunft, Aufenthalt und Abreise der Königsfrieden, der diesem Marktorte verliehen war. Aber die Abreise aus ihrem eigenen Marktorte und die Reise nach anderen Marktorten wurde dadurch nicht berührt. Hier kommen auch Rechte des Marktherrn in Betracht. Er konnte zunächst hinsichtlich der Bewohner seines Marktortes einen Unterschied machen zwischen solchen, denen er die Kaufmannseigenschaft zugestand, und anderen, die sie nicht besaßen. Der Abt von Reichenau verlieh, als er 1075 den verfallenen Markt zu Allensbach wieder verjüngte, dessen Bewohnern für sich und ihre Nachkommen das Recht zum Handelsbetrieb (mercandi potestatem) und erkannte sie dadurch ausdrücklich als Kaufleute an, nahm aber davon diejenigen Einwohner aus, die sich dem Wein- und Ackerbau widmeten.[205] Wo sonst Hindernisse lagen, zeigt die Schenkung Herzog Konrads für die Domkirche zu Speyer im Jahre 946. Sie bestimmte, daß nicht nur die fremden Kaufleute, die in Speyer Güter einluden, sondern auch die Einwohner des Orts, die des Handels wegen ausreisen wollten, die Erlaubnis dazu nur beim Bischof und dessen Beamten holen sollten.[206] Der Marktherr konnte den Ausgang der Kaufleute zum Besuch eines fremden Marktes und ebenso ihre Rückkehr verhindern. Es bestanden Herrenrechte an den Marktorten, deren Anwendung unter Umständen die Ausreise und überhaupt den Fernhandelsbetrieb der Kaufleute lahmlegten. Den unmittelbaren Anstoß zum Aufruhr der Kölner gegen Erzbischof Anno Ostern 1074 gab, nach dem anschaulichen Bericht Lamperts von Hersfeld,[207] die Handhabung des erzbischöflichen Beschlagnahmerechts von Transportmitteln. Für die Rückreise des zum Besuch in Köln weilenden Bischofs von Münster sollten die erzbischöflichen Beamten auf Befehl des Erzbischofs ein passendes Schiff stellen. Sie besichtigten die vorhandenen Schiffe auf dem Fluß, wählten das Schiff eines reichen Kaufmanns aus, das ihnen geeignet schien, beschlagnahmten es für den Dienst des Erzbischofs, befahlen die darin befindlichen Waren auszuladen und das Schiff sofort zuzurüsten und drohten den Leuten, die das Schiff bewachten, mit Gewalt, wenn sie die Befehle nicht eilig ausführten.

---

205. Keutgen, Urk. z. städt. Verfassungsgesch. n. 99.
206. Hilgard, Urk. z. Gesch. d. St. Speyer n. 4: quicquid negociatores, qui aliunde ex diversis locis fluctivagando advenerint navesque suas cum vinifero pondere vel aliqua causa onerare voluerint, aut incole civitatis lucrandi gracia similiter exire temptaverint, a nullo alio licencia est acquirenda nisi a solo pontifice illiusque ministris.
207. Annales (ed. Holder-Egger) S. 186.

Die Geltendmachung solcher Ansprüche wird in älterer Zeit und an anderen kleineren Orten auf geringeren Widerstand gestoßen sein, als es damals in Köln geschah. Hier griff wieder das Königtum ein. Es kam mit Privilegien den Wünschen und Bedürfnissen der Kaufleute entgegen. Otto II. bestätigte 975 den Kaufleuten von Magdeburg die Erlaubnis seines Vaters zur ungehinderten Reise und Rückreise nach und von christlichen und heidnischen Ländern.[208] Noch deutlicher spricht ein Vorgang aus der Zeit Konrads II. Die von Kleinjena nach Naumburg übergesiedelten Kaufleute ließen, nach erfolgter Einigung mit ihrem Bischof Kadaloh über die schon erwähnten Bedingungen der Ansiedlung, durch den Bischof den Kaiser bitten, ihnen „das Recht der Völker" (jus gentium) zu verleihen. Der Kaiser ging darauf ein und gewährte ihnen durch Urkunde Freiheit zur Ausreise und Rückkehr nach allen Seiten.[209] Heinrich III. und Heinrich IV. sprachen in ihren Privilegien für die Kaufleute von Quedlinburg und Halberstadt von 1040 (oder 1042) und 1068 nicht unmittelbar von der Freiheit der Kaufleute zur Ausreise aus ihrem Wohnort. Aber sie gestatteten ihnen, durch alle Märkte im Reiche allerwärts ihren Handel frei auszuüben oder in jedem von ihnen zu Handelszwecken betretenen öffentlichen Markt zollfrei Handel zu treiben.[210] Das Königtum bemühte sich, dem freien, unbehinderten Handelsverkehr im ganzen Reiche die Wege zu ebnen. Es erscheint als der selbstverständ-

---

208. DO II n. 112: tam eundi quam redeundi licentia sit ullius molestia.

209. DK II n. 194 (c. 1033): cuius rei gratia opem regiam adii eiusque munificentiam cunctis profluam impetravi, ut eis ius gentium condonaret. Qui solita bonitate facile annuit atque ob commodum loci undique exeundi et redeundi immunitatem regia potestate concessit hocque edicto imperiali firmavit.

210. Stumpf, Reichskanzler 3 n. 53: ut per omnis (!) nostri regni mercatus ubique suum libere exerceant negotium; Schmidt, UB. v. Halberstadt I n. 3: in quodcumque mercatum negotiationis suae causa intraverint usw.

liche, oberste Beschützer und Förderer des freien Verkehrs der Kaufleute. Erhalten sind solche Zeichen der königlichen Fürsorge für die Freiheit des Verkehrs nur für die erwähnten Marktorte im Osten des Reiches. Daß die Märkte des Westens hinsichtlich der Reisefreiheit ihrer Kaufleute im allgemeinen schlechter gestanden hätten, läßt sich gewiß nicht annehmen. Sie bedurften keiner königlichen Urkunde wie die Städte des Ostens, die gewissermaßen erst in den Verkehr eingeführt werden mußten, deren Handelsbestrebungen und Verkehrsbeziehungen besonderer Empfehlung und Sicherung bedurften. In diesen Privilegien der Könige und in deren allgemeinem Verhalten gegenüber dem Reiseverkehr der Kaufleute gelangte das zum Ausdruck, was für die Kaufleute und den Handel das wichtigste Bedürfnis war. Der Teil der Bevölkerung, dessen Beruf das Reisen von Ort zu Ort erforderte, übte diesen aus unter Anerkennung und Förderung der Reichsgewalt. Auch die üblichen Marktprivilegien sprechen ja von dem Kommen und Wiedergehen der Marktbesucher, wenn auch nur in einem räumlich beschränkten Sinne. Gerade die Seite des Berufs, die den Kaufmann von anderen Bewohnern des Reiches unterschied, seine Beweglichkeit, das Reisen, fand größere Beachtung und allgemeinere Anerkennung. An sich ging aber der Zeit keine neue Erkenntnis auf. Die Eigenschaft der Kaufleute, ihren Beruf vor allem im Wandern auszuüben, war so alt wie der Handel selbst und wurde außerhalb des Reiches so gut anerkannt wie in ihm. Nichts anderes verstanden auch die Kaufleute von Kleinjena unter dem jus gentium, um dessen Verleihung sie Konrad II. bitten ließen, als das von allen Völkern anerkannte Recht der Kaufleute, ihren Beruf umherziehend und wandernd erfüllen zu können. Aber die Anerkennung dieser Eigenschaft in den königlichen Privilegien, verbunden mit dem Wachstum der mit dem Königsfrieden ausgestatteten Märkte, deren Zahl sich durch Neugründungen stetig vermehrte, bedeutete einen starken Fortschritt in der

Entwicklung des Standes der Kaufleute. Er konnte schon hinweghelfen über manche Schwierigkeiten der Berufsübung in dem vielerorts erst langsam und zögernd sich dem Verkehr erschließenden Lande. Von dem inneren Verkehr im Reiche kennen wir in den zahlreichen Marktorten, Zoll- und Münzstätten kleinere und größere Mittelpunkte des Verkehrs. Die benachbarten und auch die fern voneinander gelegenen standen in manchen Fällen in wechselseitigen Beziehungen, ohne daß sich diese in der Ueberlieferung bereits öfter nachweisen ließen. Insgesamt erfüllten sie den Raum des weiten Reiches, und da ihre Zahl beständig wuchs, nahm auch der Zwischenverkehr zwischen den Märkten, wenn auch langsam, so doch vielerorts und dauernd zu. Im Gebiete der Marken östlich der Elbe und der Mulde werden Märkte noch nicht genannt. In der Gegend der unteren Elbe waren Stade und Lüneburg die nördlichsten Marktorte und Prägestätten, deren Münzen bekannt sind. Die Grenze zwischen innerem und äußerem Verkehr zeichnet sich dadurch für den Osten deutlich ab. Hierin bekundete sich aber zugleich der größte Fortschritt, den die Zeit getan hatte. Bis zur Elbe war das Reich jetzt bereits durchzogen mit einem Netz von Verkehrsfäden, die sich an nicht wenigen Stellen kreuzten und verknüpften. Einblick auf das wegen der Knappheit der Ueberlieferung noch so unvollständige Verzeichnis der uns bekannten Markt- und sonstigen Verkehrsorte lehrt, wie groß die Bedeutung der Wasserwege für den Verkehr waren. Der Rhein für den gesamten Westen und Südwesten, die Donau für den Südosten, die Elbe im Osten, stellten die Hauptlinien des Verkehrsweges dar. Der Rhein behauptete um so mehr den Vorrang einer großen Mittelstraße, als östlich von ihm die Maas zahlreiche an ihr liegende Markt- und Verkehrsorte aufwies und ebenso in der Nähe der Mosel größere und kleinere Verkehrsplätze erschienen. Die Weser und die Ems fluteten an wichtigen Marktorten vorbei. Unter den östlichen Zuflüssen des Rheins zeichnete sich der Main aus durch mehrere Märkte, die an seinen Ufern entstanden waren. Auch andere Nebenflüsse des Rheins, sowie nördliche und südliche Nebenflüsse der Donau gewährten den an ihnen vorhandenen Märkten den Vorzug des Wasserverkehrs. Denn die größere Wassermenge der kleinen und großen Flüsse, verursacht durch noch ungebrochenen Waldreichtum des Landes und den noch niedrigen Stand der Bodenkultur, bot in günstiger Jahreszeit trotz der ungeregelten, die nähere Umgebung gefährdenden und versumpfenden Beschaffenheit der Flußbetten doch in weiterem Umfang als späterhin die Möglichkeit der Schifffahrt und damit gewisse Verkehrsvorteile gegenüber dem noch schlimmeren und gefährlicheren Zustande, in dem sich die Wege und Straßen an vielen Stellen befanden. Auch kleine Flüßchen dienten daher dem Schiffsverkehr. Das Kloster St. Emmeram in Regensburg besaß im 10. Jahrhundert in Schmidmühlen am Zusammenfluß der Vils und der Lauterach einen für die Befrachtung der Schiffe geeigneten Platz, eine „Ladestätte".[211] Die Leistungsfähigkeit der Landwege braucht zwar nicht unterschätzt zu werden. Der Verkehr auf ihnen überwand gewiß bereits nicht geringe Schwierigkeiten. So stellte der Bau größerer Kirchen und Befestigungen, die im Laufe des 11. Jahrhunderts in größerer Zahl entstanden, namentlich an Stellen abseits der Wasserstraßen große Anforderungen an die Landwege, auf denen die Bausteine herangeschafft wurden. Zur Wiederherstellung des Klosters St. Troud nordwestlich von Lüttich ließ der Abt Adelhard II. (1055 bis 1082) die schweren Fundamentsteine aus fremden Gegenden heranführen; die Säulensteine schaffte man von Worms zu Schiff den Rhein hinab bis Köln; dort lud man sie mit anderen Steinen auf Wagen und brachte sie ohne

---

211. Pez, Thes. anecd. I, 3 Sp. 115 c. 65 (Tradit. v. S. Emmeram): tradidit locum ad onerandas naves aptum teutonice ladastat dictum flumini scilicet contiguum usw., Riezler, Gesch. Bayerns 1, S. 779 f.

Verlust an Zugtieren unter Beteiligung des Volkes, das dorfweise die Wagen an Stricken mitziehen half, durch das Land und ohne Benutzung einer Brücke über die Maas bis an ihren Bestimmungsort.[212] Den Landwegen kam auch zu statten, daß der König und sein Hof in hohem Maße auf sie angewiesen waren und sich von ihrem Zustande zu überzeugen oft genug Gelegenheit hatten. Der Mangel an einer festen Residenz und die politische und wirtschaftliche Gesamtverfassung des Reiches zwangen ja das Königtum zu außerordentlich häufigem und regelmäßigem Ortswechsel. Die beständigen, oft raschen Reisen des königlichen Hofes durch alle Teile des Reiches wirkten sicher in vielen Fällen dahin, daß die Verpflichtung zur Instandhaltung und Verbesserung, zum wenigsten mancher wichtigen und häufiger benutzten Landwege in lebendiger Uebung erhalten blieb und ein völliger Verfall der Landwege dauernd oder vorübergehend verhindert wurde. Die Fürsorge der öffentlichen Gewalt für die Besserung und Erhaltung der Landstraßen wird selten genug erwähnt. Man kann aber annehmen, daß es mehr einen neuen Beweis für die Einseitigkeit der literarischen Ueberlieferung als für die Seltenheit persönlicher Einsicht und Tatkraft auf diesem Gebiete bedeutet, wenn ausnahmsweise der Biograph des tüchtigen Bischofs Benno II. von Osnabrück (etwa zu 1070) erzählt, daß dieser durch unwegsame Sümpfe trockene und gangbare Wege herstellen ließ; so habe er auch bei dem Ort Wittenvelt — zwischen den Dörfern Engter und Vörden im Kreise Bersenbrück, westlich des großen Moores —, wo man früher kaum im Sommer einen Uebergang fand, mit großem Aufwande einen Weg mit Entwässerungsgräben zu beiden Seiten anlegen lassen, der auch im Winter gangbar war.[213] Ob der Handelsverkehr schon im Stande war, durch sein eigenes Gewicht, d. h. durch den Nutzen, den er

---

212. Rodulfi gesta abb. Trudonensium I c. 11, SS. X, S. 235.
213. Vita Bennonis II. ep. Osnabrug., ed. Bresslau, c. 12.

abwarf oder versprach, eine allgemeinere Besserung der Beschaffenheit der Landwege auch in der östlichen Hälfte des Reiches anzuregen oder herbeizuführen, läßt sich bezweifeln. Die Kostspieligkeit des Wegebaues in den Reichsteilen außerhalb der alten Römerstraßen fand schwerlich schon einen Ausgleich durch einen überwiegenden Verkehrsnutzen, abgesehen vielleicht von wenigen Ausnahmen. Insgesamt boten damals die Wasserstraßen dem Handel noch weit größere Vorteile vor den Landwegen.

Indessen lohnt es nicht, die ansehnlichen und die geringeren Wasserstraßen, an denen die nachweisbaren Verkehrsorte lagen, im einzelnen aufzuzählen. Die Unvollständigkeit der Ueberlieferung würde sehr wahrscheinlich die Gesamtvorstellung zum Nachteil manches damals dem Verkehr dienenden aber durch die Ungunst der Ueberlieferung unerwähnt bleibenden Wasserlaufs verfälschen. Unzweifelhaft suchte und fand eine außerordentlich große Zahl von Markt- und Verkehrsorten einen Platz an schiffbaren Gewässern. Das reiche und mannigfach gegliederte Flußnetz und der Wasserreichtum Deutschlands bot der Entwicklung des Verkehrslebens manche Anregung und Erleichterung. Wie hoch man die Flußlage für den Verkehr schätzte, zeigt der Umstand, daß nicht wenige Marktgründungen an der Stelle der Einmündung kleinerer in größere Wasserläufe erfolgten. Dahin gehören Werden Meppen am Zusammenfluß der Hase und Ems, Helmarshausen nahe bei der Mündung der Diemel in die Weser, wo das Herantreten der Felsen an die Weser den Ausgang des Verkehrs an den Hauptfluß verhinderte und ein Uebergang des Verkehrs über den Hügelrücken nach Herstelle stattfinden mußte, Nienburg an der Mündung der Bode in die Saale, Wasserbillig im Winkel des Einflusses der Sauer und Mosel, Wertheim am Main und Beilngries an der Altmühl, beide am Vereinigungspunkte kleinerer und größerer Flüsse. Die Freiheit des Wasserverkehrs den daran Beteiligten zu erhalten, trafen die Könige in einzelnen Fällen Anordnungen.

Otto II. entschied 979 einen Streit zwischen den Klöstern Fulda und Hersfeld über die Schiffahrt auf der Hörsel. Hersfeld hatte durch Einbauten von einem Flußufer zum andern die Schiffahrt der Fuldaer Leute unterbrochen. Auf Beschwerde Fuldas und nach Untersuchung der Verhältnisse durch kaiserliche Kommissare und Befragung der Flußanwohner bestimmte der Kaiser, der Schiffahrt solle eine Oeffnung von solcher Breite freibleiben, daß sich zwei Schiffe von drei Fuß Bodenweite ohne gegenseitige Berührung des Pfahlwerks zu beiden Seiten der Oeffnung ausweichen könnten.[214] Dem Kloster Werden gewährte Konrad II. 1033 freie, durch keine Hindernisse eingeschränkte Schiffahrt auf der Ruhr von der Mündung des Flusses in den Rhein bis nach Werden.[215] Wo ein Landweg den Fluß kreuzte, vermittelten Fähren den Uebergang. Auch diese Lage an einer Uebergangsstelle bedeutete einen Vorzug. Die häufige Erwähnung der Fähren und Ueberfahrten in den Urkunden hat natürlich auch ihren Grund in der fiskalischen Eigenschaft der Einrichtung. 983 wird eine Fähre (naulum) bei Bingen, 1019 ein Fährschiff bei Ehrenbreitstein erwähnt, 1032 die Mainfähre bei Würzburg, 1034 die Fähre in Amberg und überhaupt die Fähren im Bistum Bamberg, 1053 die Fähre auf der Aller in Wienhausen, 1062 die Fähre in Regensburg, auch die Ueberfahrt über den Inn bei Passau.[216] Dieselbe Bedeutung hatte die Lage eines Verkehrsortes an einer der damals noch seltenen Brücken; in Maastricht, Werden, Passau an der Drau (Kärnten) erscheinen Brücken, wie auch die meisten uns

---

214. DO II n. 209; Uhlirz, Jahrb. Ottos II. S. 128 f.
215. DK II n. 187.
216. DO II n. 306; DK II n. 154, 206, 207; Janicke, Ub. d. Hochstifts Hildesheim I n. 89; Ried, Cod. chron. dipl. epis. Ratisbon. 1 n. 165; UB. des Landes ob der Enns II n. 80; das Kloster S. Nikolaus in der Passauer Vorstadt erhält: portum sive passagium Eni fluminis. Vgl. meinen Art. Verkehrswesen in Hoops Reallexikon IV, S. 395 f., § 8.

bekannten Verkehrseinrichtungen, in geistlichem Besitz,[217] Erzbischof Willigis von Mainz (975—1011) erbaute Brücken über die Nahe und bei Aschaffenburg über den Main;[218] ob die aus der römischen Zeit stammende Rheinbrücke bei Köln noch bis in das 10. Jahrhundert bestand, über deren Benutzung in nachrömischer Zeit überhaupt keine sichere Kunde besteht, ist ungewiß.[219] Die Stellung des einzelnen Marktorts im allgemeinen Verkehr läßt sich nur in den seltensten Fällen mit einiger Wahrscheinlichkeit kennzeichnen, weil über diesen Verkehr selbst reichlichere Nachrichten fehlen. Ebenso liegen die Gründe, welche die Errichtung neuer Marktorte örtlich oder provinziell bestimmten, meist im Dunkeln. Weder den allgemeinen noch den provinziellen, geschweige den örtlichen Verkehr kennen wir genügend, um dem einzelnen Marktort seinen bestimmten Platz innerhalb des ganzen Verkehrs anweisen zu können. Der Verkehr der Marktorte untereinander ist, wie bereits dargelegt wurde, unmittelbar nur für wenige Marktorte des Ostens — Magdeburg, Halberstadt, Quedlinburg — bezeugt. Es ist nicht schwierig, für einzelne Märkte Vorzüge ihrer Verkehrslage nachzuweisen. Gelegentlich sagen es die Urkunden selbst: Der Markt zu Korschach lag bequem für die Reisenden nach Italien und die Rompilger.[220] Wird hier die Richtung des Verkehrs angegeben, so sprechen andere Urkunden allgemein von dem aus allen oder vielen und fernen Gegenden und Orten an einem bestimmten Platz zusammenströmenden Verkehr. Das ge-

---

217. DO III n. 45, Zahn, UB. d. Hzgt. Steiermark I n. 59; Lacomblet I n. 205: usque ad pontem Werdinensem et exinde per stratam Coloniensem usque ad rivum Tussale.
218. Will, Reg. d. Mainzer Erzbisch. I S. 143 f. Bischof Nitker von Freising († 1052) schenkte dem Kloster Schäftlarn pontem ac portum bei Pullach an der Isar, Mon. Boica 8, S. 381 n. 33; darunter ist vielleicht nur eine Fähre mit Anlegeplatz zu verstehen.
219. Keussen, Topographie d. Stadt Köln i. Mittelalter I, S. 7.
220. DO I n. 90: mercatum ibi haberi ad Italiam proficiscentibus vel Romam pergentibus esse commodum.

schieht bei Würzburg und Speyer schon unter Konrad I. und Otto I.[221] Mancher Markt diente, nach seiner Lage zu urteilen, hauptsächlich zur Versorgung des Klosters, das ihn gründete. Solche Versorgungsmärkte waren beispielsweise wohl Hengersburg für das benachbarte Kloster Niederaltaich, Metten für das gleichnamige Kloster, Rinka für das Kloster Sulzburg im Breisgau und andere. Sie kamen dann für den weiteren Verkehr nicht in Betracht. Unsere geringe Kenntnis der Art und der Richtungen des Verkehrs zu jener Zeit gestattet freilich nur eine sehr vorsichtige Beurteilung der Verkehrslage selbst solcher Marktorte, die später und heute fast unbekannt blieben. Dagegen besaßen die Marktgründungen des Klosters Lorsch, Wiesloch, Weinheim und Bensheim eine größere Verkehrsbedeutung, sowohl durch ihre Lage an dem uralten Verkehrswege, der längs dem Gebirgsrande über der Rheinebene nach Mainz führte als auch in ihrer Eigenschaft als Verbindungsglieder und Zwischenstationen in dem damals wichtigen vom Neckar und dem mittleren Main auf Worms und Speyer gerichteten Verkehrszuge. Stallhofen und Sulz liegen unfern heutiger Rheinübergänge. Der Markt von Wiedenbrück, eine bischöflich-osnabrückische Gründung, verband Osnabrück mit Paderborn und bezeichnete außerdem den Weg von Münster sowie von der oberen Lippe und Ruhr nach dem Paß von Bielefeld im Teutoburger Walde. Die ortskundliche Forschung wäre vermutlich in der Lage, bei einzelnen Märkten auch in dieser frühen Zeit die für die Ortswahl entscheidenden Gründe nachzuweisen. Denn die Gründung erfolgte sicher in nicht wenigen Fällen mit Rücksicht auf die Lage des Orts im Fernverkehr. Die

---

221. DK 1 n. 35 (Würzburg, 918): a cunctis qui cum mercatus sui mercimonio ab universis provinciis et civitatibus illuc conveniunt; Hilgard, Urk. z. Gesch. d. St. Speyer n. 4 (946): ut quicquid negotiatores, qui aliunde ex diversis locis fluctivagando advenerint navesque suas cum vinifero pondere vel aliqua causa onerare voluerint.

Märkte dienten auch für den durchziehenden Fernhandel als Versorgungsstellen und Zwischenstationen. Das „macellum" und der Markt überhaupt sorgte nicht nur für die Befriedigung der Nachfrage des Ortes selbst und der nahen Umgebung, sondern ebenso der durchreisenden Kaufleute. Eine Bereithaltung von Vorräten war um so mehr ein Bedürfnis, als die Kaufleute vielfach aus Gründen der Sicherheit und Zweckmäßigkeit in Trupps reisten und eine größere Zahl von Wagen und Zugtieren gleichzeitig am Marktorte erschien. An solchen Orten mußten auch Transportmittel verfügbar sein, Schiffe, Zugtiere und andere Hilfsmittel. Warum nicht das alte, unmittelbar am linken Weserufer und gegenüber dem niedrigen Gelände des rechten Ufers frei gelegene Herstelle, sondern das hinter dem letzten Bergrücken noch vor der Diemelmündung versteckte Helmarshausen den Markt erhält, ergibt die Oertlichkeit. Weil die Diemelmündung selbst dem Verkehr keinen Ausgang gestattet zu haben scheint, mußte der aus Westfalen und sonst die Diemel hinabkommende Verkehr von Helmarshausen aus den zwischen diesen und Herstelle liegenden Höhenrücken überwinden. Die damit verbundene Schwierigkeit zwang zum Aufenthalt in Helmarshausen und bot für eine Marktanlage die Gewähr, daß sie mit Nutzen bestehen konnte. Von dem Verkehr der Bewohner der Marktorte auf fremden Märkten wissen wir, wie schon gesagt, wenig Sicheres. Anhaltspunkte bieten die Zollbefreiungen für die Kaufleute einzelner wichtiger Verkehrsorte. Otto II. gewährte 975 den Kaufleuten von Magdeburg Zollfreiheit an allen Orten, Brücken, Gewässern und Wegen im Reiche, außer an den Zöllen in Mainz, Köln, Tiel und Bardowick.[222] Heinrich IV. beschenkte 1074 die jüdischen und anderen Kaufleute von Worms mit Zollfreiheit in Frankfurt, Boppard, Hammerstein, Dortmund, Goslar und Angermund.[223]

---

222. DO II n. 112, bestätigt von Konrad II. DK II n. 18.
223. Bresslau, Cent. Dipl. n. 80; Boos, UB. d. St. Worms I n. 56.

Obwohl die Aufzählung dieser königlichen Zollstätten vielleicht formelhaft ist, liegt doch auch kein ernstlicher Grund vor, die Ausdehnung des Handels jener Städte bis an diese Zollstätten und über sie hinaus zu bestreiten, um so weniger als in dem Wormser Privileg gar nicht alle Reichszollstätten,[224] sondern nur bestimmte, vielleicht solche, die für den Verkehr der Wormser wirklich in Betracht kamen, genannt werden. Denn auch die uns schon bekannten, in nicht wenigen Marktgründungsurkunden enthaltenen Hinweise auf bedeutende und angesehene Marktorte, deren Rechte der Neugründung als Vorbild dienen sollten, geben Anlaß zu Erwägungen, die in derselben Richtung laufen. Es scheint keine überflüssige Frage, ob der Hinweis auf die angesehenen Marktorte auch auf den Verkehr der Kaufleute desselben an dem Ort der Neugründung hindeutet. In der Regel stellte der Gründungsakt ansehnliche Märkte der engeren und weiteren Nachbarschaft als Muster hin: Magdeburg für Halberstadt; Cambrai für Cateau-Cambrésis; Konstanz und Zürich für Villingen; Regensburg und Augsburg für Donauwörth; Mainz, Köln und Trier für Wasserbillig; Mainz, Worms, Konstanz und Basel für Allensbach; Regensburg, Würzburg und Bamberg für Fürth; aber auch Dortmund für Gandersheim; Köln, Mainz, Magdeburg und Goslar für Quedlinburg; Köln, Mainz und Dortmund für Helmarshausen.[225] Bei den in der engeren Nachbarschaft der Neugründung gelegenen Vorbildern hindert nichts, einen Verkehr der Kaufleute des älteren Orts in der Richtung und an der Stelle der Neugründung anzunehmen und die Neugründung mit dem Vorhandensein des Verkehrs gerade dieser Kaufleute an dem für die Gründung gewählten Ort in Zusammenhang zu bringen. Ebensowenig erscheint es berechtigt, bei den in größerer Entfernung von der Neugründung gelegenen alten Marktorten diesen Zusammen-

---

224. Trotz der Worte: in omnibus locis regiae potestati assignatis, videlicet Franchenevurt .
225. Wegen Straßburg für Altdorf i. Elsaß s. oben.

hang zu leugnen. Ein Verkehr von Dortmund, Köln und Mainz nach und über Gandersheim, Quedlinburg und Helmarshausen war so sicher vorhanden wie die Tatsache, daß, zum Teil seit alter Zeit, ein Verkehr von den großen Handelsorten des Westens nach dem Osten bestand und im Laufe des 10. Jahrhunderts dank der politischen Fortschritte des Reiches an der Ostgrenze, der Belebung des Verkehrs in Sachsen durch neue Marktgründungen, der Entdeckung der Goslarer Metallschätze und anderer günstiger Umstände sich kräftiger entwickeln konnte. Die erwähnten neuen Marktorte lagen an Stellen, die der westöstliche Verkehr passieren mußte. Der Verkehr zwischen dem Bodensee und Mainz ist auch sonst bezeugt. In allen diesen Fällen drängt sich von selbst das Bedürfnis auf, die von den Urkunden gegebenen Hindeutungen in konkreten Beziehungen zu suchen. Die Kaufleute der größeren und älteren Handelsorte, deren Handelsreisen sie durch das Reich auf die Märkte und wo sie sonst Handelsgelegenheit fanden, führten, haben nach aller Wahrscheinlichkeit auch diese Orte berührt, an denen schließlich ihr Verkehr den Anlaß gab zu einer neuen Marktgründung. In späterer Zeit läßt sich diese in den älteren Urkunden eben nur angedeutete Richtung des Verkehrs der größeren Marktorte vielfach genauer feststellen. Es hindert daher nichts, diese Zusammenhänge noch stärker zu betonen. Wenn der Verkehr der Kaufleute aus bestimmten älteren Marktorten neue Gründungen an gewissen, von ihnen auf der Handelsreise berührten Stellen veranlaßte, so begreift es sich, warum für die Neugründung die Rechte der Kaufleute jener bestimmten Orte als Vorbild aufgestellt wurden. Sei es, daß Erwägungen des Marktgründers ausschließlich maßgebend waren, sei es, daß die mit der Oertlichkeit der späteren Gründung bereits vertrauten Kaufleute aus größeren Marktorten den Gedanken der Neugründung anregten oder etwa dabei zu Rate gezogen wurden, wenn der Marktgründer die Entstehung einer Ansiedlung an seiner Gründung wünschte und die Ansiedlung erfolgte, so besaß die Gewährung der Rechte bestimmter größerer Marktorte an die Kaufleute und anderer Marktansiedler schwerlich bloß den Charakter vager Andeutungen. Die Kaufleute und Bewohner von Gandersheim sollten dasselbe Recht genießen wie die Kaufleute von Dortmund und anderen Orten, die Kaufleute und andere Benutzer des Marktes von Helmarshausen denselben Frieden und dasselbe Recht wie die Kaufleute von Mainz, Köln und Dortmund. Den Kaufleuten in Fürth wurde das Recht der benachbarten Orte Regensburg, Würzburg und Bamberg zugesichert. Bei der Wiederherstellung des Allensbacher Marktes wurde festgesetzt, daß die Kaufleute dort weder unter sich noch unter anderen eine andere Gerichtsbarkeit ausüben sollten außer der den Kaufleuten in Konstanz, Basel und überhaupt allen Kaufleuten seit alten Zeiten zugestandenen. Quedlinburg erhielt 994 alle Marktrechte, wie sie die Könige früher Köln, Mainz, Magdeburg und ähnlichen Orten verliehen hatten, und Heinrich III. erläuterte das später genauer dahin, daß die Quedlinburger Kaufleute nach dem Recht der Kaufleute von Goslar und Magdeburg leben, die Gerichtsbarkeit über Lebensmittel selbst ausüben und die Strafen für Vergehen dagegen zu drei Vierteln für sich beanspruchen sollten. Besonders häufig bei Donauwörth, Wasserbillig, Villingen, Allensbach, Cateau-Cambrésis und Helmarshausen wird ausgesprochen, daß die Verletzung der Marktrechte der Neugründung so bestraft werden soll, wie die Verletzung des Marktes an den bezeichneten größeren Orten. Bestimmungen wie diese, wenngleich ihre Formulierung in einzelnen Fällen wohl auch mit Absicht, allgemein gehalten scheint, setzen doch ihre praktische Anwendbarkeit voraus, und diese wäre nicht möglich gewesen ohne persönliche Kenntnisse und Beziehungen. Gab es allgemein und jedermann bekannte und jedem Zweifel entrückte Rechte der Kaufleute überhaupt, und war nicht mehr gemeint als diese, so hätte es keines Hinweises auf bestimmte Marktorte bedurft, die Vorbilder sein sollten. Es genügte ein Hinweis auf ein vorhandenes und bekanntes Kaufmanns- und Marktrecht. Es fehlte auch nicht an solchen allgemeinen Anweisungen. Otto I. ordnete 965 bei der Gründung des Marktes in Bremen an, daß die Bremer Kaufleute denselben Schutz und dasselbe Recht genießen sollten, wie die Kaufleute anderer (oder der anderen) königlicher Orte.[226] Aber zur Zeit der Marktgründung in Bremen bestand dort bereits die Ansiedlung der Kaufleute. Daher konnte hier ein Hinweis auf bestimmte fremde Vorbilder überflüssig erscheinen. Zu seiner Existenz allein bedurfte damals der Bremer Markt schon keines Zuzugs von außen mehr. Vermutlich bestanden frühzeitig Unterschiede der vorhandenen größeren Marktorte, wie sie später mit dem Bekanntwerden der Ueberlieferung sogleich hervortreten. Die Verkehrsverhältnisse waren auch nicht soweit fortgeschritten, daß es, wie in jüngerer Zeit, leicht gewesen wäre, sich in den Neugründungen bei vorkommenden Streitfällen, für welche hauptsächlich die Gründungsurkunden gewisse Normen bieten sollten, über den Inhalt des in der Gründungsurkunde bezeichneten Rechtes der größeren Marktorte zu unterrichten. Diese Kenntnis mußte für gewöhnlich am Orte der Neugründung vorhanden sein, und ihre Träger haben wir am wahrscheinlichsten, wenn nicht allgemein, so doch vor allem in den Kaufleuten zu suchen, die an dem

---

226. DO I n. 307: quo in omnibus tali patrocinentur tutela et potiantur iure quali ceterarum regalium institores urbium. Es ist möglich, daß der Kaiser hier nur von den Kaufleuten in oder bei Königsburgen sprechen wollte, als solchen, die den Schutz des Königs und andere Rechte in besonderem Maße genossen. Später änderte man den Wortlaut. In der Bestätigung Heinrichs II. (1014) werden an die Stelle der regales urbes die maiores civitates gesetzt, DH II n. 325. Der sachliche Unterschied zwischen beiden Ausdrücken ist Rietschel, Markt u. Stadt S. 192, Anm. 4, zuzugeben. Daß aber die Kaufleute in oder bei Königsburgen zur Zeit Ottos I. vor allen anderen Kaufleuten rechtlich bevorzugt gewesen seien, folgt daraus noch nicht.

Marktort verkehrten und in ihm wohnten. Sie brachten diese Kenntnis mit aus den Orten, aus denen sie kamen, sei es daß sie nur zeitweilig an dem neuen Marktort verkehrten, sei es daß sie dort dauernd ihren Wohnsitz nahmen. Gewiß sind die Ansiedlungsverhältnisse dieser neuen Marktgründungen, namentlich in ihren Anfängen, einfach und bescheiden zu denken, und sie machten auch erst langsam Fortschritte. Aber es wurden doch in die jungen Ansiedlungen Kaufleute hineingezogen, wie das Beispiel Kadalohs von Naumburg zeigt, der die Kaufleute von Kleinjena nach Naumburg verpflanzte, und die Kaufleute, die dafür ihre Bedingungen hinsichtlich ihrer Rechte stellten, wie dasselbe Beispiel lehrt, werden der Neugründung den besonderen Charakter verliehen haben, der uns in den anderen Urkunden darin entgegentritt, daß bestimmte ältere Marktorte als Vorbilder ihrer Rechte bezeichnet wurden. Daher erscheint es nicht zu gewagt, die Hinweise der Gründungsurkunden auf die größeren Marktorte dahin zu deuten, daß Kaufleute aus den jedesmal genannten alten Marktorten an der Neugründung unmittelbar beteiligt waren. Dies geschah, indem entweder Kaufleute aus bestimmten größeren Marktorten auf ihren Handelsreisen Orte berührten, an denen sie die Gründung eines neuen Marktes selbst oder durch die bloße Tatsache ihres Verkehrs anregten, oder Kaufleute aus größeren Marktorten sich in der Neugründung niederließen, ähnlich wie in Naumburg unter gewissen, mit den Marktherren vereinbarten Bedingungen, und dadurch die Kenntnis des Kaufmannsrechts ihrer Heimatorte in die Neugründung mitbrachten. Hiernach bestand zwischen dem neuen Marktort und den älteren, in der Gründungsurkunde genannten Marktorten ein direkter Verkehr. Die Uebersiedelung von Kaufleuten in Neugründungen kann auch für jene Zeit nicht befremden. Sie ist ja für Naumburg bezeugt. Wiederholt werden Verlegungen von Märkten erwähnt. Konrad II. verlegte den Markt, den der Abt von Nienburg in Staßfurt besaß, nach Nienburg, und die Münze in Hagenrode ebenfalls nach Nienburg.[227] Heinrich III. verbot 1051 die Verlegung der dem Kloster Metten bewilligten Jahrmärkte an einen anderen Ort und gestattete die Verlegung des Marktes von Fürth nach Nürnberg; sein Sohn erlaubte 1062 wieder die Rückverlegung des letzteren samt Münze und Zoll nach Fürth.[228] Die Gründe für die Verlegung sind unbekannt, aber vermutlich war mit der Verlegung auch eine Umsiedlung verbunden. Die Uebersiedlung von Kaufleuten aus älteren Handelsorten in Neugründungen läßt sich in der folgenden Periode öfter und deutlicher beobachten. Sie ist ein natürlicher Vorgang, der jede Kolonisationsbewegung begleitet. Schon die innere Kolonisation Deutschlands im 10. und 11. Jahrhundert, die in der Gründung zahlreicher Marktorte Ausdruck fand und vor allem den Osten des Reiches dem Handelsverkehr mehr und mehr erschloß, kannte, wie wir vermuten, diese Erscheinung. Neugründungen erhalten auch Zuzug aus älteren Handelsorten. Nicht einmal die Planmäßigkeit solcher Uebersiedlungen kann auffallen.

An dem inneren Verkehr im Reiche beteiligten sich auch die Klöster. Ihr Anteil darin ergibt sich aus den Zollbefreiungen, die einige von ihnen erlangten. Die Zahl dieser Klöster ist freilich gering. Alle lagen im Westen und Süden des Reiches. Zum Teil gingen diese Befreiungen schon in frühere Zeit zurück. Einige von ihnen sind allgemein gehalten. Das Kloster Murbach im Elsaß erhält 913 für sich und seine Leute Befreiung von Zöllen im ganzen Reiche an Burgen, Wegen, Brücken und Pässen und ließ sie sich oft bestätigen.[229] St. Maximin in Trier besaß Zollfreiheit für seine Schiffe und Leute samt der Erlaubnis, die einzelnen königlichen Städte und Amtsbezirke zu betreten und zu

---

227. DK II n. 223.
228. Mon. Boica 11 S. 440 n. 14, 29 a n. 406.
229. DK I n. 17; DO II n. 155; DO III n. 47; DH II n. 497; DK II n. 89; Schoepflin, Alsatia I n. 206.

verlassen, zu kaufen und zu verkaufen, zu weiden und zu tränken.[230] Otto II. beschenkte die Genter Klöster St. Bavo und Blandigni mit der Freiheit von allen Land- und Wasserzöllen an allen Orten des Reichs und befahl, die zum Recht dieser Klöster gehörigen Leute überall bei Hinreise und Rückreise ihr Geschäft ungestört ausüben zu lassen.[231] Ebenso erhielten die Leute der beiden Klöster in St. Omer Zollfreiheit im ganzen Reiche.[232] Tegernsee besaß Zollfreiheit allerorten für seine Schiffe, Wagen und Saumtiere,[233] Reichenau ebenfalls, aus karolingischer Zeit, ohne örtliche Beschränkung;[234] Werden bestätigte Konrad II. wiederholt die allgemeine Zollfreiheit;[235] auch den Leuten von St. Pantaleon in Köln gewährte Otto I. für das ganze Reich Zollfreiheit und Reisesicherheit.[236] Die Zollbefreiung Ottos I. für die Familie des Erzstifts Trier hebt neben der allgemeinen die besondere Freiheit von allen Mosel- und Rheinzöllen hervor,[237] die für Kloster Kempten beschränkte die Zollbefreiung besonders für den Wein des Klosters auf den Laden-, Kraich- und Gartachgau.[238] Otto II. erließ dem Kloster Einsiedeln den Zoll in Zürich und erlaubte den Leuten des Klosters den Handelsverkehr in Zürich mit Kaufleuten und Münzern.[239] Der Umkreis des Verkehrs der einzelnen Klöster war gewiß, entsprechend der Lage und dem Umfang ihres Güterbesitzes, verschieden. Wie weit freilich der Güterbesitz allein oder auch andere Versorgungs- und Handelsgeschäfte die Grundlage für diesen

---

230. DO I n. 391; DO II n. 42; DO III n. 62; DH II n. 94; Beyer, Mittelrhein. UB. I n. 360.
231. DO II n. 148, 149; DO III n. 44; DH II n. 36.
232. DH II n. 339; Stumpf, Reichskanzler 3 n. 308.
233. DO II n. 192.
234. DH II n. 354.
235. DK II n. 2 u. 187.
236. DO I n. 324.
237. DO I n. 86.
238. DO I n. 420.
239. DO II n. 25; DO III n. 4 u. 231.

Verkehr bildeten, läßt sich so wenig entscheiden wie die Frage nach der wirklichen Bedeutung des Verkehrs und der Größe des finanziellen Vorteils, den die Zollbefreiung dem Kloster verschaffte. Die Privilegien beschränkten zwar die Zollbefreiung regelmäßig auf das Kloster und seine Leute oder auf die eigenen Transportmittel des Klosters oder seiner Leute, sprachen aber eine Beschränkung der Gegenstände des Verkehrs auf den ausschließlichen Bedarf des Klosters und seiner Leute in manchen Fällen nicht bestimmt aus. Den Fortschritt des Verkehrs im Innern des Reiches während dieser Periode nimmt man nicht nur an seiner Gesamtentwicklung wahr, an der jetzt auch den ostrheinischen Gebieten zum ersten Mal ein größerer Anteil zufiel. Zahlreicher als früher wurden die Marktgründungen unter Otto III. Aus derselben Zeit, der Vormundschaftsregierung der Kaiserin Adelheid (991—995), stammen die Adelheiddenare, die in den Münzfunden unseres Zeitraumes am stärksten von allen Münzarten vertreten sind, im Verkehr besonders beliebt waren und vielfach nachgeprägt wurden.[240] Aber während Ottos III. Regierung tritt auch schon der Unterschied zwischen den älteren, größeren, bewährten Marktorten und den jungen Gründungen zu Tage. Seine Tätigkeit baute sich also auf den Erfolgen der Vorgänger auf. Auch seine Ordnung der Marktverhältnisse zwischen Bode und Unstrut von 994 betraf schon vorhandene Zustände. Die Neugründungen von Jahrmärkten, die immer auf einen Besuch aus weiterem Umkreise rechneten, fallen alle erst in das 11. Jahrhundert. Vielfach aber bekundet sich der Fortschritt in der Geschichte der einzelnen Verkehrsorte selbst. Magdeburg, Sachsens Hauptort, die wichtigste Schöpfung Ottos I., verdankte ihm und seinem Sohne die reichste Förderung. Von jenem erhält die Marktkirche frühzeitig Zoll und Münze in Magdeburg. Dann folgte 965 mit der Schenkung der Slaven-

---

240. Ann. Quedlinburg. z. J. 997, MG. SS. III S. 73.

zehnten aus den unterworfenen Gebieten, der zwischen
Ohre und Bode bis zum Friedrichsweg[241] bestehenden Zölle
und der Einkünfte von Münze und Markt in Gittelde am
Harz die Uebergabe des Marktes zu Magdeburg mit Münze
und Zoll, der Burgbann für die Befestigungsbauten am Ort
und die öffentliche Gerichtsbarkeit über die hier wohnenden
Juden und anderen Kaufleute. Die Regelung der Verhältnisse dieser handeltreibenden Bevölkerung[242] sollte dem
Erzbischof zustehen. Otto II. bestätigte u. a. die ausschließliche Banngewalt des erzbischöflichen Vogts über die Kaufleute und Juden, gewährte den Magdeburger Kaufleuten
975, wie schon erwähnt wurde, allgemeine Verkehrsfreiheit
für ihren auswärtigen und inneren Handel, samt Befreiung
von den meisten Zöllen und bedrohte jede Behinderung
ihres Handels. Vier Jahre darauf nennt die erneute Bestätigung der Banngewalt des Vogts die Vorstadt als den
Wohnort der Kaufleute und Juden.[243] Handelsschiffahrt
und Handelsverkehr zu Lande treten in jenen Urkunden
hervor. Die Zölle zwischen Ohre und Bode sowie die
Marktzölle in Magdeburg wurden erhoben von den Waren,
die zu Schiff oder auf Wagen und sonstigen Fahrzeugen
oder zu Pferde oder von Fußgängern gebracht wurden. Das
für den Fernhandel wichtigste Privileg der Magdeburger
Kaufleute, Ottos II. Freibrief von 975, bestätigt Konrad II.
bei seinem ersten Aufenthalt in Sachsen.[244] Der Ruf des

---

241. Vgl. W. Möllenberg, via Friderici, Geschichtsblätter für
Stadt und Land Magdeburg 55 (1920) S. 89—93.
242. districtionis aut disciplinae sententiam vel regulam, DO I
n. 300.
243. DO I n. 15, 46, 295, 299, 300, 301; DO II n. 29—31, 112,
198; DK II n. 18.
244. DK II n. 18 (1025). Die Urkunde Konrads II. von 1035
für die den Magdeburger Markt besuchenden Kaufleute, Hertel, UB.
d. Stadt Magdeburg 1 n. 19, ist Fälschung; s. Bresslau DK II n. 222.
Als echt benutzt sie Ilgenstein, Handels- u. Gewerbegesch. d. St.
Magdeburg i. MA., Geschichtsbl. f. Stadt und Land Magdeburg 43
(1908) S. 12.

Handelsorts Magdeburg verbreitete sich im Reiche früh und schnell. Unter den rechtsrheinischen Handelsorten, die während der Herrschaft der sächsischen Könige emporkamen, erlebte Magdeburg den raschesten Aufstieg. Sein Ansehen wetteiferte mit dem der viel älteren und längst berühmten Verkehrsorte im Westen und Süden des Reiches. Es mag Zufall darin obwalten, daß unter allen angesehenen Handelsorten im ganzen Reiche, die man als Vorbilder und Muster für neugegründete Märkte aufstellte, Magdeburg am frühesten genannt wrid. Aber als zuverlässiges Zeugnis für sein rasch erworbenes und anerkanntes Ansehen muß es gelten, daß Magdeburg neben Mainz und Köln am häufigsten als nachahmenswürdiges Vorbild solcher Art begegnet. Die erbitterten und lange Zeit aussichtslosen Kämpfe mit den slavischen Volksstämmen werden oft den Fernhandel Magdeburgs beeinträchtigt haben. Doch scheint die Aeußerung des römischen Abts Johannes Canaparius, der zu Anfang des 11. Jahrhunderts in seiner Lebensbeschreibung des hl. Adalbert Magdeburg als einen Ort bezeichnet, der zur Zeit Ottos I. einer von den großen Städten und weit unter den Völkern bekannt war, jetzt aber eine halbzerstörte Wohnstätte und ein für die Schiffahrt unsicherer Aufenthalt sei,[245] eine Uebertreibung zu enthalten, die wohl ihren Grund hat in der weiten Entfernung des Schriftstellers von der Ostgrenze des Reichs, deren politische Lage allerdings gegen die frühere Zeit erheblich ungünstiger und für den Handelsverkehr schwieriger geworden war. Für einen derart heruntergekommenen Zustand des Orts würde vermutlich das Geschichtswerk des Thietmar von Merseburg zum mindesten Andeutungen bieten. Gerade während der Regierungszeit des tüchtigen Erzbischofs Giseler,[246] der im gleichen Jahre mit Canaparius starb (1004), erscheint Magdeburg, wie wir schon früher feststellten, wiederholt als ein Vorbild für neugegründete

---

245. MG. SS. IV S. 582.

Märkte. Auch unter den salischen Königen erhielt es sich diesen Ruf. Nur teilte es jetzt sein Ansehen mit Goslar. Während die Herrscher aus dem sächsischen Hause Magdeburg bevorzugten und tatkräftig förderten, wandten die Salier ihre Gunst in besonderem Maße der Bergstadt am Harz zu. In der Nachbarschaft Magdeburgs bieten die Bischofssitze Merseburg und Naumburg Einblicke in die Verhältnisse der dort wohnenden Kaufleute. Juden und Kaufleute werden auch in Merseburg genannt. Schon Otto II. gab die innerhalb der Burgmauer wohnenden Juden und Kaufleute[247] dem Bistum. Doch mußte Heinrich II. zu Anfang des 11. Jahrhunderts die Verhältnisse von neuem regeln. Er übertrug 1004 nebst Anderem alle Höfe innerhalb und außerhalb der Burg, welche die Kaufleute besaßen, an den Bischof.[248] Thietmar von Merseburg erzählt, daß der König die Kaufleute und Juden dem Stift, dem sie lange durch Tausch entfremdet gewesen waren, zurückgab. Nach Naumburg siedelte Bischof Kadaloh auf ihren Wunsch die Kaufleute von Kleinjena an. Wir sahen, welche Rechte er selbst ihnen gewährte und außerdem durch Konrad II. verbreiten ließ. Die Gründung des Marktes in Quedlinburg und seine Ausstattung mit den Handelsrechten großer Marktorte, darunter auch Magdeburgs, gab Anlaß[249] zu der besprochenen Ordnung des Marktverkehrs in der weiteren Umgebung der Neugründung. Später bedachte Heinrich III. die Quedlinburger Kaufleute mit wichtigen Verkehrsrechten, gewährte ihnen Verkehrsfreiheit im Reiche, sodann die Rechte der in Goslar und Magdeburg wohnenden Kaufleute und erkannte ihre eigene Gerichts-

---

246. Vgl. Uhlirz, Gesch. d. Erzbistums Magdeburg S. 90 f., 111.
247. Thietmar III c. 1: quicquid Merseburgiensis murus continet urbis cum Judeis et mercatoribus ac moneta et foresto
248. DH II n. 64: omnia curtilia infra et extra urbem, que negotiatores possident.
249. VI c. 16: Insuper Wigberto antistiti mercatores et Judeos Apaellas ab Gisilero primitus acquisitos ac diu commutatos reddidit. Vgl. Hirsch, Jahrbücher Heinrichs II., I S. 287.

barkeit in bestimmten Grenzen, nämlich über Lebensmittel, sowie ihre eigene Vermögensverwaltung an.[250] Aehnlicher Begünstigung erfreute sich das benachbarte Halberstadt. Die Marktgründung erfolgte 989 durch Otto III. unter rechtlicher Gleichstellung der neuen Gründung mit Magdeburg und anderen Verkehrsplätzen. Halberstädter Kaufleute[251] besaßen zur Zeit der Bischöfe Arnulf, Brantog und Burchard I. (996—1059) Wiesen und Weiden, die ihrem Bischof und Marktherren abgabenpflichtig waren, und erhielten von Heinrich IV. 1068 für ihren Verkehr das Recht zum ungehinderten und zollfreien Handel auf allen königlichen Märkten, gegenwärtigen und zukünftigen, die sie besuchten.[252] Diese Nachrichten sind in jener überlieferungsarmen Zeit doppelt wichtige Zeugnisse für die Regsamkeit des Verkehrs in den Vor- und Seitenlanden des Harzes. Hier trafen freilich mehrere sehr wirksame Umstände zusammen, um den Handelsverkehr kräftiger anzuregen. Die reichen Eigengüter des königlichen Hauses lagen dort in der westöstlichen Verkehrsrichtung, die infolge der energischen und zugreifenden Politik der sächsischen Könige an der Ostgrenze sich dauernd verstärkte, an oder bei der Verkehrslinie, die von den größeren westlichen Handelsorten Köln und Dortmund hinüberführte zur Elbe und Saale, vor allem nach Magdeburg. Das Königtum nutzte diese Lage aus. Ebenso wandten die salischen Herrscher diesen Gebieten ihre Zunft zu, fest gestützt auf das diesen Verkehrs-

---

250. Stumpf, Reichskanzler 3 n. 53; Janicke, UB. d. St. Quedlinburg n. 9; Wibel, Die ältesten deutschen Stadtprivilegien, Archiv f. Urkundenforschung 6, S. 238 f. bezweifelt die Echtheit der Urkunde.

251. mercatoribus Halverestidensibus inibi sedentibus et episcopis praefatae sedis rectum censum pro mercatorio usu solventibus. Schmidt, UB. d. St. Halberstadt n. 1. Die Worte rectum censum pro mercatorio usu bedeuten nichts anderes als Abgabe für die Benutzung des Marktes", „Marktabgabe". Keutgen, Untersuchungen S. 205, und Rietschel, Markt u. Stadt S. 69, verstehen darunter einen Leihezins.

252. Schmidt, UB. d. St. Halberstadt I n. 8.

zug berührende, durch den natürlichen Reichtum seiner Bodenschätze ausgezeichnete Goslar. Der westöstliche Verkehrszug reichte wohl in die Karolingerzeit zurück. Sicher berührte er Gandersheim. Nach dem Privileg Ottos I. für Gandersheim von 956, dessen Inhalt auch hier vermutlich auf Urkunden Ludwigs III. zurückgeht, habe Ludwig dem Kloster gewährt, daß alle Kaufleute, die vom Rhein zur Elbe und Saale reisten, in Gandersheim Zoll bezahlen sollten, eine Vergünstigung, die Otto bestätigte.[253] Es fällt daher nicht auf, daß bei der Gründung des Gandersheimer Marktes im Jahre 990 Dortmund als Rechtsvorbild für die Gandersheimer Kaufleute und Einwohner erscheint. Der vom Rhein über Dortmund weiter nach Osten ziehende Verkehr lief zum Teil das Diemeltal abwärts, an dessen Ende der bei Helmarshausen liegende Ort Herstelle an der Weser die alte Heerstraße andeutet. Auch über Gandersheim lief vermutlich eine Heerstraße. Wahrscheinlich bildeten am Anfang des 11. Jahrhunderts die Märkte Dortmund, Meschede, Helmarshausen, Corvey, Gandersheim, Halberstadt, Magdeburg, außer anderen Orten, Stationen einer durchgehenden Verkehrslinie. Unter den Reichszollstätten, an denen die Magdeburger Kaufleute zollpflichtig waren, befand sich auch Köln. Der westöstliche Verkehr war wechselseitig. Er empfing eine im Laufe der Zeit sich verstärkende, aber von vornherein bedeutende Anregung durch die Entdeckung der Silberadern im Rammelsberge bei Goslar. Widukind von Corvey berichtet von der Auffindung der Silberadern in der letzten Regierungszeit Ottos I. Thietmar von Merseburg wiederholt die Angabe seines Vorgängers.[254] Die Erwähnung bei beiden Geschichtschreibern läßt keinen Zweifel, daß das Ereignis Aufsehen erregte und für Sachsen bedeutungsvoll war. Indem beide nur des Silbers gedenken, heben sie den für das Reich wich-

---

253. DO I n. 180; DO II n. 119.
254. Widukind l. III c. 63, Thietmar (Kunze) II c. 13 (8). Ueber

tigsten und eindruckvollsten Teil der Entdeckung hervor. Für den Handel hatte jedenfalls auch der Erzbau weitreichende Folgen. In der späteren Sage und in einigen Lokalnamen lebte noch eine Erinnerung daran, daß fränkische Bergleute zuerst den Betrieb sachgemäß einrichteten.[255] Mit den Worten, das goldene Zeitalter sei erschienen, erzählt Thietmar die Entdeckung der Goslarer Silberminen. Tatsächlich folgte für den Königshof und die Ansiedlung Goslar ein Jahrhundert ruhmvollen Daseins. Schon von Heinrich II. bevorzugt, dann der Lieblingsaufenthalt Konrads II. und Heinrichs III., waren Pfalz und Bergort oft Mittelpunkt der Reichspolitik und damit eines vielseitigen und abwechslungsreichen Verkehrs, der den Ort und seine Eigenart auch über die Grenzen des weiten Reiches hinaus bekannt machte.[256] Der sächsische Aufstand unterbrach zum ersten Mal diese überraschend glänzende Entwicklung. Die wirtschaftlichen Grundlagen derselben bleiben aber, wie so oft, fast völlig im Dunkeln. Kann auch kein Zweifes bestehen, daß der Bergbau und seine Erträge dessen Blüte erst ermöglichten, die auch durch die Lage des Ortes gefördert wurde, so fehlt doch fast jede bestimmtere Kunde von dem Handelsverkehr am Ort selbst und seiner Gestaltung. Ueber die Erträge des Bergbaus, in welchem Umfang er die Mittel des Königtums zur Durchführung seiner weitgreifenden Reichspolitik verstärkte, oder auf die Münzprägung, oder auf die Kunst des Erzgießens in Sachsen, oder auf die Goldschmiedekunst, oder auf den Fernhandel in und außer dem Reiche einwirkte, liegen so wenig genauere Nachrichten vor, wie sich etwa beurteilen läßt, in welchem Maß die Verkehrsverbindungen zwischen dem Rhein und der Elbe durch Goslars Emporkommen be-

die angebliche Entdeckung unter Heinrich I. s. Waitz, Heinrich I. S. 238 f.

255. Bode, UB. d. St. Goslar I S. 4.

256. Vgl. Weiland, Goslar als Kaiserpfalz, Hansische Geschichtsblätter 1884 S. 6 ff.

lebt wurden. Die Gesamtentwicklung drängt die Annahme geradezu auf, daß in allen diesen Richtungen von dem berühmten Bergort starke Wirkungen ausstrahlten. Zu Heinrichs III. Zeit und vermutlich schon früher war er ein Handelsplatz, dessen Kaufleute auf Grund königlicher Vergünstigung wichtige Vorrechte genossen und dessen Kaufmannsrecht anderen Handelsorten als Vorbild dienen konnte. Heinrich III. übertrug 1042 die Rechte der Kaufleute von Goslar und Magdeburg auf Quedlinburg.[257] Da diese Uebertragung — die Echtheit der Urkunde vorausgesetzt — in unmittelbarem Anschluß an das den Quedlinburger Kaufleuten gewährte Recht zum freien Verkehr auf allen Märkten im Reiche ausgesprochen wird und die Magdeburger Kaufleute, wie oben erwähnt,[258] diesen Verkehr überall, außer an bestimmten Zollstätten, zollfrei ausüben durften, werden auch die Goslarer Kaufleute gleiche oder ähnliche Vorrechte besessen haben. Die erst später sicher bezeugte Zollfreiheit der Goslarer an allen Zöllen des Reiches, außer in Köln, Tiel und Bardowiek, geht daher wahrscheinlich, wie die der Magdeburger, auf königliche Verleihung des 10. oder 11. Jahrhunderts, vermutlich Konrads II., zurück.[259] Der wichtigste Gegenstand des Goslarer Handels, die Metalle, lockten schon früh fremdländische Kaufleute zum Austausch ihrer Waren herbei. Lampert von Hersfeld berichtet zum Jahre 1073 von Kaufleuten fremder Völker, die ihre „gewohnten" Waren nach Goslar bringen wollten.[260]

Nördlich von dem belebten Verkehrsgebiet am Harz wird in Lüneburg 956 zum ersten Mal die Saline genannt,

---

257. Janicke, UB. d. St. Quedlinburg I n. 9.
258. Der Goslarer Markt wird ausdrücklich erst 1064 erwähnt. Stumpf, Reichskanzler 3 n. 71; Bode I n. 93; jedenfalls bestand er längst.
259. vgl. Weiland a. a. O. S. 21; Wibel a. a. O. S. 236 f.
260. ed. Holder-Egger S. 170: mercatores exterarum gentium, ne consuetas merces eo (Goslar) conferrent, metu vitae amittendae inhibebant.

deren Einkünfte Otto I. dem Michaelkloster in Lüneburg schenkte.[261] Die Erwähnung bleibt aber anderthalb Jahrhundert lang die einzige. In der Nähe Lüneburgs taucht etwa ein Jahrzehnt später der schon aus karolingischer Zeit bekannte Handelsort Bardowiek wieder auf als Zoll- und Münzstätte, vermutlich die letzte Verkehrsstation vor dem Elbeübergang bei Artlenburg. Weiter abwärts bot die Anlegung des Marktes in Stade, dessen Gründung Konrad II. 1038 dem Bremer Erzbistum gestattete, dem Verkehr an und auf der unteren Elbe einen Stützpunkt.[262] Adam von Bremen nennt den Ort einen guten und sicheren Hafen.[263] Hamburg, gewiß nicht ohne Verkehr, litt unter der ständigen Bedrohung der Slaven, deren Ansiedlungen sich bereits bis dicht an den Ort vorschoben; wiederholt wurde es von den Slaven überfallen und geplündert. Die Unsicherheit der Lage Hamburgs zwang zur Verlegung des Erzbistums nach Bremen und begründete die aufstrebende Entwicklung des Verkehrs in dem neuen Bischofssitze. Otto I. stattete Bremen 965 mit einem Markt samt Bann, Münze und Zoll aus und gewährte seinen Bewohnern, den Kaufleuten, Königsschutz und die Rechte der Kaufleute anderer Königsorte. Siebenzig Jahre später fügte Konrad II. das Recht zur Abhaltung von zwei siebentägigen Jahrmärkten hinzu, vor Pfingsten und vor dem Fest des Ortsheiligen (Willehad) im November. Die Banngewalt über die Besucher der Jahrmärkte während ihrer Dauer wurde wieder dem Erzbischof zugesprochen, der Herzog und andere weltliche Gewalt davon ausgeschlossen. Die weitere Entwicklung zeigt, daß die Verleihung der Jahrmärkte, die fremde Kaufleute aus größerer Entfernung anzogen, gewissermaßen als ein Ausdruck wachsenden Ansehens des Erzbischofs und seines Hauptmarktortes selbst gelten

---

261. DO I n. 183.
262. DK II n. 278.
263. Adam v. Bremen l. II c. 31: Stadium, quod est oportunum Albiae portus et presidium.

konnte. Erzbischof Bezelin, ein Kölner Geistlicher, der das Jahrmarktprivileg bei seinem Amtsantritt dem Stift einbrachte, setzte die von seinem Vorgänger begonnene Ummauerung des Marktortes fort und errichtete über dem großen Westtor am Markt einen Turm mit sieben Kammern, die mancherlei Bedürfnissen des Ortes dienten,[204] das früheste Beispiel eines Stadthauses. Den Domherren, deren Lebenshaltung er verbesserte, ließ er gegen die sächsische Gewohnheit Wein reichen, den der Handel nach Bremen gebracht haben wird. Ein Zeugnis der vielen lebhaften Anregungen, welche die Missionsreisen und der Handelsverkehr den Bewohnern des Stifts gaben, ist die aus Meister Adams Darstellung[205] bekannte Seefahrt friesischer Edeln von der Wesermündung in das Nordmeer nach den Orkney-Inseln und über Island hinaus, von der sie dem Erzbischof bei ihrer Rückkehr nach Bremen, wenn der Bericht getreu überliefert ist, vielerlei Wahres und Erlogenes zu erzählen wußten. Auch in Hamburg ließen Bezelin und der Herzog Bernhard, der mit dem Erzbistum den Besitz des wichtigen Ortes teilte, zum Schutz desselben mehrere feste Gebäude aufführen; den vom Erzbischof für Hamburg beabsichtigten Bau einer stattlichen Ringmauer mit zwölf Türmen, von denen sechs die Geistlichkeit, sechs die übrigen Einwohner bewachen sollten, verhinderte der Tod Bezelins.[266] Von den beiden Hauptorten des Erzbistums schien Bremen bereits ein gesicherter Handelsplatz zu sein. Vorübergehend steigerte sich noch unter Erzbischof Adalberts Regierung das Ansehen und der Verkehr des Orts. Aber die unstete, überstürzte, gegen die Wirklichkeit

---

264. Adam v. Bremen l. II c. 69: cui (sc. muro) ab occasu contra forum porta grandis inhaesit, superque portam firmissima turris, opere Italico munita, et septem ornata cameris ad diversam oppidi necessitatem. v. Bippen I S. 35; Bresslau, Jahrb. Konrads II., 2 S. 153 f.

265. l. IV c. 40, 41.

266. l. II c. 70, Schol. 54.

blinde Politik Adalberts verdarb auch die erste Blüte wieder. Jenen Turm am Markttor ließ er sehr bald wieder abreißen. Seine rastlose Tätigkeit auf dem weiten Gebiet der nordischen Mission machte allerdings zeitweilig das kleine Bremen zum Mittelpunkt eines großen Interessenkreises. Kaufleute aus vielen Gegenden und Ländern besuchten mit ihren Waren den Bremer Markt.[267] Allein das rücksichtslose Streben nach völliger Freiheit seiner Herrschaft von weltlicher Gewalt, gefördert durch die Schwäche des Königtums, verstärkt durch die Eifersucht auf die Erfolge des in der Wahl seiner Mittel ebenfalls unbedenklichen Anno von Köln, verbunden mit verschwenderischer Hofhaltung und drückenden Steuern, artete in eine gerichtliche Willkürherrschaft aus, die sich mit ganzer Härte auch gegen die eigenen Untertanen, weltliche und geistliche, Bürger, Kriegsleute und Händler richtete. Die Eintreibungen der erzbischöflichen Beamten richteten nicht nur den eigenen Verkehr zugrunde, sondern verscheuchten auch die fremden Kaufleute vom Bremer Markt. Der Einbruch der Mannschaften der Billunger in Bremen vollendete die Zerrüttung. Der Bremer Markt verödete. Noch zu der Zeit, da Adam von Bremen seine Darstellung dieser Ereignisse verfaßte, war Bremen von Einwohnern und sein Markt von Waren leer.[268]

Die Geringfügigkeit der Ueberlieferung versagt auch einen deutlichen Einblick in die Verkehrsverhältnisse Westfalens. Am sichersten läßt sich noch die Bedeutung Dortmunds erkennen. Hauptsächlich der Königshof und die Lage an der alten bei Duisburg am Rhein beginnenden und nach Ostsachsen führenden Heer- und Verkehrsstraße begünstigten, soviel man sieht, das Emporkommen des Ortes in der sächsischen Zeit. Häufig genannt als Aufenthaltsort der Könige und Kaiser von Heinrich I. bis auf Heinrich III.,

---

267. Adam l. III c. 58: negotiatores, qui ex omni terrarum parte Bremam solitis frequentabant mercibus.
268. Besonders l. III c. 57.

wiederholt der Schauplatz weltlicher und geistlicher Verhandlungen,[269] erscheint Dortmund am Ende des 10. Jahrhunderts als angesehener Handelsplatz. Das Recht der Kaufleute von Dortmund und anderen Orten wurde damals Vorbild für die Marktgründungen in Gandersheim und Helmarshausen. Die Lage dieser Orte bezeichnet die Hauptrichtung des Dortmunder Handels. Dieselbe Verkehrslinie deutet auch Heinrichs IV. Zollprivileg für die Bürger von Worms (1074) an, das ihnen Zollfreiheit in Dortmund und an fünf anderen königlichen Zollstätten, darunter Goslar, gewährte. Das ist alles, was die ältere Ueberlieferung über die Verkehrsbedeutung dieses wichtigen Marktortes aussagt.[270] An derselben zwischen Lippe und Ruhr ostwärts führenden Straße, dem Hellwege, lagen zwei Orte, die im 10. Jahrhundert in den Erzählungen eines aus Tortosa in Spanien stammenden arabischen Reisenden vorkommen: Soest und Paderborn.[271] Der Grund der Erwähnung des ersten Ortes war das Vorhandensein einer Salzquelle daselbst, der einzigen in der Umgegend; sie bot dem Reisenden Gelegenheit zur Beschreibung der Salzgewinnung. Andere Zeugnisse bestätigen die Zuverlässigkeit der Erzählung.[272] Das Zusammentreffen dieser beiden Vorzüge, der Salzquelle und der Verkehrslage, brachten den Ort empor. Zwei deutsche Berichte des 10. Jahrhunderts schildern bereits Soest als einen wohlhabenden, volkreichen und weitbekannten Ort.[273] Auch Paderborns gedenkt der arabische Reisende hauptsächlich wegen einer Quelle von

---

269. Frensdorff, Dortmunder Statuten u. Urteile (Hansische Geschichtsquellen III) S. IX ff.; Rübel, Gesch. d. Grafschaft u. d. freien Reichsstadt Dortmund I S. 37 ff.

270. Rübel S. 117 spricht von einer Jahresmesse in Dortmund schon im 10. Jahrhundert. Davon ist nichts bekannt.

271. Jacob, Ein arabischer Berichterstatter aus dem 10. Jahrhundert über Fulda, Schleswig, Soest, Paderborn u. a. deutsche Städte S. 17 f.

272. Ilgen, Die Chroniken d. westfäl. u. niederrhein. Städte 3 (Chron. d. deutschen Städte 24) S. XIII f.

anfänglich süßem, später galligem Geschmack. Auf den Verkehr in Paderborn könnten einige Erzählungen der im Kloster Abdinghof verfaßten, anschaulichen Lebensbeschreibung des um die Förderung seines Bistums außerordentlich verdienten Bischofs Meinwerk von Paderborn († 1036), des Freundes und treuen Dieners Heinrichs II. und Konrads II., erwünschtes Licht werfen, wenn das Werk früher entstanden wäre. Da es aber erst nach der Mitte des nächsten Jahrhunderts abgefaßt wurde, bleibt ungewiß, ob die Zeitfarbe, die es trägt, noch der älteren oder der jüngeren Zeit angehört. Indessen sind noch im 12. Jahrhundert Nachrichten über die kaufmännische Berufstätigkeit des täglichen Lebens so überaus selten, daß eine wie diese auf lebendiger mündlicher Tradition beruhende Ueberlieferung weder für das 12. noch für das 11. Jahrhundert ganz entbehrt werden kann, wenn man sie auch nur mit allem Vorbehalt benutzen darf. Nach der einen Erzählung zog der Bischof, der sich über die Treue und die Frömmigkeit seiner Bistumsbewohner unterrichten wollte, als Kaufmann verkleidet mit Waren im Bistum umher, wurde aber von der Frau eines Gutsverwalters, die von ihrem Mann über die Absicht des vermeintlichen Kaufmanns im voraus unterrichtet war, abgewiesen, als er ihr seine Waren anbot, und sogleich ihrem Mann angezeigt. Das Geschichtchen lehrt, daß die Kaufleute auch hausierend im Lande umher wanderten und den Frauen ihre Waren feilboten, auch auf Kredit verkauften. Dies scheint verboten oder doch als bedenkliches Verfahren der Kaufleute angesehen zu sein, weil er mit der leicht entschlossenen Kauflust und der Geschäftsunkenntnis der Frau rechnete.[274] Ein anderes Mal

---

273. Translatio s. Patrocli, MG. SS. 4, S. 281: locum quendam Saxoniae Susatium nomine rebus seculi opulentum, populo plenum, longe lateque circumpositis Saxonum gentibus nichilominus provinciarum populis notissimum; Vita S. Idae, MG. SS. 2 S. 480: civitas . Sosatium commanentium populorum frequentia nobilis. Ilgen a. a. O. S. XV.

274. Vita Meinwerci c. 153, MG. SS. XI, S. 139: Der verkleidete

ließ der Bischof während der Anwesenheit Heinrichs II. alle lammenden Schafe auf seinen Gutshöfen töten und dem Kaiser nach dem Bade einen Mantel überreichen, der aus den Häuten der neugeborenen Lämmer angefertigt und mit Marderkehlen besetzt war. Auf die tadelnde Frage des Kaisers, warum er ihm Schaffelle geschenkt habe, erklärte der Bischof, daß das Kleidungsstück wegen seiner Kostbarkeit der höchsten Würde angemessen sei und rief seine Kaufleute herbei, deren Zeugnis die Wahrheit seiner Behauptung bekräftigte.[275] Daß es tatsächlich zur Zeit Meinwerks in Paderborn Pelzhandel gab und der Bischof ihm nahe stand, lehren unzweideutig die zahlreichen in der Lebensbeschreibung enthaltenen und aus den Urkunden geschöpften Mitteilungen über Gütererwerbungen des Bischofs. Unter den Gegenleistungen des Bischofs für die Uebertragung von Grundstücken an die Paderborner Kirche erscheinen in ungewöhnlich vielen Fällen auch Pelzwerk, Felle und Kleidungsstücke daraus, nicht nur Fuchs- und Hirschfelle, sondern auch Grauwerk und Zobelfelle, am häufigsten Marderfelle.[276] Der Bischof kam damit der Vorliebe auch seiner engeren Landsleute für kostbare Pelzkleidung entgegen, während ein halbes Jahrhundert später der gewinnreiche Pelzhandel mit den heidnischen Preußen, der Adam von Bremen zu der bitteren Bemerkung veranlaßte, daß er die Christen das Gift der Hoffahrt einflöße, denn sie strebten zu ihrer Verdammnis um jeden Preis nach

---

Bischof grüßte demütig die Frau ei de mercibus suis queque concupiscibilia comparanda optulit. Quae quasi vehementer inflammata adversus eum, ilico advocavit virum et seductorem quendam advenisse sibique cum mercibus suis proclamat institisse, ut cum rebus creditis infidelitate suo exhibita domino cum temporali dispendio animae subiacerent periculo.

275. a. a. O. c. 181 S. 148.

276. a. a. O. c. 44, 45, 47, 55, 56, 58, 60, 78, 82, 85—87, 91, 92, 103, 105, 109, 111, 112, 123, 126.

einem Marderpelz, als gälte es die ewige Seligkeit.[277] Von den anderen westfälischen Städten weist noch Minden deutliche Spuren eines Verkehrslebens auf. Otto II. gewährte, wie erwähnt, dem Bistum das Recht zur Errichtung öffentlicher Verkaufsstände. Am Ende unseres Zeitraumes läßt sich in Minden für das 11. Jahrhundert das Dasein einer Kaufmannsansiedlung feststellen. Bischof Egilbert von Minden verfügte 1075 aus Anlaß der Wiederherstellung der Johanniskirche, daß bei ihr wie in früherer Zeit die Begräbnisstätte der Kaufleute sowie aller Pilger, Gäste und solcher, die keine eigene Wohnung besaßen, sein sollte. Auch auf fremde Kaufleute, die auf ihrer Reise in Minden starben, wird die Aeußerung sich beziehen.[278]

Der arabische Reisende gedenkt Fuldas, dessen herrliche Kirchenschätze er bewunderte, und beschreibt ferner Utrecht als eine große Stadt mit weitem Gebiet. Was er von der Viehzucht der Bewohner und der Torfgewinnung erzählt, betrifft das Land, nicht die Stadt. Utrecht erholte sich erst langsam von den Verwüstungen der Normannenzeit. Nachrichten über den Verkehr des Ortes sind selten und kurz. 936 erhielt der Bischof das Münzrecht mit den Einkünften aus der Münze, 948 den Zehnten von allen königlichen Gütern, Zöllen und Münzen im Bereich des Bistums, sowie von der Grundsteuer und der Schiffsabgabe (huslatha et cogsculd), 949 die Fischerei in Minden an der Mündung der Vecht und in der Zuider-Zee, sowie jene ganze Schiffsabgabe (cogsculd), 953 den Zoll in Muiden und die königlichen Ländereien, Wasserläufe und Fischereien zu beiden Seiten der Vecht samt den von der

---

277. L. IV c. 18. Ueber den Kleiderluxus der Hildesheimer Kleriker im 11. Jahrhundert s. Othlos Lib. visionum SS. XI, S. 378 f.

278. Würdtwein, Subs. dipl. VI n. 98: Statuismus etiam ibi fieri sepulturam mercatorum, qua erat viduata (sc. ecclesia s. Johannis) ab antecessore nostro Sigeberto scilicet a monte s. Marie usque ad minorem piscinam, insuper omnium peregrinorum atque advenarum et qui propriis carent mansionibus. Rietschel S. 101.

Vecht gespeisten, stehenden Gewässern und anderen Besitzungen,[279] wodurch die den Lek und die Zuider-Zee verbindende Vecht, an der Utrecht lag, mit ihrem Gebiet der Herrschaft des Bischofs unterworfen wurde. Auch aus dem Strandrecht zog das Bistum damals Einkünfte. Auf der Insel Vieringen, zwischen dem Marsdiep und der Zuider-Zee, besaß es den Zehnten von schiffbrüchigen Schiffen und vom Seefund, weil dort kein Zoll bestand.[280] Noch andere, aus älterer Zeit stammende Handelsabgaben werden erwähnt.[281] Den Fortschritt des Verkehrs am Hauptort Utrecht bezeichnet die Verlegung des Zolles von Minden, des eigentlichen Seezolles, nach Utrecht. Otto II. ließ 975 dem Bischof freie Wahl, den Zoll entweder ganz in Utrecht oder ganz in Muiden oder teils in Utrecht und teils in Muiden zu erheben.[282] Wie und wann die Verlegung stattfand, wissen wir nicht. Später ist vom Zoll zu Muiden nicht mehr die Rede.[283] Aber auch andere Nachrichten über die Weiterentwicklung des Verkehrs fehlen. Die Ueberlieferung beschränkt sich auf Erneuerungen der älteren Privilegien.

Von den anderen, in spätkarolingischen Urkunden genannten Verkehrsorten des Utrechter Bistums, Dorstat, Deventer und Tiel, war Dorstat, am Lek, einst der berühmteste, durch die Normannen zu Grunde gerichtet und

---

279. DO I n. 6, 98, 112, 164. Vgl. Wilkens, Zur Gesch. des niederländischen Handels im Mittelalter, Hans. Geschichtsbl. Jg. 1909, S. 123 ff. Ueber die Topographie des Landes orientiert die Karte bei v. d. Bergh, Handboek d. middel-nederlandsche Geographie, 2. Aufl. 1872.

280. Decima quoque navium, que illuc procellarum impetu feruntur, ac inventionis ad sanctum Martinum pertinet, quia ibi theloneum non est. Güterverzeichnis der Utrechter Kirche von c. 960. v. d. Bergh, OB. v. Holland en Zeeland I S. 24 f.

281. a. a. O.: De theloneis quoque et de negotio omnis decima sancti Martini est.

282. DO II n. 107.

283. Wilkens S. 136.

im 10. Jahrhundert aus der Reihe der Handelsplätze ausgeschieden. Die neue staatliche Ordnung, die den Bischöfen die Verwaltung der öffentlichen Gerechtsame zuwies, wirkte dann auch hier zu Gunsten des Bischofsitzes. Offenbar verlor auch die Lage des Ortes am Lek ihre frühere Bedeutung für die von den westlichen Flußmündungen kommende Schiffahrt. Es scheint, daß sogar der Name des Ortes bei der großen Welt in Vergessenheit geriet. Otto I. nennt Dorstat 948 einen Ort (villa), der einst Dorsteit hieß, jetzt Wik genannt werde.[284] Auch in Deventer an der Jjssel zeigten sich nur geringe Spuren vom Verkehr. Den unterhalb des Ortes gelegenen Jjsselzoll (cathentol genannt) schenkte Otto II. 973 dem Kloster Elten,[285] und Heinrich III. übertrug 1046 das königliche Eigengut in Deventer mit Münze, Zöllen, Gerichten und allem Nutzen an das Utrechter Bistum.[286] Der Schiffsverkehr vom Niederrhein nach dem Norden ging ohne Zweifel nicht die Ijssel, sondern hauptsächlich weiter den Lek hinab, bog bei Dorstat in die Vecht ein und gelangte über Utrecht und Muiden in die Zuider-Zee. Bedeutender entwickelte sich der Handelsort Tiel am Waal.[287] In Tiel lag, wie in Dorstat und Deventer, die Handelsansiedlung am Flußufer. Das erhellt nicht nur aus Heinrich I. Urkunden (von spätestens 931) für das Utrechter Bistum,[288] sondern auch aus der zwischen 1021 und 1024 im Bistum Utrecht, vielleicht im Kloster Armersfoort niedergeschriebenen Erzählung des Alpart von Metz über die Plünderung Tiels durch normannische Seeräuber im Jahre 1006. Die Normannen erschienen damals, Merwede und Waal aufwärts segelnd,

---

284. DO I n. 98. Wilkens a. a. O. Jg. 1908, S. 344.
285. DO II n. 67.
286. Muller, Het oudste cart. v. Utrecht n. 51, S. 87 f.; Wilkens S. 347.
287. Vgl. Wilkens a. a. O. S. 347 ff.
288. necnon in ripis in Dorestato, Daventre, Tiele universisque aliis locis in ipso episcopatu consistentibus, ut nec bannum nec fre-

unvermutet vor Tiel; die Kaufleute, die am Ufer wohnten, ließen alles außer ihrem Gelde im Stich und entflohen.[289] Darauf drangen die Seeräuber in den Ort ein, in dem sie viele Lebensmittel erbeuteten, zündeten ihn an, raubten auch das Kloster St. Walpurgis aus und kamen am anderen Tage dank ihrer mutigen Haltung mit ihrer Beute unbeschädigt davon. Das Kloster wird ein halbes Jahrhundert früher als mit neuer Steinbefestigung versehen geschildert.[290] In Tiel befand sich ein Königshof, 972 als ein Stück des Heiratsguts der Kaiserin Teophano erwähnt und später von Otto III. an das Marienstift in Aachen geschenkt, aber noch während der Minderjährigkeit Heinrichs IV. zu Lieferungen an die königliche Tafel verpflichtet,[291] und ein wichtiger Reichszoll. Dort erhielten die Magdeburger Kaufleute von Otto II. Zollfreiheit und genossen wahrscheinlich auch die Goslarer Kaufleute frühzeitig dasselbe Vorrecht. Der Tieler Reichszoll der Rheingebiete erfaßte vornehmlich den Handel mit England. Ueberaus wertvoll ist die Schilderung, die der schon genannte Mönch Alpart von Metz in den ersten Jahrzehnten des 11. Jahrhunderts von dem Leben und Treiben, den Sitten und Gewohnheiten der kaufmännischen Bevölkerung Tiels entwirft. Sie kennzeichnet, wie kaum eine andere Quelle sowohl die berufliche Eigenart der Einwohnerschaft dieser alten Verkehrsorte, wie die Beurteilung, die diese neuartige, an immer zahlreicheren Verkehrsorten sich sammelnde und ansässig werdende Volksschicht bei anderen Ständen fand, wie auch

---

dum aut coniectum, quod ab ipsis giscot vocatur, contingere aut exactare quis presumeret. DH I n. 27. Hier wie in der wörtlichen Wiederholung Ottos I. von 938, DO I n. 19, steht im Druck das Komma nach ripis sinnwidrig. Richtig in der Bestätigung Heinrichs IV. von 1057, Muller, Het oudste cart. v. Utrecht n. 66, S. 104 f.

289. pyratae usque ad portum Tylae pervenerunt. Populus vero, qui circa littora Wal fluminis habitaverunt, comperto tantae multitudinis adventu, spem omnem salutis in fuga ponentes, sua pene omnia praeter pecuniam, quia mercatores erant, alienissimis reliquerunt. MG. SS. 4 S. 704.

die Beziehungen zum Königtum. Auf die Entwicklung des wichtigsten Handelsplatzes am Niederrhein, Kölns, wirkte die ottonische Zeit günstig ein. Das 10. und 11. Jahrhundert legten den Grund zu der alle anderen deutschen Städte übertreffenden Blüte des Kölner Handels im 12. Jahrhundert. Freilich folgt auch hier die auf uns gekommene Ueberlieferung der tatsächlichen Gestaltung des Handelslebens erst in einiger Entfernung nach. Immerhin lassen sich in der Entfaltung des Kölner Verkehrslebens schon im 10. Jahrhundert gewisse Züge von Bedeutung erkennen. Der entscheidende Vorteil, den im ganzen Lande der Wasser- vor dem Landverkehr bot, machte sich auch in Köln geltend, indem der Fluß die dem Handel zugewandten Teile der Bevölkerung an sich heran zog. Vor der östlichen Mauer der auf der Uferfläche liegenden Römerstadt entstand in der genügend breiten, wenn auch vor Ueberschwemmung weniger gesicherten Niederung zwischen Mauer und Strom eine Vorstadt. Sie wurde der Sitz des Handelslebens, auch der Ausgangspunkt der kommunalen Entwicklung in Köln. In dieser Rheinvorstadt siedelten sich Kaufleute und Gewerbetreibende an. Die Rheinvorstadt war bereits 948 durch Befestigungen, die im wesentlichen als Fortsetzungen der nördlichen und südlichen Römermauer bis zum Flußufer liefen, an die Römerstadt angeschlossen.[292] Wann die Ansiedlung und ihre Befestigung entstanden, ist unbekannt. Jene geht wohl zum mindesten in spätkarolingische Zeit zurück, diese verdankt vielleicht den Raubzügen der Ungarn ihre Entstehung, die wiederholt auch den Mittelrhein überschritten und Lothringen heimsuchten. Dicht hinter und auf der römischen

---

290. DO I n. 124.
291. DO II n. 21; DO III n. 347; Const. I n. 440.
292. Keussen, Untersuchungen zur älteren Topographie u. Verfassungsgesch. 1. Köln, Westdeutsche Zeitschrift 2, S. 56. Topographie der Stadt Köln im Mittelalter 1, S. 34 f. Vgl. auch J. Hansen,

Ostmauer lag auch die geschlossene Ansiedlung der Juden.[293] Die Kölner Judengemeinde stammte schon aus römischer Zeit; sie hat wahrscheinlich ihre Wohnstelle niemals gewechselt und erscheint als Gemeinde schon wieder im dritten Viertel des 11. Jahrhunderts.[294] In welchem Zusammenhang sie mit der Bildung der auf der anderen Seite der Ostmauer entstehenden Vorstadt gestanden haben mag, ist ungewiß. Auf dem Gelände in der Niederung dicht vor der Ostmauer entstand auch der Markt, auf dem später die Münze sich befindet. Sicher war dort ein Markt vor der Zeit Erzbischof Brunos (953—965) vorhanden, der als Begründer der dem hl. Martin geweihten Marktkirche gilt. In ihm erst den Begründer des Markts überhaupt zu sehen, liegt kein zwingender Grund vor. Handel und Markt Kölns standen schon am Ende des Jahrhunderts im hohen Ruf. Auch hier fällt die erste Erwähnung des Marktes (994) weit hinter seine Anfänge oder seine Gründung.[295] Kölns Marktrecht erscheint bereits in den Jahren 994 und 1000 als Vorbild für die Marktgründungen in Quedlinburg und Helmarshausen, im Jahre 1000 auch für die Marktgründung des Trierer Klosters St. Maximin in Wasserbillig an der Mosel. Diese Gründungen bezeichnen zugleich Richtungen des Kölner Handels, die in der Folgezeit immer deutlicher hervortreten. Der wichtigste, durch Westfalen nach Ostsachsen führende Verkehrsweg überschritt auf der Brücke bei Werden die Ruhr und hieß bis dort schon 1065

Köln. Stadterweiterung, Stadtbefestigung, Stadtfreiheit im Mittelalter (S. A.) S. 4 ff.
293. Keussen, a. a. O. S. 51 u. S. 30 f.
294. Keussen, a. a. O. S. 31.
295. Die Kölner Darstellungen nennen 992 als das Jahr der ersten Erwähnung des Kölner Marktes, unter Berufung auf Beyer, Mittelrhein. UB. I n. 263. Die Urkunde dort ist Ottos III. Marktgründungsprivileg für Wasserbillig, das ins Frühjahr 1000 gehört. DO III n. 364 Vorbemerk. Die früheste Erwähnung findet sich demnach erst zu 994, aber auch sie bezeichnet bereits den Kölner Markt als Vorbild für andere.

die Kölner Straße, das früheste Beispiel der Benennung einer Landstraße nach ihrem Ausgangs- oder Zeitort.[296] Auf diese östlichen Verkehrsbeziehungen Kölns wies zugleich Ottos II. Privileg für die Magdeburger Kaufleute von 975, welches unter den Zollstätten, an denen sie zur Zollzahlung verpflichtet blieben, auch Köln nennt, und die ähnliche, vermutlich etwas später erfolgte Privilegierung der Goslarer Kaufleute. Ueber die Zeit der Abhaltung der Messe gibt sie keine Auskunft. Vielleicht fand die Messe schon im 10. Jahrhundert am Osterfest statt. Nach dem Bericht der Translatio s. Maurini zum Jahre 967 über eine Erkrankung des Erzbischofs Folkmar wurde Köln zur Zeit des Osterfestes auch von vielen Leuten aus sehr entfernten Gegenden besucht.[297] Sicher ist, daß ein Jahrhundert später, zu Erzbischof Annos II. Zeit (1056—1075), die großen Kölner Jahrmärkte zu Ostern abgehalten wurden. Die Lebensbeschreibung Annos erzählt, daß am Osterfest nicht nur Menschen aus allen Städten am Rhein, sondern auch aus überseeischen und noch entlegeneren Ländern in ungezählter Menge zu dem in der ganzen Welt berühmten Jahrmarkt nach Köln zusammenströmten.[298] Eine jüdische Quelle, die aus der Zeit der zweiten Hälfte des 10. oder den ersten Jahrzehnten des 11. Jahrhunderts stammt, erwähnt die Kölner Messe und den Verkehr der auswärtigen

---

296. Lacomblet, UB. f. d. Niederrhein I n. 205: forestum . . per Ruram se sursum extendens usque ad pontem Werdinensem et exinde per stratam Colonicnsem usque ad rivum Tussale (Düssel).

297. Translatio s. Maurini SS. XV, S. 685: sed vides, quantus populosae civitatis in aecclesia concursus, vides quantus de remotissimis etiam regionibus festivitate invitante confluxerit populus.

298. Vita Annonis archiep. Col. c. 29, SS. X, S. 478: Instabat aliquando paschalis festi singularis et iocunda celebritas, et confluentibus Coloniam non solum ex omnibus prope Renum civitatibus sed et de transmarinis et adhuc remotioribus provinciis absque numero populis ad nundinas toto orbe celeberrimas, fiebat ut ex ipsa frequentia geminum Coloniensibus immineret tripudium.

Juden auf ihr.[299] Eine Zunahme des Verkehrs in Köln verrät ferner die Entstehung eines neuen Marktes. Die topographische Forschung nimmt aus guten Gründen an, daß in der ersten Hälfte des 11. Jahrhunderts im südwestlichen Teile der Römerstadt der geräumige Neumarkt hergerichtet wurde, während nun der ursprüngliche, in der Rheinvorstadt gelegene Markt als Altermarkt bezeichnet wurde.[300] Doch blieb der Neumarkt immer ein Nebenmarkt.[301] Den Verkehr organisierter Kaufleute in Köln bekundet die Erzählung der um die Mitte des 11. Jahrhunderts verfaßten Lebensbeschreibung des Erzbischofs Heribert, nach welcher ein Vorsteher der Kaufleute (negatiatorum praepositus) bei Köln einen vagierenden und verbrecherischen Kleriker gefangen nahm;[302] ob jener ein Kölner oder ein Fremder war, läßt der Bericht leider zweifelhaft. Zur Zeit der Minderjährigkeit Heinrichs IV. lebte in Köln, wie die Ereignisse des Aufruhrs vom Jahre 1074 gegen Erzbischof Anno II. lehren, eine wohlhabende Kaufmannschaft, der es an Gemeingefühl und Selbstbewußtsein nicht fehlte. Auch in Mainz bewirkte der Rheinverkehr eine Ausdehnung der Stadt nach dem Flußufer hin. Sie erfolgte bereits in der letzten Karolingerzeit unter der Regierung des Erzbischofs Hatto (891—913).[303] In unserem Zeitraum nahm Mainz unter den Handelsplätzen Deutschlands den ersten Rang

---

299. Aronius, Regesten z. Gesch. d. Juden n. 149; Br. Halm, Die wirtschaftliche Tätigkeit der Juden im fränkischen u. deutschen Reiche bis z. II. Kreuzzug S. 84.
300. Keussen, Topographie S. 15 f., 37 f.
301. Keussen, a. a. O. S. 15; Kuske, die Märkte u. Kaufhäuser im mittelalterlichen Köln, Jahrb. d. Köln. Geschichtsvereins 2. S. 76.
302. Vita S. Heriberti, SS. 4, S .748.
303. Ekkehard in den Casus s. Galli erzählt von Hatto: qui Magontiam ipsam a loco suo antiquo motam proprius Rheno statuerat. SS. II, S. 83. Die Erzählung steht allerdings untermischt mit Ungenauigkeiten, s. Will, Reg. d. Mainzer Erzb. 1, S. 90, will aber wohl noch etwas mehr sagen als nur, daß sich die Stadt nach dem Rhein hinausgedehnt habe. Vgl. Hansen, Köln, Stadterweiterung S. 5.

ein[304] und behauptete seine uralte Stellung als die in Deutschland wichtigste Station des Handels zwischen den östlichen Mittelmeerländern und dem nördlichen Mitteleuropa. Sein Verkehr entsprach noch seiner zentralen Lage im Reiche. Auch hätte die wachsende Belebung des Verkehrs im Innern des Reiches schwerlich allein den Vorrang dieses zentralen Verkehrsplatzes beseitigen können. Aber besonders die im Zusammenhang mit dem aufblühenden inneren Verkehr stehende Stärkung des deutschen Außenhandels brachte andere für den Außenhandel vorteilhafter liegende Verkehrsorte rascher empor und ließ im Laufe der Zeit die alten Vorzüge der Lage und damit auch den Vorteil ihrer Ausnutzung durch die Mainzer zurücktreten. Dazu kam, daß die alten von Mainz ausgehenden Landwege durch die Täler der Lahn und Kinzig nach den unteren Weser- und Elbegebieten und nach Thüringen einer schnelleren Entwicklung des Verkehrs, die bald eintrat, nicht in demselben Maß gewachsen waren wie die Wasserstraßen. Unter den angesehenen Verkehrsplätzen, deren Rechtsverhältnisse, wie wir sahen, den neueren Marktgründungen als Muster bezeichnet wurden, stand Mainz voran.[305] Der Mainzer Markt wird am häufigsten als Vorbild für Marktgründungen in den verschiedensten Teilen des Reiches, und zwar im Osten, Westen und Süden desselben genannt, für die Neugründungen in Quedlinburg (994) und Helmarshausen (1000), in Wasserbillig an der Mosel (1000), in Allensbach am Bodensee (998). Jener arabische Reisende aus Spanien, der auch Mainz besuchte, nennt es eine sehr große, teils bewohnte, teils besäte Stadt und preist den Reichtum seiner Umgebung an Weizen, Gerste, Roggen, Weinbergen und Obst. Er fand dort arabische Münzen aus Samarkand und mancherlei Gewürze,

---

304. Auch Lampert von Hersfeld nennt Köln z. J. 1074: civitas civium frequentissima et post Mogontiam caput et princeps Gallicarum urbium, ed. Holder-Egger S. 193.
305. S. oben.

die aus Indien nach Europa eingeführt wurden und nach Mainz wohl über Venedig gelangten.[306] Die Zuverlässigkeit der Erzählung und die weitreichenden Verbindungen des Mainzer Handels bezeugt die von Liutprand von Cremona erwähnte Tatsache, daß Otto I. im Jahre 949 als der Ueberbringer von Geschenken an den Kaiser Konstantin Porphyrogenetos einen Mainzer Kaufmann Liutfred ausersah, der über Venedig nach Byzanz reiste.[307] Auch die Mainzer Juden werden wiederholt genannt.[308] Heinrich II. verwies sie einmal vorübergehend aus der Stadt.[309] Jüdische Quellen sprechen von ihrem Grundbesitz an Weinbergen und von ihren Geschäftsbeziehungen zu Pfarrgeistlichen.[310]

Mit Mainz teilten Worms und Speyer den Vorzug einer seit Alters wohlangebauten und fruchtbaren Umgebung sowie eines schon in ältere Zeit zurückreichenden Handelsverkehrs. Alle drei hatte die normannische Zerstörung nicht unmittelbar erreicht. Auch Worms und Speyer genossen die Vorteile einer zentralen Lage. Sie nahmen regen Anteil am Rheinhandel, und zugleich kreuzte bei ihnen und Mainz der von der Ostgrenze des Reiches den Main hinab und die Donau aufwärts über Regensburg zum unteren Neckar nach Westen ziehende Verkehr den Strom. Für den Rheinhandel beider Orte liegen aus dem 10. Jahrhundert beachtenswerte Zeugnisse vor. Die Schenkungsurkunde Konrads des Roten für die Speyerer Kirche vom Jahre 946 erwähnt, daß Speyer nicht nur von auswärtigen, sondern auch von fremdländischen Kaufleuten aufgesucht

---

306. Jacob, Ein arabischer Berichterstatter S. 13 f.

307. Liudprand, Antapodosis l. VI c. 4 u. 6, ed. J. Becker S. 153 ff.

308. Aronius n. 125, 128, 149, 151.

309. Das. n. 144.

310. Uebersetzungen bei M. Hoffmann, D. Geldhandel der deutschen Juden während des Mittelalters bis z. J. 1350, S. 138 ff.

werde.[311] Die Heimat dieser Kaufleute wird nicht bezeichnet. Es ist die einzige unzweideutige Nachricht von einer Teilnahme fremdländischer Kaufleute am Rheinverkehr während des 10. Jahrhunderts. Aber in Verbindung mit den anderen bisher besprochenen Zeugnissen für den Verkehr der ansehnlicheren Rheinorte berechtigt sie wohl dazu, auch für diese die Beteiligung fremdländischer Kaufleute am Rheinhandel mit Bestimmtheit vorauszusetzen. Wichtig für Worms und Speyer war der Weinhandel. Die um die Mitte des 11. Jahrhunderts verfaßte Bistumsgeschichte des Lütticher Domherrn Anselm erzählt von dem Bischof Everaker von Lüttich (959—971), daß die Lütticher Bürger aus seinem Hause roten Wormser Wein raubten.[312] Jene Urkunde Konrads des Roten zählt unter den Handelsabgaben der fremden Kaufleute in Speyer auch eine Abgabe von Wein, nach der Maßeinheit Ohmpfennig genannt, auf und hebt unter den Waren, welche die aus verschiedenen Orten nach Speyer kommenden Kaufleute in ihre Schiffe luden und die Speyerer selbst zu Handelszwecken ausführten, namentlich nur den Wein hervor.[313] Auch sonst fehlt es nicht an Berichten über die von Worms talwärts führende Rheinschiffahrt. Nach der Klostergeschichte von St. Troud ließ der Abt Adelhard II. (1055 bis 1082) die zur Wiederherstellung des Klosters erforderlichen schweren Bausteine aus der Fremde kommen; die Säulen

---

311. Hilgard, Urk. z. Gesch. d. St. Speyer n. 4; von den weiter unten im Text genannten Handelsabgaben heißt es: que tamen non ex habitatoribus illius civitatis, sed ab extraneis et de aliena patria venientibus diligenter sunt acquirenda.

312. Anselmi Gesta ep. Leodiensium c. 24. SS. VII, S. 202: Unde contigit, ut dum cives Leodienses domum eius (des Bischofs) corrupissent et rubeos Wormacensis vini rivos a monte usque in Mosam deduxissent

313. Hilgard a. a. O.: ut quicquid negociatores, qui aliunde ex diversis locis fluctivagando advenerint navesque suas cum vinifero pondere vel aliqua causa onerare voluerint aut incole civitatis lucrandi gracia similiter exire temptaverint, a nullo alio licencia est

wurden von Worms zu Schiff nach Köln und von dort weiter zu Lande an ihren Bestimmungsort gebracht.[314] Wir sahen bereits, daß die Bewohner von Worms, Juden und andere, von Heinrich IV. im Jahre 1074 Zollfreiheit an mehreren rheinischen Zollstätten sowie zugleich in Frankfurt und an wichtigen sächsischen Zollstätten erhielten. Auch sonst geschieht der Wormser Juden Erwähnung. Das frühe Ansehen des Wormser Marktes bezeugt auch der Hinweis auf ihn und andere größere Marktorte bei der Gründung des Marktes zu Allensbach im Jahre 998.[315] Einige genauere Angaben über die Gegenstände des Speyerer Handelsverkehrs enthält die Urkunde Konrads des Roten von 946. Sie überwies dem Bistum außer der Münze, der Hälfte des Zolles, dessen andere Hälfte die Bischöfe schon besaßen, und dem erwähnten Ohmpfennig vom Wein noch den Salzpfennig vom Salz, den Steinpfennig vom Pech und den „Pflichtpfennig" von nicht speziell genanntem Gut.[316] Alle diese Abgaben wurden nicht von den Einwohnern Speyers, sondern von den fremden Kaufleuten erhoben. Sie trafen also nur Handelsgut, gewährten aber den Einheimischen billigeres Ausfuhrgut.

---

acquirenda nisi a solo pontifice illiusque ministris. Lucrandi gracia bedeutet nicht, wie Köhne, Der Ursprung d. Stadtverfassung in Worms, Speyer und Mainz, S. 144 meint, „zu Spekulationszwecken", sondern „als Handelsgut" im Gegensatz zum Nichthandelsgut.
    314. Rodulfi Gesta abb. Trudonensium I c. 11, SS. X, S. 235.
    315. DO III n. 280.
    316. Aronius a. a. O. n. 149 und 153.
    316. Hilgard a. a. O.: monetam . medictatem thelonii, nam altera pars semper erat illius loci pontificum, sed eciam unam aream salisque denarium, quem vulgus vocat salzfenninc, ac picis denarium, qui aliter dicitur steinfenninc, atque pro re denarium, hoc est flichtifenninc, ast namque vini denarium, qui theutonica locucione amfenninc, que tamen non ex habitatoribus usw. Vgl. Waitz, Deutsche Verfgesch. 8, S. 279 f.; Boos, Gesch. d. rhein. Städtekultur 1, S. 228, die aber, dem Wortlaut der Urkunde zuwider, nur vom Wein sagen, daß er in den Handel kam.

Viel geringer ist unser Wissen von den oberrheinischen Verkehrsorten Basel und Konstanz in diesem Zeitraum. Basel, im 10. Jahrhundert ein Ort des hochburgundischen Königreichs, brachte zuerst Heinrich II., endgültig dessen Nachfolger an das Deutsche Reich. Das Recht seiner Kaufleute tritt mit dem der Konstanzer als Vorbild bei der Neugründung des alten Marktes von Radolfzell am Bodensee im Jahre 1075 auf.[317] Bekannter scheinen Markt und Handel von Konstanz gewesen zu sein. Der Markt zu Konstanz erscheint am Ende des 10. Jahrhunderts als Vorbild für die Marktgründungen zu Allensbach (998) und Villingen (999).[318] Vermutlich fällt auch hier die Entstehung des Marktes in die letzte Karolingerzeit.[319] Ekkehard von St. Gallen erzählt zum Jahre 917 von Kaufleuten, die von Italien nach oder über Konstanz zurückkehrten.[320] Der bekannte, dem 10. Jahrhundert angehörende Schwank vom Schneekind (modus Liebinc) läßt einen Kaufmann aus Konstanz lange und weite Handelsreisen in überseeische Länder unternehmen,[321] Zur Zeit der Regierung Heinrichs II. (1014 oder 1022) nennt ein Brief der Mönche von St. Gallen die Namen von sechs Konstanzer Kaufleuten und eines Kaufmanns und früheren Münzers von Buchau, in deren Hände ein großer Teil des dem Kloster durch Diebstahl entwendeten Klosterschatzes gelangt war.[322] Nicht fern von Konstanz, nahe der Mündung des Rheins in den Bodensee, lag der im Jahre 947 gegründete Markt von Rorschach, dessen Benutzung durch die nach Italien und

---

317. Keutgen, Urk. z. städt. Verfassungsgesch. n. 99.
318. DO III n. 280 u. 311.
319. Beyerle-Maurer, Konstanzer Häuserbuch 2, S. 168, Anm. 4.
320. MG. SS. II, S. 88.
321. Müllenhof u. Scherer, Denkmäler deutscher Poesie und Prosa a. d. 8. bis 12. Jahrh. n. XXI. Kögel, Gesch. d. deutschen Literatur 1, S. 254 f.; W. Meyer, Gesammelte Abhandlungen z. mittellateinischen Rhythmik, Bd. I, S. 44 f.; Uebersetzung bei P. v. Winterfeld, deutsche Dichter des latein. Mittelalters S. 213 f.
322. Wartmann, UB. d. Abt. St. Gallen 3 n. 820.

Rom Reisenden die Gründungsurkunde selbst hervorhob. Von Konstanz über Arbon und Rorschach oder von Basel über Zürich und den Walensee führten die Land- oder Wasserwege nach Chur und weiter über Bündnerpässe nach Italien. Zürich erscheint in ottonischer Zeit als Zoll- und Münzstätte. Otto II. erließ dem Kloster Einsiedeln 972 Zoll- und Schlagschatz in Zürich und gestattete den Leuten des Klosters für die Bedürfnisse des Klosters die Ausübung von Handelsgeschäften in Zürich und die Einwechslung von Münze.[323] Privilegien Ottos I. und Ottos II. regelten die Zollerhebung in Chur für das Bistum Chur; sie erneuerten auch die alte Ordnung der Schiffahrt auf dem Walensee.[324] Am Main war Würzburg der bedeutendste Verkehrsplatz. Konrad I. und Heinrich I. bestätigten die frühere Schenkung des Würzburger Zolles an das Bistum. Sie erwähnen dabei bereits, daß Händler aus zahlreichen Gebieten und Orten Würzburg aufsuchten.[325] In der Folgezeit befand sich der Bischof im Besitz der Münze, der Mainfähre, des täglichen Marktes, des Zolles und des Gerichtsbannes über den ganzen Ort. Konrad II. gewährte 1030 dazu die Abhaltung eines achttägigen Jahrmarktes, der vom 17. bis zum 24. August stattfinden sollte.[326] Der Würzburger Markt stand in verbreitetem Ansehen. Bei der Zurückverlegung des Marktes von Nürnberg nach Fürth werden neben anderen auch die Rechte der Würzburger Kaufleute als Vorbild für die Neugründung aufgeführt.[327] Auch den beiden wichtigsten Handelsplätzen an der Donau fehlt für diesen Zeitraum eine ihrer wirklichen Verkehrs-

---

323. DO II n. 25.
324. Schulte, Gesch. d. mittelalterlichen Handels und Verkehrs zwischen Westdeutschland und Frankreich I, S. 62 f.; Caro, Mitteilg. d. d. Inst. f. österreich. Geschichtsforschung 28, S. 268; Vollenwaider, Gesch. d. Verkehrs a. d. Wasserstraße Walenstad—Zürich—Basel (Schweiz. Studien z. Geschichtswissenschaft 4, Heft 3, S. 401 ff.).
325. DK I n. 35; DH I n. 5.
326. DK II n. 154.
327. Mon. Boica 29 a n. 406.

bedeutung entsprechende Ueberlieferung. In der kurzen Beschreibung Germaniens, die der angelsächsische Orosius König Aelfreds vom Ende des 10. Jahrhunderts enthält, ist Regensburg der einzige Ort, der genannt wird.[328] Glücklicherweise gewährt für Regensburg eine in der Mitte des 11. Jahrhundert entstandene Ortsbeschreibung einen Einblick in die jedenfalls nicht zum wenigsten infolge der Entwicklung des Handels erfolgte Erweiterung der alten Römerstadt. Der Markt in Regensburg wird schon im Jahre 934 genannt.[329] Nicht lange vorher, kurz nach dem Jahre 917, hatte bereits Herzog Arnulf von Bayern die im Westen neben der Römerstadt entstandene umfangreiche Ansiedlung durch Ummauerung an die Altstadt angeschlossen und befestigt; auch das Kloster S. Emmeram lag jetzt innerhalb der Mauer.[330] Einige Kaufleute wohnten, nach jener Ortsbeschreibung, im südlichen Teile der Römerstadt. Der Hauptwohnsitz der Kaufleute war aber die Neustadt.[331] Sie hieß der „pagus mercatorum" und wird als sehr reich an Gütern geschildert. Der Verfasser der Beschreibung leitet den Namen Regensburg davon ab, daß die von allen Seiten Waren heranbringenden Schiffe hier im Hafen anlegen.[332] Ein Regensburger war wohl jener Kaufmann Willihalm, dem Ottos II. Vorgänger die Freiheit verliehen hatte und der mit seiner Gattin Heilwad dem Kloster St. Emmeram ansehnlichen Grundbesitz im Nordgau und Donaugau übertrug. Otto II. bestätigte

---

328. ed. Sweet; Dahlmann, Forschungen 1, S. 418.
329. Regensburger UB. I n. 3 (Mon. Boica 52. NF. 7).
330. Arnoldus lib. de s. Emmeramo, MG. SS. 4, S. 352.
331. Translatio Dionysii Areopagitae, MG. SS. XI, S. 353 f. Ueber die Abfassungszeit vgl. Rietschel, Neues Archiv 29, S. 643 ff.
332. a. a. O. S. 354: Tunc plebs urbis et senatus . monasterium (S. Emmeram) hoc muro cingens, inibi inclusit hocque urbem appellavit novam. Haec quod rates undecunque mercimonia portantes hic in portu ponuntur, Ratispona vocatur; haec post ambitum s. Emmerami latum frequens regio mercatoribus incolitur, quae opum ditissima pagus mercatorum exprimitur.

im Jahre 983 diese Schenkungen.[333] Die Juden treten in Regensburg mehrfach hervor. Sie bewohnten in den ersten Jahrzehnten des 11. Jahrhunderts einen bestimmten Bezirk, vermutlich denselben, den sie auch später innehatten.[334] Ein Jude Samuel war es auch, der schon früher in dem Vorort von Regensburg auf dem nördlichen Donauufer, also am Ende des wichtigen Uebergangs über den Fluß, das Gut Schierstadt an der Stelle des heutigen Stadtamhof besaß. Von ihm kaufte das Kloster S. Emmeram das Gut mit Erlaubnis Ottos II., der es im Jahre 981 dem Kloster übergab.[335] Den Ruf des Regensburger Markthandels bezeugt die Gründung der beiden Märkte von Donauwörth und Fürth (1030 und 1062), denen auch der Regensburger Markt als Muster gegeben wurde.[336] Noch weniger wissen wir von dem Handel Passaus. Otto II. gewährte 976, wie oben erwähnt wurde, den dort ansässigen Kaufleuten Zollfreiheit auf allen Gewässern im Reiche aufwärts und abwärts, was vermutlich in erster Linie ihrem Verkehr auf der Donau zu statten kommen sollte.[337] Eine Schenkung Heinrichs II. an das Kloster Niedernburg in Passau deutet auf den Handel mit Böhmen. Der König schenkte 1010 dem Kloster die Hälfte des Zolles, den er in Passau hatte, samt dem ganzen „böhmischen Zoll" und seinem Erträgnis.[338]

Im Innern des Reiches wuchs der Verkehr an zahlreichen Orten, teils als Fortsetzung älterer Uebung, teils auf frischem Boden und aus neuer Pflanzung. In den von der

---

333. DO II n. 293—296.
334. Aronius, Regesten n. 150; Graf v. Walderdorff, Regensburg in s. Vergangenheit u. Gegenwart, 4. Aufl., S. 100.
335. DO II n. 247.
336. DK II n. 144; Mon. Boica 29 a n. 406.
337. DO II n. 137.
338. DH II n. 214: partem thelonei, quam in eadem videmur civitate habere, cum toto tamen Boemiensi theloneo eiusque utilitate in integrum.
339. Jacob, Welche Handelsartikel bezogen die Araber des Mittelalters aus den nordisch-baltischen Ländern? 2. Aufl., S. 13.

Natur dargebotenen Adern des neuen Deutschland, das sich politisch auf eigene Füße gestellt hatte, zu eigenem Machtbewußtsein gelangt war und unter den europäischen Völkern als eine neue Macht dastand, regte und bewegte sich jetzt der Verkehr stärker, vielseitiger und regelmäßiger als früher. Ohne Frage war er, im ganzen genommen, in stetem Fortschreiten zu größeren Leistungen begriffen. Dem entsprach auch eine reichere Entwicklung des Außenhandels. Die größere Leistungsfähigkeit des inneren Verkehrs, die durch die Machtentfaltung des Reiches angeregte Unternehmungslust und das Ansehen des mächtigen Reiches selbst unterstützten und förderten den Handelsverkehr über die Reichsgrenzen hinaus oder konnten den Auswärtigen einen Anreiz bieten zum Besuch der Handelsorte im Reiche. Daß Angehörige reichsfremder Völker damals im Innern des Reiches Handel trieben, berichten die Quellen, die wir kennen lernten, bei verschiedenen Gelegenheiten. Zum Teil waren es Flußstädte, an denen wir sie handeltreibend fanden: Bremen, Köln und Speyer. Der Rhein und die Wesermündung zogen die Fremden an. Jene Urkunde Herzog Konrads des Roten für Speyer gehört dem 10. Jahrhundert an, die Nachrichten über Köln und Bremen beziehen sich auf das 11. Jahrhundert. Aus welchen fremden Ländern die Besucher dieser deutschen Handelsorte kamen, geht aus den kurzen Nachrichten, die wir besitzen, leider nicht hervor. Die Aeußerungen der Quellen sind durchweg allgemein gehalten, entbehren eines Hinweises auf bestimmte Länder und schließen nicht jeden Zweifel an ihrer strengen Zuverlässigkeit aus. Der Biograph Erzbischof Annos von Köln spricht von Besuchern der „weltberühmten" Kölner Ostermesse „aus überseeischen und noch entfernteren Ländern". Es wird schwer, die Aussage wörtlich zu verstehen, zumal die Ostermesse auf einen für die für Köln in Betracht kommenden Besucher günstigen Zeitpunkt fiel, doch kaum für die aus den überseeischen Ländern, England und den nordischen

Reichen kommenden Kaufleute. Es liegt, wie es scheint, ein Ausdruck vor, der zum Stil gehörte. Auch Adam von Bremen, der die Händler „aus allen Teilen der Welt" den Bremer Markt aufsuchen läßt, will stilgemäß, nicht buchstäblich verstanden sein. Indessen soll dieser Vorbehalt nicht dazu verleiten, die Tatsächlichkeit des Besuches jener und anderer Handelsorte im Reiche durch ausländische Kaufleute zu leugnen. Schon die erwähnten Nachrichten stellen die Tatsache als solche fest. Auch Lamperts Erzählung gedenkt ja der Kaufleute auswärtiger Völker, die Goslar besuchten. Außerdem lehren die bekannten Berichte aus arabischen Quellen, daß Fremde aus weiter Ferne das innere Deutschland bereisten. Solche Reisen dienten, auch wenn es nicht bestimmt ausgesprochen wird oder politische Aufträge den wichtigsten Grund der Reise bildeten, doch in der Regel auch Handelszwecken oder der Erforschung von Verkehrsverhältnissen. Gelegenheiten, die äußeren und inneren Verkehr miteinander verbanden, bot damals besonders der Sklavenhandel. Er wurde, wie es scheint, während dieses Zeitraumes in großem Umfang betrieben. Der slavische Osten lieferte die Menschenware, Spanien war das wichtigste Aufnahmeland, Deutschland das Durchgangsgebiet für sie. Ein Teil der Handelssklaven stammte aus Kriegsgefangenschaft in den unaufhörlichen deutsch-slavischen Kämpfen an der Ostgrenze des Reiches. Ein arabischer Schriftsteller berichtet ausschließlich von diesem Anlaß der Versklavung. Das Volk der Franken, erzählt er, bekriegt das seinem Lande benachbarte Volk der Slaven wegen des religiösen Unterschiedes; sie machen die Slaven zu Kriegsgefangenen und verkaufen sie im Lande Spanien, so daß es dort viele von ihnen gibt. Weiter sagt er, daß diese Sklaven von den unter dem Schutze der Franken stehenden Juden, die sich im Lande der Franken und dem angrenzenden (spanischen) muslimischen Gebiet aufhalten, verschnitten wurden.[339] Auch in Böhmen wird die Kriegsgefangenschaft als Grund der Sklaverei erwähnt.

Einer der drei Gründe, die den hlg. Adalbert veranlaßten, sein Bistum Prag zu verlassen, war der, daß Adalbert nicht soviel Geld aufbringen konnte, um die von jüdischen Händlern gekauften Gefangenen und Christensklaven wieder loszukaufen.[340] Einen anderen Teil der Sklaven erwarb der Handel aus der unfreien slavischen Bevölkerung. Notlage oder Habsucht waren hier die Gründe. Heinrich II. machte 1009 dem Markgrafen Gunzelin von Meißen den Prozeß, weil er in vielen Fällen unfreie Leute an die Juden verkauft und sie auch trotz königlichen Befehls ihren Besitzern nicht zurückgegeben habe.[341] Von den Böhmen sagt Benjamin von Tudela, daß sie ihre Söhne und Töchter allen Völkern verkauften, und Bruno von Querfurt berichtet in seiner Lebensbeschreibung des hlg. Adalbert von ihnen, daß sie den Ungläubigen und Juden christliche Sklaven verkauften.[342] Prag war ein Hauptsitz des Sklavenhandels. Dort erwähnt ihn auch, wie es scheint, der Reisebericht des jüdischen Händlers Ibrahim-ibn-Jakub vom Jahre 965.[343] Aber er blühte sicher auch in den deutschen Handelsorten an der Ostgrenze. Namentlich die Juden betrieben ihn. Wir fanden Juden ansässig in Magdeburg und Merseburg und sonst an der Saale, weiter nach Westen in Regensburg, sodann am Rhein in Köln, Mainz und Worms. Sie fehlen, soweit die sparsame Ueberlieferung ein Urteil gestattet, in den nördlichen und südlichen Handelsorten des Reiches. Die erwähnten Orte des mittleren Deutschlands bezeichnen aber die Linien, auf denen von den Handelsplätzen der Ostgrenze her der Sklavenhandel sich durch Deutschland zur Westgrenze des Reiches hin vollzog. Auch jenes Zollprivileg König Heinrichs IV. von 1074 für die Wormser Juden und anderen Kaufleute zeigt in seinen Zollstätten den Weg von Magdeburg nach Köln an. Von den Rheinorten aus

---

340. MG. SS. IV, S. 586; Jacob S. 12; Aronius n. 137.
341. Thietmar s. Merseburg VI, 54; Kurze S. 166.
342. Jacob S. 12; Aronius n. 137.
343. Westberg S. 53 u. Anm. 8, dazu S. 20.

ging der Sklavenhandel zum größten Teil wohl die Mosel aufwärts über Metz, wo allein noch jüdische Einwohner nachweisbar sind,[344] an die westliche Grenze. Dort lag ein anderer Mittelpunkt des Sklavenhandels: Verdun. Die Kaufleute dieses Ortes vermittelten vor allem den Sklavenhandel mit Spanien. Ob sie sich an dem östlichen Sklavenhandel beteiligten, steht dahin. Jedenfalls befaßten auch sie sich, wie die Juden, mit der Verschneidung der Sklaven. Liudprand von Cremona erzählt in der Antapodosis, daß die Kaufleute von Verdun wegen des außerordentlichen Gewinnes Knaben zu verschneiden und nach Spanien auszuführen pflegten.[345] Die Kaufmannsansiedlung von Verdun lag nach der Beschreibung Richers vom Ende des 10. Jahrhunderts nicht bei oder in der Burg, sondern auf dem anderen Ufer der Maas; sie war mit einer Mauer befestigt und durch zwei Brücken mit der Burg verbunden.[346] Der Nutzen, den die Kaufleute von Verdun und die Juden aus dem Sklavenhandel zogen, war um so größer, als die Kalifen des Reiches von Cordova ihn aus politischen Gründen förderten. Sie bildeten aus den durch den Handel erworbenen Sklaven eine ansehnliche, schließlich nach Tausenden zählende Truppe, die ihnen als Leibwache diente und auf deren Tüchtigkeit und Zuverlässigkeit sich wesentlich ihr selbstherrliches Regiment stützte.[347] Die Ergänzung dieser Truppe nährte den Sklavenhandel mit den nördlich angrenzenden Ländern längere Zeit. Die Kaufleute von Verdun waren am besten vertraut mit den inneren Verhältnissen Spaniens. Als Otto I. im Jahre 953 den Mönch und späteren Abt Johann von Gorze (bei Metz) als Gesandten zum Kalifen Abderrahman III. nach

---

344. Aronius n. 126, 148.
345. a. a. O. VI, ed. Becker S. 155 f. Andere Berichte bei Jacob S. 9 f.
346. Richeri Hist. Lib. III c. 103, MG. SS. III.
347. Vgl. A. Müller, Der Islam im Morgen- und Abendland 2, S. 511 ff.

Spanien schickte, bestimmte er den Verduner Kaufmann Ermanhard, der das Land kannte, zum Führer der Gesandtschaft, und ließ ihm drei Jahre später, um die Rückkehr der ersten Gesandtschaft zu beschleunigen, noch den Kaufmann Dudo aus Verdun mit Aufträgen und Geschenken nach Spanien folgen.[348] Auch zur Zeit Konrads II., um 1032, hören wir von mehreren Kaufleuten von Verdun, die aus Spanien zurückkehrten.[349] Schwerlich begnügte sich der Sklavenhandel, der in und durch Deutschland stattfand, mit Menschen slavischer Herkunft. Konrad II. richtete 1027 oder in den folgenden Jahren an drei sächsische Fürsten, Herzog Bernhard von Sachsen, Markgraf Bernhard von der Nordmark und Graf Siegfried von Stade ein scharfes Mandat. Er rügte, daß Unfreie der Verduner Kirche wie Vieh für gar wenig Geld verkauft seien und erklärte das für eine schändliche Gewohnheit und einen Gott und Menschen verabscheuenswerten Brauch. Zugleich wies er darauf hin, daß nach kanonischem Recht Güter und Unfreie der Kirche nur für gleiche Gegenstände, Güter für Güter, Unfreie für Unfreie, von demselben oder höherem Wert eingetauscht werden dürften, und befahl dafür Sorge zu tragen, daß die verkauften Unfreien der Verduner Kirche ihrem Bischof gegen Rückerstattung des dafür gezahlten Preises wieder übergeben würden.[350] Der Inhalt des Befehls zeigt, wohin die Neigung noch ging. Der Gedanke, daß der Un-

---

348. Vita Johannis abb. Gorziensis, MG. SS. IV, S. 370 ff. Uebersetzug des Gesandtschaftsberichts bei Gundlach, Heldenlieder der deutschen Kaiserzeit 1, S. 551 ff.; Giesebrecht, Gesch. d. deutschen Kaiserzeit I⁵, S. 504 ff. Die beiden Verduner werden in dem Bericht nicht ausdrücklich als Kaufleute bezeichnet, waren aber sicher solche.

349. Dümmler, Kaiser Otto d. Große S. 279, Anm. 3.

350. DK II n. 130, wo der Erlaß in die Jahre 1027—1029 gesetzt wird. Er ist oft besprochen worden. Die näheren Umstände des in ihm behandelten Falles sind leider unbekannt. Zu Bresslaus Erörterungen, Jahrbücher Konrads II. 2, S. 352 f. u. Anm. 2 läßt sich sagen, daß er diese Stelle wohl nicht richtig auslegt. Der König verabscheut den Sklavenhandel überhaupt.

freie nur Sachwert habe und darin dem Vieh gleiche, verlor erst sehr langsam seine frühere Allgemeingültigkeit. Von da bis zum Handel mit dem Unfreien war immer nur ein Schritt. Diesen Schritt billigte aber die Oeffentlichkeit längst nicht mehr und bekämpfte die Entwicklung. Konrads Erlaß wollte den Sklavenhandel nicht treffen, wies aber hier Anschauungen nachdrücklich zurück, die dem Sklavenhandel ungebührlichen Vorschub leisten könnten. Denn ständische Härte, Not und Habsucht mochten bei nicht seltener Gelegenheit auch innerhalb des Reiches zum Menschenverkauf reizen und verführen, zumal der Sklavenhandel in Deutschland als ein legitimer Handelszweig während des ganzen Zeitraumes und noch darüber hinaus unzweifelhaft fortbestand. Gerade auch in den Gebieten, an deren höchste Beamte sich der Erlaß des Kaisers richtete, war die Versklavung durch Kriegsgefangenschaft noch manche Menschenalter später eine häufige Erscheinung.

Der größte Verkehrsplatz an der Ostgrenze des Reiches, Magdeburg, erstreckte seinen Handel auch in die Slavenländer hinein. Ottos II. schon öfter genanntes Privileg vom Jahre 975 gewährte den Magdeburger Kaufleuten freien und ungestörten Reiseverkehr nicht nur in christlichen, sondern auch in „barbarischen", also in den slavischen Gebieten.[351] Sicher machten die Kaufleute von dieser Erlaubnis Gebrauch, wenn uns auch direkte Zeugnisse dafür nicht mehr vorliegen. Wie die Magdeburger werden auch die Kaufleute in den anderen Verkehrsorten

---

351. DO II n. 112: quod ubique in nostro regno non modo in christianis sed etiam barbaricis regionibus tam eundi quam redeundi licentia sit sine ullius molestia. Die Erläuterung „unkolonisiert" zu barbaricis, die Ilgenstein a. a. O. S. 7 gibt, enthält einen anachronistischen Gedanken. Vgl. etwa über den Sprachgebrauch Widukinds, Heißenbüttel, Die Bedeutung der Bezeichnungen für „Volk" und „Nation" bei den Geschichtschreibern des 10. bis 13. Jh., S. 51, Anm. 1.

an der Ostgrenze, zumal die Juden, sich auch an diesem Handel mit den Slavenländern beteiligt haben. Auch in unbedeutenden Orten wie Groß-Jena wohnten ja Kaufleute, die sich, wie wir sahen, bei ihrer Uebersiedlung nach Naumburg von Konrad II. ebenfalls Freiheit des Reiseverkehrs nach allen Seiten zusichern ließen. Die verhältnismäßig ansehnliche, uns bereits bekannte Ueberlieferung über die Kaufleute und die Handelstätigkeit der an der Ostgrenze des Reiches gelegenen Handelsorte Magdeburg, Merseburg, Naumburg, Klein-Jena, Halberstadt, Quedlinburg, übertrifft nach ihrem Umfang im ganzen die über die gleichen Verhältnisse vorhandene Ueberlieferung viele der älteren und angesehenen Handelsorte des Westens oder kommt ihr zum mindesten gleich. Das erklärt sich, da auch die ersten Herrscher des salischen Hauses an ihr teil haben, nicht allein aus der besonderen Fürsorge der sächsischen Könige für die in oder an ihrem eigentlichen Machtzentrum liegenden Verkehrsorte. Es muß sich darin aussprechen, daß die Handelstätigkeit an diesen Orten selbst und in dem Bereich der Wirksamkeit ihrer Kaufleute rege und ergiebig war. Tatsächlich boten die benachbarten slavischen Gebiete dem Handel dieser Orte ein gewinnreiches Arbeitsfeld. Sie zeichneten sich durch ihren Silberreichtum aus, verfügten für die Ausfuhr über wichtige Handelswaren und besaßen selbständigen einheimischen Handelsverkehr. Den Beweis für das Vorhandensein ansehnlicher Silbervorräte im benachbarten Slavenlande erbringen übereinstimmend Urkunden und Bodenfunde. Die Eroberung legte dem Lande in weitem Umfang Tribute in Silber auf. Die Urkunden für die Magdeburger und die Meißener Kirche zeigen, daß in ottonischer Zeit der königliche Fiskus Silberzinse aus sehr ausgedehnten Gebieten des Slavenlandes bezog. Den Silberzins, dessen Zehnten Otto I. 965 der Magdeburger Morizkirche schenkte, brachten die fünf Landschaften der Ucrani, Riezani, Riedere, Tolensane und Zerezepani auf, deren Wohnsitze das östliche Mecklenurg, die Uckermark und einen Teil des Barnim umfassen; a d're Silberzahlungen an den Fiskus, deren Zehnten Otto 971 dem Meißener Bistum überwies, leisteten die zu beiden Seiten der Elbe im Bereich der späteren Markgrafschaft Meißen sowie der Lausitz liegenden und weiter östlich bis zur Oder reichenden Landschaften Dalaminza, Nisane, Diedesa, Milzsane und Lusiza.[352] Nur aus slavischen Gebieten sind Silberzinse von so weiter und allgemeiner Ausdehnung in der Reichsüberlieferung bekannt. Die Vorräte an Silber müssen dort allgemein verbreitet gewesen sein. Der Zins wurde augenscheinlich nicht in Münze, sondern in Rohmetall gefordert. Die weite Verbreitung und die Sitte der Aufbewahrung des Silbers im Rohzustande bezeugen zugleich die zahlreichen, den slavischen Landschaften jenseits der Ostgrenze des Reiches eigentümlichen Funde von Hacksilber. Die durch Einschmelzen von silbernen Schmucksachen und Münzen gewonnenen flachen Gußkuchen oder Stangen benutzte man, um nach Bedarf Stücke davon abzuhacken. Die Hacksilbervorräte, welche die Funde ans Licht brachten, erreichen nicht selten zusammen mit den beiliegenden meist zerbrochenen silbernen Schmuckstücken und Münzen ein Gewicht von mehreren (3½, 6) bis zu 20 Pfund Silber. Die Hacksilbervorräte stammen aus dem 10. und 11. Jahr-

---

352. DO I n. 295 für Magdeburg: quicquid censuali iure in argento ad publicum nostre maiestatis fiscum persolvitur; bestätigt von Otto II. 973 DO II n. 31: omnemque decimam census argenti, und 975, DO II n. 118; DO I n. 406 für Meißen: Decimas id est in melle, crusina, solutione argenti, mancipiis, vestimentis, porcis, frumento, et ut in quirendis rebus quod vulgo uberchoufunga vocatur, oblivioni admonemus ut non tradatur. In Ottos II. Schenkung der villa Setleboresdorf im Burgward Boritz an das Bistum Meißen v. 979 DO II n. 184: omnem decimationem rerum suarum scilicet frugum, pecudum, pecuniarum, vestimentorum, mellis et crusinarum necnon quod Theutonici dicunt uvarcophunga et talunga familiarum. DO III n. 186.

hundert.[353] In demselben Zeitraum gehören auch kostbare Schatzfunde aus Silber, wie der aus Driesen in der Neumark, an, der in der zweiten Hälfte des 11. Jahrhunderts in die Erde gelangte.[354] Die Silbervorräte der Slavengebiete brachte schwerlich der Fremdhandel in das Land. Sie waren auch schon vor der Entdeckung der Silberschätze Goslars vorhanden. Denn diese erfolgte erst zu einer Zeit da der Fiskus des deutschen Reiches bereits, wie wir sahen, Silberzinse aus weiten slavischen Landschaften bezog und der König darüber verfügte. Auch der von Osten und Süden das Land erreichende Handel erklärt die allgemeine Verbreitung des Silbers in diesen Gegenden nicht hinreichend. Vermutlich war es großenteils im Lande selbst durch Bergbau, vielleicht in den Gegenden, die sich auch später durch Silberbergbau auszeichneten, gewonnen. Unter den Landeserzeugnissen, die sonst als regelmäßige Abgaben erscheinen und auch für den Handel in Betracht kommen mußten, waren Honig und Pelzwerk wichtig. Ein Honigzins stand dem Fiskus in sehr zahlreichen und ausgedehnten slavischen Gauen zu.[355] Den eigenen Handelsverkehr im Slavenlande bezeugen ebenfalls die Abgaben, die davon an den König oder durch dessen Vergebung an geistliche Stifter entrichtet wurden, ohne daß die Art dieser Abgaben oder ihrer Erhebung genauer bekannt wäre.[356] Außerdem charakterisiert den Verkehr in diesen slavischen Gebieten der Gebrauch eines eigentümlich geprägten, durch die hochstehenden Ränder von anderen Präparaten scharf unterschiedenen Münzgeldes, der sog. Wendenpfennige. Ihre Herstellung reicht von der letzten Zeit

---

353. Luschin v. Ebengreuth, Altgerm. Münzkunde S. 110 f., 139; Halke, Handwörterbuch d. Münzkunde S. 123; Zeitschrift f. Numismatik 15, S. 114 ff., 19 Anhang S. 35.

354. Schuchhardt, Alteuropa Taf. XXXV u. S. 331.

355. DO I n. 303 (965); DO II n. 30 (973). Zu crusina vgl. M. Heyne, fünf Bücher deutscher Hausaltertümer 3, S. 208, Anm. 4.

Ottos I. bis über die Mitte des 11. Jahrhunderts. Die Prägung ist beeinflußt durch das Münzwesen des fränkischen, dann des deutschen Nachbarreichs, doch besteht Unsicherheit über die Gegenden und Orte, in denen es hergestellt wurde. Diese für den Handelsverkehr fremder Kaufleute im Slavenlande gewiß günstigen Vorbedingungen der wirtschaftlichen Verhältnisse in Verbindung mit der Ergiebigkeit des in diesen Gegenden heimischen Sklavenhandels machen verständlich, daß auch aus weiter Ferne Besucher in das Land kamen. Ein wertvolles Zeugnis für den über die Ostgrenze des Reiches in das Slavenland hineinreichenden Handel hat sich erhalten in einem aus dem Archive zu Cordova stammenden Bericht des spanisch-jüdischen Kaufmannes Ibrahim-ibn-Jakub. Er gehört wahrscheinlich in das Jahr 965 und ist auszugsweise mitgeteilt in dem nach der Mitte des 11. Jahrhunderts in Cordova geschriebenem geographischen Werke des Al-Bekri.[357] Was dieser Berichterstatter erzählt über seine Reisen in den Slavenländern, über deren politische und wirtschaftliche Zustände, stellt ihn unverkennbar in den Zusammenhang des oben beschriebenen Handelszuges, der von der Ostgrenze des Reiches durch das mittlere Deutschland verlief und bis nach Spanien reichte. Ibrahim reiste augenscheinlich im Dienste politischer Aufträge, die mehr oder weniger ausgesprochen auch mit dem Sklavenhandel in Verbindung standen. Er fand Zutritt zu Otto dem Großen selbst, der

---

356. DO I n. 14: 937 erhält die Magdeburger Morizkirche: omnis census et venundacionis adquisitionisque decimam in Mortsani et Ligzice et Heveldun; n. 231 (961): in terra Lusici, Selpoli, Chozimi decimam de omni censu et adquisitione; DO II n. 30 (973) omnem decimam mellis vel adquisitionis aut uenundationis. Ueber diese und die anderen Abgaben s. E. O. Schulze, Die Kolonisierung und Germanisierung d. Gebiete zwischen Saale und Elbe (Preisschriften d. F. Jablonowskischen Ges. Bd. 33) S. 298 f.

357. Westberg, Ibrahim-ibn-Jakubs Reisebericht über die Slavenlande a. d. J. 965. Mém. de l'acad. imp. de St. Petersbourg. 8. T. 3, 1898; Brockelmann, Gesch. d. arabischen Literatur S. 115.

sich mit ihm über einen Gegenstand unterhielt, der einem weitgereisten Fremden nahe lag und in seiner entdeckungseifrigen Zeit gern erörtert wurde: über den vermeintlichen Weiberstaat. Die beiden Reisewege nach Norden und Südosten, die er beschreibt, gingen von Magdeburg aus, ein Zeichen dafür, daß der Reisende von Westen, durch Deutschland, nicht von Süden her, durch Böhmen, an die Ostgrenze des Reiches gelangte.[358] Der nördliche Weg führte über Burg, die nordwestlich von Magdeburg gelegene und später als ein nicht unbedeutender Handelsort hervortretende Ansiedlung, durch das Havelland, wo die Beschreibung einen langen Bohlbrückenweg erwähnt, nach Schwerin und von dort weiter an die Ostsee bei Wismar. Der südöstliche Reiseweg ging von Magdeburg über Kalbe an der Saale, Nienburg am Einfluß der Bode in die Saale und eine ebenfalls an der Saale gelegene Salzsiederei der Juden zu einer Burg an der Mulde; in einiger Entfernung von diesem Punkte erreichte der Reisende den Rand des mächtigen Waldgürtels, der Böhmen von Norddeutschland trennte, und gelangte dann, nachdem er dieses schwer passierbare Waldgebirge durchquert hatte, auf einer Strecke (bei Brüx) auch hier über einen langen Holzbrückenweg, nach Prag. Polen, dessen Zustände Ibrahim ebenfalls beschreibt, hat er nicht selbst besucht. Eine Verkehrslinie, die von Magdeburg nach Polen, vermutlich auch nach Böhmen führte, läßt sich an dem Abschnitt erkennen, wo sie die Elbe querte. Otto II. verlieh 979 dem Bistum Meißen die dem Fiskus gebührenden Zolleinnahmen auf beiden Ufern der Elbe zwischen Belgern und dem Hafen von Meißen, „wo immer sich die Schar der Kaufleute über die Elbe hinaus hierhin und dorthin wendet".[359] Augenscheinlich bogen in dem bezeichneten Abschnitt Verkehrswege nach mehreren Richtungen ab. Leider läßt die Nachricht ungewiß, ob und wie Flußschiffahrt und Landwege

---

358. Den Folgerungen Westbergs S. 72 f. stimme ich nicht bei.

sich an dieser Stelle ergänzten und ablösten. Den Verkehr mit Böhmen vermittelten Verbindungen von verschiedenen Stellen der Ostgrenze her. Eine von Magdeburg und der Saale ausgehende beschreibt Ibrahims Bericht, eine andere, wohl mit demselben Ausgangspunkt, aber die Elbe selbst benutzend, deutet vielleicht die Zollurkunde von 979 an. Im Südwesten waren Passau und Regensburg die Hauptplätze für den Verkehr mit Böhmen. Vor allem der Mangel an eigener Salzproduktion verband Böhmen mit den salzausführenden Gebieten des deutschen Ostens, namentlich mit der Gegend der Saale und dem Salzkammergut.[360] In Böhmen selbst entstanden wie im Deutschen Reiche während des 10. und 11. Jahrhunderts Märkte in größerer Zahl, hauptsächlich in der Nähe von Gauburgen oder befestigten Orten, die im Stande waren, dem Verkehr den notwendigen Friedensschutz zu gewähren.[361] Den Mittelpunkt des Verkehrs bildete Prag, offenbar bereits im 10. Jahrhundert ein Platz von starker Anziehungskraft für ein sehr weites Gebiet. Ibrahim berichtet erstaunt von seiner festen Bauart, von den fremden Kaufleuten, die ihn aufsuchten, von den Handelsgegenständen und von der Wohlhabenheit des Landes. Der Ort sei aus Stein und Kalk erbaut und die handelsreichste Stadt (der slavischen Länder); Russen und Slaven bringen ihre Waren aus Krakau dorthin, aus den türkischen Ländern kommen Muselmänner, Juden und Türken dahin mit ihren Waren und byzantischen Mithkals (Münzen). Dagegen führen sie Sklaven, Zinn und Pelzwerk aus.[362] In Prag wurden Sättel, Zäume und Schilde

---

359. DO II n. 184: proventus in tholoneo, quod ad fiscum nostrum pertinuerat, a civitate quae dicitur Belegora usque ad eiusdem Misnensis ecclesiae portum sursum indeque denuo per ambas plagas praefati fluminis Albiae deorsum sicque infra praefinitum terminum, ubicumque manus negociatorum ultra Albiam huc illucque sese diverterit.
360. Lippert, Sozialgeschichte Böhmens I, S. 64.
361. Lippert, S. 91 ff.
362. Hinsichtlich der Ausfuhrgegenstände weichen die Lesarten

verfertigt, die in den slavischen Ländern gebraucht wurden. Das Land Böhmen nennt Ibrahim das beste von allen Ländern des Nordens und an Lebensmitteln reichste; für einen Denar kaufe man so viel Spelt,[363] als ein Mensch für einen Monat bedürfe, Gerste für ebensoviel, um ein Pferd 40 Tage lang zu füttern, ebenso 10 Hühner für denselben Preis. Dann gedenkt er des landesüblichen Tuchgeldes, kleiner, sehr dünn und wie Netze gewebter Tüchelchen, die sonst zu nichts brauchbar waren, aber einen festen Wert von $^1/_{10}$ Denar hatten. Mit ihnen handelte und rechnete man; sie bildeten den Reichtum der Leute, die davon ganze Gefäße voll besaßen; man konnte mit ihnen die kostbarsten Dinge kaufen: Weizen, Sklaven, Pferde, Gold und Silber. Von Böhmens und Prags Handelsbeziehungen zum Deutschen Reiche spricht Ibrahims Bericht nicht. Er liegt ja nur in einem Auszuge vor, der sich vermutlich mit Absicht auf das beschränkt, was der Bericht über die Slavenländer enthält. Unzweifelhaft verkehrten schon im 10. Jahrhundert auch deutsche Kaufleute in Böhmen und Prag, sowie von dieser Seite böhmische oder böhmisch-jüdische Händler in den Handelsorten an der deutschen Ostgrenze, namentlich in Passau. Der Verkehr der deutschen Kaufleute hat aber während unseres Zeitabschnittes auch in Böhmen und Prag Fortschritte gemacht. Denn in der zweiten Hälfte des 11. Jahrhunderts, während der Regierungszeit König Wartislaws (1061—1092), besaßen die Deutschen im Vorort von Prag — im Dorfe Poritsch an der alten Moldaubrücke — eine geschlossene Ansiedlung, in der sie nach eigenem Recht, das der König gewährt hatte, als freie Leute lebten.[364]

Ueberseeischer Handel bestand aus dem Deut-

---

voneinander ab, Westberg, S. 20 f., 53. „Mohl" statt „Sklaven" ist am wenigsten wahrscheinlich, annehmbarer erscheint „Bleiarten, Sorten Blei" statt „Pelzwerk, verschiedene Felle".

363. Oder vielleicht Roggen, Westberg S. 21, 53.
364. Friedrich, Cod. dipl. et ep. regni Bohemiae I n. 290; Lippert 2, S. 131 f.; Bachmann, Gesch. Böhmens 1, S. 406 f.

schen Reiche nach England und nach den Ländern des
Nordens, auch über die Ostsee. Förderung oder Hinderung
solcher Beziehungen durch die Politik läßt sich im einzelnen
kaum mehr erkennen. Gewiß nahm sich auch hier die
Politik des Handels an. Der Besuch norddeutscher Marktorte durch überseeische Kaufleute, wie etwa Kölns zur Zeit
der Ostermesse oder Bremens, während des 11. Jahrhunderts wird von den Schriftstellern erwähnt, deren allgemein gehaltenen Ausdrücke freilich nicht zu übertriebenen Vorstellungen von der Häufigkeit solcher Unternehmungen verleiten dürfen. Die Unsicherheit der Schiffahrt und die drohende Gefahr der nicht so seltenen Ueberfälle der Küsten und Küstenorte durch Raubscharen hielten
jedenfalls die deutschen Kaufleute nicht von Handelsfahrten über See ab. Schon im 10. Jahrhundert besuchten
sie England und konnten dort nach den Vorschriften, die
das Landes- und Ortsrecht aufstellte, Handel treiben. Dafür
gibt es ein wichtiges Zeugnis, das auf den Handelsverkehr
des nordwestlichen Europa, besonders zwischen England,
Nordfrankreich und Norddeutschland, um die Wende des
ersten Jahrtausends ein helles Licht wirft. Es ist ein
Londoner Rechtsdenkmal, das in die Gesetze König Aethelreds II. (978—1016) Aufnahme gefunden hat und dessen
Abfassung wahrscheinlich in die Zeit zwischen etwa 991
und 1002 fällt. Der Verfasser war ein Londoner, aber
seine Aufzeichnung, vielleicht ein von der Stadt für den
Fiskus geliefertes Weistum, fand, wie ihre Einreihung in die
Gesetzsammlung bezeugt, die Anerkennung der Regierung.
Sein Inhalt bezieht sich auf London und betrifft die Bewachung mehrerer Stadttore, den Zoll, namentlich den
Schiffszoll, im Hafen und auf dem Markt und das Fremdenrecht der Stadt.[365] Es bekundet über den Verkehr, die

---

365. Liebermann, Die Gesetze der Angelsachsen 1, S. 232 ff., Erläuterungen dazu 3, S. 161 ff., Hans. UB. 1 n. 2, 3 u. 599. Die an den
letzeren Stellen mitgedruckten Sätze von de dosseris cum gallinis
an beziehen sich nicht mehr auf die Kaufleute aus dem deutschen

Rechte und die Pflichten der ausländischen Kaufleute, nämlich der Kaufleute aus Nordfrankreich und Deutschland — andere Länder nennt es nicht — folgendes: Die Leute von Rouen, die mit Wein oder Wal[366] kamen, gaben als Gebühr 6 Schillinge vom großen Schiff und die zwanzigste Schnitte von dem Wal. Die Flandrer, die von Ponthieu, von der Normandie und von Francien, stellten ihre Waren gleich in London zur Schau aus und bezahlten Zoll. Die Leute des Kaisers, die auf ihren Schiffen kamen, wurden so wie die Londoner selbst guter Berechtigungen wert erachtet.[367] Sie durften außer ausgeladener, doch nicht unmittelbar vom Schafzüchter, sondern auf dem Markt gekaufter Wolle[368] und zerlassenem Fett auch drei lebende

Reich, Liebermann 3, S. 164 zu IV, A. 2, 11. Ueber die Herkunft, den Rechtscharakter, die Abfassungszeit der Aufzeichnung s. Liebermanns zutreffende Ausführungen 3, S. 161, 162, die Höhlbaums Versuch einer späteren Datierung, Vorbemerkung zu 3 und 599, abweisen. Aus der auch im 11. Jahrhundert sehr dürftigen eigenen Ueberlieferung der in der Londoner Aufzeichnung genannten Orte des Lütticher Bistums läßt sich durchaus kein Anhaltspunkt gewinnen für die Annahme einer Entwicklung, deren vermeintliche Stufen bereits von einem halben Jahrhundert zum anderen für uns deutlich erkennbar wären. Was Höhlbaum von der Lage der deutschen Kaufmannswelt bemerkt, daß sie um die Mitte des 11. Jahrhunderts dem Inhalt der Londoner Aufzeichnung besser entspreche als um die Zeit des Jahrhundertanfangs, beruht auf einer subjektiv allzu sicheren Schätzung der handelsgeschichtlichen Ueberlieferung Deutschlands im 10. und 11. Jahrhundert. Ihr tatsächlicher Bestand läßt dergleichen Argumentationen nicht zu. Man könnte ja umgekehrt geltend machen, daß gerade damals, während der Regierungszeit Ottos III. (983—1002), die Marktgründungen im Reiche zahlreicher wurden, vgl. oben; außerdem ist der Verkehr zwischen den Handelsorten am Niederrhein und England schon für die Zeit Heinrichs II. wiederholt bezeugt. Im Text folge ich im wesentlichen der sorgfältigen Uebersetzung Liebermanns.

366. cum vino vel craspice = crasso pisce. Höhlbaum 3 n. 599 Einleitung; Liebermann 3 S. 163 f. zu IV A. 2, 5.

367. Et homines imperatoris, qui veniebant in navibus suis, bonarum legum digni tenebantur sicut et nos (d. h. die Londoner).

368. Liebermann 2, S. 470 unter Wolle 4.

Schweine auf ihre Schiffe einkaufen. Doch war ihnen jeder Verkauf, als den Londoner Bürgern schädlich, verboten; sie mußten ihren Zoll bezahlen und außerdem sowohl zu Weihnachten wie zu Ostern bestimmte Abgaben entrichten: jedesmal zwei graue Tücher und ein braunes, zehn Pfund Pfeffer, fünf Männerhandschuhe und zwei für Pferde tragbare Fäßchen voll Essig. Diese Bestimmungen gewähren mannigfachen Aufschluß, lassen freilich auch vieles im Dunkeln. Sie galten schon früher und noch zur Zeit der Niederschrift in der vorliegenden Fassung.[369] Die Leute des Kaisers waren die Bewohner des Deutschen Reiches. Weshalb die ebenfalls reichsangehörigen Kaufleute von Huy, Lüttich und Nivelles getrennt genannt werden von den Leuten des Kaisers, bleibt ungewiß. Es mag seinen Grund haben in besonderen Verkehrsbeziehungen und Verkehrsvorschriften oder -vergünstigungen oder es mag, was wahrscheinlicher ist, der Nachdruck in der Angabe über die Leute des Kaisers auf den Worten liegen, daß sie in ihren Schiffen kommen.[370] Dann liegt die Folgerung nahe, daß sie aus dem Lütticher Bistum waren, da sie, was bei der binnenländischen Lage ihres Landes natürlich ist, keine eigene Schiffahrt besaßen, sondern sich der Schiffahrt eines

---

369. Liebermann 3, S. 162 unter 4.

370. Auffallend ist der ganze Zwischensatz: qui veniebant in navibus suis und scheinbar überflüssig. Denn auch die Kaufleute von der französischen Küste, aus Flandern, der Normandie usw. kamen ja zu Schiff nach England. Den Gegensatz dazu bilden also nicht diese von der nichtreichsdeutschen Küste kommenden Kaufleute aus dem Lütticher Bistum, sondern die vorher genannten. Die Worte bedeuten also: welche mit eigener Schiffahrt nach England kamen. Die Wertschätzung des Kaufmanns in England, der Handel auf eigenem Schiffe betreibt, im 11. Jahrhundert s. Liebermann 2, S. 493 unter 14 c, 3, S. 164 zu IV A. 2. 8 unter 3 spielt dabei keine Rolle. Denn die Worte in navibus suis wollen nicht das persönliche Eigentum der deutschen Kaufleute an ihren Schiffen betonen, sondern m. E. nur feststellen, daß diese sich nicht fremdländischer Schiffe bedienten.

fremdländischen, für sie am vorteilhaftesten erreichbaren und benutzbaren Küstengebiets, nämlich Flanderns, für ihren Verkehr mit England bedienen mußten. Aus diesem Grunde besprach das Statut bei ihnen die Angelegenheit der Warenschau unmittelbar im Anschluß an die Flandrer und die anderen Bewohner Frankreichs, trennte sie aber wiederum und zwar deshalb von den Angehörigen Frankreichs, weil sie Angehörige des Deutschen Reiches waren und sich möglicherweise als solche, hinsichtlich der Warenschau und sonst von den Angehörigen Frankreichs unterschieden. Aus welchen Teilen und Orten des Deutschen Reiches im übrigen die Kaufleute kamen, die in England verkehrten, läßt sich im einzelnen nur ausnahmsweise nachweisen. Jedenfalls gehörten zu ihnen die Kaufleute von Tiel. Daß Kaufleute außerdem aus den der Küste näher liegenden Orten, auch solche aus den Binnengebieten an dem Verkehr nach England beteiligt waren, ist nicht ausgeschlossen. Auch die spätere Handelsgeschichte anderer binnenländischer Orte, wie die der westfälischen Städte, warnt davor, die Zollbefreiungen, wie sie die Magdeburger und wahrscheinlich auch die Goslarer Kaufleute während dieses älteren Zeitraumes in Tiel verlangten, nur als formelle Vergünstigungen ohne tatsächliche Bedeutung zu bewerten. Auch Kaufleute aus sächsischen Binnenorten mögen damals England besucht haben. Ob das Recht der Kaufleute des Lütticher Landes, daß sie statt der Zurschaustellung ihrer Waren in London nur eine Gebühr dafür bezahlten und sogleich weiter ins Land zogen, zugleich ein Recht der Kaufleute aus Deutschland überhaupt war, steht dahin. Wie dem auch sei, die Aeußerung des Statuts, daß die Kaufleute aus dem Kaiserreich guter Berechtigungen wert galten, bekundet im Verein mit den weiteren Bestimmungen die vorteilhafte Stellung der Deutschen im englischen Verkehr selbst. Die „guten Berechtigungen", deren Inhalt nicht weiter erläutert, auch im folgenden nur teilweise angedeutet wird, bestanden vermutlich vorwiegend in Verkehrsrechten, die sich schwerlich auf den Verkehr in London selbst beschränkten und zu denen auch die Erlaubnis zu dauerndem Aufenthalt im Lande gehörte, sodann vielleicht auch in der Gewährung gewisser Garantien bei der Anrufung englischer Gerichte in Rechtsstreitigkeiten, wie etwa im Beweisrecht.[371] Die regelmäßigen Abgaben zu Weihnachten und zu Ostern beweisen, daß die deutschen Kaufleute damals bereits dauernd und auch während des Winters in London wohnten. Sie fanden hier schon sehr frühzeitig kein Hindernis für längeren Aufenthalt. Auch bestand, wie es scheint, kein Mißtrauen gegen gemeinsames Auftreten der Deutschen. Denn die gemeinsamen und regelmäßigen Lieferungen, die den deutschen Kaufleuten zu Weihnachten und Ostern oblagen, setzen eine engere Gemeinschaft bei ihnen voraus. Die Möglichkeit dazu bildete vielleicht auch einen Bestandteil der „guten Berechtigungen". Für eine solche Gemeinschaft fand sich allerdings kein Vorbild.[372] Aber die Deutschen konnten eine Gemeinschaftsordnung vermutlich aus ihrer Heimat mitbringen. Wie gestaltet sie war, wissen wir nicht. Es sei daran erinnert, daß die mittelalterliche Genossenschaft, insbesondere die kaufmännische, vielfach mit sehr einfachen Organisationsformen auskam, um gemeinsame Leistungen, wie die hier geforderten, aufbringen oder sonst ihre Gemeinschaftszwecke erreichen zu können. Die Vorschrift, daß die Deutschen keinen Vorkauf treiben durften, gestattet

---

371. Liebermann 2, S. 348 unter „deutsche" 1, 3 S. 164 zu IV A. 2, 8 unter 4.

372. Eine Kaufgilde ist im angelsächsischen England nicht nachweisbar, Liebermann 2, S. 493 unter 14 d. Liebermann kennt nur die Genossenschaft der deutschen Kaufleute, die er ebenfalls nur aus der gemeinsamen Leistung seiner Abgaben folgert, als einzige Kaufleutegenossenschaft im damaligen England. 2 S. 348 unter Deutsche 2 d, S. 448 unter Genossenschaft 14 a, S. 493 a. a. O. Es ist daran zu erinnern, daß der Begriff der Genossenschaft im Mittelalter sehr dehnbar ist und das Vorhandensein ausgeprägter Organisationsformen nicht immer einschließt.

die Annahme, daß ihnen im übrigen Kauf und Verkauf in London freistand. Die Gegenstände des Handels der Deutschen im einzelnen und vollständig zu nennen, hatte das Statut keinen Anlaß. Von der Ausfuhr erwähnt es Wolle und Fett; die lebenden Schweine, die von den Deutschen in ihre Schiffe eingekauft wurden, stellen wohl nur Schiffsproviant dar.[373] Die Lieferungen zu den beiden hohen Festzeiten bestanden wahrscheinlich aus Gegenständen der Einfuhr. Namentlich graue Tücher sind ein später oft genanntes Erzeugnis deutscher Weberei. Pfeffer erwarben die deutschen Kaufleute schwerlich anderswo vorteilhafter als in den großen Marktorten Westdeutschlands.[374] Die Verbindung der Lieferung von Pfeffer und Handschuhen hatte einen symbolischen Charakter.[375] Der Essig deutet auf den Weinhandel der Deutschen. Diese Lieferungen erwecken den Eindruck von Geschenken, die von den Kaufleuten der fremden Landes- oder Ortsgewalt dargebracht wurden, um ihr die Anerkennung ihrer Hoheit zu bezeugen und zugleich die Erlaubnis zum Verkehr gewissermaßen zu erkaufen, aber mit der Zeit bereits zu festen Abgaben geworden waren.

Auch andere Nachrichten ungefähr derselben Zeit bekunden den unmittelbaren Handelsverkehr zwischen England und dem Kaiserreich. Sie betreffen den Handel Tiels. In den Streitigkeiten zwischen dem Geschlecht der Grafen von Kennemerland und den Bischöfen von Utrecht setzte sich Graf Dietrich III. in dem Wald- und Sumpfgebiet Merwede an der Mündung der Maas unterhalb Tiels fest, ließ dort eine Burg erbauen und erhob Zoll auf der Maas. Das beeinträchtigte den Handel Tiels. Die Tieler Kaufleute stellten Heinrich II. wiederholt vor, daß das Verhalten des Grafen sowohl den Handelsverkehr der Tieler nach England wie den der Engländer nach Tiel hindern und daher

---

373. W. Vogel, Gesch. d. deutschen Seeschiffahrt 1, S. 108.
374. Schulte, Gesch. d. mittelalt. Handels I, S. 72 f.
375. Darauf weist Höhlbaum 3, S. 381, Anm. 7 hin.

auch die Zolleinnahmen des Reiches in Tiel sich verringern würden. Die Schlacht vom 29. Juli 1018 in der Gegend von Vlaardingen entschied aber zu Gunsten des Grafen.[370] Damals bestand jedenfalls wechselseitiger Handel zwischen England und Tiel. Dasselbe bezeugt ein Erzählung in den gleichfalls während Heinrichs II. Regierungszeit zu Tiel selbst niedergeschriebenen Wundergeschichten der hl. Walburga: Ein Mann aus England, der von einem Kaufmann in sein Schiff gemietet war, wurde in Tiel vom Wahnsinn befallen.[377] Die weiteren Nachrichten über diesen Verkehr bieten wenig Greifbares, außer daß sie den im allgemeinen friedlichen Fortbestand des Handels wahrscheinlich machen.

Schon seit dem Jahre 1017 vereinigte König Knut die Herrschaft über beide Länder, auf die der überseeische Verkehr des Reiches hauptsächlich angewiesen war, England und Dänemark, in seiner starken Hand. Auf seiner Reise nach Rom, wo er der Kaiserkrönung Konrads II. im Frühjahr 1027 beiwohnte, bemühte er sich mit Erfolg um die Verbesserung des Verkehrs der englischen Kaufleute und Pilger mit Rom. Er erzählt in dem bekannten Briefe, den er aus Rom an die englischen Bischöfe, Großen und das ganze Volk richtete, daß besonders der Kaiser ihn mit kostbaren Geschenken geehrt und er von dem Kaiser, dem Papst und den anwesenden Fürsten für seine nach Rom reisenden Untertanen, Engländer und Dänen, sicheren Frieden und die Beseitigung der vielen Verkehrshindernisse an den Pässen durch Zollbelästigungen gefordert habe. Der Kaiser stimmte zu, ebenso der gleichfalls in Rom anwesende König

---

376. Die Kieler Kaufleute erklärten dem Kaiser, si id non faciat (wenn er sie gegen den Grafen nicht schütze), neque se causa negotiandi in insulam (d. h. Britanniam) venire neque ad se Britannos commeari posse, et ideo vectigalia sibi, ut oportebat, plenius provenire non posse dicebant. Alpert v. Metz MG. SS. IV, S. 718; Hirsch, Jahrb. Heinrichs II. 3, S. 96 ff.; Blok, Gesch. d. Niederlande 1, S. 154 ff.; Wilkens a. a. O. 1908, S. 350.

377. Miracula s. Waldburgae Tielensia, MG. SS. 15, 2 S. 765 f.; Wilkens S. 352 f.

Rudolf III. von Burgund, der hauptsächlich diese Grenzsperren beherrschte. Alle Fürsten erließen Befehle, die Untertanen des mächtigen Herrschers, Kaufleute und Pilger, auf ihrem Wege nach und von Rom ohne Belästigung durch Grenzsperren und ungerechte Zölle friedlich und sicher passieren zu lassen.[378] Dieser englisch-italienische Verkehr berührte in seinem Hauptzuge, der über den großen St. Bernhard führte und aus der Reiseroute des Erzbischofs Sigerich von Canterbury vom Jahre 990 genau bekannt ist,[379] das Deutsche Reich überhaupt nicht. Die Beanspruchung und Zustimmung des Kaisers, wenn sie sich nicht allein durch seine burgundischen Beziehungen erklärt, wird daher ihren Grund haben in dem Umstande, daß englische Kaufleute für ihre Reise nach Italien auch den Weg durch das Reich, namentlich durch die Rheinlande, wählten. Kaiser Konrads Sohn und Nachfolger Heinrich III. setzte die Politik der Freundschaft mit England fort. Er begrüßte seinen Schwager Edward dem Bekenner bei dessen Thronbesteigung (1043) mit Geschenken und trug dabei auf Frieden und Freundschaft zwischen ihnen und ihren Untertanen an.[380] Damit sollten auch die gegenseitigen Handelsverbindungen gesichert werden.[381] Die kostbaren, in England angefertigten, rotgefärbten Tuche werden zu Heinrichs III. Zeit wiederholt in Deutschland genannt. Welche unmittelbare Wirkung die Eroberung Englands durch Herzog Wilhelm von der Normandie auf den deutsch-englischen Handelsverkehr ausübte, wissen wir nicht.

Noch unsicherer und dürftiger ist unsere Kenntnis des Handelsverkehrs Deutschlands mit Dänemark und den skandinavischen Ländern während der ersten anderthalb Jahrhunderte der Kaiserzeit. Die gleichzeitigen Quellen

---

378. Liebermann 1, S. 276.
379. Schulte, Gesch. d. mittelalt. Handels 1, S. 66 f.
380. Steindorff, Jahrbücher Heinrichs III. 2, S. 67, Anm. 3.
381. Darauf weist mit Recht Höhlbaum 3, S. 380, hin.

berichten über diesen Handelsverkehr so gut wie nichts. Sie könnten die Vermutung nahe legen, daß ein solcher Verkehr während langer Zeiträume überhaupt nicht bestanden habe. Es bleibt nichts übrig, als mittelbar Schlüsse zu ziehen aus Ereignissen und Zuständen, die bekannt und erkennbar sind. Aber auch über die politischen Ereignisse sind wir derart unvollkommen unterrichtet, daß selbst hinsichtlich wichtiger Grundlagen und Grundzüge der politischen Beziehungen die stärksten Zweifel und Meinungsverschiedenheiten bestehen, und ebenso lassen sich die allgemeinen Zustände der Zeit aus gleichzeitigen und zuverlässigen Berichten nur undeutlich und unbestimmt erschließen. Die Versuche der späteren deutschen und nordischen Geschichtschreiber aus der zweiten Hälfte des 11., dem 12. und dem 13. Jahrhundert, das Dunkel der älteren Zeit aufzuhellen und deren Geschichte nachträglich herzustellen, mißlangen in der Regel, weil es auch ihnen bereits an guter Ueberlieferung fehlte und ihre Befangenheit die Aufgabe erschwerte. Diese jüngere Geschichtschreibung kann daher auch in denjenigen Teilen ihrer in die ältere Zeit zurückgreifenden Erzählung nicht ohne weiteres Glaubwürdigkeit beanspruchen, gegen welche sich ein Bedenken oder Einspruch auf Grund älterer oder jüngerer Ueberlieferung nicht unmittelbar erheben läßt. Das gilt auch für anscheinend einwandfreie Nachrichten der späteren Geschichtschreiber, welche sich auf Verkehrsverhältnisse beziehen. Denn nur der Mangel an sicherer Kunde von dem älteren Verkehr ist es, der auch in diesem Falle die Kritik der jüngeren Ueberlieferung verhindert. Erst mit dem großen Werke des Adam von Bremen, soweit es der Zeitgeschichte gewidmet ist, treten wir auf festen Boden. Hier bemächtigte sich die Geschichtschreibung zum ersten Mal eines Gebiets, das sie bisher vernachlässigt hatte. Adam sah ein, daß er seine Absicht, die umfassende und ruhmvolle Tätigkeit der hamburgisch-bremischen Erzbischöfe, vor allem auf dem Felde der christlichen Mission im nördlichen Europa, anschaulich und eindringlich darzustellen, nicht erreichen könne ohne dem Leser eine Uebersicht über die Lage der Länder und Völker des Nordens zu bieten und zugleich die mannigfach verschiedenen politischen, religiösen, sittlichen und sonstigen Zustände zu schildern, die bei den nordischen Völkern bestanden und entstanden waren. Dabei gedachte er zur Vervollständigung und Belebung seiner Beschreibung auch der Verhältnisse des Verkehrs im europäischen Norden, des Handels und der Schiffahrt, an vielen Stellen. Er lenkte damit den Blick seiner Leser auf diese Dinge hin, denen sie in der Literatur nur selten und zufällig begegneten, und wies auch dem Verkehrsleben eine Stelle in dem Gesamtbilde an, welches die Geschichtschreibung nach seinem Wunsch von der Vergangenheit und Gegenwart der Zukunft überliefern sollte. Vielleicht hätte er ohne die kirchlich so stark gebundene Gedankenrichtung, in der er seinen Geist bewegte, die Zustände des Verkehrs noch ergiebiger und vollständiger geschildert, als er es tut. Daß er über den Handel und den Beruf der Kaufleute anders dachte als seine Standesgenossen, läßt sich seinem Werke nicht entnehmen. Wie dem aber auch sei, Adam würde den Entschluß, die Zustände der nordischen Völker und Länder, namentlich auch der an der Ostsee wohnenden, und dabei auch ihren Verkehr zu beschreiben, nicht ausgeführt haben, wenn ihm sich nicht auch die Wichtigkeit der Verkehrsverhältnisse durch ihre eigene Bedeutung aufgedrängt hätte. Sie bildeten nicht nur für ihn eine der wertvollsten Quellen, aus denen er seine Kenntnisse schöpfte, sondern er konnte sie auch nicht umgehen, weil sie mit dem Dasein dieser Völker und Länder und ihren Beziehungen untereinander untrennbar verknüpft waren. Das weite Gebiet, das er beschrieb, war ein Gebiet eifrigen und mannigfachen Verkehrs, ein Gebiet, für das der Verkehr in viel höherem Grade daseinsnotwendig war als für manche anderen Teile Europas. Adams Darstellung steht unter dem bewußten oder unwillkürlichen Eindruck dieser Tatsache. Sie nahm diese elementaren Dinge in sich auf, weil sie nicht anders konnte. Handel und Verkehr gehörten in die Gebiete der Nordsee und Ostsee wie das Credo in die Messe. Sie waren im eigentlichen Sinne und im Unterschied von anderen Ländergruppen ausgesprochene Verkehrsländer, in dem Handel und Verkehr unzerstörbar lebten. Adam von Bremen war nur der erste, in dessen Werke sich diese Tatsache unverkennbar wiederspiegelt. Denn wie er selbst, freilich der bedeutendste und tiefste einer ganzen Reihe von Geschichtsschreibern, konnten auch seine Nachfolger, der Biograph Bischof Ottos von Bamberg, der Pfarrer Helmold von Bosau am Plöner See, der Abt Arnold von Lübeck, der Priester Heinrich der Lette, sich dem Zwang dieser gegebenen Lage nicht entziehen. Wo ihre Darstellung die Geschichte und die Zustände der Küstengebiete genauer erfassen mußte, vermochte sie die Verkehrsverhältnisse nicht außer acht lassen. Die Geschichtschreibung nahm hier notgedrungen eine Richtung, welche die Natur des Landes und seiner Bewohner ihr vorschrieb. Die Beschreibung der Verkehrsverhältnisse der Nordsee- und Ostseeländer, welche Adam in der zweiten Hälfte des 11. Jahrhunderts darbot — er verfaßte sein Werk in der Hauptsache während des achten Jahrzehnts des Jahrhunderts[382] — deckt einen Zustand auf, wie man ihn im allgemeinen für die Mitte des Jahrhunderts als bestehend annehmen kann.[383] Von da an, und nunmehr dauernd, ist das Dunkel,

---

382. Schmeidler in seiner Ausgabe S. LVI f. und LXV f.
383. Es drängen sich freilich auch hier Zweifel auf. Es ist nicht ausgeschlossen und darf nicht unbeachtet bleiben, daß einzelne Teile der Länder- und Verkehrsbeschreibungen Adams einen wesentlich älteren Zustand kennzeichnen als den seiner eigenen Zeit, seit er in Bremen wohnte. Seine Kenntnisse waren zu gering und unbestimmt, seine Quellen zu verschiedenartig nach ihrer Herkunft und ihrem Wert und seine Arbeitsweise zu unsicher, abgesehen von der außerordentlichen Schwierigkeit der Aufgabe, als daß man von ihm eine mit dem Stande der eigenen Zeit durchweg übereinstimmende

das den Verkehr der älteren Zeit verhüllt, gelichtet. Die Darstellung Adams bietet daher zugleich eine Gewähr dafür, daß es auch in der vorhergehenden überlieferungsarmen Zeit nicht an dem fehlte, was seit ihm als eine unverkennbare Eigentümlichkeit des ganzen Ländergebiets erscheint und sich schon in fränkischer Zeit auf Grund einer reichlicheren Ueberlieferung bestimmt vermuten ließ: ein unter Ausnutzung der vorhandenen Verkehrsmöglichkeiten sich vollziehendes vielseitiges Verkehrsleben, an dem alle Küstengebiete teilnahmen. Die Bedingungen, unter denen die Bewohner des deutschen Reiches diesen Verkehr pflegen konnten, ergaben sich aus den geschichtlich gewordenen Zuständen. Das durch weitausgreifende und vielfach sehr erfolgreiche überseeische Unternehmungen gesteigerte Verkehrsleben der nordgermanischen Völker bot auch ihnen Anregungen und Gelegenheiten, sich an dem Verkehr des Nordens zu beteiligen. In welchem Umfang und mit welchem Erfolge dies möglich war, hing wesentlich ab von der politischen Gestaltung der Dinge an der nördlichen Landgrenze des Reiches. An dieser Stelle teilten sich in das für den allgemeinen Verkehr wichtigste Gebiet, den südlichen Teil der jütischen Halbinsel, die drei Nationalitäten der Dänen, Sachsen und Wenden. Diese Landenge stellte eine ziemlich schmale und für die Schiffahrt von der freien Ostsee, also südwärts der dänischen Inselgruppe, nach der Nordsee und von der freien Nordsee nach der Ostsee gerichtete Schiffahrt sichere und vorteilhafte Verbindung dar, zumal für eine Schiffahrt, die sich aus nautischen Gründen nach Möglichkeit in der Nähe der Küste hielt oder die Küste auf dem kürzesten Wege aufsuchte, und bot zugleich dem Binnenverkehr, der aus dem Innern des alten fränkischen, jetzt deutschen Reiches die Ostsee erreichen wollte, den kürzesten Weg zur Küste. Alle drei Völker, deren

---

Darstellung der fremdländischen Zustände, die er schildern wollte, erwarten durfte. Vgl. auch Niebuhr, Die Nachrichten von Jumne, Hans. Geschichtsblätter 1917, S. 273 f.

alte nachbarliche Beziehungen und Gegensätze die fränkische Eroberungspolitik verschärft hatte, bewachten aber eifersüchtig und mißtrauisch ihren Besitz und ihre Unabhängigkeit. Da die Wagrier und Obotriten die Ostseeküste im Südwesten besetzt hielten, kamen die Vorteile einer direkten Verkehrsverbindung von der unteren Elbe zur Lübecker Bucht und in umgekehrter Richtung nicht zur Geltung. Vielmehr blieb besonders infolge der Feindschaft zwischen Sachsen und Wenden die Lage des Verkehrs und der Verkehrsorte auf dieser südlichen Linie stets gefährdet, vornehmlich auch von der offenen Seite der Ostsee her. Bequemer und sicherer war die Verbindung über Schleswig, die überwiegend oder ausschließlich in dänischem Machtbereich lag. Auf der unteren Eider konnte damals bis zur Rheider Au die Schiffahrt von der Nordsee her in das Land eindringen und brauchte nur eine kurze Strecke Landweges bis Schleswig, das zu Dänemark gehörte, und zu der von der Ostsee her tief in das Land einschneidenden Schlei zu überwinden. Die nachbarlichen Streitigkeiten zwischen Dänen und Sachsen um diesen und auf diesem Grenzstrich erklären sich zum nicht geringen Teil aus seiner Eigenschaft als einer westöstlichen Verkehrslinie, die nicht nur für fremde Völker, sondern auch für die Reichsangehörigen selbst, und auch nicht allein für Sachsen, sondern zugleich für den Nordwesten des Reiches, von besonderer Wichtigkeit war. Die politische Lage brachte es mit sich, daß Schleswig, der dänische Grenzort gegen Deutschland, zugleich Deutschlands wichtigster Seehafen für die Ostsee war. Begreiflicherweise suchte die deutsche Politik auf diese Verhältnisse und den Hauptort selbst Einfluß zu gewinnen. Mit den grenzpolitischen und verkehrspolitischen Absichten verbanden sich die kirchlichen Bestrebungen des Hamburg-Bremer Erzbistums, welche die Mission in Dänemark förderten und dort zugleich die erzbischöfliche Metropolitangewalt ausbreiten wollten.

Von der tatsächlichen Wirksamkeit dieser verschiedenartigen Tendenzen während unseres Zeitraumes eine bestimmte und gesicherte Vorstellung zu geben, reichen aber unsere Quellen nicht aus. Seit dem Handelsvertrage von 873 zwischen Dänemark und dem ostfränkischen Reiche fehlen weitere Nachrichten über den deutsch-dänischen Verkehr. Von der Bedeutung des Schleswiger Hafens für die Schiffahrt legen am Ausgang des 9. Jahrhunderts die beiden Reiseberichte des Norwegers Ottar und Wulfstan Zeugnis ab, die König Aelfred von England damals in seine angelsächsische Uebersetzung des Orosius einschaltete. Jener beschreibt seine Fahrt von dem südnorwegischen Hafenplatz Skiringsal ab, die ihn in fünftägiger Fahrt nach dem den Dänen gehörenden, zwischen Wenden, Sachsen und Angeln liegenden Hafen Haethum (Hadeby), führte; dieser begann seine Reise nach dem Esthenland und Truso (am Drausensee bei Elbing) in Haethum selbst.

Am Ende des 9. Jahrhunderts und in den ersten Jahrzehnten des folgenden beherrschte die Lage bei Schleswig ein schwedisches Herrengeschlecht, das sich, wie es scheint, in dem südöstlich bei Schleswig am Hadebyer Moor gelegenen und befestigten Hadeby festgesetzt hatte.[384] Gegen einen Sohn Olavs, des Begründers dieser schwedischen Herrschaft, bei Schleswig, den König Chnuba, dessen Leute in Friesland Seeraub trieben, führte Heinrich I. im Jahre 934 einen erfolgreichen Feldzug. Nicht lange darauf machten die Dänen dieser Schwedenherrschaft ein Ende. Harald Blauzahn stellte die Reichseinheit wieder her.[385] Otto I. griff in die Verhältnisse des Nachbarlandes nicht mit den Waffen ein. Seine Machtstellung sicherte, je länger sie sich befestigte, den Grenzfrieden. Er unterstützte die Bemühungen des Bremer Erzbistums um die kirchliche

---

384. Biereye, Beiträge z. Gesch. Nordalbingiens im 10. Jahrhundert, S. 9 ff.

385. Biereye S. 18 ff.; derselbe, Untersuchungen zur Geschichte Nordalbingiens im 10. Jahrhundert, Zeitschr. f. schleswig-holsteinische Geschichte 46, S. 13.

Organisation der Bistümer in Dänemark nur unmittelbar und zurückhaltend. Von diesen kirchlichen Gründungen behielten Schleswig und Ripen Bestand, die beiden wichtigsten Verkehrsplätze Jütlands.[386] Das erste Bistum in Oldenburg war ebenfalls, wohl schon damals, ein Ort mit Seeverkehr. Als nach Ottos Tod die Dänen die Ruhe an der Grenze störten, griff Otto II. fester zu, erzwang am Wieglesdor den Durchgang durch das Danewirk und legte dort eine Burg an. Sehr bald trat aber der Rückschlag ein. Das Mißgeschick des Kaisers bei Cotrone im Sommer 982 und der die deutsche Herrschaft beseitigende Slavenaufstand kostete dem Reiche wieder die verstärkte Stellung an der Schleswiger Grenze. Die Obotriten verwüsteten damals Nordalbingien und äscherten Hamburg ein. Nicht besser erging es im nächsten Jahrzehnt Schleswig selbst. König Erich von Schweden benutzte die Abwesenheit des dänischen Königs Sven Gabelbart, der gegen England Krieg führte, um 994 Schleswig zu überfallen und sich in Südjütland festzusetzen. Zugleich erfolgten schwere Angriffe schwedischer und dänischer Seeräuberscharen auf die Elbe- und Wesermündungen. Die Lage blieb für den deutsch-dänischen Verkehr gewiß sehr ungünstig, auch nachdem die Dänen sich im nächsten Jahre der Schwedenherrschaft über Schleswig entledigt hatten.[387] Denn die verlustreichen Kämpfe Sachsens mit den Slaven dauerten an, das Uebergewicht im nordalbingischen Lande war jetzt bei den Dänen und Slaven. Für lange Zeit bildete sich eine politische Gesamtlage, die unabänderlich schien. Sachsen, dessen Kraft das Reich geschaffen hatte, verlor die Führung im Reiche. Das neue Königtum hielt an der Reichspolitik Ottos I. und seines Sohnes fest. Aber die Verschiebung seiner Machtgrundlagen blieb nicht ohne Wirkung. Diese zeigte sich in den der See zugewandten Gebieten von der französischen

---

386. Biereye, Untersuchungen S. 22, 26 f.
387. Biereye, Beiträge Kap. VI.

bis zur slavischen Grenze. Die weltlichen Herren behaupteten sich stark und rangen sich empor in harten Kämpfen mit den Bischöfen, auf die das Königtum sich stützte. Sachsen bestand dem neuen Königtum gegenüber auf seiner Sonderart. Trotz aller Förderung Goslars gelang es den salischen Königen nicht, in Sachsen so feste Wurzeln zu schlagen, wie einst das aus dem Herzogtum erwachsene Königtum. Die damals vereinigte Macht Englands und Dänemarks beherrschte den Norden, und die Bildung des großen Polenreiches jenseits der Ostgrenze erwies die unleugbare Erstarkung des Slaventums. Der deutsch-dänische Verkehr mag sich der Lage angepaßt haben. Die schon erwähnten Abmachungen, welche Knut der Große bei seinem Besuche Roms im Jahre 1027 mit Kaiser Konrad II. und Rudolf von Burgund traf, daß die Kaufleute und Pilger aus England und Dänemark sicher und unbelästigt durch Grenzsperren und Zölle nach Rom reisen durften, setzen die Gegenseitigkeit friedlichen Grenzverkehrs der Untertanen voraus. Der Gedanke, bei der ungünstigen Gestalt der Machtverhältnisse Frieden im Norden zu erhalten, leitete Konrad II. auch später bei der Verlobung seines Sohnes und Nachfolgers Heinrich mit Knuds Tochter Gunhild, die 1035 stattfand. Konrad verzichtete auf alle Ansprüche des Reiches jenseits der Eider, um die Freundschaft mit dem mächtigen Nachbarn zu sichern.[388] Unter diesem Verzicht fiel auch Schleswig, sofern das Reich auf den Ort oder seine Bewohner irgend ein Recht geltend machte. Dem Verkehr dorthin tat das wohl keinen Eintrag. Im Gegenteil, der Verzicht und die Familienverbindung werden ihn gefördert haben. Ueber die Teilnahme der Deutschen an dem nordischen Verkehr ist freilich nur geringe und unsichere Kunde auf uns gekommen. Eine Nachricht bei Widukind aus der Zeit der Kämpfe mit Wichmann (962

---

388. Bresslau, Jahrbücher Konrads II. 1, S. 101 ff., 2, S. 145 ff.; Biereye, Untersuchungen S. 37 ff.

oder 963) spricht von einem durchreisenden Kaufmann, der im sächsisch-dänischen Grenzgebiet verkehrte.[380] Ottos II. Privileg für die Magdeburger Kaufleute von 975, welches ihnen nur eine Zollpflicht an vier Orten im Reiche, darunter Bardowiek, auferlegte, zeigt, daß das Königtum auf diesen Zoll, der für den überelbischen Ostseeverkehr bestand, Wert legte und die Einkünfte daraus nicht verringern wollte. Dasselbe galt für die Privilegierung der Goslarer. Einen Handelsweg von Magdeburg an die Ostseeküste bei Wismar beschrieb, wie wir sahen, der spanisch-jüdische Reisende Ibrahim zur Zeit Ottos I. Der arabische Berichterstatter des 10. Jahrhunderts, der eine Anzahl deutscher Städte schilderte, erzählte auch von Schleswig. Er nennt den Ort eine sehr große Stadt am äußersten Ende des Weltmeeres und weiß von den Sitten ihrer Einwohner zu berichten.[390] An wie manchen Stellen des Nordens Deutsche auftreten, lehrt die Missionsgeschichte dieser Zeit. Sächsische Priester waren in den letzten Jahrzehnten des 10 Jahrhunderts in Island als Missionare tätig und setzten dort noch später mit und ohne Erlaubnis ihrer bremischen Oberbehörde ihr Werk fort.[391] In den Schiffen des Isländers, der auf seiner berühmten Fahrt im Jahre 1000 das nordamerikanische Festland entdeckte, befand sich damals ein deutscher Kleriker namens Tyrkir; auf ihn, der in den dort gefundenen wildwachsenden Weintrauben die ihm aus der Heimat bekannten Weintrauben wiedererkannte, geht der Name des neuentdeckten Landes Vinland (Weinland) zurück.[392] In jüngerer Zeit berichtet die Heimskringla des Isländers Snorri Sturluson von dem Verkehr sächsischer

---

389. Widukind 1. 3 c. 64: Interea ab emptore pretereunte latrocinia eius (Wichmanns) produntur. Damals suchte Wichmann mit Harald Blauzahn von Dänemark anzuknüpfen; Biereye, Untersuchungen S. 16 f.
390. Jacob S. 12 f.
391. Maurer, Island S. 71 ff., 89 f., 222.
392. Neckel, Die erste Entdeckung Amerikas i. J. 1000 n. Chr.,

Kaufleute in Viken, dem Gebiet um den Christianiafjord, während des 10. Jahrhunderts. Dänische und sächsische Kaufleute, erzählt Snorri, suchten zur Zeit Olafs des Heiligen († 1030) im Sommer und Winter Viken auf, und die Bewohner von Viken trieben damals Handelsschiffahrt nach England, Sachsen, Flandern und Dänemark. Ob die Angaben richtig sind, bleibt zweifelhaft. Dunkel liegt leider auch auf dem Verkehr aus dem Reiche nach und in Schleswig bis über die Mitte des 11. Jahrhunderts. Der arabische Bericht des 10. Jahrhunderts teilt von dem Ort und seinen Bewohnern mit, daß es in ihm Süßwasserquellen gäbe und nur eine geringe Zahl Christen, die dort eine Kirche besäßen. Er erzählt von den heidnischen Kultfesten und den Opferbräuchen, von harten Sitten, dem häßlichen Gesang der Bewohner und anderem mehr. Am stärksten konnte auffallen, daß er den Ort als „arm an Gütern und Segen" bezeichnet; die Hauptnahrung seiner Bewohner besteht aus Fischen, von denen sie eine Menge hätten. Aber vom Handel spricht er auch sonst bei fast allen Orten nicht, die er beschreibt. Die Schilderung schließt daher das Vorhandensein von Handelsverkehr keineswegs aus. Sie mag in wesentlichen Zügen zutreffen für die erste Hälfte des 10. Jahrhunderts und noch über diese hinaus. Von den Veränderungen, die der Verkehr nach und von Schleswig alsdann im Laufe der Zeit erfuhr, wissen wir nichts Bestimmtes. Die Durchführung des Christentums, wirtschaftliche und politische Gründe können den Handelsverkehr gesteigert haben. Adam von Bremen hatte vielleicht später eine andere Vorstellung von der Vergangenheit des Ortes. Er kannte seine Wichtigkeit als Seehafen, auch in der älteren Zeit, zumal für die sächsischen Händler und Seefahrer. Wegen der Grenzlage, der kirchlichen Abhängigkeit des Bistums von der Bremer Metropole und des starken,

---

S. 33 ff.; Edw. Schröter, Hans. Geschbl. 1913, S. 301 erinnert für den Namen an Turicum (Turegum), Zürich.

wahrscheinlich überwiegenden Anteils der Sachsen am Seeverkehr des Ortes rechnete er den Ort sowohl zu Sachsen wie zu Dänemark, behauptete für die Zeit Heinrichs I. die Einsetzung eines Markgrafen, sowie für die Zeit Konrads II. die Uebergabe Schleswigs samt der Mark jenseits der Eider an Dänemark und nannte Schleswig bei Gelegenheit seiner Zerstörung im Jahre 1066 einen im Grenzgebiet Dänemarks gelegenen Ort der transalbingischen Sachsen.[393] Vermutlich trugen Schleswigs Handel und handeltreibende Bevölkerung damals einen vorherrschend deutschen Charakter. Was Adam von Bremen von der Seeräuberei der Inseldänen berichtet, welche die Erlaubnis dazu vom Könige erkauften und ihr Raubhandwerk nicht nur an den Fremden, sondern oft auch an den eigenen Landsleuten ausübten, entspricht wenigstens einem Zustande, der zur Annahme einer im Fernhandel tätigen Bevölkerung dänischen Volkstums in dem belebtesten Hafenplatz des Reiches nicht gut passen will.

Erst das Werk des Adam von Bremen vermittelt eine in vielen einzelnen und allgemeinen Zügen verbürgte und daher zugleich anschauliche Vorstellung von dem Verkehr der Länder und Völker des Nordens, und zwar der Nordgermanen und der Slaven an der Südküste der Ostsee sowie ihrer beider östlichen Nachbarn. Als Gesamtraum für seine Schilderung schwebte ihm hauptsächlich das weite Missionsgebiet der Bremer Kirche vor, das sich noch hinaus erstreckte über das bisher von der Mission Erreichte bis in weit entlegene und unbekannte Länder hinein. Es lag ihm durchaus fern, den Handel in diesem Gesamtgebiete zu beschreiben oder etwa den Anteil seiner eigenen Landsleute daran. Was er vom Handel erwähnt, erscheint zufällig und wird auch nicht des Handels wegen,

---

393. Steenstrup, Danmarks sydgraense (1900) S. 92 übersetzt die Worte des Schol. 81 (82), Schmeidler S. 195: in confinio Danici regni „in der Nachbarschaft des dänischen Reiches", Confinium bedeutet Grenzgebiet, wie auch sonst bei Adam. Vgl. auch Biereye, Untersuchungen S. 87 ff.

sondern aus anderen und besonderen Gründen erzählt. Es findet sich auch kaum eine Nachricht bei ihm, von der man anzunehmen gezwungen wäre, daß er sie unmittelbar von Kaufleuten erfahren habe.[394] Wohl gehen viele und wichtige Teile seiner Beschreibung ohne Zweifel auf Angaben von Kaufleuten zurück und beruhen auf Erfahrungen oder Feststellungen des Handelsverkehrs. Aber die rege Missionstätigkeit der Bremer Kirche, der Verkehr Adams mit weltkundigen und hochstehenden Männern seines Standes, vor allem seine persönlichen Beziehungen zu König Svend Estridson von Dänemark, der ein vielbewegtes Leben geführt hatte und der, selbst ein literarisch und historisch gebildeter Mann, welcher nach Adams Worten die ganze Geschichte der Nordvölker im Gedächtnis bewahrte wie in einem geschriebenen Buche,[395] dem deutschen Geschichtschreiber so reiche Auskunft über vergangene und gegenwärtige Dinge zuteil werden ließ, daß dieser selbst bekennt, einen großen Teil des Stoffes zu seinem Werke aus dem Munde des Königs gesammelt zu haben,[396] dies alles reichte im Verein mit Adams gelehrtem literarischen Wissen[397] sicher aus, um ihm die Kenntnisse zu verschaffen, die er für sein Werk brauchte und darin niederlegte. Adam bedurfte für seinen Zweck nichts, was er nicht auch von

---

394. Ausdrücke wie: ut nautae referunt, L. II c. 19, oder: plurima, quae recitantur a navigantibus sepe inspecta, quamvis hoc nostris vix credibile putetur, L. IV c. 19, sollen, wie namentlich die zweite Stelle lehrt, keineswegs eine unmittelbare persönliche Befragung bekunden. Lappenbergs Bemerkung, Archiv 6, S. 825: „wo Adam Leute fand, welche die zu beschreibenden Länder gesehen hatten, suchte er sie auf und benutzte ihre Erfahrungen", dürfte nur mit Einschränkung richtig sein.

395. L. II c. 43.

396. L. III c. 54. Auch für Svend Estridsen selbst war sicher die an dieser Stelle erwähnte Mission, die Geistliche in seinem Auftrage im Norden betrieben, eine wichtige Quelle seiner Kenntnisse von Land und Leuten.

397. Darüber Schmeidler in seiner Ausgabe S. LVII ff.

anderen als von Kaufleuten erfahren konnte. Es darf an und für sich nicht auffallen, daß bei ihm manches fehlt, was für den Handelsverkehr wichtiger war als anderes, was er über den allgemeinen Verkehr mitzuteilen für gut befindet. Ebensowenig aber hat die Kritik ein Recht, sein Werk ohne zwingende Gründe zu ergänzen. Denn unser begründetes Wissen von dem Handelsverkehr im Norden im großen und ganzen oder gar von seinen Wegen und Formen im einzelnen ist bis auf Adam und auch noch über seine Lebenszeit hinaus, abgesehen von Adams Werk selbst, sehr geringfügig und unsicher.

Am Bereiche der jütischen Halbinsel von der unteren Elbe an nennt Adam außer Aalborg, von wo die Ueberfahrt nach Norwegen nur eine Nacht dauerte,[398] fünf Verkehrsorte: Ripen, Aarhus, Schleswig, Oldenburg in Wagrien und Hamburg, sämtlich Hafenorte. An der Westküste bestand von Ripen aus Schiffahrt nach Friesland, England und Sachsen. Die besondere Bezeichnung „nach unserem Sachsen" soll das Transalbingische ausschließen und weist wohl vornehmlich auf Bremen hin. Aarhus an der Ostküste hatte Schiffahrt nach den dänischen Inseln Fühnen und Seeland, ferner nach Schonen und nach Norwegen. Schleswig war Ausgangshafen für die Schiffahrt nach dem Slavenlande, in welcher Jumne und Wollin als Bestimmungsort bezeichnet wird,[399] ferner nach Schweden und nach dem Samland bis nach Rußland. Ueber die Schiffahrt nach Rußland deutet die beste Ueberlieferung,[400] wie es scheint, an, daß Adam nicht von einer direkten Schiffahrt von Schleswig nach Rußland, sondern von einer Schiffahrt, die über das Slavenland oder Schweden oder Samland oder über Samland allein nach Rußland führte, sprechen wollte. Dem widersprach auch nicht eine Mitteilung Adams

---

398. L. IV c. 11.
399. L. II c. 22, IV c. 1.
400. S. Schmeidlers Text S. 228 u. Note.

an einer anderen Stelle,[401] nach welcher die Dänen versicherten, daß die Ostsee in ihrer Längsausdehnung schon oft erkundet sei und einige mit günstigem Winde in einem Monat von Dänemark bis Ostragard in Rußland — vielleicht Nowgorod am Wolchow — gelangt seien. Die Verbindung zwischen Dänemark (Schleswig) und Rußland war hiernach nichts Ungewöhnliches.

Oldenburg in Wagrien bezeichnet Adam als ansehnlichen Seehafen. Obwohl nicht unmittelbar an der See gelegen, war der Ort jedenfalls der Seeschiffahrt zugänglich,[402] die damals nur geringen Tiefgang erforderte. Seine Entfernung von Hamburg gibt Adam viel zu kurz auf nur eine Tagereise an.[403] Oldenburg war wie Schleswig Ausgangshafen für die Seefahrt nach Jumne.[404] Seeverkehr nach anderer Richtung, außer entlang der südlichen Ostseeküste, wird für Oldenburg nicht erwähnt. Als Haupthafen für den Ostseeverkehr erscheint Schleswig. Von Hamburg gelangte man zu Lande in vier Tagen nach Rethra, dem Hauptort der Redarier am Tollensesee in Mecklenburg-Strelitz, in sieben Tagen nach Jumne.[405] Für den Verkehr von der unteren Elbe (Hamburg und Bardowiek) nach dem Slavenlande, sofern er den Seeweg benutzen wollte, dienten Schleswig und Oldenburg als Seehäfen. Demnach bestand auch damals für diesen Verkehr eine Gelegenheit, die Ostsee an einem südlicher als Schleswig liegenden Hafen zu erreichen. Adam erwähnt an mehreren Stellen auch das slavische Alt-Lübeck an der unteren Trave bei der Mündung der Schwartau, ohne aber Verkehrsbeziehungen des Ortes anzudeuten. Handelsverkehr über Hamburg nach dem Westen oder von dort her nennt Adam nicht. Ebensowenig gedenkt er einer Verbin-

---

401. L. IV c. 11.
402. Vgl. Lönborg, Adam af Bremen S. 61.
403. Krabbo S. 42 f.; Lönborg S. 61.
404. Schol. 15 und 29, S. 76 und 103; l. II c. 22.
405. L. II c. 21.

dung Schleswigs mit dem Westen über die untere Eider. Hamburg erlag 1066 dem Ansturm der Slaven; Schleswig wurde damals unvermutet überfallen und zerstört. Schonen rühmt Adam als die schönste Provinz Dänemarks; sie sei wohlbewahrt, fruchtbar, reich an Waren und voll von Kirchen. Von der Fischerei spricht er nicht. Ob sie für den Handel bereits größere Bedeutung besaß, läßt sich um so weniger beurteilen, als die Ausnutzung der Heringsfischerei für den Handel von ausreichender Salzzufuhr abhängt und die Möglichkeit einer solchen ganz ungewiß ist, wie denn besonders auch über die Lüneburger Salzquellen aus dem ganzen 11. Jahrhundert keine Nachricht vorliegt. In der Ostsee selbst bot die dänische Insel Bornholm der Schiffahrt einen weitbekannten und sicheren Hafen. Von dort fuhren die Schiffe in die „barbarischen" Länder, d. h. ins Slavenland, nach Samland und Schweden, und nach Rußland. Man hat gemeint, daß Adam hier die ihm über die beiden Inseln Bornholm und Gotland zugekommenen Nachrichten zusammengeworfen habe.[406] Denn Gotland nennt Adam überhaupt nicht, und Gotland bildete später zweifellos den wichtigsten Stützpunkt für den Seeverkehr, auch der Deutschen, mit Nowgorod und Livland. Allein, wenn auch die Verwechslung möglich bleibt und Adam über die Lage Bornholms nicht ganz zutreffend unterrichtet war, die Ueberlieferung selbst bietet keinen zureichenden Grund für die Annahme einer Verwechslung. Sie kennt Gotland als einen wichtigen Mittelpunkt oder Stützpunkt des Ostseehandels, der im 11. Jahrhundert oder früher daher nicht hätte übergangen werden dürfen, noch nicht.[407] Die Münzfunde aus Gotland beweisen diese Eigenschaft der Insel

---

406. Vgl. Schmeidler in seiner Ausgabe S. 243, Anm. 2.
407. Das hebt W. Schlüter, Die Ostsee und die Ostseeländer in der hamburgischen Kirchengeschichte des Adam von Bremen, Sitzungsberichte der Gel. Estnischen Gesellschaft 1902, S. 26 gegen Lönborg, Adam af Bremen S. 142, der Gotland einen bedeutenden Mittelpunkt für den Handel in jener Zeit nennt, mit Recht hervor.

nicht.[408] Sie sind, wie fast überall, für die Feststellung handelsgeschichtlicher Tatsachen eine unzuverlässige und trügerische Quelle. Andere einwandfreie Nachrichten darüber gibt es nicht. Wir wissen zu wenig von den Möglichkeiten und den Formen des Ostseehandels in dieser Zeit, um mit dem Anspruch auf eine gewisse Sicherheit die für spätere Zeit gut beglaubigten Zustände in frühere Zeiträume hinaufrücken zu dürfen. Die Schiffahrt hat sich auch in der Ostsee verändert. Den von Adam beschriebenen Weg an der Südküste entlang nach Rußland benutzte sie späterhin nicht mehr. Von Rügen berichtet Adam, daß die Insel, gleich wie Laland, von Seeräubern voll sei, die keinen Vorüberfahrenden schonten. An der Mündung der Oder lag der wichtige slavische Handelsplatz Jumne. Die genaue Lage des Ortes, nach Adam auf einer Insel an der Mündung der Oder, ist ungewiß. Man sucht ihn meist auf Wollin.[409] Adam selbst fehlte, wie es scheint, eine zutreffende Vorstellung von der eigenartigen Gestalt der Odermündung. Seine Angabe über die Bevölkerung und den Verkehr des Ortes zu bezweifeln, liegt aber kein zwingender Grund vor. Augenscheinlich war Jumne damals ein viel besuchter Hafenort, vielleicht zu jener Zeit der besuchteste an den Küsten der Ostsee. Von allen Seiten trafen hier fremdländische Besucher mit den Einheimischen zusammen: aus Rußland und den barbarischen Ländern,[410] auch aus

---

408. Auch W. Vogel, Gesch. d. deutschen Seeschiffahrt, I S. 156 erklärt die Münzfunde auf Gotland m. E. zu einseitig aus dem Handel der Gotländer.

409. Vgl. Lönborg S. 71 ff.; Schmeidler in s. Ausgabe S. 79, Anm. 1 ff.; C. Niebuhr, Hans. Geschichtsbl. 1917, S. 367.

410. Die Umstellung innerhalb des Berichts, die C. Niebuhr a. a. O. vornimmt, halte ich nicht für notwendig. Es liegt m. E. kein Anlaß vor, die Einzelheiten des Berichts als sachlich unmöglich und unglaubhaft zu verwerfen, wenn man einerseits die Ueberschwänglichkeit und arhaisierende Art des Ausdrucks als stilgemäß wertet und andererseits sich erinnert, daß die Vorstellung jener Zeit von Größe, Reichtum u. dgl. überaus verschieden waren von den späteren

Sachsen. Den sächsischen Kaufleuten war gleich den Nichtchristen das Wohnen in Jumne gestattet. Nur durften sie ihr Christentum nicht öffentlich zur Schau tragen. Adam rühmt die guten Sitten und die Gastfreiheit der Einwohner, ebenso den Reichtum des Orts. Er sei voll von Waren aller Völker des Nordens. Nach kurzer Ueberfahrt gelangte man nach Demmin. In umgekehrter Richtung führte wahrscheinlich der früher erwähnte Landweg von Hamburg und der unteren Elbe nach Jumne über Demmin. Zu Schiff gelangte man, wie wir sahen, von der unteren Elbe nach Jumne über Oldenburg in Wagrien oder Schleswig. Ueber Jumne fuhr man nach Samland zu den Preußen.[411] Die Rückfahrt von Jumne nach Ostrogard in Rußland dauerte 14 Tage. Bei den Preußen in Samland lobt Adam wiederum die fremdenfreundliche Gesinnung.[412] Sie leisteten den Schiffbrüchigen und von Seeräubern Verfolgten Hilfe. Hier erwähnt er Handel und wichtige Gegenstände des Handels. Beiläufig sei bemerkt, daß Adam den Bernstein nicht erwähnt. Wozu hätte er ihn auch erwähnen sollen? Denn als Schmuck schätzte ihn die Zeit und auch die Folgezeit

---

oder gar heutigen Begriffen. Zur Kritik Adams bedarf es vor allem einer Kenntnis der Zustände seiner eigenen Zeit, die man tatsächlich aber zum wesentlichen aus keinen anderen Quellen gewinnen kann als aus Adams Werk selbst. Ich finde keine nachweisbare sachliche Uebertreibung in dem Bericht außer etwa der, daß Jumne die größte aller „civitates" Europas sei, was aber nichts anderes als eine Stilform ist, auf eine Sache angewandt, die der Autor nicht aus eigener Anschauung kannte. Ruhm einer „maxima civitas" verschaffte damals die Geschichtschreibung manchem Ort in Deutschland und Nordeuropa. Auch die vielbesprochene „olla Vulcani" und der „Neptunus triplicis naturae" können sich aus besonderen Naturerscheinungen erklären, denen der Stil die literarische Form gab, in der sie uns jetzt erscheinen.

411. Adam scheint sagen zu wollen, daß man von Demmin nach dem Samland reiste. Demnach führte der Landweg von der Elbe nach dem Samland zu Lande bis Demmin, von dort zu Schiff über Jumne nach dem Samland.

412. L. IV c. 18.

neben den Edelmetallen nicht. Als Handelsware blieb er im Vergleich mit vielen anderen Waren auch später eine unbedeutende Spezialität. Die sächsischen Kauffahrer lebten in ungehindertem Verkehr mit den Einwohnern, nur hielt man sie von dem Besuch der heiligen Stätten, der Haine und Quellen, fern. Kostbares Pelzwerk, besonders Marderfelle, besaßen die Preußen reichlich. Sie tauschten es gegen Wollengewand, das man, vermutlich wegen seines Faltenwurfs, in Sachsen „faldones" nannte. Die Bodenfunde lehren, daß die Preußen noch andere Fremdwaren erwarben.[413] Adam hebt Pelzwerk und Wollenzeug hervor, weil sie ihm aus besonderen Gründen wichtig und erwähnenswert schienen. Wenn er berichtet, daß die Preußen auf Gold und Silber nicht den größten Wert legten, so kennzeichnet sich die darin liegende Verzerrung des wirklichen Zustandes schon durch seine Worte, daß die Preußen das Pelzwerk nicht anders als Mist schätzten.

Tatsächlich war ihnen der Wert des Pelzwerks als Gegenstand des Handels bekannt, und sie benutzten ihn demgemäß. Ob sie noch Schiffahrt betrieben, wie früher nach Birca in Schweden,[414] ist unbekannt. An der Nordküste der Ostsee im Lande der Schweden, war jetzt Sigtuna am Mälarsee, eine Tagereise von Upsala entfernt, der bedeutendste Ort, der den Verkehr auf sich zog. Auch Birca (Björkö) nennt Adam noch öfter. Doch hatte dieser ehemals, besonders in fränkischer Zeit, wichtigste und besuchteste Handelsplatz Schwedens seine Bedeutung verloren. Er scheint schon um die Mitte des 10. Jahrhunderts durch feindlichen Ueberfall zu Grunde gerichtet zu sein. Zur Zeit des Adam, der freilich den wahren Sachverhalt erst nachträglich feststellte, lag der Ort schon so wüst, daß man kaum seine Spuren erkennen konnte.[415] An jene Stelle trat

---

413. Das betont Lohmeyer, Gesch. von Ost- und Westpreußen, 3. Aufl. 1, S. 50 mit Recht.
414. L. II c. 60.
415. Schol. 142, Schmeidler S. 262.

für den Handelsverkehr Sigtuna. Adam stellt aber seine Angaben über die Entfernungen zwischen den wichtigen Verkehrsplätzen noch auf beide Orte ein. Von Schonen betrug die Dauer der Seereise nach Sigtuna oder Birca fünf Tage, die Reise zu Lande über Skara, Söder, Telge und Birca nach Sigtuna einen Monat. Ebenso rechnet Adam die Seefahrt nach Rußland, die fünf Tage betrug, von Birca ab.[416] Er nennt Sigtuna einen ansehnlichen Ort.[417] Die bremische Mission versuchte auch in diesem wichtigen Handelsplatz festen Fuß zu fassen, aber der Versuch scheiterte. In Sigtuna begann unter Olaf Schoßkönig († c. 1022) die erst Münzprägung Schwedens nach englischem Vorbild und durch englische Münzmeister; sein Sohn Amund Jakob setzte sie in Sigtuna fort. Auch anderen Verkehr, und zwar mit dem Deutschen Reiche, in Sigtuna weisen zwei Runeninschriften, die dort gefunden wurden und aus der zweiten Hälfte des 11. Jahrhunderts, genauer aus der Zeit der Abfassung von Adams Werk, stammen. Den einen Stein setzten „die Gildebrüder der Friesen" (frisa kiltar) ihrem „Gildebruder" Thorkil, den anderen „die Gildebrüder der Friesen" dem Albod, dem „Vermögensgesellschafter" (felaka) des Slode.[418] Hiernach bestand, wie man auch die Bezeichnung „Gildebrüder der Friesen" deuten möge, Verkehr zwischen Friesland und Sigtuna. Ob diese friesische Gilde ursprünglich aus friesischen Kaufleuten in Sigtuna bestand oder eine Gilde schwedischer Kaufleute war, die nach Friesland verkehrten, läßt sich nicht ausmachen. Das letztere ist nicht weniger möglich als das erstere. Jedenfalls gab es in Sigtuna Kaufleute, fremde oder mit der Fremde verkehrende Einheimische, die genossenschaftlich organisiert waren. Adam berichtet von Schweden, daß das ganze

---

416. Schol. 126; Schmeidler S. 249.
417. L. IV c. 25.
418. A. Bugge, Altschwedische Gilden, Vierteljahrsschr. f. Sozial- u. Wirtschaftsgesch. 11, S. 130 ff.

Land von fremden Waren voll sei. Das bestätigen auch hier die Bodenfunde. Die Bemerkung des Geschichtsschreibers, daß die Schweden Gold, Silber, edle Rosse, Biber- und Marderfelle sehr gering schätzten, fließt aus keiner anderen Quelle wie sein vorhin erwähntes Lob des Verhaltens der Preußen zu diesen Dingen. Die unwirschen Worte, die er hinzufügt, verraten deutlich, daß er die Ueberschätzung dieser kostbaren Güter bei seinen Landsleuten tadeln wollte und dabei das Maß des Tadels auf der einen Seite ebenso überschritt wie das des Lobes auf der anderen. Seine eigene Erzählung von dem Goldschmuck des Tempels zu Upsala und von der reichen Gabe von 70 Mark Silber, die man in Sigtuna dem jüngeren Bischof Adalward darbrachte,[419] berichtigt sein früheres Urteil. Jene kostbaren Besitztümer, besonders das Pelzwerk, waren wahrscheinlich auch damals Gegenstände des Handelsverkehrs. Es hat den Anschein, und es liegt auch in der Natur der Sache, daß der deutsche Verkehr mit dem Norden nicht nur den Waren, die der Norden selbst lieferte, galt, sondern daß die außerordentlichen Schätze an Edelmetall, welche die Vickingerzüge seit Jahrhunderten in den Norden geführt hatten und von denen in den reichen Bodenfunden noch heute erstaunlich große Ueberreste erhalten sind, den Handel dorthin doppelt verlockend und gewinnreich machten. Einen Teil dieser Metallvorräte mußte der Handel allmählich dem Kontinent wieder zurückgewinnen. Weiter drang der Handel in die östlichen Teile der Ostsee vor. In Kurland und Estland, die Adam sich beide, wie auch das Samland, als Inseln vorstellte, erwähnt er den Verkehr der Kaufleute. In Kurland gelang der eifrigen Bemühung eines Kaufmanns die Gründung der ersten christlichen Kirche. Von Estland berichtet er, daß die Einwohner die Menschen, die sie opferten, von Kaufleuten kauften. Sogar in dem sagenhaften Weiberlande, das er sich im Osten von Schweden

---

419. L. IV c. 26, Schol. 139, 142.

dachte, verkehrten nach ihm Kaufleute.[420] Schwedische Runeninschriften bekunden den Verkehr zwischen Schweden und Samgallen oder der Mündung der Düna und erzählen von dem Schweden Svein, der „oft nach Samgallen gesegelt ist mit kostbarem Handelsschiffe um Domesnäs".[421] Ostragard in Rußland erwähnt Adam wiederholt ohne einen beschreibenden Zusatz,[422] während er Kiew, von dessen Größe auch Thietmar von Merseburg bewundernd erzählte,[423] als hochberühmte Hauptstadt Rußlands charakterisiert. Von Ostrogard hatte er augenscheinlich die Vorstellung, daß man es zu Schiffe aufzusuchen pflege. Er nennt die Schiffahrtverbindung Ostrogards mit Jumne und Dänemark. Bewohner Rußlands verkehrten in Jumne, vermutlich auch in anderen Handelsorten an der Ostseeküste. Adams unrichtige und unvollkommene Anschauung von der geographischen Lage der Länder an dem östlichen Teile der Ostsee schließt eine Entscheidung über die örtliche Lage von Ostrogard aus. Vielleicht meinte er Nowgorod am Wolchow,[424] möglicherweise einen anderen Ort unbekannter Lage. Jedenfalls erscheinen in seiner Beschreibung die Randgebiete der Ostsee belebt durch vielseitigen Handelsverkehr und vielseitige Schiffahrt. Alle angrenzenden Länder und auch fernerliegende, wie die Nordseegebiete, nahmen daran teil. Einzelne ansehnliche Handelsorte im Norden und Süden der Ostsee zogen den Handel an sich.

Der Verkehr verteilte sich gleichmäßig. Die Nordküste und die Fahrt längs derselben waren nicht bevorzugt. Die

---

420. L. IV c. 16, 17, 19.
421. A. Bugge, Die nordeuropäischen Verkehrswege im frühen Mittelalter S. 243 f.
422. L. II c. 20; IV c. 11.
423. L. IX c. 32; auch VIII c. 74.
424. Die Ansichten gehen auseinander, weil Adam selbst eine spezielle Ortsbeschreibung vermeidet, vgl. Björnbo S. 157 f., Krabbos S. 43, Anm. 4; Björnbo denkt ebenfalls an Nowgorod und setzt in seine Entfernungsberechnungen St. Petersburg ein, S. 135.

südliche Küste besaß zum mindesten dieselbe, für Deutschland wegen Jumne und dem Samland vielleicht die größere Anziehungskraft. Den Eindruck eifriger Handelstätigkeit verstärkt nicht nur der Umstand, daß nach der Beschreibung Adams Handel und Schiffahrt durch die Seeräuberei besonders der Bewohner der Ostseeinseln an vielen Stellen mit großen Gefahren verbunden war, sondern auch das Verhalten des Geschichtsschreibers selbst gegenüber diesem Verkehr. An den sehr seltenen Stellen, an welchen dieser des Güteraustausches und der Waren gedenkt, kann er es nicht unterlassen, die Verblendung seiner Landsleute heftig zu tadeln, die das Verlangen nach diesen eitlen Dingen verrückt mache und die kein Mittel scheuten, sich in ihren Besitz zu setzen.[425] Die Entwicklung ging freilich über solche Einseitigkeiten hinweg. Er stand dem Handel nicht ohne Vorurteil gegenüber. Seine Aeußerungen legen in Wirklichkeit Zeugnis dafür ab, daß der Handel Gewinn brachte und das Wagnis der Unternehmung lohnte.

In der Beschreibung Norwegens wird der Handelsverkehr kaum berührt. Von Aalborg oder Wendila, dem nördlichsten Teil Jütlands, gelangte man zu Schiff in eintägiger Fahrt nach der Landschaft Viken, von da in fünftägiger Fahrt längs der Küste Norwegens nach Drontheim. Der Landweg von Schonen nach Drontheim wurde wegen seiner Beschwerlichkeit und Gefährlichkeit vom Verkehr gemieden.[426] Auch für die Entfernung von Drontheim nach den Orkney-Inseln und von dort nach England oder Schottland, sowie von Aalborg und von Norwegen nach Island bringt Adam Zeitangaben. Von dem Handel der größeren Orte Norwegens spricht Adam nicht. Diese Handelsplätze entstanden an der Stelle, wo bereits vorhandene Ansiedlungen dem Küsten- und Marktverkehr dienten. Die eigentlichen Gründer dieser Verkehrsplätze wurden hier die

---

425. Schmeidlers Ausgabe S. 245, 251.
426. L. IV c. 33.

Könige: Olaf Tryggveson für Nidaras (Drontheim), Harald Hardwade für Oslo in der Bucht von Viken und Olaf Kyrre für Bergen.[427] Bergens Gründung fällt wahrscheinlich in die Jahre 1070—1075, mithin in die Zeit, da Adam sein Werk verfaßte. Tunsberg, an der Westseite der Vikener Bucht, wuchs schon früher, zu Harald Haarfagres Zeiten, zu einem ansehnlichen Ort heran.[428]

Wiederholt streifte unsere Darstellung die inneren Verhältnisse der Kaufleute in den Marktorten. Es liegt kein Grund zu der Annahme vor, daß sie überall gleichartig gewesen seien. Im Gegenteil lehrt die Ueberlieferung, sobald sie reichlicher fließt, daß je nach der Entwicklung der einzelnen Orte mancherlei örtliche Verschiedenheiten bestanden. Auch in dem frühesten Teil dieses Zeitraumes, wo Ueberlieferung kaum vorhanden ist, verbietet sich die Annahme völlig gleichartiger Zustände in den Marktorten aus der einfachen Erwägung, daß schon damals nicht nur die ehemaligen Römerorte sich in mancher Hinsicht unterschieden von den Verkehrsorten des inneren Deutschland, sondern daß von diesen letzteren selbst einzelne bereits eine Geschichte hatten oder aus · früher Zeit einen Verkehr kannten oder unter leichten und bequemen Lebensbedingungen einen Verkehr entwickeln konnten, während andere ihr Dasein erst begannen oder von vornherein unter gewissen Hemmungen und Beschränkungen lebten. Diese Verschiedenheit der inneren Zustände erstreckte sich sowohl auf die tatsächlichen Lebensbedingungen wie auf die Rechtsverhältnisse der Bewohner. Was jene betraf, so brachte die verschiedene Größe der Einwohnerzahl, die Verschiedenheit der Ortslage an Wasserwegen oder Landwegen, was die Berufstätigkeit eines Teiles der Einwohner notwendig in bestimmter Richtung, etwa auf die Schiffahrt

---

427. A. Bugge, Studies over de Norske byers selvstyre og handel S. 6 ff.
428. A. Bugge, Norges historie 1, 2, S. 134.

hin, beeinflußte, der verschiedene Grad der Sicherheit, auf der überhaupt das Dasein der Einwohnerschaft des Ortes beruhte und die meist zum wenigsten von der Art der Befestigung abhing, endlich die zufälligen örtlichen Bedingungen des Wohnens und Wirtschaftens, die teils von der Natur gegeben, teils durch die besondere Ortsentwicklung seit früherer Zeit ausgestaltet waren, mancherlei Unterschiede hervor. Die Eigenart der natürlichen Existenzbedingungen blieb gewiß nicht ohne Wirkung auf den Gesamtkörper der Einwohnerschaft eines Ortes, sondern verlieh ihm neue in Gewohnheiten, Anschauungen, Fertigkeiten und Einrichtungen ausgeprägte Färbung, die ihn von anderen Orten mehr oder weniger unterschied. Dazu traten die Verschiedenheiten der Stammesart und der Landesart, die nicht nur längst, sondern viel schroffer bestanden als später und wohl der landschaftlichen Sonderart Raum ließen, aber einer gleichmäßigen Entwicklung der örtlichen sozialen Zustände in den Marktorten des Reichs im Wege standen. Die Folgezeit lehrte gar zu deutlich, daß alle die landschaftliche Eigenart sich, trotz des erheblich gewachsenen Verkehrs, der stärkeren Mischung der Bevölkerung, der kraftvollen kolonialen Bewegung und der Ausbreitung des Deutschtums über die nördlichen, östlichen und südlichen Grenzen des Reiches hinaus, demnach in der Hauptsache nur behauptete innerhalb des alten landschaftlichen Rahmens.

Auch für unseren Zeitraum wird keine Gleichmäßigkeit der inneren Zustände in den Marktorten, soweit gesellschaftliche Verhältnisse in Frage kamen, und für landschaftlich zusammengehörende oder verwandte Marktorte anzunehmen sein. Verschieden waren auch in vieler Hinsicht die Rechtsverhältnisse der einzelnen Marktorte. Die Rechtsansprüche der Marktherren an die Bewohnerschaft ihrer Marktorte, des Königs, der Bischöfe, der Aebte, der welt-

---

429. Keutgen, Urk. z. städtischen Verf.-Gesch. S. 62.

lichen Großen wichen gewiß vielfach voneinander ab, zumal da, wo sie auf alten grundherrlichen Ansprüchen beruhten. Der Abt von Reichenau behielt sich bei der Neuordnung des Marktes von Allensbach im Jahre 1075 vor, daß dreimal im Jahr zwei Wochen lang die Kaufleute Wein und andere Dinge nicht eher verkaufen durften, bis die Sachen des Abts verkauft seien.[429] Ein freies Verfügungsrecht über ihre Wohnungen, wie es Bischof Kadaloh von Naumburg den von Großjena nach seinem Bischofssitz übergesiedelten Kaufleuten gewährte,[430] besaßen sicher nicht die Kaufleute in allen Marktorten, wenn auch wohl in manchen. Die völlige Zinsfreiheit ihrer Wohnungen, wie sie für diese Kaufleute in Naumburg bestand, fehlte an vielen, wahrscheinlich an den meisten Marktorten. Die Verschiedenheit der Verkehrsabgaben der Marktbewohner versteht sich von selbst.

In Einem aber stimmten die Marktorte, soweit man sieht, völlig überein: in ihrem Charakter als Handelsorte. Der Handel verlieh der Bevölkerung dieser Marktorte das entscheidende und unterscheidende Gepräge. Der Markt war der wichtigste Platz des Marktortes, zugleich das Kernstück und der Ausgangspunkt einer räumlichen Ausdehnung der neuen Marktgründungen. Der Handel war der bestimmende und charakteristische Beruf der Bewohnerschaft, daneben finden auch die anderen Seiten des Lebens ihre Berücksichtigung, namentlich die religiöse und die gewerbliche, aber deren fortschreitende, immer reichere äußere und innere Entwicklung sog ihre Nahrung hauptsächlich aus dem Handel der Marktleute. Die Bewohnerschaft dieser Orte empfing damals ihren am häufigsten erscheinenden Namen (mercatores) vom Markt (mercatum, mercatus). Man bezeichnete oft die Gesamtheit der Bewohner der Marktorte als Kaufleute (mercatores, vielfach auch negotiatores, vereinzelt institores), nicht weil sie ausnahmslos und ausschließlich Kaufleute gewesen wären, sondern weil

---

430. vgl. oben.

der Handel die durchaus vorherrschende und diesen Ansiedlungen eigentümliche und damit auch hervorstehende Tätigkeit ihrer Bewohner bildete. Demgegenüber traten die handwerklichen und anderen Beschäftigungen der Einwohner in den Schatten. Der Ausdruck „mercator", den die Quellen in der alten und nie veränderten Bedeutung des Kaufmannes, des Mannes, der hauptsächlich dem Handel oblag und durch den Handel seinen Lebensunterhalt gewann, ihn auch in der üblichen Weise, nämlich in der Regel umherziehend und wandernd, ausübte, oft genug und regelmäßig gebrauchen, erhielt dadurch keineswegs einen veränderten Sinn, daß er auf die Gesamtheit der Bewohnerschaft der Marktorte bezogen und angewandt wurde. Es gab kein Wort, das die besondere und eigenartige Berufstätigkeit der Marktbewohner in ihrer Gesamtheit richtiger und treffender hätte kennzeichnen können. Dem Handel verdankten die Marktorte auch das wichtigste Recht, welches das Königtum ihnen gewähren konnte, den Königsfrieden. Denn dieser war, wie wir sahen, nicht so sehr als Verkehrs- und Reisefrieden gedacht, sondern sollte vor allem die Haupttätigkeit der Marktbesucher, ihren Handel auf dem Markt sicher stellen. Er sollte den Markthandel weniger gegen Angriffe von außen oder gegen unberechtigte Eingriffe etwa der Marktherren schützen, als vielmehr die im Marktverkehr zusammenkommende Menge in Ordnung halten und ihre Handelstätigkeit möglich machen. Denn die Schwierigkeit lag da in dem heftigen Widerstreit der Einzelinteressen, die eben sehr stark sind, auf ganz engem Raum und in der Zügellosigkeit des Temperaments, die sich damals auch bei den Angehörigen der höchsten Schichten des Volkes nicht verleugnete, dies alles noch gesteigert durch die aus dem Zustande der aus dem Verkehrsverhältnisse erklärlichen Mühseligkeiten der Berufsübung. Ohne den Zwang des Königfriedens kamen Markthandel und Marktbesucher nicht aus, war der Markt selbst nicht lebensfähig. In dem Königsfrieden fand der Handel das Mittel, um sich jetzt auf einer höheren Stufe, nämlich in der Zusammenfassung zahlreicher, im Handel tätiger Leute an bestimmten und vielfach für die Ausübung dieses Berufs vorteilhaft gelegenen Orten zu erhalten, und darum diesen Orten selbst einen Charakter zu geben, der der vorherrschenden Berufstätigkeit seiner Bewohner entsprach, sie von anderen Orten unterschied und vor ihnen bevorzugte, ihnen auch die Möglichkeit gewährte, die Eigenart ihrer Wohnorte gemäß den Anforderungen, die der Handel sich selbst und die fortschreitenden Bedürfnisse der Zeit wiederum an den Handel stellten, weiter zu fördern und auszugestalten. In keinem Abschnitt der deutschen Geschichte tritt daher der Charakter der Marktorte als Handelsorte und ihrer Bevölkerung so rein und ungetrübt hervor wie in diesem Zeitraum. Sowohl die Urkunden wie die spärlichen Berichte der Geschichtschreiber bekunden in den Marktorten einen Zustand, der begründet war auf der Handelstätigkeit der Marktbewohner und überhaupt der Marktbesucher, oder in dem die Berufe in der Weise ungeschieden oder gemischt waren, daß die Ausübung des Handels in seiner äußeren Erscheinung und nach seiner wirtschaftlichen Bedeutung die anderen Berufstätigkeiten stark überschattete und überwog, und die daher die Gesamtheit der Bevölkerung als eine Ansiedlung von Händlern auffaßte. Später änderte sich dieser Zustand. Die Aenderung entsprang auch hier dem Wesen der älteren Entwicklung selbst. Die Steigerung des Wohlstandes, die enge Verbindung mit dem Königtum, der Gang der Reichspolitik, die wachsenden Bedürfnisse des Volkes und des Handels selbst, dies alles Ergebnisse der älteren Entwicklung, leitete die alten Marktorte von selbst und mit Notwendigkeit in die Bahnen eigener Politik und wandelte sie langsam im Laufe der Zeit in Städte um. Aber das erhaltende und schaffende Element auch auf dieser neuen Stufe blieb wiederum bis zum schließlichen Niedergang des neuen Städtetums doch das alte, das allein den Marktorten der ersten Periode Eigenleben verliehen und ihre Sonderart bestimmt hatte, der Handel.

Die geistlichen Geschichtschreiber betrachteten das Treiben der Bevölkerung in den Marktorten mit mißgünstigem Blick. Wenn schon nach der Auffassung der Kirche der Beruf des einzelnen Kriegsmannes und des Kaufmannes nicht ohne Sünde ausgeübt werden konnte,[431] so mußte das Tun und Treiben der Einwohnerschaft der Marktorte, die sich ganz überwiegend dem Handel widmete und deren Denken und Streben von Handelsinteressen befangen und darin aufzugehen schien, viel Auffälliges und einer strengen Moral Verdächtiges darbieten. Der früher erwähnte Mönch Alpart von Metz, der zur Zeit Kaiser Heinrichs II. im Bistum Utrecht über mancherlei Ereignisse seiner Zeit berichtete, beschrieb auch die Sitten und Einrichtungen der Kaufleute, die in Tiel ansässig waren. Er betonte, wie sehr sie sich darin von anderen Leuten unterschieden. Es wären harte und fast an keine Zucht gewohnte Menschen, die im Gericht nicht nach dem Gesetz, sondern nach ihrer Willkür urteilten und behaupteten, daß sie dazu auf Grund kaiserlicher Privilegien berechtigt seien. Wenn jemand einem anderen ein Darlehen gegeben habe und es zum festgesetzten Termin zurückfordere, stelle das der Empfänger keck in Abrede und leiste unverzüglich einen Eid, daß er nichts empfangen habe. Wenn Jemand beschuldigt werde, daß er öffentlich einen Meineid geschworen habe, so könne er, wie die Tieler behaupten, von Niemand Lügen gestraft werden. Hält Jemand eine Sache, die so klein ist, daß sie mit der Faust umschlossen werden kann, in der einen Hand, so schwört er mit der anderen, daß er sie nicht habe. Ehebruch rechnen sie keinem als Schuld an. Solange die Ehefrau schweige, könne der Mann Ehebruch treiben, nur die Ehefrau habe das Recht, ihren Mann darüber vor dem geistlichen Gericht zu verklagen.

---

431. SS. V S. 814.

Am frühen Morgen huldigen sie dem Trinken; wer dann von ihnen am lautesten durch lose Reden die anderen zum Lachen reizt und zum Trinken verführt, erntet großen Beifall. Deswegen schießen sie auch Geld zusammen, verteilen es an die Einzelnen, um es durch Handelsgeschäfte noch zu vermehren, und veranstalten damit Trinkgelage zu bestimmten Zeiten im Jahre und benutzen die hohen Festtage, um sich gewissermaßen feierlich der Trunkenheit hinzugeben. Lampert von Hersfeld, der, wie wir noch sehen werden, den Aufruhr der Kölner Kaufleute gegen ihren Erzbischof im Frühjahr 1074 ausführlich schilderte, läßt dabei einige Bemerkungen über die Geistesart dieser Leute einfließen.[432] Es war nicht schwer, sagt er, diese Art von Leuten zu allem, was man wollte, umzustimmen, wie ein vom Winde bewegtes Blatt. Denn von Jugend auf sind sie an die Zerstreuungen des städtischen Lebens gewöhnt und haben keine Erfahrung in militärischen Dingen, aber nach dem Verkaufe ihrer Waren pflegen sie beim Wein und Schmause über militärische Dinge zu reden und meinen, daß sie alles, was ihnen gerade einfällt, ebenso leicht mit Reden als durch die Tat ausführen könnten, ohne doch imstande zu sein, die Folgen der Dinge beurteilen zu können. Alle diese Aeußerungen spiegeln die Wirklichkeit verzerrt wieder und enthalten doch richtige Tatsachen. Sie berühren meist die Schattenseiten dieser Verhältnisse und halten sich dabei vorwiegend an Nebensächlichkeiten.

Sie greifen Züge heraus, die, wie die handelsgeschichtliche Ueberlieferung lehrt, später oft erörtert und auch geregelt wurden. Sie bekunden daher im wesentlichen nichts Neues, sondern beweisen nur, daß gewisse Besonderheiten und Eigenheiten des kaufmännischen Lebens, die uns aus späterer Zeit und durch reichere Ueberlieferung gut bekannt sind, schon viel früher bestanden, und daß Fragen und Zustände, um deren Regelung man sich später eifrig be-

---

432. Lamperti opera, ed. Holder-Egger S. 187.

mühte, schon in viel älterer Zeit Anlaß gaben, sich mit ihnen zu befassen. Leider verhindert die Einseitigkeit der Beobachtung jener Geschichtschreiber eine genaue sachliche Erklärung mancher vielleicht altertümlicher Einzelheiten, aber das Wesentliche der ihren Berichten zu grunde liegenden Tatsachen erscheint nicht einmal fremdartig. Die Betonung der Härte und Zuchtlosigkeit der Kaufleute weist auf die Eigenschaft der Marktbewohner hin, um derentwillen den Marktorten der Königsfrieden mit der schweren Strafe des Königbannes zur Aufrechterhaltung der Ordnung verliehen werden mußte. Die Kaufleute forderten schon damals, ihre Angelegenheiten nach Willkür, d. h. nach ihrem Gutbefinden und ihrer Einsicht regeln zu dürfen, weil das strenge und formale Recht für ihre Bedürfnisse und ihren Beruf, sei es für Gemeindesachen, sei es in ihren eigentlichen Handelssachen, nicht ausreichte. Im weitesten Umfang mußte auch die spätere Zeit diesem Verlangen nachgeben. Man gewährte Darlehen an Andere auf bestimmte Zeit, in der Regel wohl für Handelszwecke. Wichtig war ihre Sicherung solcher Geschäfte. Schon damals brachte der Handel den häufigen und raschen Gebrauch des Eides als Beweis mit sich. Daraus ergab sich oft genug sein Mißbrauch. Die Grenze zwischen beiden gewissenhaft inne zu halten, fiel keinem anderen Beruf so schwer wie diesem. Der unstäte Wanderberuf, der die Kaufleute lange und weit von der Heimat entfernte, und sie vielfach mit fremdartigen Verhältnissen vertraut machte, führte zur Sittenlosigkeit und Verletzung der ehelichen Treue. Das war gewiß eine häufige Erscheinung. Auch das oben erwähnte Gedicht vom Schneekind läßt seinen Spott gerade an dieser Schwäche des Kaufmannsstandes aus. Charakteristisch treten die geselligen Veranstaltungen der Kaufleute hervor. Die Kaufleute kamen zusammen in Herbergen oder Trinkstuben,[433]

---

433. Bei den Worten inter vina et epulas dachte Lampert natürlich nicht an private Mahlzeiten.

regelmäßig nach Beendigung ihrer Tagesarbeit oder bei besonderen Gelegenheiten. Diese Pflege geselligen Beisammenseins entsprach den Bedürfnissen des Berufs selbst, der Gemeinsamkeit der engeren Berufsinteressen, die stets über die engere Heimat hinaus reichten und dadurch sowohl eine stete Anspannung bewirkte wie eine gewisse Gemeinsamkeit des Handelns forderten. Wie es dabei herging, unter Trinken und Gelächter bis zum frühen Morgen, bedarf nach der Schilderung der Berichterstatter kaum einer Erläuterung. Daß die Gespräche auch militärische Dinge betrafen, begreift sich daraus, daß der Beruf selbst den Kaufmann waffentüchtig machte und die Zeit da war, in der die Bewohnerschaft der Marktorte dem Königtum mit den Waffen zu Hilfe kam, sich überhaupt ihrer kriegerischen Kraft, auch zur Verbesserung der eigenen Lage, bewußt zu werden begann. Die Kosten dieser Geselligkeit der Kaufleute wurden gemeinsam, anscheinend durch eine Art von Umlage, aufgebracht.

Die Mißgunst der Beobachter, aber auch die Mißstände selbst in den Marktorten, leitete sich gewiß zum Teil aus der Tatsache her, daß in manchen größeren Orten sich bereits ein ansehnlicher Reichtum anhäufte. Wir wissen wenig darüber. Den Mainzer Kaufmann Liutfred, den Otto I. mit Geschenken an den oströmischen Kaiser nach Byzanz sandte, bezeichnet Liutprand von Cremona als sehr reich.[434] Auch Lampert hebt in seiner Erzählung des Aufstandes von 1074 wiederholt den Reichtum zahlreicher Kölner Kaufleute hervor.[435] Der Kaufmann Willihalm, dem Ottos II. Vorgänger die Freiheit verliehen hatten, schenkte 983 mit seiner Frau Heilrad dem Kloster St. Emmeram zu Regensburg Güter und Unfreie im Nordgau und im Donaugau.[436]

---

434. Antapodosis VI c. 4, ed. Becker S. 153 ff.
435. a. a. O. S. 186: unam mercatoris cuiusdam predivitis navim, S. 192: ea nocta sexcenti aut eo amplius mercatores opulentissimi ex urbe profugi ad regem se contulerunt.
436. DO II n. 293—296.

Die Zustände, die nach den Aussagen der Urkunden und der Geschichtschreiber in den Marktorten herrschten, lassen keinen Zweifel daran, daß bei den Kaufleuten Organisationen bestanden. Die Ausübung eigener und eigenartiger, auf gewissem Gebiete beschränkter Gerichtsbarkeit, wie sie in dem Privileg des Abts von Reichenau für Allensbach für alle Kaufleute bekundet wird[437] oder in dem Privileg Konrads II. für die Quedlinburger Kaufleute auf die Lebensmittel spezialisiert wird oder bei Alpert von den Tieler Kaufleuten mit Verwunderung erzählt wird, der gemeinsame Besitz von Wiesen bei den Halberstädter Kaufleuten, die geselligen Zusammenkünfte und gemeinsamen Festlichkeiten der Tieler und Kölner Kaufleute, der Anfall des größeren Teiles der Gerichtseinkünfte aus der eigenen Gerichtsbarkeit der Quedlinburger Kaufleute an diese selbst, die, wie früher und später, so auch damals geübte Gewohnheit, bei Handelsfahrten gemeinsam zu reisen, die in dem Hinweise der Urkunde Ottos II. von 979 auf die Schar der Kaufleute, die zwischen Belgern und dem Meißener Hafen die Elbe zu überschreiten pflegte, angedeutet wird, dies alles setzt Organisation voraus. Es gab gewiß Vertretungen, Ausschüsse, Ueber- und Unterordnung, Vorsteher. Näheres darüber ist aber nicht bekannt. Die Erwähnung eines Vorstehers der Kaufleute (negotiatorum praepositus) bei Köln läßt ungewiß, ob die Erzählung nach Köln reisende oder in Köln ansässige Kaufleute im Auge hatte. Ob diese Organisationen die öffentliche Verfassung berührten oder wie sie etwa mit ihr zusammenhängen, muß dahingestellt bleiben.

Der Sonderart des Kaufmannsberufs entsprachen besondere Rechtsgewohnheiten im Streitverfahren über Handelsgeschäfte der Kaufleute. Die in den Quellen vorliegenden Andeutungen reichen aus, um erkennen zu lassen,

---

437. Ipsi autem mercatores inter se vel inter alios nulla alia faciant iudicia, preterquam quae Constantiensibus, Basiliensibus et omnibus mercatoribus ab antiquis temporibus sunt concessa. Keutgen, Urk. z. städt. Verfassungsgesch. S. 62.

daß dieselben Schwierigkeiten, die sich später im inneren und äußeren Handelsverkehr geltend machten, und dieselben Mittel, sie nach Möglichkeit zu überwinden, schon in unserem Zeitraum vorhanden waren und angewandt wurden. Der Bericht Alperts über die Tieler Kaufleute will auch in dieser Hinsicht die Verschiedenheit der Gewohnheiten des kaufmännischen von dem gewöhnlichen Prozeßverfahren betonen. Besonders die leichte Zulassung zum Eide fiel ihm auf. Er führt u. a. das Beispiel an, daß der Empfänger eines Darlehns den Empfang leugnet und sogleich abschwört. Andere Nachrichten berühren die Frage der Gültigkeit kaufmännischer Geschäftsabschlüsse. Notker von Lüttich spricht um die Wende des 10. und 11. Jahrhunderts in seinem Boethiuskommentar von dem „negotiale", d. h. einem Verfahren, bei welchem die Kaufleute als ihr Gewohnheitsrecht in Anspruch nehmen, daß ein auf dem Jahrmarkt abgeschlossener Kauf gültig sei auch ohne die sonst üblichen Förmlichkeiten.[438] Daher erklärt es sich wohl, wenn gelegentlich einem neuen Markt, dessen Verkehr der König eine besondere Sicherheit verleihen wollte, die Dauerhaftigkeit seiner Handelsgeschäfte gewissermaßen gewährleistet wurde (z. B. zu Andlau).[439]

Die Gegenstände des Handelsverkehrs lassen sich nur sehr unvollständig bezeichnen. Zolltarife fehlen aus diesem Zeitraum, soviel man sieht, gänzlich. Zerstreute und zufällige Angaben müssen genügen. Hie und da nennen Bestimmungen über Markt- und andere Abgaben die wichtigsten Gegenstände des Handels an einzelnen Orten. In Speyer wurden nach der wiederholt erwähnten Urkunde

---

438. Piper. Die Schriften Notkers und seiner Schule 1, S. 69; Keutgen, Urk. z. städt. Verfassungsgesch. n. 74; J. Grimm, Deutsche Rechtsaltertümer 2, S. 157.

439. DH II n. 79 (1004): Erlaubnis constituendi mercatum sive emporium et qualibet quarta feria in publica potestate mercimonia stabilia ventilandi .. weiter auch: cum totius stabilitate iuris, ita ut non sit in tota Alsatia stabilius mercatum.

Herzog Konrads von 946 Abgaben vom Salz (Salzpfennig), vom Pech (Steinpfennig) und vom Wein (Ohmpfennig) erhoben.[440] Auf dem Jahrmarkt zu Nörten (zwischen Northeim und Göttingen) standen dem Mainzer Erzbischof 1055 Abgaben von Salz, Eisen, Fässern und anderen ungenannten Dingen zu.[441] Mit der Tatsache des Eisenhandels in dieser Gegend stimmt überein, daß, nach dem Verzeichnis der königlichen Tafelgüter aus der Zeit der Minderjährigkeit Heinrichs IV. in der Pfalz Grona die königlichen Sichel- und Sensenschmiede stationiert waren. Deren Werkzeuge wurden vermutlich hier hergestellt.[442] Auf dem Markt zu Visé an der Maas wurde 983 Zoll erhoben von Vieh, Kleidern, Eisen und anderem Metall.[443] Der Handel mit Wein beschränkte sich nicht auf die Weinbau treibenden Gebiete. Er beförderte Weine darüber hinaus in die Niederlande, nach Sachsen und auch sonst ins Reich und gewiß auch über dessen Grenzen hinaus, nicht nur für kirchliche Zwecke.[444] Essig erscheint als Gegenstand deutscher Ein-

---

440. Hilgard, Urk. z. Gesch. d. St. Speyer n. 4.
441. Gudenius, Cod. dipl. anecd. Moguntiaca I n. 12; J. Wolf, Dipl. Gesch. des Peterstiftes zu Nörten (Erfurt 1799) S. 5 f.
442. Werla. Goslaria. Hohenborc. Poleda. Gruna, ibi pertinent falkarii regis. Iskinwege usw. Das Verzeichnis, über dessen Datierung Matthaei, Die Klosterpolitik K. Heinrichs II. (Diss. Gött. 1877), S. 96 ff.; ders. d. lombard. Politik Friedrichs I., Progr. Gr. Lichterfelde 1889, S. 36 ff.; Weiland, MG. Const. I n. 440, — von neuem gedruckt mit Benutzung der wieder aufgefundenen Hs. von Schulte u. Levinson, Neues Archiv 41, S. 571 ff. Die ältere Lesart salcaru (salcarii) ist damit erledigt. Die Erklärung von falkarii durch „Falkner" trifft nicht das Richtige. Ueber den Gebrauch von Sichel und Sense (falcastrum segense, falx l. falcicula sichel, falx fenaria segensa, falx sichela usw.) s. Heyne, fünf Bücher deutscher Hausaltertümer 2, S. 40, 48 ff., 137 u. Anm.
443. DO II n. 308.
444. Translatio s. Anastasiae auct. Gotschalco SS. IX, S. 225 z. J. 1053: At illi cunctis illius praeceptis obedientes, paulatim mercimonia illuc portantes, et cito in firmum fedus se coniungentes vinum ferebant illuc in doleis, frumentum in saccis, oleum in lagenis aliaque plurima, quae solent a negociatoribus ferri. Vita Meinwerci,

fuhr in England. Salz wurde an vielen Stellen des Landes gewonnen. Auch zahlreiche Ortsnamen weisen darauf hin. Wiederholt gedenken, wie wir sahen, ausländische Reisende des Vorhandenseins von Salzquellen und Salzsiedereien. Häufig verfügten die Könige über Salzquellen und Salzanteile.[445] Wolle und Fett führten die deutschen Kaufleute aus England aus. Getreidehandel wird erwähnt.[446] Der Biograph Bischoff Meinwerks von Paderborn, der allerdings erst nach der Mitte des 12. Jahrhunderts schrieb, berichtet, Meinwerk habe während einer Hungersnot Getreide in Köln kaufen, es auf zwei Schiffe nach den Niederlanden führen und dort in zwei Orten verteilen lassen.[447] Oel erscheint unter den Handelswaren.[446] Gewürze, die aus dem fernen Orient kamen, nennt schon jener spanische Reisende aus Tortosa in Mainz: Pfeffer, Ingwer, Gewürznelken, Spikanarde, Costus und Galanga.[448] Auf dem Markt von Cambrai kaufte das Kloster Corbie seinen großen Bedarf an Wachs und Gewürzen ein.[449] Kostbares Pelzwerk, Marder- und Biberfelle lieferte der Verkehr mit dem Norden und der Ostsee; das Samland und Schweden werden als Herkunftsländer erwähnt. Metalle und Waffen, auch Pferdegeschirr, wie Zügel und sächsische Sättel waren Gegenstände der Ausfuhr aus Deutschland

---

SS. XI, S. 130 c. 112 und 113. Thietmar l. IV c. 25: Der von den Privaten gefangene Graf Siegfried macht seine Wächter mit Wein trunken und entkommt auf einem kleinen Schiff nach Harsefeld (südlich v. Stade). Widukinds Bemerkung, daß Markgraf Gero die Slavenhäuptlinge vino sepultos umbrachte, ist klassische Reminiszenz, ed. 4, S. 72, Anm. 3.

445. Waitz, Deutsche Verfassungsgeschichte 8, S. 272 und 278, Anm. 1.

446. S. Anmerkung auf voriger Seite.

447. Vita Meinwerci c. 151, SS. XI, S. 138.

448. Jacob, a. a. O. S. 13.

449. Schulte, Gesch. d. mittelalt. Handels und Verkehrs zw. Westdeutschland und Italien, 1, S. 73; Schaube, Handelsgesch. der rom. Völker, S. 89.

nach Italien.[450] Der Handel mit Sklaven, die aber wohl immer ganz überwiegend aus reichsfremden Ländern stammten, erhielt sich im Reiche während des ganzen Zeitraumes. Daß die Erzeugnisse des Goslarer Bergbaues, Silber, Kupfer und Blei in den Handel kamen, läßt das Auftreten fremdländischer Kaufleute in Goslar nicht bezweifeln. Erzeugnisse der Wollweberei (Wollengewand) führte der deutsche Handel in die Ostseeländer, z. B. nach Samland ein.[451] Das Gedicht vom „Wettkampf des Schafes und des Flachses", wahrscheinlich verfaßt von dem Dichter Hermann von Reichenau († 1054), kennzeichnet nicht nur die von den verschiedenen Völkern hergestellten Wollenstoffe nach ihren Farben — die brennend roten Britanniens, die in zahlreichen Farben wechselnden Frankreichs, die grünen und blauen Flanderns, die schwarzen der Rheinlande, die roten Schwabens und die natur(gemischt)farbenen von der Donau — sondern weist auch, bei Flandern, auf deren Ausfuhr hin.[452]

Die Verleihung des Nimweger Reichszolles an Dietrich von Kleve knüpfte Heinrich III. an die Pflicht zur jährlichen Lieferung von 3 Stücken englischen brennend roten Scharlachtuches, jedes 50 Ellen lang, an den König.[453]

---

450. Schulte, a. a. O. S. 74; Schaube S. 94.

451. pro laneis iudumentis, quae nos dicimus faldones. Vgl. Schade, Altd. Wörterb. 1, S. 159, ahd. faldan, valdôn, faltôn, „falten"; Müllenhof, Deutsche Altertumsk. 4, S. 293 stellt es zu altn. feldr, Umhang, Mantel; Lönborg S. 104, A. 1 will ohne Grund lineis statt laneis lesen und erinnert irreführend an das leinene Zeuggeld der Ranen und Böhmen. Auch Heyne, Deutsche Hausaltertümer 3, S. 271, der die Form des Kleidungsstücks beschreibt, spricht von leinenen Gewändern, die Adam kannte.

452. Conflictus ovis et lini, Haupts Zeitschr. f. deutsches Altertum 11, S. 215 ff., besonders 169—210. Die Autorschaft des Gedichts spricht Keutgen, Hans. Geschichtsblätter Jg. 1901, S. 137, doch mit gutem Grunde wieder dem H. von Reichenau zu. Die Naturfarbe der schwäbischen Tuche wird V. 203 f. bezeichnet: est colore rufo viridi confectus et albo, quem flavum dicis, si proprie loqueris.

453. Charterbock d. Hert. v. Gelderland 1, S. 236 ff.:

Graue und braune Tücher gaben die deutschen Kaufleute in England als regelmäßige Gebühr. Die führende Stellung in der Entwicklung des Verkehrswesens nahm das Königtum ein. Die Verhältnisse des Handels und der Kaufleute, die Zustände der Marktorte und des Reiseverkehrs waren ihm persönlich vertraut. Die zahlreichen Marktgründungen und Marktprivilegien, deren Inhalt vielfach so eng verknüpft war mit kirchlichen Bestrebungen und Zwecken und mit den engeren kirchlichen Beziehungen des königlichen Hauses, hielten die Könige in dauernder Berührung mit den Fragen, die sich auf die rechtlichen und wirtschaftlichen Verhältnisse dieser Verkehrsstätten bezogen. Wollten die Könige wichtige Gründungen fördern, deren Gedeihen ihnen am Herzen lag, wie Magdeburg, so mußten sie sich des Handels der dort ansässigen Kaufleute annehmen, und sie taten das mit Nachdruck. Ihre beständigen Reisen und die genaue Kenntnis, die sie dadurch von dem Lande und seinem Verkehrszustand gewannen, setzten sie in den Stand, mit größerer Sachkunde zu urteilen und zu handeln als die meisten Großen und Beamten, die nur einen geringen Teil des Reiches kannten und auch sonst, aus eigennützigen oder sonstigen Gründen, vielfach nur beschränktere Einsicht besaßen. Wir wiesen schon darauf hin, daß die Reisen der Könige und ihres Hofes zur Verbesserung der Wege anregen und der Sicherheit des Reiseverkehrs in mancher Hinsicht dienen mußten. Von ihren Aufenthalten in den Marktorten, königlichen, bischöflichen und anderen, kannten die Könige das Treiben auf den Märkten und die Eigenart dieses Verkehrs. Die einfachen und noch leicht übersehbaren Verhältnisse erleichterten ihnen die Pflicht, diese Dinge mit eigener Sachkunde zu behandeln. Die Wichtigkeit der Entwicklung der Märkte und des Handels für das neue Reich im ganzen und für zahlreiche einzelne Stellen desselben

---

3 pannos scarlacos bene rubeos Anglicensis ardentis coloris, quorum quilibet longitudinis 50 ulnarum esse debeat.

ward offenkundig und ohne weiteres greifbar. Dem Königtum lag nichts ferner als Geringschätzung dieser Seiten der Politik oder dieses Teiles der Bevölkerung. Die Pflichten, deren Erfüllung dem Königtum oblag, stellten es mitten hinein in die Wirklichkeit und Mannigfaltigkeit des Lebens.

An der Gründung neuer Märkte nahm das Königtum persönlich teil. Die Eröffnung des neuen Marktes stand dem König zu; er mußte selbst die erste Kaufhandlung vollziehen. Bei der Verleihung des Jahrmarktes an das Kloster Stablo im Jahre 1040 eröffnete Heinrich III. in Gegenwart der zur Einweihung der neuen Klosterkirche anwesenden Festversammlung den Markt, indem zuerst er selbst mit dem Grafen Heinrich von Luxemburg, dem späteren Herzog von Bayern, eine Kaufhandlung vornahm.[454] Heinrich II. bekundete 1016 bei der Uebereignung des Marktes im Dorfe Gillenfeld (in der Eifel) an das St. Florinstift in Koblenz, daß die Gründung des Marktes von ihm durch den Verkauf seiner „mathones" vollzogen worden sei.[455] Auch hier läßt der Wortlaut die Deutung zu, daß der König diesen Verkauf vorgenommen hatte. Erst im 12. Jahrhundert ist mit Sicherheit das Verfahren in solchen Fällen zu erkennen, wo der König bei der Eröffnung eines neugegründeten Marktes

---

454. Ad haec quoque, ne praeclara dies Christi cultibus mancipata vicinorum atque exterorum privaretur frequentia, ex eo occasione nacta mercatum publicum per singulos annos ipsis Kalendis biduo complendum decrevit atque venalitatem et emptionem cunctis praesentibus pariter cum Heinrico duce Bavariorum inchoavit in MG. SS. XI, S. 307, Anm. 26; Steindorff, Jahrb. Heinrichs III. 1, S. 88.

455. quoddam mercatum a nobis per mathones nostros venditos ceptum et perfectum in villa G. . in proprium concedimus. DH II n. 352. Das Wort „mathones" ist leider unerklärt; vermutlich bildete der Gegenstand, den es bezeichnet, ein Stück der Tracht des Königs, wie später die Handschuhe. Die Urkunde liegt im Original vor. Natürlich ist möglich, daß der König die Eröffnung des Marktes zu G. durch den Verkauf seiner „mathrones" in seiner Abwesenheit hat vornehmen lassen. Aber die Worte a nobis scheinen auf persönliche Teilnahme des Königs zu deuten.

nicht selbst anwesend war. Dann bestand die erste Kaufhandlung, die den Markt eröffnete, in dem Verkauf der dem Marktherrn übergebenen Handschuhe des Königs. Konrad III. bezeugte 1138 in der Privilegienbestätigung für das Kloster Stablo, daß er Markt und Jahrmarkt in Logne begründet habe durch seine zum Verkauf hingegebenen Handschuhe, und der Abt Wibald erklärte darüber, daß er sich die Privilegien vom Könige in Köln habe bestätigen lassen und vom Könige, zur Eröffnung des Jahrmarktes mit dem Königsbann, dessen Handschuhe zum Verkauf empfangen habe.[456] Das Königtum wahrte sich nicht nur einen persönlichen Anteil an der Neugründung, sondern legte auch Wert darauf, durch die Vornahme der ersten Kaufhandlung, die es selbst vollzog oder durch den Verkauf eines zur Person des Königs gehörenden Gegenstandes vollziehen

---

456. Konrad II. für Stablo (1138): in cuius valle mercatum et publicas nundinas datis ad vendendum cirothecis nostris auctoritate regia instituimus; Abt Wibald v. Stablo urkundet selbst (1138): quae omnia privilegio domini nostris Conradi II. confirmari Coloniae in curia fecimus acceptisque pro initiandis banno regio in foro nundinis ad vendendum cyrotecis. Recueil des chartes de l'abbaye de Stavelot-Malmedy I n. 164, 165. Waitz, Deutsche Verfgesch. 7, S. 380, wo der Satz von der Uebersendung von Handschuhen, „die vielleicht zur Eröffnung des Marktes verkauft wurden", besser lautet: „Die zur Eröffnung des Marktes verkauft wurden". J. Grimm, Deutsche Rechtsaltertümer, 4. Aufl 1, S. 212 f., und Schröder, Weichbild, hist. Aufsätze G. Waitz gew. S. 306 n. 3, lassen die eine Hauptsache, den Verkauf der Handschuhe als erster Kaufhandlung bei der Markteröffnung, unberührt. Die erwähnten aus dem 11. Jahrhundert vorhandenen Nachrichten über das Verfahren bei der Eröffnung neugegründeter Märkte sind bisher wenig beachtet worden. Die späteren Erwähnungen, in dem Privileg Friedrichs I. von 1165 über den Markt zu Staffelstein, das auf die Verleihung Lothars zurückgreift (quod eis ibidem Lotharius imperator tradiderat more solito per gravatonem [l. guantonem]), Mon. Boica 29 a n. 510, Keutgen Urk. n. 64 b, und in dem Reichsurteil Friedrichs II. von 1218: quod si forte alicui per cirothecam nostram contulerimus forum annuale vel septimanale in aliquo loco, MG. Const. 2 n. 61, gehen auf die Vorgänge bei dem Gründungsakt nicht ein.

ließ, darzutun, daß das Recht zur legitimen Ausübung des Markthandels unter Königsbann sich von Niemand anders ableite als vom Königtum.

Der Inhalt der Urkunde Ottos III. von 994, welche die Marktgründung in Quedlinburg und die Marktverhältnisse in dem ganzen Gebiet zwischen Saale, Bode, Ocker, Helme und Unstrut regelte, setzt eine genaue Erkundung der Marktberechtigungen und der Verkehrszustände in den Landschaften nordöstlich und östlich vom Harz voraus. Gesandtschaften fremder Völker unterrichten die Könige auch über die Handelsverbindungen mit dem Auslande. Ottos I. Gespräch mit dem spanisch-jüdischen Gesandten Ibrahim, dessen Aufträge sich gewiß auch auf den Sklavenhandel bezogen, ist ein Beispiel solcher Gelegenheiten. Von Otto I. ist bekannt, daß er Kaufleute aus Mainz und Verdun als Gesandte oder Begleiter von Gesandten nach Byzanz und Spanien bestimmte. Kaufleute standen in persönlichem Dienst des Königs, wie jener Willihalm,[457] der Ottos II. Vorgängern die Freiheit verdankte. Die Kaufleute wußten, was sie an dem machtvollen Königtum hatten. Sie waren nicht nur auf seinen Schutz angewiesen, sondern auch seiner Förderung und des Verständnisses für ihre Lage und Bedürfnisse sicher. Genügte nicht, was mit der bloßen Verleihung des Marktgründungs- und Marktrechts gegeben war, und kam es den Marktbewohnern auf die Gewährung besonderer Sicherheit des Daseins und des Berufs und über den Marktort hinausreichender Rechte an, wie in dem Fall der zur Zeit Konrads II. von Kleinjena nach Naumburg übergesiedelten Kaufleute, so gab das Königtum, was der Marktherr nicht gewähren konnte. Konrads II. Regierung verleugnete auch in Bezug auf die Kaufleute in den Marktorten nicht den bekannten ihr eigentümlichen Zug der Fürsorge für die Bedürfnisse und Bestrebungen der unteren

---

457. quidam mercator noster Vuillihalmus dictus, mercator quidam noster Vu., DO II n. 293 ff.

Schichten der Bevölkerung. Die Bewohnerschaft der Marktorte hatte Ursache, sich dem Königtum verpflichtet zu fühlen. Sie hat sich dieser Verpflichtung auch nicht entzogen. In den Bürgerkriegen, als Verrat und Abfall der Großen das Reich zerrissen, trat sie zum ersten Mal in die Politik ein und kam ihrem alten Beschützer, dem Königtum, zu Hilfe.

Zweites Kapitel.

Bis zum Abschluß des Wettkampfes zwischen Bardowiek und Lübeck zur Zeit Heinrichs des Löwen.

Die Gesamtleistung des neuen Deutschen Reiches auf dem Gebiet der Entwicklung des inneren Verkehrs während des Zeitraumes bis zum Beginn der inneren Unruhen war sehr groß und ihr Wert außerordentlich. In jener Zeit wurde Deutschland zum ersten Male ein Land des Verkehrs. Eine große Anzahl von größeren und kleineren Verkehrsorten erhält sich von früherer Zeit her oder, was wichtiger war, entstand und kam auf in allen Teilen des Reiches. Im ganzen Umfang seiner alten Stammesgebiete nahm das Reich teil an dieser fortschreitenden Entwicklung, im Innern nicht minder wie an den Grenzen. Jede neue Marktgründung bedeutete einen neuen Knoten in dem Netz der Verkehrsbeziehungen und gab dem Verkehr auf nähere oder weitere Entfernung neue Anregung. Die Ueberlieferung gewährt nur ein schwaches Abbild der ganzen Bewegung, die doch auf Vorstellung und Denkweise der Bewohner nicht ohne Einfluß bleiben konnte und im Zusammenwirken mit anderen Fortschritten dazu beitragen mußte, daß das Land allmählich und an manchen Stellen auch sichtbar seinen alten Charakter änderte. Die Quellen unserer Kenntnis der Geschichte des deutschen Volkes in jener Zeit fließen für keine Seite seiner Entwicklung ergiebig oder gar ausreichend. Um so bedeutsamer ist die Tatsache, daß sie, im ganzen genommen, so häufig und sorgsam, namentlich in den Markturkunden, über Dinge des Verkehrs handeln. Sie reichen aus, um die Leistung der Zeit richtig zu beurteilen und ihr die Stellung anzuweisen, die ihr im Ablauf der Entwicklung zukommt, wenn man sie den vorhergehenden und nachfolgenden Perioden gegenüberstellt und mit ihnen vergleicht. Ohne weiteres fällt der Fortschritt gegen die fränkische Zeit ins Auge: Das neue Reich wurde bis zur Elbe ein selbständiges Verkehrsgebiet mit vielen alten und neuen Verkehrsorten, deren Zahl namentlich in den rechtsrheinischen Ländern gegen früher gewaltig gewachsen war, ein Land, welches jetzt in der Lage war, die von der Geschichte und der Natur bewirkte Bevorzugung des ehemaligen mittleren Reichsteiles in ihrer Einseitigkeit wesentlich zu mildern und den alten Vorsprung des Westens einigermaßen zu Gunsten der innerdeutschen östlichen Landesteile auszugleichen. Hier sind der Wechsel der Zustände und der Fortschritt unverkennbar. Nicht so deutlich liegt beim ersten Blick der Unterschied der früheren und der späteren Kaiserzeit zu Tage. Auch dieser ist aber bestimmt zu fassen. Die frühere Kaiserzeit war auch in ihrer Behandlung des Verkehrslebens eine Periode von schöpferischer Kraft. Sie bewies das unter anderem durch ihre Marktgründungen. Nicht als ob einzelnen Bestandteile des Gründungsschemas, Markt, Münze und Zoll (verbunden mit dem Bann), originale Erfindungen der Zeit gewesen wären. Sie stammten aus der fränkischen Zeit und auch ihr tatsächliches Zusammenfallen an einem Ort war schon früher bekannt. Aber die Vereinigung dieser Erfordernisse eines Verkehrsortes zu einer sehr häufig angewandten und nur verhältnismäßig selten durch Abweichungen gestörten Regel war der älteren Kaiserzeit eigentümlich. Diese fand damit die Formel, deren Anwendung den auf die Förderung des Verkehrs gerichteten Absichten am raschesten, sichersten und zweckmäßigsten entsprach. Eine Fülle von wichtigen Rechten und sehr wirksamen Mitteln zur Entwicklung eines geordneten und anregenden Verkehrslebens war damit in engem Rahmen zusammengefaßt und trat in jedem Einzelfall sofort in Wirkung. Dies war das rechte Mittel zum Zweck. Allerdings entäußerte sich dadurch das Königtum immerfort an neuen Stellen wertvoller Nachteile zu Gunsten der Ortsgewalten. Allein wenn es darauf ankam, das Land und namentlich dessen wirtschaftlichen Zustand nach der Zerstörung des Friesenhandels durch die Normannen und des Donauhandels durch die Ungarn und angesichts der zahlreichen Feindseligkeiten an den Grenzen sowie überhaupt der kriegerischen Anstrengungen, welche die selbständige Politik des neuen Reiches forderte, an möglichst vielen Stellen zu heben und leistungsfähiger zu machen, so gab es kein besseres Mittel dafür als die unbedenkliche und reichliche Anwendung dieser Regel. Daß sie ihre Wirkung nicht verfehlte und im wesentlichen ihren Zweck erfüllte, unterliegt auch keinem Zweifel. Um dies zu erreichen, genügte außerdem die erste Periode der Kaiserzeit. Die erste und schwerste Arbeit hat sie geleistet. Was die folgende Periode hinzufügte, war nur ein Weiterbauen auf den bereits hergestellten, breit und sicher angelegten Fundamenten. Ein neues Mittel von ähnlicher Wirkungskraft besaß die Folgezeit nicht. Sie wandte auch das alte noch an, aber jetzt nur mit einer für den wirtschaftlichen Gesamtzustand des Landes geringfügigen und nebensächlichen Wirkung. Der Fortschritt, den die neue Zeit auf dem Gebiet des Verkehrs erzielte, war eine Weiterbildung des am Ende des ersten Zeitabschnittes Vorhandenen in naturgemäßer Kombination oder wenigstens naheliegenden Entfaltung bestehender Zustände und Einrichtungen, aber ohne Besitz eines Hilfsmittels von der durchgreifenden und aufbauenden Kraft der alten Marktgründungsformel.

Auch bei anderen Seiten des Verkehrslebens zeigt es sich, daß die neue Zeit sich an schöpferischer Fähigkeit mit der älteren nicht messen konnte. Die Entstehung einer Marktbevölkerung von besonderer Beschaffenheit, die ihre Eigenart aus dem berufsmäßigen Verkehr an, auf und zwischen den Märkten empfing, fiel bereits in die frühere Kaiserzeit. Auch zeigte sich schon am Ende dieser Periode deutlich die Richtung, in welcher die innere Entwicklung dieser neuen Bevölkerungsschicht führte, ihr Drang nach Milderung des Zwanges, den die Rechte der Ortsgewalten ihrem Berufsleben auferlegten, ihr Streben nach Befreiung von dem Druck von Herrenrechten, die nicht mehr zeitgemäß schienen. Die Bevölkerung in bedeutenderen Marktorten war schon so weit, daß sie an der Politik teilnahm und in den Bürgerkriegen Partei ergriff. Ferner bediente sich auch die in der neuen Periode kräftig einsetzende und erfolgreich weitergeführte Kolonisationsbewegung, wo sie zur wirtschaftlichen Aufschließung des Koloniallandes durch Förderung und Organisation des Verkehrs und Handels schritt, keiner an sich neuen Mittel, sondern begnügte sich damit, die bis dahin auf älterem Reichsboden erprobten Mittel den andersartigen Verhältnissen des Neulandes anzupassen. Auch der auswärtige, zumal der überseeische Handel bildete in der neuen Periode, so viel man sieht, die Ansätze fort, die in der älteren Zeit seit der Konsolidierung des Reiches vorhanden waren. Auf diesem Gebiet erscheint allerdings der tatsächliche Fortschritt der neuen Zeit sehr groß, und zwar um so größer als die Dürftigkeit der Ueberlieferung der ersten Kaiserzeit den Zustand des älteren auswärtigen Handels unseren Augen in dem Maße verhüllt, daß wir Lage und Fortschritt des inneren Verkehrs weit besser wahrnehmen können als Stand und Entwicklung des äußeren. Vielleicht, sogar wahrscheinlich, hat der auswärtige Handel des Reiches nach Norden und Osten in der neuen Periode neue Gebiete erreicht und sich gewonnen. Mit Sicherheit läßt es sich nicht entscheiden. Aber überhaupt sollen die tatsächlichen Fortschritte der neuen Periode auf vielen Seiten des Verkehrslebens keineswegs verkleinert und in ihrem Wert zurückgedrängt werden. Sie waren, wie unsere Darstellung zeigen wird, reichlich vorhanden und treten in der jetzt breiter strömenden Ueberlieferung deutlich und lebendig an den Tag. Aber sie waren unverkennbar mehr Weiterbau als Grundlegung. Erst im 13. Jahrhundert erscheinen neue

Kräfte am Werk, die dem Verkehr im Gesamtdasein des Reiches eine neue Stellung schufen und selbst wieder grundlegend wurden für die spätere Zeit.

Während unserer Periode, deren größter Teil in die Zeit der hohenstaufischen Kaiser und Könige fällt, treten in der Ueberlieferung die neuen Marktgründungen, die nach älteren Mustern vorgenommen wurden, auffallend zurück. Es scheint, als wären sie im Vergleich mit dem vorhergehenden Zeitabschnitt sehr selten geworden. An den meisten der für den Verkehr wichtigen Stellen des Reiches bestanden Märkte, gewiß auch an manchen nicht geringen und unwichtigen Orten, in denen wir sie in jener frühen Zeit noch nicht nachweisen können. Weitaus die meisten von ihnen befanden sich in den Händen geistlicher Gewalten, vor allem der Bischöfe. Die ältere Zeit hatte in der Tat im ganzen erreicht, was überhaupt zu erreichen war. Neue und zugleich bedeutende Mittelpunkte für den Verkehr zu begründen, war daher im Innern des Reiches selbst ein an und für sich schon nicht mehr so aussichtsreiches Unternehmen wie in der älteren Periode. Wir besitzen schon aus diesem Grunde noch weit weniger Nachrichten über neue Marktgründungen, obwohl die verkehrsgeschichtliche Ueberlieferung im übrigen die der älteren Zeit an Umfang und Vielseitigkeit weit übertrifft. Dazu kommt aber, daß nicht mehr der König allein als Begründer neuer Märkte erscheint; auch den Großen steht das Recht zur Marktgründung zu. Sie machen Gebrauch davon. Diese Tatsache beeinflußt auch die Ueberlieferung. Es tritt ein Zustand ein, ähnlich dem für die ältere Periode geschilderten, der uns die Kenntnis derjenigen Marktgründungen vorenthielt, die der König selbst auf Reichsboden oder auch sonst vornahm, ohne daß er sie beurkundete. Dasselbe wiederholte sich jetzt bei der Gründung von Märkten, welche die Großen auf ihrem Herrschaftsgebiet und der König auf Reichsboden vollzogen. Hier bedurfte es gewiß in vielen

Fällen keiner schriftlichen und feierlichen Beurkundung, sondern mündliche Anordnung genügte. So viel von der Ueberlieferung auch dieser Zeit zu Grunde gegangen ist, von den zahlreichen Märkten, deren Dasein schon die Ueberlieferung unserer Periode anzeigt oder vermuten läßt oder die wir im 13. oder 14. Jahrhundert im alten Reichsgebiet und auf Kolonialboden kennen lernen und deren Anfänge in unsere staufische Periode zurückreichten, entbehrten gewiß viele bei ihrer Entstehung den Vorzug eines besonderen schriftlichen Gründungsaktes. Vielmehr ist anzunehmen, daß die Beurkundung eine Ausnahme war und nur aus besonderen Gründen oder Anlässen stattfand.

Der König gestattet einfache Marktgründungen, wie Konrad III. 1141 seinem Verwandten, dem Grafen Ekbert von Formbach, in Neunkirchen,[1] oder wie Friedrich I. 1177 der Marienkirche in Brixen für Langstein am Ritten.[2] In jenem Fall wurde zugleich die Münze, in diesem alles Marktrecht und aller Marktnutzen, den der Markt abwerfen konnte, mitverliehen. Selten findet man die bekannten, früher so häufig mitverliehenen Attribute des Marktes, Münze und Zoll, beisammen. Wo sie schlicht nebeneinander erscheinen, wie in Konrads III. Privileg für das Kloster Reinhausen bei Göttingen vom Jahre 1144, wird als viertes Glied der Jahrmarkt eingeschoben.[3] Bei anderen Gelegenheiten gewährte der König nur die Anlage des Marktes, ohne daß von Münze oder Zoll die Rede ist, so Lothar für den Markt in Staffelstein, die das Georgskloster in Bamberg zum Geschenk erhielt, oder Friedrich I. für den Markt in Obernkirchen.[4] Häufig wirkten König und Marktherr

---

1. Mon. Boica 4, S. 132 n. 5 in ganz kurzer Form.
2. Hormayr, Beiträge z. Gesch. Tirols 2 n. 82, S. 181.
3. Leibnitz, SS. rer. Brunsvic. I S. 706. Konrad gewährte potestatem mercatum in eodem loco habendi, publicas nundinas instituendi, percussuram monetae ordinandi, theloneum sumendi.
4. Mon. Boica 29 a n. 455; Heinemann, Cod. dipl. Anhalt. I n. 608.

zusammen bei der Gründung. Bei der Neuordnung des schon längere Zeit bestehenden aber vernachlässigten Marktes von Allensbach im Jahre 1075 ging zunächst der Marktherr, der Abt von Reichenau, zurück auf das alte Gründungsprivileg Ottos III., und der Abt Ulrich von Reichenau mit dem Vogt und anderen Personen gründete im Jahre 1100 den Markt zu Radolfzell auf Befehl Heinrichs IV.[5] Als der Abt Wibald von Stablo 1138 den Ort Logne bei der gleichnamigen Burg anlegte, fügte Konrad III. dazu die Erlaubnis und die Förmlichkeiten zur Gründung von Markt und Jahrmarkt.[6] Dem Bischof von Brixen gewährte Friedrich I. 1179 für Brixen das Recht der Zollerhebung und alle Rechte, welche andere Städte vom Kaiser zu fordern und zu haben pflegen, darunter auch das Recht Markt zu halten, wo und wann es für die Stadt passend sei.[7] Der Vertrag des Grafen Adolf von Holstein mit dem Unternehmer bei der Gründung der Neustadt Hamburg (mit Markt und Jahrmarkt) im Jahre 1189 sah die Erwartung eines kaiserlichen Privilegs vor, und die Gründungsurkunde Herrn Bernhards zur Lippe für seine neue, auf seinen Eigengütern vollzogene Stadtgründung Lippstadt vom Jahre 1198, die auch über Markt und Jahrmarkt Bestimmung traf, erwähnte ebenfalls die Zustimmung des Kaisers.[8] Bei anderen Gründungen wird einer Beteiligung des Königs nicht gedacht. Wo der König allgemein davon spricht, daß er Jahrmärkte und Wochenmärkte jemandem durch seinen Handschuh übertrage, geschieht das nicht in einer Form, welche die Uebertragung von Märkten auch durch Andere als ihn selbst ausschließt.[9] Die Urkunde, in

---

5. Keutgen, Urk. n. 99, 100.
6. Recueil des chartes de l'abbaye de Stavelot-Malmedy I n. 164, 165.
7. Mon. Boica 29 a n. 532; v. Schwind u. Dopsch, Ausgewählte Urk. n. 8.
8. Keutgen, Urk. n. 104, 142.
9. Das Reichsurteil von 1218 lautet: quod si forte alicui per

welcher Konrad von Zähringen im Jahre 1120 den Markt Freiburg im Breisgau auf seinem Eigengut gründete, spricht nicht vom Könige.[10] Ebenso wenig geschieht das in anderen Gründungsurkunden von Märkten und Marktorten: Albrechts des Bären für Stendal von etwa 1151, des Erzbischofs Wichmann von Magdeburg für seine Kolonistengründungen in Wusterwitz (1159), Jüterbog (1174) und sonst.[11] Den Markt zu Herstelle nennt der Bischof von Paderborn 1171 seinen Markt, den er dort gegründet habe.[12] Heinrich der Löwe gewährte 1152 dem Kloster Weissenau das Recht zur Abhaltung von Märkten, doch ohne Zollerhebung.[13] In vielen von den hier genannten Gründungen handelt es sich nicht mehr um Marktgründungen, sondern um Stadtgründungen. Darin lag ein sichtbarer Fortschritt gegen die frühere Zeit. Die älteren Marktgründungen bezogen und beschränkten sich auf den Markt selbst mit seinem Zubehör von Vorrichtungen und Baulichkeiten, die unmittelbar dem Marktverkehr dienten. Die frühere Zeit kannte in den ehemaligen Römerorten auch Marktorte von stadtartigem Aussehen. Auch sonst gab es, wie wir sahen, schon Ansiedlungen an den Märkten, sei es, daß bei der Marktgründung schon eine Ansiedlung von Kaufleuten vorhanden war oder daß eine solche sich bald oder im Lauf der Zeit an dem Markte bildete. Die älteren Marktorte wuchsen inzwischen heran. Der Ort Schaffhausen am Rhein, wo Heinrich III. im Jahre 1045 dem Grafen Eberhard eine Münze verliehen hatte, 1080 mit der Münze der Markt samt allem Zubehör und 1111 der Jahrmarkt und die Fähre ge-

---

cirothecam nostram contulerimus forum annuale vel septimanale in aliquo loco, quod comes usw. MG. Const. 2 n. 61.

10. Fr. Beyerle, Untersuchungen zur Gesch. d. Stadtrechts von Freiburg i. Br. und Villingen, S. 75 f.

11. Keutgen, Urk. n. 107; Koetzschke, Quellen n. 16, 31.

12. Erhard, Reg. hist. Westf. 2 n. 351.

13. Wirtemberg, UB. II n. 337: concedimus etiam fori negotium sine thelonei solutione.

nannt werden, zählte um die Mitte des 12. Jahrhunderts, nach der damals aufgezeichneten Güterbeschreibung des Klosters Allerheiligen in Schaffhausen, 112 Hofstätten, 9 Bierschenken und 2 Weinschenken; dazu erwähnt das Verzeichnis Einkünfte von den Bäckern, den Fleischbänken, den Schiffen, der Münze und dem Zoll, sowie auch die Dauer des Wochen- und des Jahrmarkts.[14] Betraf die eigentliche Gründung immer nur den Markt selbst, so begann man jetzt, in Nachahmung der bereits entstandenen besiedelten Marktorte sogleich ganze Marktorte planmäßig zu gründen: den Markt mit seinem notwendigen Zubehör von Verkehrseinrichtungen und mit den Hofstätten und Häusern der an der Gründung beteiligten oder zu ihr gehörenden, die neue Marktbewohnerschaft bildenden Einwohner. Man gründete sogleich eine Ansiedlung, den Markt mit den Wohnungen der Marktansiedler, nach den Vorstellungen der früheren Zeit eine kleine Stadt. Das zeigt bereits die veränderte Benennung dieser neuen Gründungen. Sie erhielten, wenn man nicht etwa die Bezeichnung Markt (forum),[15] wie bei der Gründung von Freiburg i. Br., Radolfszell und der Neustadt Hamburg, oder gar „Dorf" villa,

---

14. Quellen zur Schweizer Geschichte 3, S. 4, 15, 80, 126, 137. Die Zahlenangaben der Güterbeschreibung S. 126: De hac igitur villa (Schaffhausen) legitime constituta sunt tributa annuatim persolvenda: de areis, que C et XII numerantur, XI talenta, de moneta VIII talenta, de panificis X et VIII talenta, de theloneo XIII talenta, de VIIII tabernis cervisie X et VIII talenta, de duabus tabernis vinariis XIIII talenta, de scamnis quod vulgariter dicitur pankschillinch, VI talenta, de navibus quinque talenta. Summa autem huius numeri computatur: octoginta et III talenta (die Zählung ergibt 93 tal.), beziehen sich nicht, wie Werner, Verfassungsgesch. d. Stadt Schaffhausen im Mittelalter, Berner Diss. 1907, S. 14, 20 u. sonst, meint, auf die Zeit um 1080, sondern auf die Abfassungszeit der Güterbeschreibung (numerantur).

15. Die Bezeichnung mercatus für Neugründungen wird jetzt in den Stadtgründungsurkunden vermieden. In dieser Periode kommt forum, forensis viel stärker in Gebrauch, der im einzelnen noch genauerer Untersuchung bedarf.

wie bei der Gründung Stendals beibehielt, mitunter einen Namen, der in der Mitte stand zwischen einer großen stadtartigen Ansiedlung (civitas) und einem Dorf (villa). Schon die Urkunde des Abts von Reichenau, welche im Jahre 1075 die erstarrten Verkehrsverhältnisse des alten Marktortes Allensbach von neuem regelte und verjüngte, bezeichnet ihn jetzt mit einem Stadtnamen (oppidum), nennt aber die Einwohner „Dörfler" (villani), weil ihre Berufstätigkeit damals nicht mehr dem eigentlichen Zweck des Martkortes entsprach, sondern wieder auf die Stufe von Dorfbewohnern zurückgesunken war.[10] Dieselbe Bezeichnung (oppidum) gibt Konrad III. 1140 in seiner Privilegienbestätigung für das Kloster Stablo dem vor zwei Jahren von dem Abt bei der Burg Logne begründeten und ausgebauten Marktort.[17] Andere Gründungsurkunden, namentlich aus späteren Jahrzehnten, sprechen ohne weiteres bereits von der „Stadt" (civitas).[18] Die äußeren Vorgänge bei der Gründung kennen wir aus nicht wenigen Nachrichten. Die Gründer von Radolfzell sonderten aus dem Dorf und seiner Feldmark einen Teil aus, der für den neuen Marktort genügte, und überließen den einzelnen Ansiedlern Stücke davon zu Eigentum mit dem Recht zur freien Verfügung darüber. Bei der Gründung von Freiburg (1120) wurde die Länge der einzelnen Hofstätten auf 100 Fuß, die Breite auf 50 Fuß festgesetzt. Der Abt von Stablo gibt im Jahre 1138 ausführliche Auskunft über die Verlegung des Dorfes Logne, das bis dahin von der Burg entfernt und weit ausgedehnt am Fluß lag, an die Burg und seine Einrichtung zum Marktort. Er kaufte den Grund und Boden für das neue Dorf, legte einen Marktplatz von 300 Fuß Länge und mehr als 60 Fuß Breite an, der mit vier Grenzzeichen versehen war,

---

16. Keutgen, Urk. n. 99.
17. Recueil n. 170.
18. Leipzig (1156—1170), Keutgen Urk. n. 102; Brixen (1179), Mon. Boica 29 a n. 532; Lippstadt (1198), Keutgen n. 142; Lenkersheim (1200), Mon. Boica 29 a n. 564.

und teilte den Rest zur Besiedlung aus; seine Leute, die in die neue Ansiedlung zogen, erhielten die Häuser mit den Gärten und sonstigem Kulturland zu freiem und zinslosem Eigen, über das sie nach Belieben verfügen konnten.[19] Die Gründungsurkunde für Leipzig (1156—1170) erwähnt ebenfalls die Bezeichnung der Weichbildgrenzen durch vier Grenzzeichen, die für Hamburg von 1189 bestimmt, daß die Hofstätten der neuen Ansiedler frei sind nach Lübecker Recht.[20] Anschaulich schildert auch Helmold die ihm oft nacherzählten Hergänge bei der wiederholten Umgründung von Neu-Lübeck. Graf Adolf von Holstein begann 1143 auf dem Hügel Bucu bei dem guten Hafen die Stadt zu erbauen; einige Jahre nachdem Heinrich der Löwe, im Streit mit dem Grafen um die neue Stadt, ihr das Marktrecht bis auf den Lebensmittelhandel entzogen und dadurch ihr Wachstum unterbunden hatte, vernichtete sie eine Feuersbrunst (1157); die Einwohner erklärten dem Herzog, jetzt binde sie nichts mehr an ihren Wohnort, die Wiederherstellung ihrer Häuser sei überflüssig an einem Ort, dem der Markthandel fehle, der Herzog möge ihnen einen anderen Ort zur Erbauung einer Stadt anweisen; darauf ließ der Herzog, weil der Graf noch hartnäckig blieb, eine neue Stadt, die Löwenstadt, an der Wakenitz nicht weit von Lübeck „erbauen und befestigen".[21] Diese neue Stadt erwies sich aber bald als unzureichend und ungeeignet, weil sie nur kleinen Schiffen zugänglich war. Schließlich gab der Graf dem Druck des Herzogs nach und trat ihm Neu-Lübeck ab. Die Einwohner verließen nun die Löwenstadt, kehrten nach Neu-Lübeck zurück und begannen die Kirchen und die Mauern der Stadt „wieder zu bauen"; der Herzog ließ

---

19. Keutgen Urk. n. 100; F. Beyerle S. 76; Recueil n. 165.
20. Keutgen, Urk. n. 102, § 2, 104, § 1.
21. Helmold (Schmeidler) I c. 57, 76, 86.
22. Gudenus, Cod. dipl. Mogunt. 1 n. 26; Mon. Boica 4, S. 132, 31 a n. 198; Boehmer, Acta imp. sel. I n. 72; Erhard, Reg. hist. Westfal. 2 n. 198.

Münze und Zoll in der Stadt einrichten. Weiter wurde bei den Gründungen die Beteiligung der neuen Ansiedler an der Weide und Waldnutzung geregelt, ebenso die Ansprüche des Marktherrn, Standes- und Gerichtsverhältnisse der Einwohner u. a. mehr. Im übrigen liegt es außerhalb unserer Aufgabe, Entstehung und Entwicklung der bürgerlichen Verfassung im einzelnen zu verfolgen. Nur was nicht in der Ueberlieferung von der Gründung den Verkehr betrifft, verdient auch fernerhin unsere Aufmerksamkeit.

In mannigfacher Weise wurde über Märkte verfügt. Sie werden übertragen, verschenkt, verkauft, vom König oder von Privaten;[22] Private treffen Uebereinkommen über Märkte.[23] Märkte werden erweitert, oft mit Anlegung eines neuen Marktes; 1188 erlaubte Friedrich I. dem Bischof von Merseburg, den Merseburger Markt bis zur Brücke zu erweitern und jenseits derselben zwischen zwei Brücken einen neuen Markt anzulegen.[24] Heruntergekommene Märkte wurden wiederhergestellt. Bischof Eberhard von Merseburg erhielt von Heinrich VI. die Erlaubnis, den durch Alter zu Grunde gegangenen Markt in Zwenkau zu erneuern, und Erzbischof Arnold von Köln mußte 1144 die Verhältnisse des Marktes Medebach ordnen, wo die erzbischöflichen Ministerialen durch Eingriffe in die Rechte der Marktbewohner, nämlich durch Erhöhung der gewohnten Dienstleistungen, Aenderungen des Rechts der Einwohner, neue Abgaben von den Verkaufsständen, den Marktverkehr geschädigt und beinahe zu Grunde gerichtet hatten.[25]

Nicht selten fanden Verlegungen von Märkten auf größere Entfernung statt. Könige und andere Marktherren nahmen sie vor. Der Markt zu Ettenheim (in Baden) war nach Mahlberg verlegt worden; Friedrich II. vereinbarte

---

23. Mon. Boica 28 b n. 67 und 68, S. 295.
24. Kehr, UB. d. Hochstifts Merseburg I n. 132.
25. Kehr, UB. d. Hochstifts Merseburg 1 n. 138; Seibertz, UB. z. Landes- und Rechtsgesch. Westfalens 1 n. 46.

1224 mit dem Bischof von Straßburg, daß er wiederhergestellt und an demselben Tage wie früher abgehalten werden sollte.[26] Heinrich der Löwe hob, bald nach seiner Belehnung mit dem Herzogtum Bayern und der Erhebung Oesterreichs zu einem selbständigen Herzogtum, gewaltsam den dem Bistum Freising gehörenden Markt zu Föhring an der Isar samt der Brücke, Zoll und Münze auf und verlegte Markt, Brücke, Zoll und Münze flußabwärts nach München; Friedrich I. schlichtete 1158 den darüber zwischen dem Herzog und dem Bischof Otto entstandenen Streit dahin, daß Markt und Brücke mit Zoll und Münze in München bleiben und dem Freisinger Bistum ein Drittel des Marktzolles vom Salz und allen anderen durchpassierenden Waren, sowie ein Drittel der Münzeinkünfte zustehen sollten. Nach dem Sturz Heinrichs widerrief zwar der Kaiser 1180 die Verlegung. Trotzdem blieben später Markt und Brücke mit ihrem Zubehör in München.[27] Nicht viel anders verfuhr Heinrich einige Jahre früher mit dem neuen Lübecker Markt, der dem Grafen Adolf von Holstein gehörte. Er fand durch die wachsende Zuwanderung der Kaufleute zum Lübecker Markt seinen eigenen Markt in Bardowiek[28] benachteiligt. Weil der Graf die Abtretung der Hälfte Lübecks verweigerte, verbot der Herzog die Abhaltung des Lübecker Marktes, entzog ihm das Recht zum Handelsbetrieb außer dem Lebensmittelhandel und ließ die Handelswaren nach Bardowiek überführen.[29] Auch hier

---

26. Schoepflin, Alsatia I n. 436.
27. Mon. Boica 29 a n. 498, 534. Die an diese Streitigkeiten und die Anfänge Münchens sich anknüpfenden Fragen haben Baumann, Zur Gesch. des Lechrains und der Stadt München, Archival. Zeitschr. N. F. 10, S. 16 ff., 55 ff. und Zur Geschichte Münchens, das. 14, S. 189 ff., sowie Riezler, Studien zur ältesten Gesch. Münchens, Abhandl. d. bayer. Akad. hist. Klasse, 24 S. 283 ff., sehr eingehend besprochen. Sie weichen in wichtigen Punkten stark von einander ab.
28. Der Markt zu Bardowiek wird 1134 und 1172 erwähnt, Boehmer, Act. imp. sel. 1 n. 81 und 131.
29. Helmold I c. 76.

fand also eine, wenn auch nicht vollständige, Verlegung des Marktes statt. Um dieselbe Zeit (zwischen 1146 und 1158) verlegte der Graf Engelbert von Wasserburg seinen Markt zu Limburg nach Hohenau am Fuße der Wasserburg am Inn.[30] Infolge von Streitigkeiten des Bischofs mit den Marktbewohnern war der Markt von Gurk aufgehoben und im Einverständnis mit dem Erzbischof von Salzburg und dessen Untertanen als gemeinschaftliches Unternehmen auf Gütern beider Kirchen bei der Burg Friesach errichtet worden. Dem Bischof von Gurk blieb dabei vorbehalten, im Falle zukünftiger Uebergriffe der Salzburger Kirche, den Markt mit allen Markteinrichtungen samt Münze und Zoll wieder an seinen früheren oder einen ihm sonst passenden Ort zurückzuverlegen.[31] Die Grafen Bertold III. und IV. von Andechs verlegten zwischen 1188 und 1204 im Einverständnis mit dem Kloster Wilten ihren Markt bei der Innbrücke (Innsbruck) vom linken auf das rechte Flußufer unter Entschädigung des Klosters, dem die Flußfähre blieb.[32] Ein Reichsurteil vom Jahre 1224 behandelte allgemein die Möglichkeit einer Beeinflussung der Rechtslage durch Verlegung von Märkten. Die vom Erzbischof von Salzburg gestellte Frage, ob jemandem, der einen Markt als Reichslehen auf seinem Eigengut habe, die Verlegung desselben an einen andern Ort des gleichen Rechts erlaubt sei, wurde bejaht unter dem Vorbehalt, daß dadurch Rechte Dritter nicht geschädigt würden und der Marktherr dem Vogt dieselben Rechte, die er an dem alten Markt hatte, auch in dem neuen zugestehe.[33] Von dieser Einschränkung wird sogleich und ausführlicher die Rede sein. In manchen Fällen werden eingetretene oder beabsichtigte Veränderungen des Verkehrs die Ursache der Verlegung gewesen

---

30. Baumann, Archival. Zeitschr. NF. 14, S. 233.
31. Lothar III. für das Bistum Gurk 1130; Schumi, Urk. u. Reg. d. Herzogtums Krain I n. 74.
32. v. Schwind u. Dopsch, Ausgew. Urk. n. 21.
33. MG. Const. II n. 286.

sein. Jener Eingriff Heinrichs des Löwen in die Freisinger Rechte und die Verlegung des Isarüberganges nach München hin, wie die Hervorhebung des Salzes in dem Ausspruch über die Teilung der Verkehrsabgaben vermuten läßt, zusammen mit der Führung der Salztransporte von Reichenhall durch Oberbayern und weiter westwärts nach Oberschwaben.[34] An einem Markt konnten mehrere Marktherren oder Berechtigte beteiligt sein. In jenen Markt zu Friesach teilten sich der Bischof von Gurk und der Erzbischof von Salzburg, jeder von ihnen unterhielt dort Aufsichtsbeamte (Richter) und Zöllner, jener auf dem südlichen, dieser auf dem nördlichen Teil. Die Entscheidung Friedrichs I. in dem Streit über die Märkte Föhring und München enthielt die Bestimmung, daß zur Erhebung der Zolleinkünfte des Münchener Marktes, die geteilt wurden, jeder Teil einen eigenen Zöllner oder beide einen gemeinsamen, aber jedem von beiden verantwortlichen Zöllner bestellen sollten.[35] Es kommt vor, daß ein Kloster nur den vierten Teil eines Marktes besitzt.[36] Der Markt von Stendal gehörte bis 1227 den Markgrafen und der Gemeinde gemeinsam; damals verzichteten jene auf ihren Anteil und stellten ihn der Gemeinde zu dauerndem Besitz und Nutzen zur Verfügung.[37] Gewiß wurden viele neue Märkte im Lande begründet. Manche von ihnen besaßen nur geringe Bedeutung im Verkehr. Wenn der Graf Heinrich von Northeim das von ihm begründete Kloster Bursfelde an der Weser mit Besitzungen und Rechten, darunter auch einem öffentlichen Markt und einer Münze ausstattete und der Erzbischof Heinrich von Mainz die Gründung bestätigte, so war das schon am Ende des 11. Jahrhunderts keine große Sache.[38] In der Kolonisationszeit und im Koloniallande

---

34. Darüber ausführlich Baumann und Riezler a. a. O.
35. Mon. Boica 29 a n. 498.
36. Würdtwein, Nova subs. 7 n. 32.
37. Riedel, Cod. dipl. Brand. I 15 n. 6.
38. Or. Guelficae IV praef. S. 81 (1093).

faßte man für ganze Bezirke Marktgründungen nach bestimmtem Plan ins Auge. Der kluge und tatkräftige Erzbischof Wichmann von Magdeburg ging 1174 bei der Kolonisation des Landes Jüterbog in der Weise vor, daß Jüterbog zur Stadt und zum Hauptort des Landes bestimmt und ihn die im Lande anzulegenden Marktdörfer untergeordnet wurden; Jüterbog erhielt das Recht der Stadt Magdeburg, die zukünftigen Marktdörfer sollten sich nach dem Recht des Jüterboger Markts richten und Jüterboger Marktrecht besitzen.[39] Die Anlegung und Entstehung zahlreicher neuer Märkte wirkte überall belebend auf den Verkehr. Was im Koloniallande geschah, hatte gewiß auch sein Vorbild im Westen. Indem aber die Zahl der Märkte und damit der Verkehrsstätten wuchs, stellten sich auch Mißstände ein. Kam die Anlegung neuer Märkte vielfach dem Bedürfnis entgegen, so gab es auch Fälle, wo sie besonders wegen der Marktabgaben als Last und Beschwerung empfunden wurde. Lothar III. hatte der Bamberger Domkirche die Anlegung eines Marktes im Dorfe Staffelstein erlaubt und ihr den Markt geschenkt. Sie geriet darüber später in Streit mit dem Inhaber der Lehen, welche das Würzburger Bistum in demselben Dorfe besaß. Dem Würzburger Bistum gehörte auch die Dorfkirche; auf deren Kirchhofe hatten schon früher die Kirchenbesucher an Festtagen Handelsgeschäfte geringeren Umfanges betrieben, aber ohne Zoll und sonstige Marktabgaben. Dadurch fand sich der Marktinhaber benachteiligt. Friedrich I. konnte indessen im Jahre 1165 den Streit nicht anders schlichten als durch eine gewisse Anerkennung der alten Gewohnheit und durch einige Zugeständnisse an die Würzburger Ansprüche. Die Würzburger Hintersassen im Dorfe behielten das Recht des Handelsbetriebs innerhalb ihrer Häuser ohne Zoll und Marktab-

---

39. Koetzschke, Urk. n. 31: Et si que ville fori in terra Iuterbogk construantur, ad ius fori in Iuterbogk respiciant, et ius illud formam sui iuris habeant.

gaben; dem Marktrecht, vor allem den Verkehrsabgaben waren sie nur unterworfen, wenn sie auf dem Markte Geschäfte trieben oder öffentlich nach Art der Marktbesucher Tische oder Marktstände hatten und ihre Waren auf der Straße zum Verkauf aussetzten; auch wenn sie von der Straße oder vom Markt oder vom Felde Vieh und andere Dinge, die zum Markt kamen, in ihre Häuser brachten, sollten sie dem Marktinhaber dafür abgabenpflichtig sein.[40] Schon in diesem Fall handelte es sich um die Marktabgaben, ein Gesichtspunkt, der allgemein der wichtigste war in dem Wettstreit der Märkte untereinander. Die wachsende Zahl der Märkte hatte zur Folge, daß sich der Wettkampf der Märkte untereinander mehr und mehr verschärfte. Eine gegenseitige Beeinträchtigung der Märkte stellte sich schon früh ein. Die in dem vorhergehenden Kapitel besprochene Urkunde Ottos III. von 994 über die Ordnung des Marktwesens in dem Nachbargebiet des neuen Quedlinburger Marktes ist bereits ein Beweis dafür. Seit der Mitte des 12. Jahrhunderts mehren sich die Zeugnisse, die in diese wirtschaftlichen Kämpfe Einblick gestalten. Streitigkeiten über Schädigung durch benachbarte Märkte konnten um so leichter entstehen, als die Territorien noch sehr unfertig waren, Besitzungen verschiedener Herren durcheinander lagen und Rechte oder Ansprüche der Fürsten und Herren sich mannigfach kreuzten. Aber mit der Befestigung der Territorialherrschaft wuchsen Selbständigkeit und Machtgefühl der Großen und ihr Kampf um die Macht, besonders auch um die wirtschaftliche, wurde heftiger und rücksichtsloser. Jener Staffelsteiner Fall hätte kaum das Reich und den König beschäftigt, wenn nicht zwei Bistümer in demselben Dorfe Grundbesitz und Grundrechte besessen hätten. So nahe brauchten aber die verschiedenen Ansprüche nicht einmal beisammen zu wohnen, um Streitigkeiten zu er-

---

40. Mon. Boica 29 a n. 455, 510. Ueber die Urkunde Lothars vgl. Bernhardi, Lothar v. Supplinburg S. 256, Anm. 5.

zeugen. Mit den Herrschaftsgebieten begannen auch die herrschaftlichen Wirtschaftsbezirke sich abzurunden, und der Wirkungsbereich eines herrschaftlichen Marktes erstreckte sich unter Umständen über einen weiten Raum. Die Vermehrung der Märkte verengerte zugleich den natürlichen und gegebenen Spielraum des einzelnen Marktes, und das war eine Entwicklung, die um so mehr zu Kämpfen führen mußte, als die Zeit einerseits gerade zu größeren Gründungen fortschritt und andererseits die vorhandenen alten Marktorte und Gründungen von der allgemeinen lebhaften Zunahme des inneren und äußeren Handelsverkehrs den selbstverständlichen Vorteil zogen, ihren Wirkungsbereich noch weiter als früher auszudehnen. Die Märkte, die sich behaupten wollten, konnten das oft nur unter stärkerer Anspannung ihrer Tätigkeit, und die sich verstärken und ihren Wirkungskreis ausdehnen wollten, konnten das oft nur auf Kosten anderer schwächerer Märkte. Dieser schärfere Wettbewerb der Märkte untereinander läßt sich, wie wir schon sagten, oft beobachten und führte dazu, daß man Mittel suchte, um Schädigungen der eigenen Märkte, vor allem der Markteinkünfte, abzuwehren. Bischof Otto von Freising ließ sich schon im Jahre 1140 von Konrad III. ein Privileg gewähren, welches kurzerhand alle neuen Märkte in dem Bistum, außer den in früherer Zeit durch die Könige verliehenen, verbot.[41] Dasselbe wünschten sich gewiß auch andere fürstliche und nichtfürstliche Marktherren. Aber eine so weitgehende Zusicherung ist für keinen anderen Marktherrn als den berühmten Geschichtschreiber nicht bekannt geworden. Den Zwist Bischof Ottos mit Heinrich dem Löwen wegen der Verlegung des Marktes von Föhring nach München berührten wir früher. In dem Streit mit dem Grafen Adolf von Holstein über den neuen Lübecker Markt erklärte Heinrich der Löwe unumwunden, daß sein Markt Bardowiek große Abnahme der Einwohner

---

41. Mon. Boica 31 a n. 208; Bernhardi, Konrad III. 1 S. 147.

erleide durch die Anziehungskraft des Lübecker Marktes; er brauchte sich eine Schädigung seines ererbten Eigenguts durch fremden Nutzen, also alter Rechte durch neue Gründungen, nicht gefallen zu lassen.[44] Dem Kloster Siegburg gewährte Friedrich I. im Jahre 1174, daß in einem Umkreise von zwei Meilen um den Berg, auf dem das seit Heinrich IV. mit einem Markt ausgestattete Kloster lag, kein neuer Markt eingerichtet werden dürfe.[42] Auch fürstliche Marktherren trafen untereinander ähnliche Bestimmungen. Der Patriarch Gotfried von Aquileja und Graf Heinrich von Tirol kamen überein, daß innerhalb eines bestimmten Bezirks in der Umgebung des Marktes von Clamm kein Salzmarkt oder anderer öffentlicher Markt angelegt oder abgehalten werden dürfe.[43] Gewaltsamkeiten wie bei dem Streit über die Märkte von Föhring und München kamen auch sonst vor. Landgraf Hermann I. von Thüringen wollte das bei dem Kloster Reinhardsbrunn gelegene Dörfchen Friedrichsroda zerstören, weil dort oft Markt abgehalten und dadurch seine Städte geschädigt würden; schließlich gestattete er (1209) auf die Bitten des Abtes und nach Zahlung von 40 Mark den Fortbestand der Ansiedlung.[45] Aehnlich wie Friedrich I. dem Kloster Siegburg, gewährte sein Enkel Friedrich II. dem Kloster Pegau im Jahre 1215, daß im Umkreise von einer Meile um die Stadt Pegau zum Schaden ihrer Münze, ihres Zolles und Marktes kein neuer Markt, Zoll oder Münze außer den zur Zeit seines Vaters und Großvaters bereits vorhandenen eingerichtet werden dürfe.[46] Solche Maßregeln schlossen einen unmittelbar ruinierenden Wettbewerb aus. Bei der Neueinrichtung von Märkten wurden Erkundungen eingezogen, ob die Neugründung

---

42. Lacomblet I n. 450.
43. Urk. Friedrichs I, v. 1184; Hormayr, Beiträge z. Gesch. Tirols 2 n. 71, S. 149 ff.
44. Helmold a. a. O.
45. Cod. dipl. Sax. reg. I 3 n. 137.
46. Neues Archiv 16, S. 146 f. n. 2.

ältere Rechte oder Ansprüche verletze. Friedrich II., den während seiner Anwesenheit in Passau (Juni 1217) Boten des Salzburger Kapitels um Erlaubnis zur Anlegung eines Marktes im Lungau baten, erkundigte sich zunächst, um eine Schädigung von Kirchen oder Personen zu vermeiden, bei Bischof Otto II. von Freising, ob es ohne Schaden der übrigen Bewohner des Landes geschehen könne, und gab erst, nachdem der Bischof ihm darüber Gewißheit verschafft hatte, die Erlaubnis zur Marktgründung.[47] Man nahm Bedacht darauf, daß bei Neugründungen in der Nachbarschaft der Tag der Markthaltung nicht mit dem Tage schon bestehender Märkte zusammenfiel. Bei jener schon erwähnten Abmachung zwischen Friedrich II. und dem Bischof von Straßburg über die Rückverlegung des Marktes von Mahlberg nach Ettenheim im Jahre 1224 wurde ausgemacht, daß der Ettenheimer Markt an dem früher üblichen Tage, der Mahlberger, wenn der Kaiser ihn dort einrichten wolle, an einem anderen Tage ohne Schaden des Ettenheimer Marktes abgehalten werden solle.[48] Diesen Einschränkungen entsprechend stellte auch das Reichsurteil von 1224, welches wir schon berührten, fest, daß die Verlegung eines Marktes in Fällen, welche das Urteil im Auge hat, nur stattfinden dürfe ohne Beeinträchtigung der Rechte Dritter.[49] Die Gesetze Heinrichs VII. und Friedrichs II. von 1231 und 1232 bestimmten daher übereinstimmend und allgemein, daß neue Märkte die alten in keiner Weise hindern dürften.[50] Indem beide hinzufügen, daß Niemand gezwungen werden dürfe, gegen seinen Willen einen Markt aufzusuchen, weisen sie auf ein anderes und neues Mittel hin, welches in dem

---

47. Winkelmann, Acta imp. ined. I n. 144.
48. Schoepflin, Alsatia I n. 436. 1236 wurde dementsprechend bestimmt, daß die beiden Märkte an den Tagen, an denen sie jetzt stattfanden, auch weiterhin abgehalten werden sollten, n. 480.
49. MG. Const. II n. 286.
50. a. a. O. n. 171 §§ 2, 3; n. 304 §§ 2, 3.

steigenden Wettbewerb der Märkte sich darbot und zur Anwendung kam, den Straßenzwang.

Wichtiger für die Entwicklung des inneren Verkehrs in seiner Gesamtheit während dieses Zeitraumes waren die Fortschritte des Jahrmarktwesens. Die Zahl der Jahrmärkte wuchs beständig und rasch an. Sie werden jetzt in der Ueberlieferung viel häufiger genannt. Sie erscheinen oft zusammen mit den Wochenmärkten, aber zugleich tritt ihr Hauptzweck, als Vermittler und Anreger des Fernhandels zu dienen, in dieser Periode offen zutage. Sie bildeten in gewisser Hinsicht eine Organisation des Fernhandels im Reiche. Auf ihnen vollzog sich zum großen, vielleicht zum größten Teil der Austausch der im interlokalen und interprovinzialen Verkehr sich bewegenden Güter, vermutlich auch der aus dem Auslande eingeführten. Es kommt vor, daß Jahrmärkte hauptsächlich für ausländische Händler eingerichtet werden. An den Besuch der Jahrmärkte werden besondere Vergünstigungen geknüpft. Ihre Besucher erhalten wichtige Erleichterungen und Vorrechte für ihren Handelsbetrieb. Auf ihnen spielt sich ein Handelstreiben größeren Umfanges ab. Sie werden die eigentlichen Brennpunkte des inneren Handels, die nach Zeit und Ort wechselnden Mittelpunkte des Großverkehrs, der Inland und Ausland vielseitiger und stärker zu durchdringen beginnt, als es ihm früher möglich war. Die kräftigen Anregungen, die der Auslandshandel bot durch die Belebung der Verbindungen mit dem Orient infolge der Kreuzzüge, durch die Befestigung der Beziehungen zu den Niederlanden und England im Zusammenhang mit den Bewegungen der Reichspolitik, durch die Verstärkung der Handelstätigkeit in den östlichen Rand- und Kolonisationsgebieten des Reiches und darüber ostwärts hinaus, in den alten Marken, sowohl an der Donau wie an der Elbe und in Böhmen, durch die fortschreitende Erschließung des Ostseehandels und der Ostseeländer, wirkten im Verein mit den eifrigen Bestrebungen, die auf den inneren Ausbau und die intensivere Kultivierung des Landes gerichtet waren und an denen sich alle Stände beteiligten, offenbar dahin, daß das Bedürfnis nach rascher und häufiger Beteiligung des Landes an dem Fernhandel unabweislich zunahm und dadurch das Jahrmarktwesen immer reicher zur Entfaltung kam. Die Bedeutung der Jahrmärkte für den Gesamtverkehr bekundet sich in dem Verhalten des Königtums. Hier hält das Königtum seine Rechte mit wenigen Abweichungen fest. In diesem Teil der Entwicklung des Verkehrs, der jetzt der wichtigste geworden war, behielt es die Führung, indem und insofern es im wesentlichen daran festhält, daß neue Jahrmarktsberechtigungen nur von ihm erteilt werden durften. So blieb es auf dem Gebiet, auf dem schon früher sein größtes Verdienst um die Verkehrsentwicklung im Reiche lag, im Marktwesen, auch jetzt noch an der Spitze. Unsere Ueberlieferung, obwohl sie lückenhaft und daher einseitig ist, läßt erkennen, daß die Zahl der Jahrmärkte im ganzen und in einzelnen Orten bereits ansehnlich war. Utrecht besaß im Jahre 1127 nicht weniger als vier Jahrmärkte, Köln zu Anfang des 12. Jahrhunderts drei, Trier am Ende desselben drei, Gaertruidenburg (im heutigen Nord. Brabant) 1213 ebenfalls drei.[51] In den Gründungsurkunden für Hamburg (Neustadt) und Lenkersheim (östlich von Windsheim) wurden gleich zwei Jahrmärkte bewilligt.[52] Aachen erhielt 1166 zwei Jahrmärkte, die flandrischen Kaufleute 1173 nicht weniger als vier, zwei in Aachen und zwei in Duisburg.[53] Sonst wurde mit dem Wochenmarkt zugleich ein Jahrmarkt begründet oder dem schon früher vorhandenen Wochenmarkte ein Jahrmarkt hinzugefügt. Heinrich V. gründete 1114 für das Kloster Hersfeld in Breitungen Jahr- und Wochenmarkt; dieselbe Erlaubnis gab Konrad III. 1144

---

51. v. d. Bergh, OB. v. Holland en Zeeland I n. 113, 235; Hans. UB. 3 n. 601; Quellen z. Rechts- u. Wirtschaftsgesch. Trier S. 3.
52. Lappenberg, Hamb. UB. I n. 285; Mon. Boica 29 a n. 564.
53. Lacomblet I n. 412; MG. Const. I n. 239.

dem Kloster Reinhausen.[54] Wenn bei der Begründung oder Verleihung von Jahrmärkten nicht ausdrücklich eine Mehrzahl von solchen genannt wird, dürfte nur ein einmaliger Jahrmarkt gemeint sein.[55] Ob Jahrmärkte an Orten abgehalten wurden, an denen keine Wochenmärkte bestanden, muß dahingestellt bleiben.[56] Als Gründer von Jahrmärkten

---

54. Kuchenbecker, Anal. Hassiaca 11, S. 321; Leibnitz, SS. rer. Brunsvic. I, S. 706.

55. Zweifel können entstehen bei dem Wort nundinae; so in den Bestätigungen für Kloster Helmarshausen, Konrad III. 1144, Wilmans, Kaiserurk. d. Prov. Westfalen 2 n. 219: habeat abbas liberam potestatem statuendi, habendi mercatum et nundinas publicas; ebenso bestätigt von Heinrich (VII.) 1223, Westfäl. UB. 4 n. 117, von K. Wilhelm 1253, Winkelmann, Acta imp. ined. I n. 546; 1223 gestattete Heinrich (VII.) einen Jahrmarkt am 24. Juni in Helmarshausen, Wilmans n. 268, Winkelmann n. 447. Kloster Reinhausen erhielt das Recht mercatum in eodem loco habendi, publicas nundinas instituendi; Leibnitz a. a. O. Friedrich I. gewährte 1152 dem Kloster Gembloux nundinas publicas et monete percussuram habere, Stumpf, Reichskanzler 3 n. 122. Vgl. auch das Stadtrecht von Hamm (1213): similiter nundinas annuales, duobus diebus prius et duobus posterius, sub fruitione eiusdem servari concedimus, Keutgen Urk. n. 143 § 18.

56. Das könnte bei einzelnen Klöstern stattgefunden haben. 1130 erhob Erzbischof Adalbert von Mainz das Kloster Johannesberg zur selbständigen Abtei und bestimmte nur, ut singulis annis a mercatoribus tam Moguntinis quam provincialibus nundine in nativitate s. Joh. bapt. ibi habeantur und daß aller dem Bischof zustehende Nutzen davon dem Kloster zufallen sollte, Cod. dipl. Nassoicus I n. 180. Auch das Verbot Papst Hadrians IV. für das Johanniskloster in Blaubeuren, die Abhaltung von Märkten betreffend (1159), setzt, wie es scheint, voraus, daß in oder beim Kloster nur Jahrmärkte, nicht auch Wochenmärkte abgehalten werden. Hadrian bestimmte: Preterea nundinas monastice religioni contrarias atque omnes cohabitationes negociatorum et omne forense negotium ad dampnum prefati monasterii et ad turbandam quietem fratrum in eodem monasterio fieri sub interminatione anathematis prohibemus. Quod si ipsi negociatores inobedientes extiterint, nullus clericorum in loco, ubi ipse nundine fiunt, quamdiu ibi permanserint, missam celebrare presumant. Wirtemb. UB. II n. 369. Anders dagegen steht es bei der Begründung der flämischen Kolonie in Wusterwitz durch Erzbischof

erscheint in den meisten Fällen der König. Wo er nicht selbst der Gründer ist, bestätigt er die Gründung. Es finden sich sowohl Privilegien, die nichts als Verleihung von Jahrmärkten enthalten, als auch andere, die Jahrmärkte in Gemeinschaft mit anderen Rechten verleihen. Nur den Jahrmarkt gewähren Privilegien Friedrichs I. für Aachen und die flandrischen Kaufleute, Heinrichs (VII.) für Kloster Helmarshausen (1223), Friedrichs II. für die Bamberger Jahrmärkte in Frankenmarkt und Villach (1225);[57] auch König Heinrichs an Regensburg gerichtete Verkündung und Bestätigung des Würzburger Jahrmarktes von 1227 betreffen nur diese Jahrmärkte.[58] Im übrigen wurden Verleihungen oder Bestätigungen von Jahrmärkten Hersfeld, Freising, Reinhausen, Eichstädt, Lenkersheim, Hildesheim (Neustadt), Oppenheim, Hamburg (Neustadt), Lippstadt zuteil. Die Einrichtung des Jahrmarkts in Schwäbisch-Hall verfügte 1156 Bischof Gebhard von Würzburg mit Zustimmung Friedrichs I., und die Einsetzung des Allerheiligenjahrmarkts in Würzburg durch Bischof Hermann geschah 1227 mit Erlaubnis König Heinrichs.[59] Die erwähnte Verlegung des Jahrmarktes von Marköbel nach Gelnhausen nahm Friedrich II. allein vor.[60] In einigen anderen Fällen erfolgte die Gründung von Jahrmärkten durch Fürsten und Herren. Den Jahrmarkt beim Kloster Johannesberg setzte

---

Wichmann von Magdeburg 1159. Dabei wird auch nur der Erlaubnis zur Abhaltung eines Jahrmarkts ausdrücklich gedacht, aber im übrigen ist von den forensibus et mercatoribus ibi manentibus und von ihrer libertas emendi et vendendi sowie der Verleihung des Magdeburger Rechts die Rede, so daß die Anlegung des Marktes bei Gründung der Kolonie und die Abhaltung des Wochenmarktes darauf als selbstverständlich vorausgesetzt erscheint und gar nicht besonders erwähnt wurde, Koetzschke, Quellen n. 16.

57. Lacomblet I n. 412; MG. Const. I n. 239; Wilmans, Kaiserurk. 2 n. 268; Mon. Boica 31 a n. 274.
58. Mon. Boica 30 a n. 685.
59. Wirtemberg. UB. II n. 354, Mon. Boica 30 a n. 685.
60. Reimer, Hess. UB. II 1 n. 140.

1130 Erzbischof Adalbert von Mainz ein.[61] Erzbischof Wichmann von Magdeburg bestimmte 1159 nach Rat seiner Getreuen die Abhaltung eines Jahrmarkts in der neuen flämischen Kolonie Wusterwitz an der Havel.[62] Auch das älteste Stadtrecht von Hamm (1213), welches die Gewährung von Jahrmärkten durch den Gründer Graf Adolf von der Mark ausspricht, erwähnt keine Zustimmung des Königs.[63] Bei der Schenkung des Passauer Jahrmarktes an die Passauer Bürger durch Bischof Konrad im Jahre 1164 handelt es sich dagegen um einen bereits vorhandenen Jahrmarkt, dessen Ursprung unbekannt ist.[64]

Die Gründung von Jahrmärkten blieb im wesentlichen ein Vorrecht des Königtums. Die Jahrmärkte dienten dem Fernhandel. Auch sie standen im Wettbewerb untereinander, dessen Schärfe man zu mildern suchte. Friedrich I. bestimmte 1166 bei der Verleihung der neuen Aachener Jahrmärkte zur Wahrung der Rechte der benachbarten Städte, daß deren Jahrmärkte durch die neuen Aachener nicht gehindert werden sollten.[65] Dabei kam viel auf die Zeit der Jahrmärkte an. Hier begannen auch die Bürgerschaften ihren Einfluß geltend zu machen. Die Jahrmarktsprivilegien oder Gründungsurkunden setzen in der Regel die Zeit und Dauer der Jahrmärkte fest. In einigen Fällen, wie z. B. für Freising, die Klöster Reinhausen und Gembloux, die Kolonie Wusterwitz, in den Stadtrechten von Hamm und Lippstadt, geschieht das nicht. Die Festsetzung blieb dann wohl dem Markt- oder Stadtherrn oder einer Vereinbarung desselben mit den Bürgern oder Einwohnern überlassen. Die Dauer war verschieden. Meist erstreckte sie sich über mehrere Tage oder sogar Wochen. Es scheint, daß auch Jahrmärkte von nur eintägiger Dauer vorkamen.

---

61. Cod. dipl. Nassoicus I n. 180.
62. Koetzschke, Quellen n. 16.
63. Keutgen, Urk. n. 143 § 18.
64. Mon. Boica 29 b, S. 239 f. u. 26.
65. Lacomblet 1 n. 412.

Der Hersfelder Jahrmarkt in Breitungen wird nur für den Tag der Kreuzerhöhung, der Johannisberger nur für S. Johannes d. Täufer angegeben, ebenso die vier Jahrmärkte in Utrecht in der Erklärung des Bischofs Godebald von 1127 nur für die Heiligen- und Festtage (Ostern), desgleichen die Jahrmärkte in Hamburg (Neustadt), in Helmarshausen, in Hildesheim (Neustadt).[66] Dabei kommt es freilich auf den Sprachgebrauch der Urkunden an. Gewiß ist anzunehmen, daß manche von diesen Angaben den Haupttag meinen und mit dieser gewohnheitsmäßigen Benennung lediglich die allgemeine Lage des Marktes innerhalb des bürgerlichen Jahres bezeichnen wollen. König Heinrich erklärt 1227, daß der Würzburger Jahrmarkt, den der Bischof verkündet habe, um Allerheiligen stattfinden solle.[67] Die Stadtrechte von Lippstadt und Hamm (1198 und 1213) gewähren den Marktbesuchern je zwei Tage vor und nach dem Jahrmarkt gewisse Sicherheiten.[68] Auch in dem Marktprivileg von 1156 für Schwäbisch-Hall erscheint der Haupttag des Jahrmarktes, der 29. September (Michaelis), in dem doppelten Rahmen von sieben Tagen vor und nach dem Fest, die den eigentlichen Jahrmarkt bildeten, und von vierzehn Tagen vor und nach dem Fest, für welche der Marktherr den Besuchern des Jahrmarkts Frieden zusicherte.[69] Aus den Kölner Urkunden ergibt sich der Sprachgebrauch für manche Fälle. Das Privileg Erzbischof Friedrichs I. von 1103 nennt als Jahrmarkttage: Ostern, den 1. August (Petri ad vincula) und den 23. Oktober (Severin);[70] nach Kölns Urkunde für die Dinanter Kaufleute von 1171 war der 23. Oktober der Anfangstag eines dreiwöchentlichen Marktes, nach einer späteren des Erzbischofs Adolf von 1203 dauerte der Severinsmarkt je vierzehn Tage vor

---

66. Doebner, UB. d. St. Hildesheim 1 n. 96.
67. Mon. Boica 30 n. 685.
68. Keutgen, Urkunden, 142 § 5, 143 § 18.
69. Wirtemb. UB. 2 n. 354.
70. Hans. UB. 3 n. 601, dazu 1 n. 30.

und nach dem Haupttage; die beiden Urkunden von 1171 und 1203 bezeichnen den Petrimarkt als den Jahrmarkt, der im August gehalten wird.[71] Indessen setzt das Stadtrecht von Gaertruidenberg von 1213 die Zeit der drei Jahrmärkte fest mit römischer Datierung auf den 3. Juli, 17. September und 20. Oktober.[72] Die unten erwähnten Trierer Jahrmärkte am Ende des 12. Jahrhunderts können, wenigstens zum Teil, wegen ihres geringen Zeitabstandes von einander keine längere Dauer gehabt haben. Auch die kurzen Sicherheitsfristen in den beiden erwähnten westfälischen Stadtrechten sprechen für eine kurze Dauer der Jahrmärkte an diesen Orten. Außerdem wird von den fremden Krämern, welche die Trierer Jahrmärkte besuchten, gesagt, daß sie ihr zur Jahrmarktzeit geringeres Budengeld „am Tage" des Heiligen, d. h. des Jahrmarkts bezahlten.[73] Danach dürfte an der eintägigen Dauer einzelner Jahrmärkte nicht zu zweifeln sein. Der Unterschied zwischen Wochenmarkt und Jahrmarkt kann also grundsätzlich nicht in ihrer verschiedenen Dauer bestanden haben. Die Dauer der beiden Jahrmärkte des neugegründeten Lenkersheim wurde auf je drei Tage bestimmt. Einzelne Jahrmärkte erfreuten sich schon frühzeitig ziemlich langer Dauer und überschritten die Dauer der Jahrmärkte in der früheren Periode nicht selten um mehr als das Doppelte. Der neue Jahrmarkt von Schwäbisch-Hall (1156) dauerte sieben Tage und bot seinen Besuchern eine Friedenszeit von insgesamt vierzehn Tagen.[74] Vierzehn Tage oder noch länger währten die von Aachen (fünfzehn und sechzehn Tage), von Aachen und Duisburg für die Flandrer, von Eichstätt, von Schaffhausen, von Gelnhausen (sechzehn Tage), von Oppenheim (achtzehn Tage), die von Frankenmarkt und Villach je vierzehn Tage vor und nach dem Haupttage. Die Dauer des Kölner Severins-

---

71. Hans. UB. 1 n. 22 und 61.
72. v. d. Bergh, OB. v. Holland en Zeeland I n. 235.
73. Quellen zur Rechts- u. Wirtschaftsgeschichte. Trier S. 6.
74. Quellen z. Rechts- und Wirtschaftsgesch. Trier S. 6.

marktes wird, wie erwähnt, 1171 auf drei, 1203 auf vier Wochen angegeben. Der große Frühjahrsjahrmarkt zu Enns in Ober-Oesterreich dauerte gegen Ende des 12. Jahrhunderts mindestens vier Wochen. Die Verschiedenheit der Dauer der Jahrmärkte entsprach gewiß in vielen Fällen der Verschiedenheit ihrer Bedeutung. Märkte von langer Dauer waren für eine andere Besucherschaft bestimmt als die kurzen. Der Besuch eines Jahrmarktes von kurzer Dauer lohnte eine ausschließlich für ihn bestimmte weite Reise in der Regel nicht. Außerdem blieb in solchen Fällen bei längerer Reise das Eintreffen zu dem kurz bemessenen richtigen Zeitpunkt ungewiß. Die kurzen Jahrmärkte waren daher auf den Besuch aus der Nachbarschaft angewiesen, sei es, daß die Besucher sich auf den Besuch eines einzigen Jahrmarktes beschränkten, sei es daß sie von einem Jahrmarkt zu einem anderen nahegelegenen zogen. Dem Fernhandel dienten am besten die Jahrmärkte von mehrwöchentlicher Dauer. Sie boten für größere und kostspielige Veranstaltungen der Marktherren und der Marktbesucher die nötige Zeit. Sie lohnten weite Reisen und ansehnlichen Aufwand. Jahrmärkte von langer Dauer finden sich, soweit die Ueberlieferung ein Urteil gestattet, in Ober- und Mitteldeutschland, sowie im Rheingebiet; im übrigen Deutschland fehlen sie.

Für die Festsetzung der Zeit des Jahrmarktes können nicht allein örtliche Gewohnheiten oder Wünsche maßgebend gewesen sein. In manchen Fällen blieb man gewiß bei der Festzeit der Ortsheiligen oder wählte hohe Kirchenfeste und bekannte Heiligentage. Aber die reichliche Auswahl von Festtagen, die der Kalender zur Verfügung stellte, ermöglichte auch eine Rücksichtnahme auf auswärtige Jahrmärkte und besonders auf die Jahrmärkte der Nachbarschaft. Es liegt auf der Hand, daß Jahrmärkte von kurzer, namentlich eintägiger Dauer nicht leicht Besucher aus weiter Umgebung anlockten, wenn denselben nicht Gelegenheit geboten wurde zum Besuch noch anderer Jahrmärkte, die sie leicht erreichen konnten. Die Gesamtsumme von Kosten, Arbeit, Zeitverlust und Risiko, die der Besuch fernliegender Jahrmärkte forderte, fand ihren Gegenwert nur in dem Besuch mehrerer Jahrmärkte von kurzer Dauer. Daher mußten schon diese kurzen Jahrmärkte bei der Festsetzung der Zeit Rücksicht aufeinander nehmen. Wenn auch nicht in demselben Maße wie bei den kurzen, war diese Rücksicht auch für Märkte von längerer Dauer geboten. Auch hier kam es an auf das Verhältnis des Aufwandes des Besuchers zu dem Gewinn, den der Besuch gewährte. Je größer der Gesamtaufwand, d. h. je länger und weiter die Reise, um so sicherer mußte die Aussicht auf entsprechenden Gewinn sein, die der einzelne Jahrmarkt nicht in demselben Maße gewähren konnte wie mehrere. Obwohl daher ein Wettbewerb der Jahrmärkte untereinander bestand, denn was wir vorhin von dem Wettbewerb der Märkte untereinander erfuhren, gilt auch für die Jahrmärkte, lag es doch zugleich auch im Interesse des einzelnen Jahrmarktes und vor allem in dem des Gesamtverkehrs, daß die Jahrmärkte den Wettbewerb untereinander nicht übertrieben, sondern ihre Zeit mit Rücksicht auf andere Jahrmärkte festlegten. Dadurch kam eine gewisse Ordnung in den Gesamtverkehr in den Zeiten und in den Gegenden, in denen der Jahrmarktverkehr blühte und der Fernhandel in großem Umfang ein Jahrmarkthandel war. Unsere lückenhafte Ueberlieferung gestattet freilich nicht, diese Ordnung, die sich besonders in den Terminen der Jahrmärkte innerhalb eines zusammenhängenden, nicht allzu ausgedehnten Gebiets bemerkbar machen mußte, im einzelnen nachzuweisen. Immerhin läßt sie auch keine Auswüchse des Wettbewerbs und absichtliche Zusammenlegungen von Jahrmarktzeiten erkennen. Einen etwas genaueren Einblick in das Verhältnis der Termine angesehener Jahrmärkte zueinander gewinnt man für den Niederrhein. Im 12. Jahrhundert fanden die drei Kölner Jahrmärkte statt zu Ostern, im August mit dem 1. August (vincula Petri) als Anfangs- oder Haupttag und im Oktober/November mit dem 23. Oktober (Severin) als Anfangs- oder Haupttag.[75] Von diesen wird der Osterjahrmarkt nur am Anfang des Jahrhunderts (1103),[76] die anderen auch später wiederholt und auch im 13. Jahrhundert (1203) genannt. Von den beiden Jahrmärkten, die Friedrich I. 1166 Aachen verlieh, begann der erste sechs Wochen vor Ostern am Sonntage Invocavit und dauerte 15 Tage, der zweite acht Tage vor dem 29. September (Michaelis) und dauerte noch acht Tage darnach.[77] Die vier Jahrmärkte, welche Friedrich I. 1173 für die flandrischen Kaufleute bestimmte, lagen im Frühjahr und im Herbst und fanden in Aachen und in Duisburg am Rhein statt. Die Frühjahrsmärkte begannen am Mittwoch vor Invocavit (Aschermittwoch, Aachen) und am Sonntag Lätare (Duisburg), beide mit vierzehntägiger Dauer; die Herbstmärkte begannen am 24. August (Bartholomei, Duisburg) und am 29. September (Michaelis, Aachen), beide ebenfalls mit vierzehntägiger Dauer.[78] Hiernach fielen, wie es nahe lag, die den Aachenern und die den flandrischen Kaufleuten für Aachen selbst erteilten Jahrmärkte fast ganz zusammen. Ebenso knüpften wahrscheinlich die beiden nach Duisburg gelegten Jahrmärkte an dort bereits bestehende Jahrmärkte an.[79] Die vier Jahrmärkte Utrechts fanden nach der Urkunde Bischof Godebalds von 1127 zu Ostern, am 24. Juni (Johannis), am 8. September (nativitas Mariae) und am 11. November (Martini) statt.[80] Von diesen lief der Ostermarkt mit dem Kölner Ostermarkt zusammen, der allerdings seit dem Anfang des 12. Jahrhunderts nicht mehr genannt wird.

---

75. Hans. UB. 3 n. 601; 1 n. 22, 30, 61; Höniger, Kölner Schreinsurk. d. 12. Jahrh. II 1 S. 293.
76. Er ist schon aus früherer Zeit bekannt.
77. Lacomblet 1 n. 412.
78. MG. Const. 1 n, 339.
79. Dies hat Averdunk, Geschichte d. Stadt Duisburg wahrscheinlich gemacht.
80. Mon. Boica 30 a n. 643, 685, 29 b, S. 239 f. n. 26; Reimer, Hess. UB. II 1 n. 140; Wirtemb. UB. 2 n. 354.

Von dieser Ausnahme abgesehen, wenn eine solche vorliegt, reihten sich demnach die zehn oder elf wichtigsten Jahrmärkte am Niederrhein, soweit sie uns bekannt sind, im Laufe des 12. Jahrhunderts derart aneinander an, daß sie sich nicht im Wege standen, sondern vom Frühjahr beginnend bis in den Spätherbst eine Kette von aufeinander folgenden Handelsgelegenheiten darstellten, deren einzelne Glieder von den Kaufleuten bequem benutzt werden konnten. In anderen Teilen des Reiches wird eine ähnliche Ordnung gewaltet haben.

Im Moselgebiet fielen die uns bekannten Jahrmärkte während des 12. Jahrhunderts zu Trier auf den 31. Mai (Maximin), 29. Juni (Peter und Paul) und 31. August (Paulinus), zu Koblenz auf den 8. September (Mariä Geburt).[81] Von den angesehenen Jahrmärkten in Mittel- und Oberdeutschland, die während dieses Zeitraumes erwähnt werden: Frankfurt, Gelnhausen, Donauwörth, Passau, Nördlingen, Würzburg, Schaffhausen, Enns, Schwäbisch-Hall kennen wir die Marktzeiten von Gelnhausen, Passau, Würzburg, Schaffhausen, Enns und Schwäbisch-Hall. Sie fielen, nach ihrer zeitlichen Reihenfolge zusammengestellt, auf Montag nach Rogate bis einen Tag vor Pfingsten, den 25. Juli bis vierzehn Tage nach dem 3. August (inventio Stephani), den 21. September (Mathei), den 29. September (Michaelis) und den 1. November (Allerheiligen). Auch hier fand also ein unmittelbares Zusammentreffen nicht statt. Der Jahrmarkt zu Schaffhausen lag im 12. Jahrhundert um Allerheiligen.[82] Denselben Termin für den Würzburger Jahrmarkt setzten Bischof und König 1227 fest.

---

81. Quellen z. Rechts- u. Wirtschaftsgesch., Trier S. 3; für Koblenz s. zu dem Koblenzer Zolltarif von 1104 Bär, Urk. u. Akten z. Gesch. d. Stadt Koblenz S. 4. Zu Mariäs Geburt fand ein großer Markt in Koblenz statt, den man, mit Bär, als Jahrmarkt in Anspruch nehmen darf, auch wenn er noch nicht ausdrücklich als solcher erwähnt wird. Später begann der Jahrmarkt an diesem Termin; das. S. 169 n. 2.

82. Quellen zur Schweizer Gesch. 3, S. 137; über die Zuver-

Diese Planmäßigkeit, welche sich in der rich erst 1227 fest. Diese Planmäßigkeit, welche sich in der Vermeidung des zeitlichen Zusammenfallens der Jahrmärkte innerhalb eines größeren Verkehrsgebietes bekundete und dem gesamten Jahrmarktwesen bequeme Verkehrsgelegenheiten verschaffte, wurde ergänzt durch Maßnahmen, die dem Verkehr auf den einzelnen Jahrmärkten zu gute kamen. Die Ueberlieferung läßt auch hier vieles ungewiß. Sie reicht kaum aus für den Versuch eines zutreffenden Gesamtbildes. Die Einzelheiten, welche sie darbietet, reichen oft nicht aus zu einer Entscheidung darüber, ob sie Beispiele für eine regelmäßige Erscheinung bilden oder Besonderheiten einzelner Jahrmärkte oder landschaftlicher und sonstiger Gruppen von Jahrmärkten darstellen. Die Jahrmärkte boten ihren Besuchern manche Vorzüge vor den gewöhnlichen Märkten. Sie versprachen ihnen besondere Vorteile für ihre Sicherheit auf der Reise nach und von dem Jahrmarkt oder während der Vorbereitungen zum Jahrmarkt. Zwar beschränken sich sowohl einzelne Marktprivilegien, die auch die Jahrmärkte erwähnen, wie auch besondere Jahrmarktprivilegien auf die Zusicherung des uns bekannten Königsfriedens für Hinkunft, Aufenthalt und Rückkehr der Markt- oder Jahrmarktbesucher und ihrer Güter. Das geschah in Privilegien für Helmarshausen (1144), Aachen (1166), Eichstätt (1199).[83] Friedrich II. nahm 1220 die Besucher des neuen Jahrmarktes in Gelnhausen in seinen und des Reiches Schutz und verbot die Belästigung der ihn besuchenden Kaufleute in Personen und Gütern.[84] Ebenso verlieh König Heinrich den Besuchern des Jahrmarktes und Marktes der Neustadt Hildesheim

---

lässigkeit der späteren Uebersetzung s. die Bemerkung des Herausgebers Baumann S. 138.
83. Wilmans, Kaiserurk. d. Prov. Westfalen 2 n. 219; Westfäl. UB. 4 n. 117; Lacomblet 1 n. 412; Mon. Boica 29 a n. 563.
84. Reimer, Hess. UB. II 1 n. 140.

(1226) seinen Schutz.[85] Er erklärte im nächsten Jahre in seiner an Regensburg gerichteten Aufforderung zum Besuch des Allerheiligen-Jahrmarkts in Würzburg, daß die Regensburger ihn unter seinem sicheren Geleit und besonderen Schutz besuchen könnten mit dem Recht und der Freiheit, wie er sie allen Besuchern seiner Jahrmärkte zu Frankfurt und Donauwörth verliehen habe.[86] Hiernach blieb der alte Königsfrieden bestehen in der Form des königlichen Schutzes und Geleits, die namentlich den Besuchern königlicher Jahrmärkte zuteil wurden. Zusammen mit den vier Jahrmärkten in Aachen und Duisburg gewährte Friedrich I. den flandrischen Kaufleuten 1173 Geleit für ihre Personen und Güter bei ihrer Fahrt auf dem Rhein zu Berg und zu Tal, sowie bei ihren Reisen im Reiche zu Wasser und zu Lande; wer ihnen Gewalt und Unrecht zufügte, verlor des Kaisers Huld.[87] Uebrigens unterschied sich auch der bei der Neugründung von Märkten verliehene Königsfrieden, wie z. B. bei Gründung des Marktes in Staffelstein durch Lothar III. (1130) oder in Obernkirchen durch Friedrich I. (1181),[88] in keiner Weise von dem älteren Königsfrieden der vorhergehenden Periode. Ein fürstlicher Marktherr, wie Konrad von Zähringen, verlieh bei der Gründung des Marktes Freiburg i. Br. (1120) den Besuchern des neuen Marktes Frieden und Sicherheit der Reise innerhalb seines fürstlichen Herrschaftsbereichs; er versprach sogar bei Beraubung eines Besuchers in seinem Bereich, wenn er den Räuber nenne, Rückgabe und Ersatz des Geraubten.[89] Das mag schon damals ein ungewöhnliches Lockmittel gewesen sein. Aber auch die Herren von Jahrmärkten boten den Besuchern besondere Vergünstigungen für ihre Reise.

---

85. Doebner, UB. d. St. Hildesheim 1 n. 96.
86. Mon. Boica 30 a n. 685.
87. MG. Const. I n. 239 § 9.
88. Mon. Boica 29 a n. 455, Heinemann, Cod. dipl. Anhalt. 1 n. 608.
89. Fr. Beyerle S. 77.

Bischof Gebhard von Würzburg verlieh in seiner Eigenschaft als Bischof und Herzog den Besuchern des neuen Jahrmarktes von Schwäbisch-Hall (1156), dessen Dauer auf sieben Tage bemessen war, einen vierzehntägigen Frieden[90] und bedrohte dessen Bruch mit dem Bann.[90] Das bedeutete eine Erweiterung der Friedenszeit um das Doppelte. Die westfälischen Stadtrechte von Lippstadt und Hamm sicherten die Besucher ihrer Jahrmärkte auch noch für die Dauer von je zwei Tagen vorher und nachher gegen gerichtliche Schuldklagen oder sonstige Anklagen, außer wenn es sich um Verbannte und Geächtete oder um neue schwere Vergehen handelte.[91] Eine gewisse Verlängerung der Jahrmarktzeit wurde auch den flandrischen und anderen Kaufleuten, welche die vier Jahrmärkte von Aachen und Duisburg besuchten, zugestanden. Sie durften nach dem Schluß des eigentlichen Jahrmarktes noch weitere vierzehn Tage, ebenso lange wie der Jahrmarkt selbst dauerte, bleiben, nur war ihnen während dieser Zeit der Verkauf ihrer wichtigsten Ware, ihrer Tuche, verboten.[92] So bestand eine gewisse Neigung, die Dauer der Jahrmarktsvergünstigungen oder wenigstens einen Teil von ihnen zur Bequemlichkeit der Besucher zu erweitern. Es läßt sich überhaupt nicht sagen, ob überall die Dauer der Jahrmärkte genau feststand. Von dem Kölner August-Jahrmarkt heißt es, daß gewisse Zollsätze während seiner Dauer gelten sollten, solange das Kreuz, das Symbol des Marktfriedens, aufgerichtet war.[93] Andere Vorrechte, welche die Besucher auf dem Jahrmarkte genossen, betrafen das Gerichtsverfahren. Zunächst gewährten sie den Kaufleuten Sicherheit vor älteren Schuldklagen, deren Verfolgung am Gericht des Marktortes während des Jahrmarktes die Kaufleute von vornherein

---

90. Wirtemb. UB. 2 n. 354.
91. Keutgen, Urk. n. 142, 143.
92. MG. Const. 1 n. 239.
93. Hans. UB. 1 n. 22.

vom Besuch des Jahrmarktes abgehalten oder ihre freie Tätigkeit während des Jahrmarktes gelähmt hätte. Friedrichs I. Privileg für die Aachener Jahrmärkte von 1166 ordnete an, daß kein Kaufmann oder sonst Jemand während der Marktzeit einen Kaufmann gerichtlich belangen dürfe wegen Zahlung einer älteren Schuld oder wegen einer anderen Handlung, die vor dem Jahrmarkt begangen war; nur bei Vergehen während der Marktzeit selbst sollte das Gericht auch während der Marktzeit Recht sprechen.[94] Was die Stadtrechte von Lippstadt und Hamm, wie vorhin gesagt wurde, über die Freiheit der Jahrmarktbesucher von Schuld- und anderen Klagen während einiger Tage vor und nach dem Jahrmarkt festsetzten, galt natürlich vor allem für den Jahrmarkt selbst, außerdem allerdings auch für die Tage des Wochenmarktes und für die Sonntage.[95] Auch scheint den fremden Kaufleuten, wenn sie als organisierte Gemeinschaft auf Jahrmärkten auftraten, eine gewisse eigene Gerichtsbarkeit eingeräumt worden zu sein. König Heinrich erklärte 1227 in seiner an Regensburg gerichteten Aufforderung zum Besuch des Würzburger Herbst-Jahrmarktes, daß er den Regensburgern und ihrem Hansagrafen „alles Gericht und Freiheit", wie sie es auf den anderen königlichen Jahrmärkten ausübten, auch für den Würzburger Jahrmarkt übertrage.[96]

Von besonderer Wichtigkeit für die Besucher des Jahrmarktes war die Behandlung der Zölle. Eine Zollbegünstigung konnte das stärkste und wirksamste Mittel zur Heranziehung und Vereinigung des Fernhandels auf den Jahrmärkten sein. Wiederholt tritt

---

94. Lacomblet 1 n. 412.
95. a. a. O. Auch das Stadtrecht für Zütfen von 1190 erstreckte die Zollfreiheit des Haupttages des Wochenmarktes, wenn die Besucher an ihm „expediti non fuerint", auch auf die nächsten Tage. Sloet, OB. d. grafsch. Gelre en Zutfen 1 n. 376.
96. Mon. Boica 30 a n. 685. Vgl. hansische Geschichtsblätter Jg. 1909, S. 80 f.

die verschiedene Behandlung der Zölle zur Zeit
der Jahrmärkte und während des übrigen Jahres hervor.
Nicht freilich überall findet man sie. Friedrich I. verlieh
1166 den Besuchern der neuen Aachener Jahrmärkte vollständige Zollfreiheit, erstreckte dieselbe aber zugleich über
das ganze Jahr. Die meisten Abmachungen, welche die
Erzbischöfe von Köln und die Stadt Köln vom Anfang des
12. bis zum Anfang des 13. Jahrhunderts über die Höhe der
Verkehrsgebühren in Köln für die in Köln verkehrenden
Kaufleute von Lüttich, Huy, Dinant und Verdun bekundeten,
gehen auf den Unterschied der Zollbehandlung dieser Kaufleute während und außerhalb der Jahrmärkte ein. Die Bestimmungen von 1103[97] über den Verkehr der Kaufleute aus
Lüttich und Huy zeigen, daß auch zwischen den einzelnen
Jahrmärkten Unterschiede bestanden. Die Zollsätze auf
dem Augustjahrmarkt wichen zum Teil von denen des
Oster- und des Severinsmarktes ab. Wiederum gab es damals Zolleinheiten, wie die Sauma, dessen Zollsatz während
des ganzen Jahres, auch in der Jahrmarktzeit, unverändert
blieb. Nach den Vereinbarungen von 1171 mit den Dinanter
Kaufleuten unterschied sich der Zoll von Kupfer, welches
die Dinanter während des Severinsmarktes (im Herbst)) in
Köln erwarben, von dem während des übrigen Jahres.[98]
Für die Kaufleute von Verdun, die in Köln verkehrten, bot
der Augustmarkt besondere Zollvorteile; sie bezahlten
(1178—1191), während durch das ganze Jahr der Zoll von
den üblichen Zolleinheiten zu entrichten war, im Augustmarkt von vornherein nur eine Rekognitionsgebühr von insgesamt 4 Denaren und 2 Pfund Gewürz und waren damit
für den Jahrmarkt zollfrei.[99] Die Zollsätze, welche für
einzelne Gruppen von Besuchern Kölns in den Kölner Urkunden genannt werden, stellen nicht immer eine unmittelbare Bevorzugung der Jahrmarktzeit vor der Zeit des

---

97. Hans. UB. 3 n. 601.
98. Hans. UB. 1 n. 22, vgl. n. 61.
99. Höniger, Kölner Schreinsurk. II 1, S. 293.

übrigen Jahres dar, vielmehr anscheinend eine Benachteiligung. Die Dinanter Kaufleute bezahlten beispielsweise, nach den Bestimmungen von 1171, vom Zentner Kupfer, den sie während des Severinsmarktes in Köln kauften, 4 Den.; während des ganzen übrigen Jahres nur 1 Denar; sie bezahlten von dem großen Wagen Waren (außer Kupfer) beim Abzug von dem Augustmarkt 8 Denare, während des übrigen Jahres nur 4 Denare. In diesen und in anderen Fällen kennen wir aber die besonderen und verschiedenen Bedingungen, unter denen die fremden Kaufleute in Köln und auf dem Wege über Köln während der Kölner Jahrmärkte und während der übrigen Jahreszeit Handel trieben und treiben konnten, zu wenig, um mit Bestimmtheit sagen zu können, daß die verschiedene Zollbehandlung während der Jahrmarktzeit und der übrigen Zeit in solchen Fällen eine im ganzen genommene tatsächliche Verschärfung der Belastung gerade des Jahrmarkthandels gegenüber dem Nicht-Jahrmarkthandel bedeutet hätte. Beachtenswert bleibt jedenfalls die Verschiedenheit der Zollbehandlung auch hier. Große Zollbegünstigungen boten die von Friedrich I. 1173 für die Kaufleute Flanderns eingerichteten vier Jahrmärkte in Aachen und Duisburg. Sie waren zollfrei, wie sie das erwähnte Privileg Friedrichs für Aachen, mit dessen neuen Jahrmärkten die beiden dort auch für die Flandrer eingerichteten fast ganz zusammenfielen, hinsichtlich der Aachener Jahrmärkte bereits ausdrücklich festgesetzt hatte. Auch nach dem Schluß der Aachener Jahrmärkte bestand in Aachen gemäß dem Privileg von 1166 für die Flandrer Zollfreiheit. Daher wurde für die Duisburger Jahrmärkte eine besondere Bestimmung über die Zollbehandlung der Flandrer getroffen. Die Verordnung setzte für die Flandrer nach Ablauf der oben besprochenen vierzehntägigen Verlängerungsfrist der eigentlichen Jahrmärkte den Zoll in Duisburg in derselben Höhe fest, den sie in Köln bezahlten. Sie fügten hinzu, daß die Flandrer die Gebühren von der Wage entrichten sollten. Danach scheint es, daß auf den für die Flandrer eingerichteten Jahrmärkten, wenigstens in Duisburg, den fremden Kaufleuten auch der Gebrauch der öffentlichen Wage gebührenfrei zustand. Andere Vorzüge betrafen die Art des Handelsbetriebs auf den Jahrmärkten. Den Kaufleuten von Lüttich und Huy war es, laut dem Privileg von 1109, bei ihrem Verkehr in Köln nur während der Jahrmärkte erlaubt, ihre Tücher und übrigen Waren mit der halben Elle oder nach beliebigem Maß zu verkaufen. Während der übrigen Jahreszeit bestanden demnach für den Verkauf Vorschriften,, die den Kleinhandel beschränkten. Auf die Beseitigung solcher Beschränkungen zielt auch die Verordnung Friedrichs I. über die Aachener Jahrmärkte von 1166, die den fremden Kaufleuten den Handelsbetrieb in Aachen während der neuen Jahrmärkte und auch sonst während des ganzen Jahres, den Kauf und Verkauf ihrer Waren in der Weise gestattete, wie sie es selbst wollten.[100] Weitere Vorteile verschafften sich die Kaufleute für den Münzverkehr auf den Jahrmärkten. Die Nürnberger Kaufleute durften nach dem Privileg Friedrichs II. von 1219, auf den Jahrmärkten von Donauwörth und Nördlingen mit Nürnberger Geld wechseln und Edelmetall kaufen. Für den Nördlinger Jahrmarkt war es sogar gestattet, daß der Nürnberger Münzmeister selbst dort Nürnberger Geld pägte.[101] Auf den vier Jahrmärkten, die Friedrich I. für die Flandrer in Aachen und Duisburg einrichtete, werden zum Nutzen der Kaufleute eigene Münzen geschlagen, in Duisburg Pfennige, in Aachen Hälblinge, beide von so gutem Korn, daß ihre Mark die Kölner Münze noch um einen Pfennig übertraf, eine Münze also, die noch um ein Geringes vollwichtiger war als die schon bewährte Kölner Münze.[102]

---

100. Lacomblet 1 n. 412: et sua commercia vendant et emant, prout ipsi voluerint.
101. Mon. Boica 30 a n. 643.
102. MG. Const. 1 n. 239 § 3.

Nur vereinzelte Nachrichten werfen Licht auf den Unterschied, der zwischen den Jahrmärkten und dem gewöhnlichen Betrieb auf den Wochenmärkten bestand. Augenscheinlich gab es in den einzelnen Orten und Jahrmärkten mancherlei Verschiedenheit der Art und des Grades der den Jahrmarktbesuchern gewährten Vorzüge und Vorrechte.

Es wäre ein Irrtum, wenn man annehmen wollte, daß jeder Jahrmarkt alle einzelnen Vorzüge, die wir aufzählten und die uns bekannt sind, besaß oder besitzen mußte. Das war keineswegs der Fall. Der eine bot seinen Besuchern diese, der andere jene Vorrechte oder Vorteile. Die Zollbehandlung der Fremden während der Jahrmarktszeit stellte dieselben mitunter sogar teilweise ungünstiger als außerhalb der Jahrmarktszeit oder begünstigte sie nicht eigens während der Jahrmarktszeit, so daß für wichtige Waren die Zollsätze während und außerhalb der Jahrmarktszeit dieselben blieben. Wir sahen dies bei den Kölner Jahrmärkten. Dasselbe kam, nach dem Stadtrecht von c. 1190, in Trier vor: Eisen, das auf Wagen nach Trier geführt wurde, zahlte an den Jahrmärkten doppelt so viel Zoll wie sonst.[103] Jedenfalls gewährte aber jeder Jahrmarkt den fremden Kaufleuten bestimmte, begehrte und wertvolle Vorteile vor der übrigen Verkehrszeit des Jahres.

Im ganzen gewinnt man den Eindruck, daß die Jahrmärkte sich großer Beliebtheit erfreuten und als wirksames Mittel zur Anregung des Verkehrs, besonders des Fernhandels, galten und dienten. Sie bildeten für die Städte vielfach die Grundlage des Rufes, den sie im allgemeinen Verkehr genossen. Die Städte waren daher bedacht auf die Pflege dieser Einrichtung. Das gab sich überhaupt kund in ihrem Verhalten bei Gelegenheiten, die den Bestand oder

---

103. Quellen z. Rechts- u. Wirtschaftsgeschichte I S. 4, Z. 34 ff. Auch die Echternacher, die „pennas et pellicia" nach Trier brachten, bezahlten von ihrem Verkaufstisch auf dem Markt gewöhnlich einen halben, am Jahrmarkt einen ganzen Denar, S. 5, Z. 30 ff.

das Gedeihen der Jahrmärkte berührten. Zu der Festsetzung der Zölle und anderer Rechte der fremden Kaufleute in Köln, besonders auch auf den Kölner Jahrmärkten, wurden meist auch Vertreter der Gemeinde zugezogen, die Schöffen oder mit ihnen noch andere Bürger, oder sie wurden ausschließlich getroffen zwischen Schöffen und einflußreichen Bürgern einerseits und Vertretern der fremden Kaufleute andererseits und in einzelnen Fällen auch in die bürgerlichen Schreinskarten eingetragen. Nach dem Stadtrecht von Enns (1212) übernahmen sechs geeignete Bürger die eidliche Pflicht, Anordnungen zu treffen über den Markt und alle Angelegenheiten, welche die Ehre und den Nutzen der Stadt betrafen.[104] Vor der Gründung der neuen Jahrmärkte in Aachen hörte Friedrich I. über die Frage, ob jene nicht die Jahrmärkte in der Umgebung Aachens schädigen könnten, erst den Rat der Kaufleute in den Nachbarstädten.[105] Daher erhoben die Bürgerschaften Widerspruch gegen Maßnahmen der Stadtherren, welche die alte Ordnung der Jahrmärkte störten. Bischof Godebald von Utrecht hatte auf Wunsch einiger Bürger die bisher alle in dem unteren Stadtteil „Stathe" stattfindenden vier Jahrmärkte so geteilt, daß zwei von ihnen in dem Stadtteil am Neuen Graben abgehalten wurden, die beiden anderen an der alten Stelle verbleiben sollten.[106] Dem widersetzte sich der größte Teil der Stadt und sämtliche Kaufleute unter Berufung auf die alte Gewohnheit. Schließlich, wenige Wochen vor seinem Tode, gab der Bischof infolge der Fürsprache des Herzogs von Löwen, der Herren von Kuik und anderer dem Wunsche der Mehrheit nach und sicherte den Kaufleuten die freie Wahl der Oertlichkeit für ihr Wohnen und ihren Handel zu, womit der Streit zu Gunsten des Ver-

---

104. UB. d. Landes ob d. Enns II n. 377.
105. Lacomblet 1 n. 412.
106. v. d. Bergh, OB. v. Holland en Zeeland 1 n. 113; Hans. UB. 1 n. 9. Vgl. Oppermann, Untersuchungen z. Gesch. v. Stadt u. Stift Utrecht, Westdeutsche Zeitschrift 27, S. 206 f.

bleibens der vier Jahrmärkte an ihrem herkömmlichen Standort entschieden war. Vorgänge wie diese haben sich in der Geschichte der Städte oft wiederholt. Hier liegen auch die Gründe für das Festhalten an der alten Oertlichkeit deutlich zutage. Der Bischof gab selbst zu, daß der alte Stadtteil passender und die Häuser dort für den Marktbetrieb fester und zweckmäßiger gebaut seien. Die Verlegung der beiden Jahrmärkte in einen anderen Stadtteil zwang, was ebenfalls zum Ausdruck kommt, die fremden Kaufleute, dort Herbergen zu beziehen und sich für den Jahrmarktbetrieb einzurichten. Die Fremden hätten bei ihrem Besuch der Stadt im Laufe des Jahres verschiedene Herbergen in Anspruch nehmen müssen. Die teilweise Entwertung der alten Marktstätte und ihrer Umgebung war zugleich verbunden mit einer Rücksichtslosigkeit gegen die Fremden. Es liegt auf der Hand, daß der Plan des bischöflichen Stadtherrn für einen Handelsort von der Bedeutung Utrechts unpraktisch und gefährlich war. Gegen ein ähnliches, dem Gedeihen der Stadt schädliches Eingreifen der stadtherrlichen Gewalt sicherten sich die Bürger von Passau 1164 durch ein nachdrückliches Privileg ihres Bischofs. Er schenkte ihnen für alle Zeiten den Jahrmarkt, der schon bisher zu einer bestimmten Zeit im Sommer stattgefunden hatte, und setzte fest, daß auch seine Nachfolger an dieser Tatsache unter keinen Umständen etwas ändern durften. Die ungewöhnlich eindringliche Mahnung, die der Bischof an die Nachwelt richtete, sollte dazu dienen, jeden zukünftigen Versuch einer Aenderung an dem gegebenen Bestand der Schenkung zu verhindern.[107]

Den Verkehr auf den Wochenmärkten und den Jahrmärkten schützte, wie in früherer Zeit, der Marktfrieden,

---

107. Mon. Boica 28 b, S. 239 f. n. 26: ut nulli successorum nostrorum liceat ex aliqua industria hoc factum de loco suo movere, destruere, infirmare, infringere aut novis adinventiis vel excogitatis versuciis disturbare vel inmutare, sed cunctis diebus presentis seculi apud omnes homines ratum et inconvulsum permaneat.

der in immer zahlreicheren Fällen ein Stadtfrieden wurde. Des Verkehrs zwischen den Marktorten, namentlich den Jahrmärkten, nahm sich jetzt die Friedensbewegung an, die, vom Westen her im Reiche sich ausbreitend, in der Form von Gottesfriedens- und Landfriedensgesetzen der gesamten Bevölkerung die Pflicht auferlegte, sich um die Erhaltung der öffentlichen Sicherheit selbsttätig und im Zusammenwirken aller gesetzlichen Gewalten zu bemühen. Sie forderte und bezweckte vor allem den Schutz der Teile der Bevölkerung, die an sich schwach und schutzbedürftig waren, und der Berufe, die unter den Störungen und Verletzungen der öffentlichen Sicherheit am meisten zu leiden hatten. Zum ersten Mal erscheinen die Kaufleute wieder als ein Berufsstand, der von der Gesamtheit, vom Königtum und von den anderen öffentlichen Gewalten, als solcher anerkannt wurde und dessen besonderer Art die allgemeine Gesetzgebung Rechnung zu tragen hatte. Die Friedensgesetzgebung schützte die Frauen und die Angehörigen des geistlichen Standes; sie schützte die Wohnungen und die Dörfer, die geweihten Stätten, die außerhalb des unmittelbaren Schutzbereiches der Dörfer befindlichen gemeinnützlichen Anlagen wie die Mühlen; sie schützte besonders auch die Leute, welche ihr Beruf der Gefährdung durch Ueberfall und Gewalttätigkeit am leichtesten aussetzte, die Bauern bei ihrer Feldarbeit, die Jäger beim Waidwerk, die Fischer beim Fischfang, die Kaufleute auf der Reise. Während des ganzen Zeitraumes, beginnend in den unheilvollen Jahrzehnten der Bürgerkriege, verkündeten und befahlen die Friedensgesetze den Frieden, den die Kaufleute und überhaupt die Reisenden genießen sollten. Sie betonten, wie der Bamberger Gottesfrieden von 1085, daß den Kaufleuten der Friede galt, wenn sie auf der Handelsfahrt begriffen waren.[108] Der Brixener Landfriede von 1229 schloß mit den Kaufleuten alle auf öffentlicher Straße Reisenden

---

108. MG. Const. 1 n. 425 § 16.

in die Sicherheit des Friedens ein.[109] Zwischen den Friedensgesetzen, die sich auf das ganze Reich erstreckten, und denen, die für engere und einzelne Gebiete erlassen oder erneuert wurden, war kein Unterschied; ausnahmsweise nahm der bayerische Gottesfriede von 1094 die Kaufleute, die Pferde in das Ausland verkauften, von dem Frieden aus.[110] Weil der häufige Bruch des öffentlichen Friedens hauptsächlich den Teilen der Bevölkerung zur Last fiel, die den Anspruch erhoben auf die Führung der Kriegswaffen und auf ihre Geltung als der Kriegerstand des Reiches, glaubte die Gesetzgebung dem Frieden zu dienen und die ständischen Gegensätze zu mildern, wenn sie den unteren Ständen die Freiheit des Waffentragens verwehrte. Sie schränkte das Waffentragen der Bauern ein. Den Kaufleuten schrieb der Reichslandfrieden Friedrichs I. von 1152 vor, auf ihrer Handelsfahrt das Schwert am Sattel zu befestigen oder es auf den Wagen zu legen, damit es nicht dazu diene, Unschuldige zu verletzen, sondern den Straßenräuber abzuwehren.[111] Diese Vorschrift bot für manche Gegend im Reiche sicher keinen ausreichenden Schutz. Die Gesetzgebung erneuerte sodann allgemein den Frieden, der den Straßen und dem Verkehr auf ihnen seit alters gebührte. Alle Straßen zu Lande und zu Wasser, sagten beide Landfrieden König Heinrichs (VII.) von 1223 und aus einem späteren, vielleicht dem nächsten Jahre, sollen den Frieden genießen, den sie von alter Zeit her hatten.[112] Auch der Sachsenspiegel beruft sich auf den alten Frieden, wonach des Königs Straße zu Wasser und auf dem Lande und Jeder, der sie benutzte, steten Frieden genießen sollen.[113] Die Gesetzgebung bemühte sich auch, nach Möglichkeit die Anlässe zu beseitigen, aus denen eine Störung

---

109. Das. 2 n. 426 § 5.
110. Das. 1 n. 427 § 1.
111. Das. 1 n. 140 § 13.
112. Das. 2 n. 280 § 9, n. 284 § 3.
113. Sp. II Art. 66 § 1.

des Friedens bei dem Verkehr auf den Straßen folgen konnte. Unbequemlichkeiten entstanden für die Kaufleute und die Reisenden überhaupt abgesehen von der Unsicherheit aus der Mangelhaftigkeit vieler Wegestrecken, den Schwierigkeiten der täglichen Verpflegung und der mitunter ansehnlichen Zahl der zusammenreisenden Menschen und Tiere, Mißstände, die oft ein nur langsames Weiterkommen gestatteten. Daß diese Reiseschwierigkeiten nicht selten zu Mißhelligkeiten mit den Ortsbewohnern führten, ist leicht erklärlich. Daher gab die Friedensgesetzgebung Vorschriften über das Füttern der Pferde auf der Reise. Der Reisende sollte dicht am Wege oder mit einem Fuße auf dem Wege stehend nur soviel Futter für sein Pferd aus der Saat schneiden dürfen, wie er mit der Sichel oder dem Messer oder dem Schwert erreichen könne; er sollte aber nichts davon auf Vorrat mitnehmen. Gras darf nicht geschnitten werden, bestimmt der Landfrieden von 1179, aber man darf das Pferd im Grase weiden lassen. Mit Kräutern und dem grünen Laub des Waldes kann der Reisende nach Belieben, doch ohne Verwüstung und Schaden anzurichten, sein Pferd versorgen.[114] Außer auf die christliche Bevölkerung, sofern sie eines besonderen Schutzes bedürftig erschien, erstreckte sich, aus demselben Grunde, die Friedensgesetzgebung auch regelmäßig auf die Juden.

Der Verkehr im Reiche, der besonders im Laufe des 12. Jahrhunderts kräftig gedieh, bewegte sich auf Wasser- und Landwegen. Wir werden hernach sehen, daß für die Entwicklung des inneren Verkehrs im Reiche wie schon früher so auch jetzt die großen Ströme die wichtigsten Richtlinien angaben. Auch die kleineren Flüsse und Flüßchen hatten ihren Anteil daran. Aber die allgemeine Zunahme des Verkehrs brachte natürlich der Schiffahrt auf den größeren

---

114. MG. Const. 1 n. 140 § 20 (1152), n. 277 § 13 (1179), 2 n. 280 § 8 (1223)), n. 284 § 8 (1224?). Im einzelnen zeigen die Bestimmungen kleine Abweichungen.

Flüssen mit der Zeit den größten Vorteil. Denn allein auf diesen war eine erhebliche Steigerung des Güterverkehrs auf Grund des Umfangs und der Zahl der Transportmittel möglich, und außerdem traten die Vorteile der Schiffahrt auf den kleinen Flüssen doch allmählig vielerorten zurück gegen die durch das Aufkommen der Städte und die Belebung des Fernhandels tatsächlich erfolgende Verbesserung der Landwege und des Verkehrs auf ihnen. Wie schon früher, so wahrte auch jetzt das Königtum seinen Anspruch auf die oberste Regelung der Fragen, welche die Schiffahrt auf den Flüssen in ihrer Eigenschaft als öffentliche Straßen betrafen. Wiederholt fällten die Könige Entscheidungen über Flußregulierungen. Lothar ließ im Jahre 1131 auf die Beschwerde der an der Sauer liegenden Abtei Echternach, daß ihre Schiffahrt auf der Sauer oft gehindert werde durch Bevollmächtigte das fahrbare Flußbett der Sauer auf eine Breite von 24 Fuß erweitern und festsetzen.[115] Eine Verordnung Friedrichs I. von 1165 suchte den Bewohnern der Diöcese Utrecht, die durch beständige Ueberschwemmungen des Rheins bedroht waren, Abhilfe zu verschaffen. Sie gestattete bei Rhenen die Anlage eines Kanals, der die gewaltigen Wasserfluten des Rheins zum Meere ableitete, bestätigte den Bestand des Dammes, der den damals für die Schiffahrt nicht mehr in Betracht kommenden Rheinarm (kromme Rijn) bei Wijk bij Duurstede gegen den Hauptstrom (Lijk) abschloß, und befahl die Zerstörung des weiter unterhalb am Rhein (Oude Rijn) westlich von Utrecht durch den Grafen von Holland errichteten Deiches, damit der Rhein, „die freie und königliche Straße", seinen altgewohnten Lauf behalte.[116]

Friedrich I. widerrief 1179 eine Maßregel, welche die Freiheit der Binnenschiffahrt beeinträchtigte. Er hatte die Ueberfahrt auf dem Ueberlinger See bei Unteruhldingen, die

---

115. Beyer, Mittelrhein. UB. 1 n. 472.
116. MG. Const. 1 n. 228; Hans. UB. 1 n. 18; W. Vogel, Hans. Geschichtsbl. 1909, S. 17 f. und Karte

früher frei gewesen war, dem Grafen von Pfullendorf zu Lehen gegeben; infolge des Einspruchs der Fürsten auf dem Konstanzer Hoftage stellte er ihre Freiheit wieder her.[117] Das Reich konnte jetzt, da es die Flüsse als freie, königliche Straßen betrachtete, dazu fortschreiten, mit veralteten, der Entwicklung der Binnenschiffahrt hinderlichen Rechtsansprüchen aufzuräumen. Heinrich VI. hob 1196 für das ganze Reich das Gewohnheitsrecht auf, welches die auf den Flüssen mit ihren Gütern fahrenden Kaufleute bei Schiffbruch außer dem Schaden, den sie durch Verlust und Beschädigung des Guts erlitten, noch mit Abgaben von dem geretteten Gut belastete.[118] Wurde hier das Recht der Grundruhr für die Flußschiffahrt beseitigt, so verbot König Philipps Privileg für Regensburg vom Jahre 1207 bei Strafe der Acht allgemein, den Schiffbrüchigen die ins Wasser geratenen Waren unter dem Vorwand des Grundruhrrechtes wegzunehmen.[119] Für die Binnenstädte, die nicht an größeren Flüssen lagen und für ihre Verbindung mit solchen oder mit der See auf kleinere Flüsse angewiesen waren, bedeutete die Freiheit von der Grundruhr eine wesentliche Verkehrserleichterung. Das zeigt das Beispiel Braunschweigs. Das älteste, auf uns gekommene Stadtrecht von Braunschweig, die Rechte und Freiheiten des Hagens, die sich auf Heinrich den Löwen zurückführten und sicher in das Ende unseres Zeitraumes gehören, haben an ihrer Spitze Bestimmungen über die Flußschiffahrt zwischen Braunschweig und Bremen; wenn dabei Güter ins Wasser fallen oder sonst verunglücken, soll ihre Eigentümer deshalb keine Strafe oder Schuld treffen, vielmehr steht ihnen ohne weiteren Schaden freie Verfügung über ihr gerettetes Gut zu.[120] Dem Recht des Königs auf die

---

117. Reg. Badensia n. 99; Fürstenberg. UB. 5 n. 107 u. Anm. 1.
118. MG. Const. 1 a 373.
119. Regensburger UB. 1 n. 48 (Mon. Boica 52 NF. 7).
120. UB. d. St. Braunschweig 1 n. 1.

Wasserstraßen entsprach es, daß auch die Leinpfade als öffentliche Straßen galten. Friedrich I. bekundete in dem Reichsurteile über die Zölle am Main vom Jahre 1157, daß der Leinpfad am Main, den die Kaufleute bei der Bergfahrt zum Schiffsziehen benutzten, ein königlicher Weg sei.[121] Ebenso galt am Rhein der Leinpfad, auf welchem die Kölner, wie der zwischen Erzbischof Philipp und der Stadt Köln 1180 abgeschlossene und von Friedrich I. bestätigte Vergleich zeigt, ohne Einwilligung ihrer Erzbischöfe Gebäude errichtet hatten, als öffentlicher Weg.[122]

Mit der Zunahme des inneren Verkehrs wurden die Kreuzungsstellen des Fluß- und Landesverkehrs wichtiger. Häufig erscheinen Fähren und Ueberfahrten auf dem Ober-, Mittel- und Niederrhein,[123] auf der Mosel,[124] auf dem Main bei Frankfurt,[125] auf dem Neckar bei Heidelberg,[126] auf dem Inn bei Passau,[127] auf der Weser,[128] außerdem an der Mündung der Lune in die Weser,[129] auf der Elbe bei Meißen und im Magdeburgischen.[130] Fähren, Ueberfahrten und

---

121. MG. Const. 1 n. 162.
122. Quellen z. Gesch. d. St. Köln 1 n. 95 und 95.
123. Für Schaffhausen (S. 10 a), navales transitus in Rheno, Lacomblet 2 n. 30 (1210) MG. SS. XIV, S. 564: Die Rheinfähre zwischen Köln und Deutz wird während des früheren Mittelalters in der Kölnischen Ueberlieferung nicht erwähnt, vgl. Keussen, Topographie d. St. Köln 1, S. 141, 13, dagegen öfter im altfranzösischen Epos, s. Ramppis, D. Vorstellungen von Deutschland im altfranzösischen Heldenepos u. Roman (Beihefte z. Zeitschr. f. roman. Philol. 34) S. 22, 44.
124. Bei Rachtig (1085), Lacomblet 1 n. 237.
125. Boehmer-Lau, UB. d. Rst. Frankfurt 1 n. 20 (1139).
126. navalem transitum, quod vulgo dicitur passagium, Boos, UB. d. St. Worms 1 n. 121 (1218).
127. portum sive passagium Eni fluminis, UB. d. Landes Ob d. Enns 2 n. 80 (nach 1075).
128. Westfäl. UB. 6 n. 176 (1227).
129. Lappenberg, Hamburg. UB. 1 n. 333 (1202).
130. Cod. dipl. Sax reg. I 2 n. 293 (II 1 n. 52) (1160); I 2 n. 157 (1142); Heinemann, Cod. dipl. Anhalt. 1 n. 643 (1185).

sonstige Vorrichtungen für den Schiffsverkehr waren mit Zöllen oder anderen Abgaben verbunden. Sie würden kaum genannt werden, wenn sie nicht als Erwerbsquellen vielfach Gelegenheit zu rechtlichen Vereinbarungen und Bestimmungen geboten hätten. Meist erscheinen sie im Besitz geistlicher Stifter: Das Kloster St. Nikolaus in der Passauer Vorstadt besaß die Ueberfahrt über den Inn mit allen Nutzen daraus, war aber verpflichtet zum unentgeltlichen Uebersetzen der Wollfahrer.[127] Einkünfte vom Schiffsverkehr bezogen das Lütticher Kloster St. Johann in Visé an der Maas, das Kölner Kloster St. Pantaleon in Wessem an der Maas (holländ. Limburg),[131] das Kloster Riesa an der Elbe im Bistum Meißen von der Ueberfahrt, die ihm gehörte,[132] der Bischof von Konstanz von der Rheinfähre in Konstanz.[133] Die Neckarfähre bei Heidelberg gehörte dem Andreasstift in Worms und befand sich als Lehen in der Hand des Ritters von Weibelstat, der sie dem Kloster Schöngau verkaufte. Das Andreasstift behielt sich dabei unentgeltliche Ueberfahrt seiner Stiftsangehörigen und Boten vor.[134] Im Jahre 1230 erwarb der Bischof von Speyer die Ueberfahrt bei Ketsch unterhalb Speyer für sein Bistum und hob sie auf, um der Ablenkung des Verkehrs von der Hauptüberfahrt ein Ende zu machen.[135] Wichtig für den Verkehr, wie die Fähren, waren die Uferplätze, an denen der Schiffsverkehr stattfand. Auch hier gingen Anregungen zu Verbesserungen von den Kaufleuten aus. Fremde Kaufleute, die häufig in Würzburg verkehrten, boten dem Bischof von Würzburg 110 Mark, um gewisse für den Handelsverkehr günstig gelegene Plätze am Ufer des Mains von den daraufstehenden Gebäuden zu befreien. Der Bischof nahm

---

131. Harzheim, Conc. Germ. 3, S. 317 (1131); ex reditu navium, Cart. de l'église S. Lambert de Liège 1 n. 34 (1118): cum omnibus appenditiis in portu.

132. Cod. dipl. Sax. reg. 1 3 n. 16 (1197).

133. Wirtemb. UB. 2 n. 352 (1155).

134. Boos, a. a. O. (1218).

135. Hilgard, Urk. z. Gesch. d. St. Speyer n. 44.

im Jahre 1189 das Angebot an und ließ die Gebäude abtragen. Zur Wiedererstattung jener Geldsumme wurde auf dem gewonnenen Gelände ein Zoll erhoben, der nach Aufbringung des Geldes wieder wegfallen sollte.[130] Größer erscheint der Fortschritt der Zeit auf dem Gebiete des Brückenwesens und des Brückenbaus. Die nachsalische Zeit unternahm, zum ersten Mal seit der fränkischen Epoche, große Werke zur Ueberschreitung ansehnlicher Flüsse, die bedeutende technische Kunst erforderten. Die Donau wurde bei Regensburg, der Inn an seiner Mündung bei Passau, der Rhein bei Basel überbrückt. Süddeutschland ging auch auf diesem Gebiet dem Norden voran. Rainald von Dassel, als er noch Dompropst von Hildesheim war, erbaute 1155 eine steinerne Brücke über die Innerste bei Hildesheim.[137] Eine ansehnliche Steinbrücke in Erfurt wird 1144 erwähnt.[138] Die Verwirklichung des großen Plans des Kanzlers Rainals aus der Zeit seiner erzbischöflichen Regierung, mit Hilfe der Kölner Bürger eine Rheinbrücke über den Rhein von Köln nach Deutz zu erbauen, ein ungleich schwierigeres Werk als alle anderen tatsächlich durchgeführten Brückenbauten, vereitelte der Tod des tatkräftigen Staatsmannes.[139] Die Zeit war überzeugt, mit solchen Werken dem gesamten Verkehr zu dienen. Der Bau einer neuen großen Brücke war ein Werk, das die Allgemeinheit anging. Als Friedrich II. 1220 die hölzerne Donaubrücke bei Donauwörth durch eine steinerne zu ersetzen beschloß, ließ er durch Boten, die unter dem Schutze des Reiches reisten, öffentlich zu freiwilligen Beiträgen für den Brückenbau auffordern.[140] An anderen wichtigen

---

136. Mon. Boica 37 n. 144.
137. Ficker, Reinald v. Dassel S. 8.
138. Cont. Admuntensis. MG. SS. IX, S. 580: pons lapideus magnae amplitudinis ad Erphisfurt.
139. Annales Egmund. MG. SS. 16, S. 465; Knipping, Reg. 2 808.
140. Huillard-Bréholles, Hist. dipl. Frid. II, 1, S. 814.

Stellen ersetzten die neuen Brücken die alten Fähren oder entzogen ihnen den Verkehr. Sie sollten besonders den Landverkehr erleichtern und beschränkten daher aus technischen Gründen in einem gewissen Umfang die Freiheit der Flußschiffahrt. Die neue Donaubrücke bei Regensburg, deren Bau im Jahre 1135 begann, ruhte auf nicht weniger als sechszehn Bogen und gewährte also nur schmale Durchfahrten für die Schiffe.[141] Für einen weiteren Landbezirk bedeutete der Bau einer neuen Brücke eine willkommene Erleichterung des Verkehrs, zugleich eine Eröffnung neuer Verkehrsgebiete. Die Klöster St. Blasien und Bürgeln im Schwarzwalde leisteten Beiträge zu den Kosten des Baues der Rheinbrücke bei Basel.[142] Die Vereinbarungen über den Brückenverkehr, die wir noch besitzen, bekunden den Wert, den man den neuen Werken beimaß, und die Sorgfalt, mit der man die Brücken pflegte und zu erhalten suchte. Hindernisse beim Brückenverkehr bemühte man sich aus dem Wege zu räumen. Gewiß bildeten auch die Einkünfte vom Brückenverkehr einen kräftigen Antrieb zum Bau eines oft schwierigen Werkes; denn die Einkünfte konnten wachsen, weil die Brücken den Verkehr glätteten, sicherten und vervielfältigten. Aber der Gesichtspunkt des unmittelbaren Nutzens, den die Brückenabgaben gewährten, erscheint bei Neubauten keineswegs vorherrschend. Brücken und Zoll gehörten freilich eng zusammen. Jene verursachten auch die Zollerhebung. Aber zweifellos erfreute sich die Zeit an den technischen Leistungen und sah in dem Bau stattlicher Brücken auch ein gemeinnütziges und gottgefälliges Werk. Bischof Reginbert von Passau versicherte im Jahre 1143, daß ihm für sein Seelenheil nichts mehr er-

---

141. Die Weite der Bogen beträgt nur 4 bis 7,6 m, nur Bogen 2 hat eine Weite von 10,4 m. Die Gesamtbreite der Durchlässe ist nicht größer als 95,1 m bei 304,5 m Strombreite. Verhandl. des hist. Vereins v. Oberpfalz u. Regensburg (1878) Bd. 33 und 34.

142. UB. d. Stadt Basel 1 n. 106; Wackernagel, Gesch. d. St. Basel 1, S. 22, 24.

wünscht erschienen sei, als über den Inn bei Passau eine Brücke zu bauen. Die Rechtsverhältnisse der berühmten steinernen Donaubrücke bei Regensburg, eines Denkmals der Leistungsfähigkeit des größten Handelsorts in Oberdeutschland und überhaupt an der Donau, setzte Friedrich I. 1182 selbst fest; es geschah im Einverständnis mit dem Bischof, dem Herzog und anderen Großen, und zugleich auf die Bitte der Stadt und des Brückenmeisters Herbord. Der Kaiser erklärte den Verkehr über die Brücke für frei und unentgeltlich, jede erzwungene Abgabe für unzulässig, nur freiwillige Beiträge zur Unterhaltung oder Wiederherstellung der Brücke für statthaft; die Grundstücke an beiden Brückenköpfen sollten bis zu einer Entfernung von 12 Schritten völlig unbebaut und dauernd für den Brückenverkehr frei bleiben; endlich dürfe die Brücke nicht durch übermäßige Belastung in Anspruch genommen werden..[143] Ebenso erfreute sich der Verkehr über die neue bei Konstanz über den Rhein gebaute Brücke der Abgabenfreiheit. König Philipp, in dessen Regierungszeit der Bau des großen Werkes fiel, bestätigte als Oberlehnsherr der Konstanzer Fähre einen zwischen dem Bischof und dem Grafen von Rondorf abgeschlossenen Vertrag, der dem Grafen die Fähre überließ und den Verkehr auf der Brücke von Zöllen und Abgaben freistellte. Der Uebergang über die Brücke, so bestimmte der König, sollte allen frei und ohne Entgelt offen stehen und nur den Kriegsleuten, die sie zur Verwüstung des Landes überschreiten wollten, verwehrt bleiben.[144] Auch der Verkehr über die Traunbrücke bei Wels konnte der Brückenherr, der Bischof von Würzburg, im Jahre 1140 dank der Stiftung eines Reichsministerialen von allem Zoll befreien; der Uebergang über die Brücke wurde durch besonderen Grundstückswechsel sicherge-

---

143. Regensburger UB. 1 n. 40 (Mon. Boica 53, NF. 7).
144. Zeitschr. f. d. Gesch. d. Oberrheins 27, S. 31; Beyerle und Maurer, Konstanzer Häuserbuch 1, S. 163 f., 176, 289 f., 366.

stellt.[145] Die neue Brücke über den Inn bei Passau, die Bischof Reginbert herstellte, war für alle frei und ohne Gebühren überschreitbar.[146] Friedrich II. hob 1220 den Zoll der damals noch aus Holz erbauten Donaubrücke bei Donauwörth auf und verfügte, daß sofort Jedermann die Brücke abgabenfrei überschreiten könne.[147]

Alle diese Nachrichten bekunden ein lebhaftes und allgemeines Empfinden für den Nutzen der Freiheit des Brückenverkehrs, die natürlich in erster Linie den örtlichen und landschaftlichen Beziehungen und auch der nicht handeltreibenden Bevölkerung zu gute kommen sollte. In Norddeutschland, wo Brücken und Zoll seltener erwähnt werden, spricht der Bischof Bruno von Hildesheim nach der Mitte des 12. Jahrhunderts bei der Neuerbauung des Hildesheimer Domhospitals davon, daß der Zoll auf der Brücke bisher mit Gewalt und Unrecht erhalten worden sei; weshalb er ihn aufhob mit Ausnahme der Abgaben von holzbeladenen Wagen.[148] Wo der Brückenbau ältere Ansprüche verletzte, wurden die Berechtigten entschädigt. Die Kanoniker von S. Nikolaus in Passau, zu deren Einkünften Abgaben von den Innfähre gehörten, erhielten beim Bau der Innbrücke als Entschädigung eine Kirche.[149] Den erwähnten Klöstern im Schwarzwalde, die einen Beitrag zum Bau der Baseler Rheinbrücke leisteten, gestand der Bischof von Basel freien Uebergang über die Brücke zu.[150]

Markt, Brücke und Zoll hingen oft rechtlich und örtlich nahe zusammen. Das Bistum Verden besaß in Uelzen den

---

145. UB. d. Landes Ob der Enns 2 n. 126 (u. 114); Simonsfeld, Hist. u. dipl. Forschungen, Sitzungsber. d. K. bayr. Akad. zu München 1898, S. 391 ff.
146. Mon. Boica 28 b n. 13.
147. Huillard-Bréholles, Hist. dipl. Frid. II. 1, S. 184; Mon. Boica 31 a n. 263.
148. Janicke, UB. d. Hochstifts Hildesheim 1 n. 323 (1161 [1159?]).
149. Mon. Boica 28 b n. 13.
150. UB. d. St. Basel 1 n. 106.

Zoll des Ortes und der Brücke,[151] das Bistum Lüttich in Visé; Heinrich der Löwe verlegte Markt, Brücke, Münze, und Zoll von Föhring gewaltsam nach München. In Erfurt war die Brücke selbst Handelsstätte; auf ihr befanden sich Schänken und Kramläden der Kaufleute.[152] Der Erweiterung des Markts in Merseburg bis zur Brücke und über sie hinaus sowie der Verlegung des Markts zu Innsbruck auf die andere Seite der Brücke wurde schon früher gedacht.

Die Brücken bildeten die Verlängerung der Straßen, Brückenpolitik war daher zugleich Straßenpolitik. In dem Wettbewerb der Straßen und Märkte untereinander treten auch die Brücken auf. Bei der Sühne zwischen dem Markgrafen von Meißen und dem Abt von Pegau, welche die benachbarten Bischöfe im Jahre 1219 vermittelten, wurden über Straße, Markt, Brücke und Brückenwege Vereinbarungen getroffen. Der Markgraf sollte die durch Groitzsch führende Straße gangbar machen und halten ohne Schädigung des Dorfes oder sie um das Dorf herumführen; in Groitzsch sollte weder ein Kornmarkt noch Münze oder Wechsel bestehen, sondern nur bestimmter Zoll von den Wagen erhoben werden; die neue Brücke sollte der Markgraf abbrechen und hinfort weder dort noch sonstwo eine andere zum Schaden des Klosters errichten; der Abt übernahm dafür Verpflichtungen hinsichtlich der durch Pegau führenden Straße und der Brückenwege.[153] Im übrigen hielt das Reich den Grundsatz der Freiheit des Verkehrs auf den öffentlichen Straßen, vor allem des Handelsverkehrs, aufrecht. Es sprach den Landesherren das Recht ab, den Handelsverkehr auf Reichsstraßen zu sperren. Ein

---

151. Lappenberg, Hamburg. UB. 1 n. 167; Cart. de l'église S. Lambert de Liège 1 n. 40.

152. Beyer, UB. d. St. Erfurt 1 n. 38 (1156): 2 tabernae super pontem rerum venalium; n. 189 ff. (1265): omnes pensiones, que de apotecis sitis in ponte mercatorum in Erfordia persolvuntur.

153. Kehr, UB. d. Hochstifts Merseburg 1 n. 166; Cod. dipl. Sax. I 3 n. 251 (zu 1218).

auf dem Hoftage in Nürnberg 1224 ergangenes Reichsurteil, welches die Frage beantwortete, ob irgendwelchen Leuten der Verkehr auf königlichen und öffentlichen Straßen zum Transport ihrer Waren und zur Ausübung ihrer Handelsgeschäfte von dem Landesherrn oder einem anderen untersagt werden könnte, entschied allgemein dahin, daß es keinem erlaubt sei, Jemand in seinen Handelsgeschäften zu hindern.[154] Die Gefahr, daß die Territorialgrenzen zu Verkehrsgrenzen werden konnten, lag angesichts der fortschreitenden Verselbständigung der Territorien nicht so fern. Um so notwendiger war es, dem Handelsverkehr, der die Territorien durchschritt, die Bewegungsfreiheit zu erhalten. Allerdings forderte auch die neue Entwicklung ihr Recht. Die Neugründung von Märkten und Jahrmärkten, die Verbesserung der Flußübergänge durch stehende und steinerne Brücken gaben naturgemäß Anlaß zu Aenderungen der Richtung des Verkehrs auf kürzeren oder längeren Strecken.

Die Verlegung des Marktes zu Limburg nach Hohenau am Fuße ihrer in der Innschleife liegenden Wasserburg durch die Hallgrafen, die auch die Grafschaft in Reichenhall besaßen, hatte zugleich die Verlegung der bisher den Inn bei Altenhohenau überschreitenden, von Reichenhall nach Oberbayern führenden Salzstraße nach Hohenau zur Folge, wo jetzt eine Brücke über den Inn gebaut wurde.[155] Auch die Verlegung des Föhringer Markts mit der Isarbrücke nach München durch Heinrich den Löwen änderte die Richtung jener wichtigen vom Inn kommenden Salzstraße. Solche Wandlungen bedeuteten nicht selten Fortschritte und Vorteile für den Verkehr. Den Ausgleich alter und neuer Ansprüche konnte da nur allmählich die Zeit bringen. Das Reich trat begreiflicherweise für die Anerkennung der alten und hergebrachten Rechte ein. Dem schon erwähnten Verbot, den Besuch eines Marktes nicht

---

154. MG. Const. II n. 285.

gegen den Willen der Reisenden zu erzwingen, fügten die beiden Reichsgesetze von 1231 und 1232 hinzu, daß die alten Straßen nicht abgelenkt werden dürften ohne Zustimmung der Reisenden. Denselben Standpunkt hielt der Mainzer Reichsfrieden von 1235 fest: alle öffentlichen Straßen, die „rechten" Landstraßen, sollen eingehalten und die erzwungenen Straßen gänzlich abgetan werden; Niemand darf, sagt der deutsche Wortlaut des Gesetzes, einen anderen mit Gewalt von der rechten Straße abdrängen.[156] Die Stätigkeit des Verkehrs und demgemäß ihre Bedeutung für ein Landgebiet erkennt man gelegentlich schon daran, daß eine Straße ihren Namen von einer wichtigen Handelsware empfing, die auf ihr durchgeführt wurde. In Thüringen wird bereits 1227 die Weinstraße genannt und ihr Lauf beschrieben.[157]

Auch im Zollwesen zeigt sich die starke Belebung, zugleich auch die fortschreitende Territorialisierung des Verkehrs. Zahlreiche Zollstätten erscheinen jetzt zum ersten Mal. Insgesamt war die Zahl der Zölle im Reiche schon in der Mitte des 12. Jahrhunderts groß. Genauere Nachrichten darüber liegen aber nur für einzelne Territorien vor. Da überrascht die nicht geringe Zahl der vorhandenen Zollstätten. Viele Zollstätten bleiben uns freilich unbekannt. Außerdem fehlen oft die Mittel, Marktzölle und Durchgangszölle zu unterscheiden. Ein Versuch, nach den bekannten Zollstätten die Richtung und den Verlauf der Handelswege mit der gebotenen Genauigkeit zu bestimmen, ist noch für weite Teile des Reiches aussichtslos. Wohl lassen sich allgemeine Verkehrszüge und Grundlinien der Verkehrsbewegung im Reiche deutlich erkennen, und dazu tragen auch die uns bekannten Namen von Zollstätten bei, aber diese Grundzüge beschränken sich auf wenige Linien.

---

155. Baumann, Archival. Zeitschr. 14 S. 233.
156. MG. Const. II n. 196 § 10, S. 250 § 10.
157. Cod. dipl. Sax. I 3 n. 398.

Unsere Kenntnis der Verkehrsrichtungen bleibt im einzelnen meist sehr lückenhaft. Dagegen läßt sich für manche Orte die Wichtigkeit, welche die Zollbehandlung für ihren Handelsverkehr im Reiche besaß, feststellen. Bestimmte Richtungen des Handels der einzelnen Städte werden sichtbar. Wir gewinnen dabei zugleich einen Blick in die Anfänge einer städtischen und einer territorialen Zollpolitik.

Der einzelne Handelsort erwirbt günstige Verkehrsbedingungen zunächst in seiner näheren Umgebung, innerhalb des Territoriums, zu dem er gehört. Er wird oft vom Zoll im Territorium des Markt- oder Stadtherrn befreit. Der Neustadt Hamburg erteilte bei ihrer Gründung der Graf von Holstein Zollfreiheit in allen zu seiner Herrschaft gehörenden Burgen, Dörfern und Städten oder sonstigen Orten.[158] Die Zollbefreiung der Bürger von Brandenburg wurde 1170 im gebotenen Ding zu Havelberg unter Vorsitz des Markgrafen feierlich begründet und verkündet: weil vor allen Burgen der Mark die Brandenburg berühmt sei als königliche Burg, als kaiserliche Kammer und als Bischofssitz, verleiht der Markgraf den Bürgern von Brandenburg freien Handelsverkehr in seinem ganzen Lande ohne Zoll; nur der Zoll von Fischen, außer von Heringen und Lachsen, sollte bleiben.[159] Die territoriale Zollfreiheit erscheint mehrfach in den Verträgen mit den fremden Kolonisten. Der Bremer Erzbischof gewährte 1181 den Ansiedlern im Hollerland Zollfreiheit im Erzbistum, der Bischof von Naumburg 1152 den Holländern Landesfreiheit im Bistum ohne irgendwelche Gebühren und Zölle.[160] Dabei gewähren nicht selten die Zollbefreiungen Einblick in die erhebliche Zahl der schon vorhandenen Zollstätten. Erzbischof Wichmann von Magdeburg bestimmte 1174 bei der Gründung von Jüterbog, daß die Bürger von Jüterbog in Magdeburg, Halle,

---

158. Lappenberg, Hamburg. UB. 1 n. 285.
159. Riedel, Cod. dipl. Brand. I 9, S. 2 n. 1.
160. Heinemann, Cod. dipl. Anhalt. 1 n. 600; Koetzschke, **Quellen** n. 9.

Kalbe, Burg und Taucha und umgekehrt die Bewohner dieser Orte in Jüterbog zollfrei sein sollten.[161] Ebenso wurden die Einwohner des Marktortes Stendal in der Altmark bei der Gründung durch den Markgrafen um 1151 von jedem Zoll in Brandenburg, Havelberg, Werben, Arneburg, Tangermünde, Osterburg, Salzwedel und allen zugehörigen Orten befreit.[162] Erzbischof Arnold von Köln bestätigt 1142 den Kaufleuten von Rees am Niederrhein bei ihrem Handelsverkehr in Wesel, Xanten, Emmerich, Elten, Doetinchem und Schmithausen die alte Zollfreiheit und wiederum den Kaufleuten dieser Orte in Rees.[163] Bei der Zollbefreiung des Klosters Spieskappel im Kreis Ziegenhain (vor Juni 1189), nennt der Landgraf Ludwig von Hessen sechs hessische und thüringische Zollstätten: Kassel, Münden, Creuzburg, Eisenach, Gotha und Breitungen.[164] Zur Förderung einer Neugründung erhielten bisweilen auch die Besucher desselben Zollfreiheit. Das Stadtrecht von Lippstadt ((1198) gewährte allen Gästen und Einwohnern Zollfreiheit. Erzbischof Wichmann von Magdeburg gab bei der Gründung der vlämischen Kolonie Wusterwitz an der Havel im Jahre 1159 allen Besuchern derselben das Recht in den nächsten fünf Jahren dort frei und ohne Zollzahlung zu verkehren und Handel zu treiben.[165] Auch diese Vergünstigungen waren wohl in erster Linie den Bewohnern des eigenen Territoriums zugedacht. Der Vorzug, den Erzbischof Arnold von Köln 1154 den Bürgern von Soest verlieh, die bei ihren Handelsreisen nach Köln nur beim Weggang aus Köln Zoll bezahlen, beim Eintritt in die Stadt zollfrei sein sollten,[166] blieb gleichfalls innerhalb des kölnischen Terri-

---

161. Kootzschke a. a. O. n. 31.
162. Cod. dipl. Anhalt. 1 n. 370.
163. Sloet, OB. d. Grafsch. Gelre en Zutfen 1 n. 277.
164. Cod. dipl. Sax. I 2 n. 551.
165. Koetzschke n. 16.
166. Ilgen, Hans. Geschichtsbl. 27 (1900) S. 137, A. 3; Knipping, Regesten 2, S. (348) n. 572 a. Lacomblet 1 n. 300, Knipping n. 219.

toriums. Wo Landesherren, geistliche und weltliche, Zollbefreiungen erteilten, geschah es im wesentlichen nur für die Einwohner des eigenen Territoriums. Beispiele für Zollbefreiungen von Städten eines fremden Territoriums durch einen Fürsten kommen nicht vor, wohl aber, wie wir sehen werden, für Klöster.

Allgemeine Zollfreiheiten, die sich über den Bereich eines Territoriums hinaus auf das Reich erstreckten, gewährte nur der König. Er erteilte auch Zollvergünstigungen für den Verkehr der Kaufleute aus Reichsorten an anderen Reichsorten. Aeltere weitreichende Zoll- und Verkehrsprivilegien sind einzelnen Handelsorten wieder erneuert worden. Heinrich V. bestätigte 1108 den Kaufleuten von Halberstadt das Recht zum ungehinderten und zollfreien Handelsverkehr auf sämtlichen königlichen Märkten.[167] Ebenso erneuerte Lothar den Kaufleuten von Quedlinburg 1134 das alte Recht, auf allen Märkten des Reiches Handel zu treiben unter Befreiung vom Zoll an allen Orten diesseits der Alpen außer an den obenerwähnten drei Zollstätten.[168] Die Kaufleute des Reichsorts Aachen genossen Zollfreiheit im ganzen Reiche. Auf ihre Beschwerde über Verletzungen dieser Freiheit erneuerte sie ihnen Friedrich II. (1216).[169] Konrad III. verlieh den Kaufleuten von Kaiserswerth 1145 Zollfreiheit an bestimmten Orten am Niederrhein sowie überhaupt an allen Orten, wohin sie des Handels wegen kamen, und stellte sie den Aachenern gleich. Heinrich VI. bestätigte diese Freiheit.[170] Auch andere kleine Orte erwarben gelegentlich diesen Vorzug. Friedrich I. gewährte 1162 den Bewohnern des Klosterorts Gembloux, wo das Kloster Markt, Münze, Zoll, Wechsel und andere Rechte besaß und die Einwohner ausgedehnten, bis nach England

---

167. Schmidt, UB. v. Halberstadt 1 n. 5.
168. Janicke, UB. d. St. Quedlinburg n. 10.
169. Huillard-Bréholles 1, S. 446; Lacomblet 2 n. 51; 4 n. 622.
170. Kelleter, UB. d. Stifts Kaiserswerth n. 12; Lacomblet 2 n. 639, Anm. 3 und 4.

reichenden Handelsverkehr unterhielten, Zollfreiheit im ganzen Reiche.[171] Von Friedrich I. erhielten auch die neubegründeten Reichsorte Hagenau (1164) und Gelnhausen (1170) Zollfreiheit für den Handel ihrer Einwohner innerhalb des ganzen Reiches. Die Befreiung erstreckte sich bei diesen Orten nicht nur auf die Zölle im engeren Sinne, sondern auch auf sonstige Abgaben vom Reiseverkehr. Wenn der Kaiser in der für die Oeffentlichkeit bestimmten Verkündung zu Gunsten Gelnhausens anordnete, daß die Gelnhäuser ihren Handelsgeschäften im ganzen Reiche obliegen könnten ohne Zahlung irgendwelcher Gebühren, so erläutert sich dies durch den Wortlaut des kaiserlichen Stadtrechts für Hagenau, nach welchem die Hagenauer von allem Zoll und Geleit beim Verkauf und bei der Beförderung ihrer Waren allerorten im Reiche befreit sein sollten.

Auch Heinrich VI. spricht 1190 in der Bestätigung der Verkehrsrechte Gelnhausens von der Befreiung der im Reiche handeltreibenden Gelnhäuser von allen Zöllen und Abgaben. In einigen von diesen Fällen warnten die königlichen Privilegien auch vor anderer Belästigung der Kaufleute aus diesen Reichsorten. Konrad III. verbot, den auf der Reise befindlichen Kaufleuten von Kaiserswerth ein Unrecht oder eine Belästigung zuzufügen, Friedrich I. verlangte, den Gelnhäusern, denen er freien Reiseverkehr zugesagt habe, keine Hindernisse zu bereiten und ihnen oder ihren Gütern keinen Schaden zu tun.[172]

Unter den am Rhein liegenden Städten wurden Worms und Speyer mit allgemeinen Zollbefreiungen bedacht. Speyer erhielt angeblich von Heinrich V. (1111) Zollfreiheit im ganzen Bistum Speyer und an den zur unmittelbaren Verfügung des Kaisers stehenden Reichszollstätten. Frie-

---

171. Stumpf, Reichskanzler 3 n. 122. Miracula s. Wicberti, MG. SS. VIII, S. 520.
172. Schoepflin, Alsatia 1 n. 310; Reimer, Hess. UB. II 1 n. 102, 103, 114.

drich I. bestätigte 1182 diese Vergünstigung.[173] Den Wormsern erneuerte Heinrich V. 1112 die von seinem Vater gewährte Zollfreiheit an allen, namentlich an den damals genannten Reichs-Zollstätten und fügte zu ihnen noch Nürnberg hinzu. Friedrich I. wiederholte 1184 diese Zollrechte der Wormser und erweiterte die Reihe der früher bezeichneten Reichszollstätten durch Nimwegen und Duisburg, ließ aber Nürnberg weg. Auch er betonte, daß die Zollfreiheit sich nicht nur auf die genannten, sondern auf alle Reichsorte erstrecke. Zugleich traf er die wichtige Bestimmung, daß die Bewohner dieser Reichsorte ihrerseits wiederum in Worms zollfrei sein und dieser wechselseitige Ausgleich zwischen den Reichsorten und Worms dauernden Bestand haben sollte. Diese Anordnung ließ Otto IV. wieder fallen. Er ging in der 1208 erneuerten Zollbefreiung der Wormser auf die Bestimmungen Heinrichs IV. zurück und ergänzte die Reihe der dort bezeichneten Orte durch die Reichszollstätten Duisburg und Kaiserswerth, so daß von den früher genannten jetzt Nürnberg und Nimwegen ausschieden.[174] Eine Ergänzung zu diesen Zollbefreiungen der Wormser und Speyerer bildeten die Zollrechte der Nürnberger, die ihnen das Stadtrecht Friedrichs II. von 1219 verlieh. Nach ihm verkehrten die Nürnberger zollfrei in Speyer und die Speyerer in Nürnberg, in Worms waren sie vom Johannistage (24. Juni) ab während des Jahres zollfrei, wenn ein Nürnberger an diesem Tage dort ein Pfund Pfeffer und zwei Handschuhe entrichtete. Außerdem gewährte das Stadtrecht den Nürnbergern Zollvorrechte bei ihrer Fahrt auf der Donau.[175]

Zu den Zollvorrechten der Nürnberger im Reiche stellten sich die der Kaufleute des Bistums Bamberg. Wie freilich jene Rechte zur Zeit Friedrichs I. beschaffen waren,

---

173. Hilgard, Urk. z. Gesch. d. St. Speyer n. 14 u. 18.
174. Bresslau, Cent. dipl. n. 80, 81. 85, 86; Boos, UB. d. St. Worms 1 n. 56, 61, 90, 110.
175. Keutgen, Urk. n. 157.

wissen wir nicht, zumal der Kaiser in seine Erneuerung des Privilegs Heinrichs V. für die Wormser, welches Nürnberg nannte, diesen Ort, wie erwähnt, nicht mehr aufnahm. Friedrich I. stellte aber 1163 die Kaufelute von Bamberg, Amberg und überhaupt aus dem Bistum hinsichtlich der Sicherheit und Freiheit, die sie bei ihrem Handelsverkehr im ganzen Reich genießen sollten, den Nürnberger Kaufleuten gleich, derart, daß von ihnen nirgendwo Zölle oder Abgaben erhoben werden sollten, die nicht auch von den Nürnbergern erhoben wurden.[176] Auch sonst nahm sich der Kaiser der Kaufleute dieses Bistums an. Auf seinen Befehl erhielten 1166 die Kaufleute von Amberg für ihren Handelsverkehr in Passau und an Passau vorbei auf der Donau die Rechte der Regensburger Kaufleute.[177]

In dem Jahre der Verleihung des Stadtrechts von Nürnberg erneuerte Friedrich II. in dem Stadtrecht für Goslar das den Goslarer Kaufleuten längst zustehende Recht des zollfreien Handelsverkehrs im ganzen Reiche, ausgenommen die drei Zollstätten Köln, Tiel und Bardowiek,[178] Orte deren Namen aus der älteren Periode des Reichsverkehrswesens stammten. Im nächsten Jahre bestätigte der Kaiser auch den Kaufleuten von Dortmund das Recht, im ganzen Reich frei von Zoll und ungebührlichen Abgaben Handel zu treiben.[179] Otto IV. hat den Bürgern von Braunschweig 1199 Zollfreiheit im ganzen Reich verliehen.[180] Gelegentlich findet sich auch ein bloßes königliches Schutzversprechen für den Handelsverkehr einer Stadt ohne Zollbegünstigung. Die Ritter und Bürger von Trier nahm Otto IV. 1212 in seinen Schutz und versprach ihnen Sicherheit ihrer

---

176. Mon. Boica 31 a n. 221.
177. Mon. Boica 28 b n. 17.
178. Bode, UB. d. St. Goslar 1 n. 401 § 32.
179. Rübel, Dortmunder UB. 1 n. 74; die beim Brande der Stadt vernichtete Urkunde von 1220 erneuerte Friedrich 1236 unter vollständiger Aufnahme des Wortlauts.
180. UB. d. St. Braunschweig 2 n. 30.

Person und Waren bei ihrem Reiseverkehr im ganzen Reich.[181]

Diese Nachrichten, so unvollständig und einseitig sie sein mögen, gestatten Beobachtungen über den Zusammenhang von Zöllen und Verkehr, die nicht unwichtig sind. Gegenüber dem Fürstentum besaß das Königtum noch den entscheidenden Einfluß im Zollwesen des Reiches. Zollbefreiungen gewährte das Fürstentum nur den Einwohnern des eigenen Territoriums und nur für den Bereich desselben. Die Könige erstreckten dagegen ihre Zollbefreiungen und damit verbundene anderen Verkehrsvergünstigungen über das Reich. Das hatte seinen Grund auch darin, daß die Kaufleute, die dem Könige noch direkt unterstanden und gehörten, im Reiche weit verstreut und nicht von einem territorialen Rahmen umschlossen lagen. Denn diesen Reichsorten widmeten die Könige im Zollwesen ihre besondere Fürsorge. Wie die Fürsten das Recht der Zollbefreiung für die Orte ihres Territoriums und innerhalb desselben ausübten, übten die Könige dasselbe Recht aus für ihre Reichsorte innerhalb des ganzen Reiches. Den Königen kam es dabei hauptsächlich auf dem Verkehr der Reichsorte untereinander an. Sie förderten ihren wechselseitigen Handel durch gegenseitige Zollbefreiung. Dabei beschränkten sie sich freilich nicht auf die Reichsorte. Sie hielten auch die Verpflichtungen aufrecht, welche die älteren Privilegien ihrer Vorgänger ihnen hinsichtlich solcher Orte auferlegten, die nicht königliche Orte waren. So war es bei Halberstadt und Quedlinburg, Worms und Speyer, und wohl auch noch bei anderen Orten, deren Ueberlieferung nicht mehr erhalten ist. Aber die Könige dehnten die Vorzüge, mit denen sie ihre Reichsorte ausstatteten, auch freiwillig auf andere Orte aus und schlossen diese damit gewissermaßen an den Kreis der Reichsorte an. Dafür bietet die Zollbegünstigung der Kaufleute des Bistums

---

181. Beyer, Mittelrhein. UB. 2 n. 317.

Bamberg ein Beispiel. Ob die Könige diese Politik bewußter Förderung der Reichsorte schon in den ersten Menschenaltern unseres Abschnittes verfolgten, läßt sich nicht sagen. Jedenfalls spricht sie sich in dem Verhalten Friedrichs I. und namentlich in dessen Zusicherungen für die Wormser von 1184 deutlich aus. Der Welfe Otto IV. ging, wie es scheint, wieder andere Wege. Aber Friedrich II. nahm die Reichszollpolitik seines Großvaters hinsichtlich der Reichsorte wieder auf. Daß bei dieser Politik der Bevorzugung der Reichsorte durch Zollbefreiungen das Königtum dem Fürstentum weit überlegen war, liegt auf der Hand. Denn das Königtum, wie es einzelnen Städten ungehinderten und sicheren Verkehr auf allen Märkten und überhaupt im ganzen Reiche zusichern konnte und zusicherte, erstreckte auch seine Zollbefreiungen nicht nur auf die dem König unmittelbar noch gehörenden Reichszölle, sondern auch auf Zölle, die sich bereits als Reichslehen in den Händen der Fürsten befanden, und zwar vermutlich hauptsächlich auf die Durchgangszölle. Die Könige, namentlich Friedrich I. und seine Nachfolger, nahmen die Zollhoheit im Reiche nach ihrem vollen Umfang in dem Sinne in Anspruch, daß alle Zölle, die nicht auf kaiserlicher und königlicher Verleihung beruhten, als unrechtmäßig galten.[182] Was hiernach übrig blieb, war königlich mittelbar oder unmittelbar. Wie dem König das Verleihungsrecht neuer Zölle an Fürsten oder sonst Begünstigte zustand, so bestätigten die Könige auch die älteren bereits vergabten, also mittelbaren Zölle, und bestimmten nicht selten auch die Tarife der nicht mehr unmittelbar ihnen gehörenden Zölle. Aus demselben Grunde verliehen sie auch Zollbefreiungen von territorial gewordenen Zöllen. Unter den in den erwähnten königlichen Zollbefreiungsurkunden ausdrücklich genannten Zollorten Frankfurt, Boppard, Hammerstein, Dortmund, Goslar,

---

182. Braunholz, D. deutsche Reichszollwesen während d. Regierung der Hohenstaufen und des Interregnums S. 5 ff.

Angermund, Nimwegen, Duisburg, Kaiserswerth, Neuß, Utrecht und Nürnberg waren Neuß und Utrecht bischöfliche Zölle. Das Stadtrecht Friedrichs II. für Nürnberg von 1219 erklärte die Nürnberger für zollfrei auf der Donau zwischen Regensburg und Passau.[183] Daß diese Auffassung ihrer Zollhoheit durch die Könige das Aufkommen neuer Zölle auch ohne königliche Verleihung nicht verhinderte, lag in der Natur der neueren und äußeren Entwicklung des Reiches, nicht zum wenigsten auch in den Fortschritten des Handels selbst. Ebenso ist unzweifelhaft, daß Regelungen des Zollwesens an wichtigen Verkehrsstellen im Reiche, wie Beispiele aus Köln, Mainz, Trier und sonst lehren, auch ohne Beteiligung des Königtums stattfanden. Das Territorialfürstentum gewann im Laufe dieses Zeitraumes einen immer stärkeren Einfluß auch im Zollwesen. Wir kommen hierauf und auf andere, für den Verkehr wichtige Seiten des Zollwesens später zurück. Im allgemeinen machte sich jene Auffassung der königlichen Zollfreiheit in ihrer tatsächlichen Anwendung hauptsächlich im Westen des Reiches geltend; die alten Markengebiete im Osten des Reiches wurden viel weniger von ihr berührt.[184] Im Westen erhielt sie dem Königtum noch einen starken Anteil an der Gestaltung des Verkehrs. Die Namen der Zollstätten, welche die königliche Zollpolitik besonders in Betracht zog, beginnen erst am Mittelrhein und setzen sich längs des Niederrheins fort bis zu dem damals bedeutendsten Handelsplatz nahe den Mündungen der Rheinarme. An der wichtigen Handelsstraße durch Sachsen behauptete das Königtum zwei beherrschende Verkehrspunkte: Dortmund und Goslar. Am Main und an der oberen Donau griff es durch seine Anordnungen über die Mainzölle und die Rechte der Nürnberger auf der Donau kräftig in den Verkehr ein. Mit dem Reichs-

---

183. Keutgen, Urk. n. 157 § 14.
184. Die Verfügungen Friedrichs I. (und Friedrichs II.) über territoriale Zollbefreiungen Lübecks und Hamburgs sind undeutlich, weil die Urkunden gefälscht sind.

ort Nürnberg behielt es einen bedeutenden Handelsplatz in der Hand. Nimmt man hinzu, daß alle diese Gebiete außerhalb des eigentlichen Machtbereiches der Hohenstaufen, Schwaben und Elsaß, lagen, so ist klar, daß das Königtum während unseres Zeitabschnittes in weiten und besonders verkehrsreichen Gebieten des Reiches noch sehr starke Machtmittel besaß, die ihm einen mächtigen Einfluß auf den Gesamtverkehr im Reiche sicherten. Keine Territorialmacht kam ihm da noch gleich, auch nicht die in der Hand Heinrichs des Löwen vereinigte Macht, nicht die der beiden Herzogtümer Bayern und Sachsen; denn jenes verlor durch die Abtrennung der Mark Oesterreich und ihre Erhebung zu einem selbständigen Herzogtum am Beginn der Regierung Friedrichs I. die Herrschaft über den aufblühenden Donauhandel jenseits seiner Ostgrenze, und dieses konnte die Früchte der durch die Gründung Lübecks und seine Erwerbung durch Heinrich den Löwen ermöglichten endgültigen Erschließung des zukunftreichen Ostseehandels doch erst in der Zukunft ernten.

Ein anderes Zeugnis für die Verstärkung des inneren Verkehrs im Reiche bilden die Zollbefreiungen und Zollbegünstigungen der Klöster. Der Verkehr, den sie unterhielten, fällt gegenüber dem Gesamtverkehr der Marktorte und neuen Städte nicht sehr ins Gewicht, aber er ist doch ein Merkmal dieses Zeitraumes, innerhalb dessen das Kloster- und Mönchswesen sich außerordentlich reich entfaltete und nicht nur auf das geistige Leben der Nation einen größeren Einfluß behielt, sondern auch an dem inneren wirtschaftlichen Ausbau des Landes einen verdienstvollen Anteil gewann, was wiederum auch für den allgemeinen Verkehr im Lande förderlich sein mußte. Außerdem tritt der Klosterverkehr in der Ueberlieferung ziemlich oft hervor. Zollbefreiungen sind den Klöstern zahlreich zuteil geworden. Wir besitzen Zollprivilegien für mehr als 60 Klöster und einige Domkirchen. Die meisten von diesen lagen im Westen und Süden des Reiches, im Gebiet des

Rheins und der Donau, seltener sind sie schon in Mitteldeutschland, am seltensten in Sachsen. Die Gründe für die Beteiligung der Klöster am Verkehr, soweit ein solcher stattfand, waren nicht überall dieselben. Zunächst und in den meisten Fällen ergab sich diese Teilnahme aus der zerstreuten Lage ihrer Güter, die den Transport ihrer Erzeugnisse auf den üblichen Handelswegen bis zum Kloster erforderte. Sodann konnten die Klöster wohl nur selten ihren gesamten Unterhalt gewinnen aus eigenem Besitztum, Einkünften und Lieferungen, auch nicht auf eigenen Klostermärkten. Für den einen oder den anderen mehr oder weniger wichtigen Teil ihres Lebensbedarfes waren sie auf den Erwerb aus freier Hand angewiesen. Daraus ergab sich eine Teilnahme am Handel. Die Klöster setzten Erzeugnisse ihrer Wirtschaft auf Märkten und bei Kaufleuten ab und erwarben an ebensolchen Stellen und von den Händlern, was ihrem Haushalt fehlte, namentlich Lebensmittel und Kleidung. Daß die Klöster auch Handelsgeschäfte trieben, wird in den Zollbefreiungen keineswegs selten erwähnt. Kloster Garsten in Bayern erhielt vom Markgrafen Leopold von Steiermark 1123 die Erlaubnis, in seinem ganzen Lande Verkäufe und Käufe und alle Handelsgeschäfte frei auszuüben.[185] Herzog Friedrich von Schwaben gestattete 1186 dem Kloster Weißenau im Bistum Konstanz, auf allen seinen Märkten Handelsgeschäfte zu treiben.[186] Die Zollbefreiung Heinrichs VI. für das Kloster Marchtal in derselben Diözese von 1193 galt für Handelsgeschäfte des Klosters in allen Reichs- und anderen Städten.[187] Die Leute des erwähnten Klosters Garsten besaßen in allen Städten und Märkten Oesterreichs freien Zugang und Abzug, sowie die Erlaubnis zum Betrieb von Handels-

---

185. UB. des Landes Ob der Enns 2 n. 106.
186. Wirtemb. UB. 2 n. 448; wiederholt bestätigt von Heinrich VI. und Herzog Konrad n. 471, 472.
187. Wirtemb. UB. 2 n. 476.

geschäften. Kein Richter einer Stadt oder eines Marktes durfte gegen sie in irgend einer Sache ein Verfahren eröffnen, außer wenn der Abt dem Kläger Recht verweigert hatte.[188] Die Erlaubnis, die das Kloster Altenzelle im Bistum Meißen 1221 zum Einkauf notwendiger Bedürfnisse von der Landesherrschaft erhielt, erstreckte sich auf alle Märkte der Markgrafschaft.[189] Die österreichischen Privilegien für St. Florian sprechen von Handelsgeschäften und Transporten des Klosters.[190] S. Bavo in Gent trieb Handel für die Bedürfnisse des Klosters in den Rheingebieten oberhalb Kölns und kaufte dort Wein.[191] Das Kloster Päris im Bistum Straßburg setzte seine Wirtschaftsüberschüsse in Straßburg ab und kaufte dort seinen Bedarf ein.[192] Wie Heinrichs VI. Befreiung für Marchtal lautete auch seines Enkels Heinrichs (VII.) Vergünstigung für Kloster Schussenried im Konstanzer Bistum für die Handelsgeschäfte der Brüder und Diener des Klosters auf allen königlichen Märkten.[193] Brüder und Diener des Marienstifts in Bedburg trieben in der ersten Hälfte des 12. Jahrhunderts nicht nur Schiffahrt auf dem Rhein, sondern auch Kauf und Verkauf auf dem Markt zu Neuß.[194] Kloster Admont war zollfrei auf allen Märkten des Salzburger Erzbistums.[195] Von dem Kloster Weißenstein bei Kassel sagt Landgraf Ludwig von Thüringen 1217, daß es in Städten und Orten Thüringens Einkäufe mache.[196] St. Liudger bei

---

188. UB. d. Landes Ob der Enns 2 n. 297 (1192).
189. Cod. dipl. Sax. I, 3 n. 289.
190. UB. d. Landes Ob der Enns 2 n. 358, 378, 379 A u. B, 386 A, 387.
191. van Lokeren, Hist. de l'abbaye de Saint-Bavon à Gand 1, S. 200; Knipping, Reg. 2 n. 936.
192. UB. d. St. Straßburg 1 n. 196 (1225).
193. Wirtemb. UB. 2 n. 727 (1227).
194. Annalen d. hist. Vereins f. d. Niederrhein 65, S. 209 n. 7; Knipping, Reg. 2 n. 362.
195. Zahn, UB. d. Hzgtums. Steiermark 1 n. 405.
196. Cod. dipl. Sax. I 3 n. 246.

Helmstedt erhandelte um 1150 für Getreide und Bargeld Fische in Bardowiek.[107] Kaufleute von München lieferten am Ende des 12. Jahrhunderts dem Kloster Schäftlarn Mäntel.[198] Die Provisoren des vom Markgrafen Ottokar von Steiermark auf seinem Gut Vorau gegründeten Augustinerklosters erhielten das Recht zur Hin- und Rückreise, zur Führung der Güter,, zu Kauf und Verkauf dessen, was das Kloster bedurfte.[199] Kloster Himmerode in der Eifel sandte Güter nach Antwerpen und sonst nach Brabant, kaufte dort andere ein und ließ sie in eigenen Schiffen zurückführen.[200] Das schon erwähnte Altenzelle ließ Handelsgeschäfte in Merseburg treiben, Kloster Ichtershausen in Thüringen tat dasselbe auf dem Erfurter Markt, Walkenried am Südrande des Harzes ebenso in Nordhausen.[201] Kloster Alne im Hennegau kaufte zu Anfang des 13. Jahrhunderts in der Grafschaft Holland ein und ließ Waren auf Schiffen oder Wagen durch die Grafschaft führen.[202]

Diese Beispiele zeigen, wie üblich und häufig der Handel der Klöster war. Sie konnten ihn in vielen Fällen nicht entbehren. Daß es sich dabei um wirkliche Handelsgeschäfte handelte, kann keinem Zweifel unterliegen. Diesen Handel zollfrei auszuüben, gestatteten die Privilegien der Zollherren. Dabei legte man aber dem Klosterhandel zwei Bedingungen auf. Beide hingen zwar innig zusammen, sind aber ihrem Wesen nach zu trennen. Die eine

---

197. Kötzschke, D. Urbare d. Abtei Werden a. d. Ruhr (Rhein. Urbare 2) S. 174.
198. Baumann, Archival. Zeitschr. NF. 10, S. 88.
199. Zahn, UB. d. Hzt. Steiermark 1 n. 479 (1163).
200. Eltester u. Goerz, Mittelrhein. UB. 3 n. 93 (1218).
201. Kehr, UB. d. Hochstifts Merseburg 1 n. 171 (1220); Beyer, UB. d. St. Erfurt 1 n. 61 (1196); UB. d. Kl., Walkenried (UB. d. hist. Ver. f. Niedersachsen 2) n. 70, 87, 103; Cod. dipl. Sax. reg. I 3 n. 145.
202. V. d. Bergh, OB. van Holland en Zeeland I n. 195 (1204), 275 (1221).

brachte zum Ausdruck, daß man sich des grundsätzlichen Unterschiedes zwischen dem Klosterhandel und dem bürgerlichen Handel bewußt blieb. Die andere ging darauf aus, die Ausnahmestellung, die man dem Klosterhandel innerhalb des allgemeinen Handels einräumte, als solche zu erhalten. Die eine ging davon aus, daß der Klosterhandel nicht den Zweck habe, den Handel um des Handels willen zu treiben, und die Zollbefreiung aus diesem Grunde gerechtfertigt sei. Handelsgewinn sollte demnach ausgeschlossen sein. Bischof Burchard von Straßburg erließ 1143 dem Kloster Schwarzach Zoll und Abgaben in Straßburg von den Lebensmitteln — Wein, Korn, Tieren u. a. — der Klosterbrüder und der Leute des Klosters, welche die letzteren durch Straßburg führten und welche ihnen selbst zugewachsen oder für ihren eigenen Gebrauch erworben waren; wenn sie dagegen mit solchen Waren Handel trieben und sie durch Handel vermehrten, sollten sie den Abgaben unterworfen sein.[203] Ebenso erklärt das erwähnte Privileg für Kloster Altenzelle von 1221, welches den Leuten des Klosters beim Einkauf von Lebensmitteln und Kleidung auf den Märkten der Markgrafschaft Meißen Zollfreiheit zusicherte, daß diese Zollfreiheit aufhöre in dem Falle, daß sie etwas kauften, um es teurer zu verkaufen.[204] Daß in manchen Fällen der Handel der Klöster sich von dem Handel der Berufskaufleute kaum unterschied, lag in der Natur der Sache. Er erregte daher auch Aerger und Eifersucht in den Städten. Cäsarius von Heisterbach erzählt, daß einmal, als Schiffe des Cistercienserordens aus Furcht vor Seeräubern nicht durch Seeland zu fahren wagten und ein Gerücht nach Köln kam, daß alle beraubt seien, die Leute sagten: es geschieht ihnen recht, die Mönche sind habsüchtig und sind Kaufleute; Gott duldet ihre Habsucht nicht.[205] Vielfach erleichterte den Klöstern diesen Handel

---

203. UB. d. St. Straßburg 1 n. 92.
204. Cod. dipl. Sax. I, 3 n. 289.
205. Dial. Mirac., 7, 41 ; Strange 2, 60.

ihr Besitz an Häusern, Höfen, Grundstücken, Renten, mehr
oder weniger regelmäßigen Einkünften aus nutzbaren
Rechten in den Handelsorten. Mitunter konnten sie, obwohl
im allgemeinen die Grundlagen dieses Handels naturalwirt-
schaftlicher Art und daher letzten Endes kostspieliger
waren, doch billiger und bequemer als der bürgerliche
Handel wirtschaften, weil sie aus herkömmlichen und anerkannten Gerechtsamen auf Arbeits- und Dienstleistungen
ihrer abhängigen Leute auch für Handelszwecke Anspruch
hatten. Die Klöster werden die Verwertung der Ueber-
schüsse ihrer Einkünfte, Wirtschaften, gewerblichen Einrichtungen, wie Walkmühlen und dergl., Ankäufe mitunter auch
Berufskaufleuten überlassen haben, die im Dienst des
Klosters standen oder sonst Beziehungen zu ihm unterhielten, wie sie auch gelegentlich bei Lieferungen an das
Kloster sich solcher Berufskaufleute bedienten. Die Privilegien Heinrichs V. für S. Servatius in Maastricht und für
die Lütticher Kirche und ihre Familie von 1107 und 1109
bekunden, daß im täglichen und unmittelbaren Dienst der
Kanoniker dieser Kirchen auch öffentliche Kaufleute, also
Berufshändler, standen oder stehen könnten, die als solche,
wenn sie sich in der Stadt ein Vergehen zuschulden
kommen ließen, dem Stadtgericht unterworfen waren.[206]
Der Abt von Heisterbach weiß zu berichten, daß ein Kölner
Kaufmann mit seinem und seines Bruders, eine Abtes von
St. Pantaleon in Köln, Gelde Handelsgeschäfte trieb.[207]
Durch die andere Bedingung wurde die Zollfreiheit auf die
eigenen Güter und den bloßen Bedarf des Klosters be-
schränkt. Die frühere Zeit hatte in dieser Hinsicht noch
Unklarheiten bestehen lassen. Auch jetzt finden sich noch
Zollbefreiungen, die allgemein und ohne Einschränkungen

---

206. Boehmer, Act. imp. sel. 1 n. 75; cart. de l'église S. Lambert de Liège 1 n. 30; Waitz, Urk. z. deutschen Verfgesch. i. 11. u.
12. Jahrh. n. 7 u. 8.
207. Dial. Mirac. 3, 35; Strange 1, 157.

lauten. Das Privileg Markgraf Leopolds von Steiermark für Kloster Garsten von 1123 spricht die Zollfreiheit für alle Verkäufe und Käufe und alle Handelsgeschäfte der Kaufleute aus: „wohin sie gehen und was immer sie führen".[208] Ebensowenig wird in Beziehung auf die Waren und den Bedarf ein Vorbehalt oder eine Einschränkung gemacht in Zollbefreiungen des Salzburger Erzbischofs für das Kloster Admont von 1160, Herzog Friedrichs von Schwaben für Kloster Weißenau von 1186, Heinrichs VI. für die Klöster Waldsassen, Marchthal, Kappenberg im Bistum Münster und Korvey, von denen die beiden letztgenannten vom Reichszoll zu Kaiserswerth befreit wurden.[209] In den Privilegien Herzog Leopolds von Oesterreich für die Klöster Garsten und Gleink von 1192 werden wohl die Waren: Holz, Lebensmittel, Wein oder andere, welche diese Klöster durch seine Länder führten, genannt, aber nicht einmal ausdrücklich gesagt, daß es sich um Klostergut handelte.[210] Heinrichs VI. Privileg für St. Bavo in Gent wiederholte 1193 die alte weitgefaßte Zollbefreiung der Ottonenzeit,[211] obwohl inzwischen, wie wir noch sehen werden, der freie Handel dieses Klosters im Reiche durch den Kölner Erzbischof tatsächlich bereits eingeschränkt worden war. Einzelne Zollbefreiungen bezogen sich nur auf die Schiffe eines Klosters, wie die Befreiung für St. Eucharius in Trier am Zoll zu Kochem an der Mosel, für Kloster Bedburg am Zoll zu Neuß, für Kloster Reichersberg am Zoll zu Neuburg,[212] oder nur auf die Schiffe, Karren oder Saumtiere eines Klosters, wie die für Kloster Ebersberg (im Bistum Freising), die Heinrich VI. verlieh.[213] Das hatte wahrscheinlich

---

208. UB. d. Landes ob der Enns 2 n. 106.
209. Mon. Boica 31 a n. 235; Wirtemb. UB. 2 n. 476; Wimans, Kaiserurk. d. Pr. Westfalen 2 n. 245, 250.
210. UB. d. Landes ob der Enns 2 n. 297 u. 300 A und B.
211. Stumpf, Reichskanzler 3 n. 191.
212. Beyer, Mittelrhein. UB. 1 n. 469. Annalen d. hist. Ver. f. d Niederrhein 65, S. 209 n. 7; UB. d. Landes ob der Enns 2 n. 235.
213. Mon. Boica 31 a n. 233.

seinen Grund in der üblichen Art der Verzollung, die wir später zu erörtern haben werden. In der Regel drückten sich die Zollbefreiungen unzweideutiger und genauer aus. Sie hoben hervor, daß die Zollbefreiung nicht nur für die eigenen Schiffe und sonstigen Transportmittel des Klosters, sondern für die eigenen Waren des Klosters galt; daß diese Waren den Klosterbrüdern gehörten und zum Unterhalt derselben bestimmt waren, den eigenen oder notwendigen Bedarf des Klosters, ohne den es nicht bestehen könne, decken sollten. Dem Kloster Springiersbach erließ Pfalzgraf Wilhelm 1136 den Moselzoll in Kochem für das, was die Schiffe des Klosters zu dessen Gebrauch und Notdurft führten.[214] Aehnlich formt Markgraf von Steiermark die Zollbefreiung für seine Gründung Vorau[215] oder Erzbischof Philipp von Köln die für den Handel St. Bavos am Mittel- und Oberrhein.[216] Das Kloster St. Paul in Lavant wird befreit für das, was es in gewohnter Fahrt durchführt, was es aus seinen Gütern gewonnen oder durch Kauf zu notwendigem Gebrauch erworben habe und was zum Lebensunterhalt und zur Bekleidung der Brüder gehöre.[217] Dasselbe, die Notdurft des Lebens und der Kleidung, nannten die Befreiungen für die Klöster Spieskappel,[218] Altenzelle, Weißenstein (bei Kassel) und St. Paul in Lavant. Die Ausdrucksformen wechseln zwischen milderen und strengeren, ohne daß man immer genötigt wäre, den rechtlichen oder tatsächlichen Unterschied dieser Formel als den Ausdruck einer strengen Willensmeinung der Aussteller dieser Befreiungen anzunehmen. Wenn bisweilen schlicht von den dem Kloster gehörigen Transportmitteln und Sachen oder Lebensmitteln die Rede ist, so betonen andere Privilegien,

---

214. Beyer, Mittelrhein. UB. I n. 490.
215. Zahn, UB. d. Herzogtums Steiermark 1 n. 479.
216. van Lokeren a. a. O.
217. Zahn, a. a. O. n. 617.
218. Cod. dipl. Sax. I 2 n. 551; 3 n. 246, 289; Zahn, UB. d. Herzogtums Steiermark 1 n. 617.

wie z. B. für Kloster Altenberg[219] die Zollfreiheit „von allen" Erträgnissen der Klosterländereien oder von dem Wein der eigenen Weinberge, wie für die Klöster Kappenberg und Wesel oder von dem Ueberschuß ihrer Wirtschaftsarbeit, wie für das Kloster Päris im Elsaß, oder überhaupt von „allen" Gütern, wie im Privileg für Kloster Metten, oder von allen seinen beweglichen Gütern, wie für St. Nikolaus in Passau und für Reichersberg, oder von allen Lebensmitteln, die zur Tafel und zum Gebrauch der Domherren (Passau) gehörten.[221] Wiederholt schärfen die Privilegien die Beschränkung der Zollfreiheit ausschließlich auf das Eigengut des Klosters ein und verbieten die Vermischung solcher Gegenstände mit fremden. Erzbischof Philipp von Köln befreite 1169 das Kloster Meer „nur" für Waren und Lebensmittel vom Schiffs- und Marktzoll zu Neuß.[221] Die Zollbefreiungen Ottos IV für Kloster Rammersdorf (1209), Erzbischof Konrads von Mainz für Kloster Altenberg (1195) und Graf Dietrichs von Katzenellenbogen (1219) für Kloster Eberbach enthalten das Verbot, die Güter des Klosters nicht mit Gütern von Fremden oder von Kaufleuten zu vermischen und dergestalt fremdes Gut unter dem Schein des eigenen zollfrei durchzuführen.[222] Graf Otto von Geldern machte in der Zollbefreiung für Kloster Bedburg den Vorbehalt, daß die Klosterbrüder in ihrem Schiffe keine anderen Waren als ihre eigenen führen dürften und daß sie, wenn der Zöllner dies bezweifelte, verpflichtet wären, wahrheitsgetreu die Versicherung abzugeben, daß die Güter nur ihnen gehörten.[223] Gelegentlich wird, wie in dem

---

219. Lacomblet 1 n. 546, 548.
220. UB. d. Landes ob der Enns 2 n. 317, 340, 341; Huillard-Bréholles, Hist. dipl. Frid. II., 1. S. 420 f.; Mon. Boica 28 b 34; UB. d. St. Straßburg 1 n. 196.
221. Lacomblet 4 n. 632.
222. Beyer, Mittelrhein. UB. 2 n. 243; Lacomblet 1 n. 548; Eltester u. Goerz, Mittelrhein. UB. 3 n. 114.
223. Sloet, OB. d. Grafsch. Gelre en Zutfen 1 n. 404.

Privileg Friedrichs II. für Kloster Heisterbach von 1215, darauf Bezug genommen, daß das Kloster nur ein Schiff fahren läßt; auf dieses und seine Fracht erstreckt sich die Befreiung.[224] Eigenartig berührt eine Urkunde Friedrichs II. für Kloster Päris von 1214, die demselben einmal im Jahre gestattet, ein Schiff auf dem Rhein fahren zu lassen zwar ohne irgendwelche Abgabe oder ungebührlichen Zoll, aber mit Entrichtung des rechten, alten Zolles an den festgesetzten Zollstätten.[225]

Die Gegenstände des Klosterhandels werden oftmals in den Zollbefreiungen erwähnt. Sie nennen am häufigsten die Lebensmittel, vor allem Wein,[226] auch für mitteldeutsche und westfälische Klöster wie Lippoldsberg, Liesborn und Korvey, sodann häufig Getreide, endlich auch Holz (Bauholz),[227] Salz,[228] Eisen,[229] Fische[230] und Vieh.[231] Wiederholt gedenken sie, wie wir schon bemerkten, der Beschaffung von Kleidung für die Klosterinsassen. Ausnahmsweise nennt ein Zolltarif, wie der Koblenzer von 1209, Naturalabgaben von den vorbeifahrenden Schiffen der Klöster: Wachs von den Schiffen des Neußer Quirinstiftes, ein dreijähriges Schwein und Bier von den Schiffen des Klosters Korvey.[232] Das waren Erzeugnisse der heimischen Wirtschaft dieser Klöster, die das St. Simeonstift in Trier für seine eigene Versorgung auf diesem Wege am wohlfeilsten erwarb. Die

---

224. Lacomblet 1 n. 50.
225. Huillard-Bréholles, Hist. dipl. Frid. II. 1, S. 340.
226. Cod. dipl. Sax. I 3 n. 403, 420; Erhard, Reg. hist. Westf. 2 n. 463, 521.
227. UB. d. Landes ob d. Enns 2n. 259, 279, 300 A und B.
228. Zahn, UB. d. Iztums. Steiermark 1 n. 550, 2 n. 246.
229. Zahn a. a. O.2 n. 246.
230. UB. d. Landes ob der Enns 2 n. 80.
231. UB. d. St. Straßburg 1 n. 92.
232. Beyer, Mittelrhein. UB. 2 n. 242. Der Koblenzer Tarif nennt kein Kloster oder Klosterhandel, erst der erneuerte von 1209 spricht von ihm in einzelnen Fällen; das schließt aber nicht aus, daß der Tarif von 1104 auch Klosterhandel in sich begreift.

Verleiher von Zollbefreiungen waren fast durchweg Könige, Fürsten und Grafen, selten ein Herr,[233] oder natürlich nur mittelbar, ein Zöllner,[234] schließlich auch eine Stadt.[235] Befreiungen der Könige[236] beziehen sich, abgesehen von Bestätigungen der Zollbefreiungen anderer Zollherren, auf einzelne Zölle an der Klause bei Seben in Tirol für Kloster Biburg in Niederbayern; oder auf die Reichszölle von Kaiserswerth und Boppard, so für die Klöster Kappenberg, Korvey, Rommersdorf, Wesel, Altenkamp, Heisterbach, Eberbach, Altenberg; oder darüber hinaus auf die Reichszölle im ganzen Schiffahrtsbereich eines oder mehrerer Ströme, des Rheins oder des Rheins und Mains zugleich, so für die Klöster Gottesthal (im Rheingau), Rommersdorf, Eberbach, Kappenberg, Wesel;[237] oder auf alle Reichszölle, so für S. Servaes in Maastricht.[238] Gelegentlich lauten die königlichen Befreiungen auf Zollfreiheit bei der Schiffahrt ohne Beschränkungen auf Reichszölle, wie für Kloster Altenberg (1215) bei seiner Schiffahrt auf dem Rhein und dem Main und für Kloster Springiersbach im Kondel Wald bei seiner Schiffahrt auf der Mosel (1195).[239] Endlich gibt es königliche Privilegien, welche eine räumliche Beschränkung nicht enthalten oder sie entweder über ein bestimmtes Gebiet noch ausdehnten oder ausdrücklich auf das ganze Reich erstreckten. Friedrich II. befreite 1216 das Kloster Villers-Betnach im Bistum Metz von allen Zöllen zu Wasser

---

233. Zahn a. a. O. 1 n. 617; Sloet, OB. d. grafsch. Gelre en Zutfen 1 n. 444.

234. Beyer, Mittelrhein. UB. 2 n. 71.

235. Boehmer-Lau, UB. d. Reichsstadt Frankfurt 1 n. 87 (1228).

236. Vgl. dazu auch Scholz, Beiträge z. Gesch. d. Hoheitsrechte d. deutschen Königs (1138—1197) S. 97 ff.

237. Cod. dipl. Nassoicus 1 n. 284, 320; Beyer, Mittelrhein. UB. 2 n. 243; Huillard-Bréholles 1 n. 268, S. 420 f.; Boehmer, Act. imp. sel. I n. 318.

238. Borman, Compte rendu de la commission royale d'historie 3. sér. t. 9, S. 29 f., 31 f.

239. Lacomblet 2 n. 52; Beyer, Mittelrhein. UB. 2 n. 129.

und zu Land im ganzen Reiche.²³⁹a Kloster Marchtal erhielt Zollfreiheit von Heinrich VI. „in allen Städten des Reiches und anderen"; Philipp verbot „allen und jeden Orten", von den auf ihren Märkten gekauften und durch ihr Banngebiet geführten Sachen des Klosters Weingarten Zoll zu nehmen, und Heinrich (VII.) gewährte den Brüdern und Dienern des Klosters Schussenried zollfreien Handel auf allen seinen Märkten.²⁴⁰ Bei diesen schwäbischen Klöstern handelte es sich tatsächlich wohl nur um den Besuch der schwäbischen Märkte oder wie bei der Zollbefreiung des Klosters Neuburg im Elsaß durch Heinrich VI. „in unseren Orten" um den Besuch der elsässischen Reichsorte.²⁴¹ Auch die Urkunden Heinrichs VI. für die bayerischen Klöster Waldsassen und Ebersberg entbehren einer räumlichen Begrenzung der verliehenen Zollfreiheit;²⁴² sein Privileg für Kloster Altenberg nennt zwar keine örtlichen Grenzen, beschränkte aber die Zollfreiheit auf die Früchte der eigenen Ländereien des Klosters; das seines Nachfolgers Philipp verlieh Zollfreiheit für die Güter des Klosters auf dem Rhein und überall anderwärts".²⁴³ Heinrichs VI. Zollbefreiung für St. Bavo in Gent, welche für das ganze Reich zu Land und Wasser galt, wiederholte, wie wir schon erwähnten, nur eine ältere Vergünstigung, ebenso Heinrichs V. Befreiung für S. Maximin in Trier.²⁴⁴ Die Fürsten verliehen die Zollfreiheit für ihr ganzes Territorium oder für bestimmte Verkehrsstraßen oder für bestimmte Zollstätten, an deren Verkehr dem Kloster besonders gelegen war. Allgemeine territoriale Zollbefreiungen finden sich in Steiermark, Oesterreich, Salzburg, Holland, Brabant, Hessen-Thüringen, Meißen. Mitunter nennen die Zollbefreiungen nur den Verkehr eines

---

239 a. Huillard-Bréholles 1, S. 444.
240. Wirtemb. UB. n. 476, 508, 727.
241. Schoepflin, Alsatia 1 n. 361.
242. Mon. Boica 31 a n. 233, 235.
243. Lacomblet 1 n. 546, 2 n. 7.
244. Beyer, Mittelrhein. UB. I n. 434.

Klosters auf einer bestimmten Wasserstraße, so wiederholt österreichische Privilegien den Donauverkehr der Klöster Garsten, Waldhausen und Formbach, ein Geldernsches den Rheinverkehr des Klosters Altenberg,[245] ein thüringisches für den Verkehr des Klosters Lippoldsberg auf Werra und Fulda. Häufig bezeichnen die Befreiungen einzelne Zollstätten. Springiersbach erhielt, um einige Beispiele zu nennen, Zollfreiheit in Kochem an der Mosel; Bedburg, Meer, Korvey, Liesborn, Kappenberg, Wesel, Altenkamp in Neuß; Ichtershausen in Erfurt; Bedburg in Arnheim und Zütfen;[246] Himmerode in Antwerpen;[247] Eberbach in Köln und St. Goar;[248] Marienwaard (im Bistum Utrecht) in Tiel und Lith;[249] Egmond (in Nordholland) in Andernach, Köln und Neuß;[250] Raittenhaslach (in Oberbayern a. d. Salzach) in Krems, Persenbeug und Mauthausen an der Donau.[251] Außer den bisher genannten Klöstern gab es noch manche andere, die von den Zollherren mit Zollfreiheit in den Territorien oder an einzelnen Zöllen und Orten ausgestattet waren. Wir erwähnen, ohne Vollständigkeit anzustreben, Arnsburg, Baumgartenberg, Formbach, Johannisberg, Kremsmünster, Metten, Niederaltaich, Pforta, Seitz, ferner Suben, Walkenried, Wilhering usw. Die Verkehrsbeziehungen der Klöster reichten, wie diese mannigfachen Nachrichten bekunden, nicht selten über weite Entfernungen. Die Klöster waren zum Teil nicht in der Lage, ihren Bedarf in der Nähe des Klosters zu decken; sie besaßen eigene Güter in der Ferne, deren Erträgnisse den weiten Transport lohnten, oder

---

245. UB. d. Landes ob der Enns 2 n. 259, 343, 369; Lacomblet 1 n. 513; Cod. dipl. Sax. I 3 n. 403.
246. Sloet, OB. d. Grafsch. Gelre en Zutfen 1 n. 404.
247. Eltester und Goerz. Mittelrhein. UB. 3 n. 93.
248. Quellen z. Gesch. d. St. Köln 2 n. 59; Eltester u. Goerz 3 n. 114.
249. Sloet 1 n. 501.
250. v. d. Bergh, OB. v. Holland en Zeeland 1 n. 126.
251. Huillard-Bréholles 5, S. 41 f.

trieben Handel und setzten ihre Erzeugnisse gegen anderen Bedarf ein an Stellen, die auch der bürgerliche Handel für seine Zwecke zu benutzen pflegte. Korvey bezog Wein aus dem Rheingebiet, den es am Koblenzer und am Neußer Zoll vorbeiführte; Biburg in Niederbayern erhielt Waren, wohl besonders Wein, aus Südtirol; Himmerode in der Eifel hatte Verkehr im Rheingau (Geisenheim) und mit Brabant (Antwerpen); es schickte mit dem Klosterschiff Wein nach Seeland[252] und erhielt 1228 eine Jahresrente (sechs Pfund) vom Antwerpener Tuchhause, für die es Heringe aufkaufte. Gottesthal, Rommersbach und Altenberg ließen Güter auf dem Rhein und dem Main befördern. Egmond in Nordholland bezog Waren aus dem Rheingebiet oberhalb Andernach; die Zollbefreiungen, die gewährt wurden, boten den Klöstern vermutlich nicht unerhebliche Erleichterungen. Denn die Warenmengen, die für die Klöster befördert wurden, waren nicht unbeträchtlich. St. Bavo in Gent erhielt auf Grund der Entscheidung Erzbischof Philipps von Köln von 1169 die Erlaubnis, alljährlich bis zu 60 Fuder Wein oberhalb Köln zu kaufen und in seine Keller zu führen. Kloster Enger in Westfalen bezog 1172 von seinen Gütern in Deidesheim jährlich 20 Ohm Wein.[253] Den Klöstern Korvey und Liesborn verlieh Erzbischof Philipp die Zollfreiheit für ihren Wein am Neußer Zoll als Entschädigung für die Verluste, die sie im Kampfe des Erzbischofs mit Heinrich dem Löwen erlitten hatten.[254]

Wie der Handel des Reiches sich in seinen Grundlinien gestaltete und in mannigfachen Einzelerscheinungen auswirkte, läßt die viel reichere Ueberlieferung dieses Zeitraumes besser als früher erkennen. Diese ist noch in erheblichem Umfang eine Reichsüberlieferung, die über den

---

252. Cod. dipl. Nassoicus 1 n. 307; Eltester u. Goerz 3 n. 93 und 357; Caes. v. Heisterbach, Dial. Mirac. 7, 38; Strange 2, 53.

253. Erhard, Reg. hist. Westf. 2 n. 360; Philippi, Osnabrücker UB. 1 n. 331.

254. Erhard 2 n. 408, 463; Knipping, Reg. 2 n. 1168, 1266.

sehr starken Einfluß des Königtums auf die Verkehrsentwicklung, zumal im 12. Jahrhundert, keinen Zweifel läßt. Neben dieser Ueberlieferung, die vom Königtum ausgeht, tritt als kaum minder wichtig und an Bedeutung wachsend die fürstliche. Ohne sie bliebe gerade an der wichtigsten Stelle des Verkehrslebens das Dunkel, welches in der früheren Zeit auf ihnen lag, ungelichtet. Sodann gesellt sich zu diesen Traditionsgruppen bereits die städtische Ueberlieferung, die sich aber erst am Ende des Zeitraumes als ein vergleichsweise beachtenswerter Bestandteil der Ueberlieferung einstellt. In einem anderen Sinn ist freilich der größte und inhaltreichste Teil der Ueberlieferung städtisch. Denn an den alten und neuen Marktorten, unter denen eine rasch wachsende Zahl räumlich, rechtlich und wirtschaftlich heranwuchs, haftete der Handel, und in ihnen vollzog sich das Wachstum des Verkehrs, das sich auch hauptsächlich nur an ihnen beobachten läßt. Unsere Kenntnis des allgemeinen Handels der Zeit ist daher doch in hohem Grade abhängig von unserer Kenntnis der einzelnen, besonders der ansehnlicheren Handelsorte. Daß dieses örtliche Wissen ungleich ist, muß von vornherein zugestanden und namentlich überall da in Rechnung gestellt werden, wo das Verlangen sich geltend macht, aus einzelnen Zügen der verkehrsgeschichtlichen Ueberlieferung Ergebnisse zu gewinnen, die größere Zusammenhänge nachweisen und Grundzüge räumlicher oder sachlicher Art aufdecken sollen. Denn sicher benachteiligt die Unvollständigkeit der Ueberlieferung den einen Handelsort vor dem anderen. Den Untergang des bei weitem größten Teiles der Ueberlieferung so hervorragender Handelsplätze wie Magdeburg und Mainz kann die über diese Orte sonst vorhandene Ueberlieferung und auch die Forschung niemals ausgleichen. Die geringe Ueberlieferung mancher ansehnlichen westfälisch-sächsischen Städte läßt sie wahrscheinlich gegen andere, vom Zufall der Erhaltung der Tradition begünstigte ungebührlich zurücktreten. Dasselbe Schicksal hat auch manchen oberdeutschen Handelsort getroffen. Man gewinnt vielmehr den Eindruck, daß gerade in diesem Zeitraum, in welchem zum ersten Mal die örtliche Ueberlieferung in dem zuletzt erwähnten Sinn stark anwächst und das Uebergewicht behauptet, der Zufall der Bevorzugung einzelner Orte durch reichlichere Ueberlieferung die Richtigkeit des Gesamtbildes stärker zu beeinflussen droht als später, wo der große Reichtum der in den städtischen Archiven erhaltenen Tradition schon leichter gestattet, einzelne, durch den Verlust ganzer Stadtarchive entstandenen Lücken mit Hilfe fremder Ueberlieferung, wenn auch notdürftig, auszufüllen und so wenigstens die Grundzüge der Zustände zuverlässig wiederherzustellen. Mit der Möglichkeit, die Grundlinien zu verzeichnen und den einen Ort vor einem anderen, oder auch eine ganze Ortsgruppe vor einer anderen zu bevorzugen und ihre Stelle im Verkehr miteinander zu verschieben, wird daher die Darstellung des inneren und äußeren Verkehrs während unseres Zeitraumes stets zu rechnen haben. Immerhin gestattet die Ueberlieferung den Versuch, zunächst einige Grundlinien des Verkehrs herauszuheben.

Die Grundzüge des Verkehrsbildes, welches unser Zeitraum darbietet, weichen, innerhalb der in der vorigen Periode politisch tatsächlich beherrschten Grenzen des Reiches, nicht wesentlich ab von denen der vorhergehenden Zeit. Sie werden nach wie vor meist bezeichnet durch die größeren Flußläufe. Die Schiffahrtswege behaupten den Vorrang vor den Landwegen. Ueber sie und die Orte an den Flüssen, die ihnen den Vorteil der Schiffahrt gewährten, liegen, was durchaus kein Zufall sein kann, die reichsten und ergiebigsten Nachrichten, die den Handelsverkehr überhaupt betreffen, vor. An die Linien der Flußschiffahrt schlossen sich aber jetzt im Norden bestimmter die Linien der Seeschiffahrt an. Nicht nur wurden die Verkehrsverbindungen mit dem Norden stärker, sondern der Verkehr auf der Ostsee wurde bereits ein Verkehr des Reiches. Der Nordseeverkehr dehnte sich nordwärts aus, an der britischen Küste und nach Norwegen. Der Ostseeverkehr schloß sich an den Reichsverkehr im engeren Sinn an und verband das Reich mit dem russischen Nowgorod. Ebenso verlängerte sich der Donauverkehr aus dem Reiche nach Ungarn hinein. Während also die inneren Verkehrslinien blieben, erweiterten und vervollständigten sich die äußeren.

Die Haupthandelsstraße des Reiches bildete der Rhein, von Basel bis Utrecht. An ihr lagen mehrere große Handelsorte, von denen sich Köln in diesem Zeitraum als Handelsplatz über die anderen, ja über alle Handelsplätze des Reiches erhob. Auf der Rheinlinie behauptete auch das Königtum bis gegen das Ende des Zeitraumes noch den vorherrschenden Einfluß auf den Handelsverkehr. Auf die Rheinlinie stießen vom Westen her mehrere wichtige Verkehrslinien. Die eine kam von der Mosel und aus Oberlothringen, die andere aus dem Gebiet der unteren Maas und aus Flandern. Der Verkehr auf diesen Linien ging zum Teil in dem Rheinverkehr auf; zum Teil überschritt er den Rhein und wandte sich ostwärts. Entgegengesetzte Strömungen von der Rheinlinie westwärts auf denselben oder anderen Linien fehlten oder waren noch schwach. Anders war das Verhältnis der Rheinlinie zum Osten des Reiches. Nach Westen verhältnismäßig passiv, verhielt sie sich nach Osten viel aktiver. In das rechtsrheinische Deutschland hineinreichend standen auf der Basis der Rheinstraße Verkehrslinien zur oberen Donau und weiter nach Oesterreich, sodann den Main aufwärts und endlich nördlich des Mittelgebirges in der Ebene zwischen Lippe und Ruhr sowohl zum Harz und zur mittleren Elbe wie zur unteren Elbe und zur Ostsee. Die Rheinlinie empfing viel Verkehr vom Osten, gab aber noch mehr nach Osten ab. Am Oberrhein nahm sie durch Basel und die Wendung des Stromes zum Bodensee den Verkehr aus den Alpenländern und von jenseits derselben aus Oberitalien auf. Von dem Mündungsgebiet des Stromes zweigten sich die Schiffahrtslinien nach England,

Norwegen und Dänemark ab. Die wichtigste Verkehrslinie des südöstlichen Reichsgebiets war die Donau. Nördlich von ihr gewann in Prag der deutsche Handelsverkehr festen Bestand. Die Elbe wurde nun in ihrem Mittellauf infolge der Vorschiebung der Ostgrenze des Reiches und durch die Fortschritte der Kolonisation eine Basis für das Vordringen des Verkehrs zur Oder. Endlich übte im südwestlichen Winkel der Ostsee das neugegründete Lübeck rasch eine starke Anziehungskraft auf Westfalen und Ostsachsen aus, so daß es der Endpunkt der erwähnten vom Niederrhein her in diese Gebiete nach Nordosten sich richtenden, die untere Elbe überquerenden Verkehrslinie und zugleich der Ausgangspunkt für die Verlängerung dieser Verkehrslinie über die Ostsee hinweg wurde.

Die Hervorhebung dieser Grundlinien des Verkehrs hat keine andere Bedeutung als die eines äußerlichen Hilfsmittels für die Beurteilung gewisser Aussagen unserer Ueberlieferung. Sie soll die lebendige Anschauung, welche die Wirklichkeit sucht, nicht beeinträchtigen. Denn die Ueberlieferung der Zeit ist unvollkommen. Manche wichtigen Verkehrsorte oder Verkehrslinien wird sie gar nicht oder nur nebenher erwähnen. Wo die Verkehrslinie nicht durch einen Fluß oder sonstige unzweifelhafte Merkmale gegeben ist, läßt sich über ihre genauere Richtung und Führung oft genug nur Unsicheres vermuten. Das Schema dieser Grundlinien des Verkehrs ist daher nur mit Vorbehalt gezeichnet. Den besten und verhältnismäßig vollständigsten Ueberblick über die an der Handelsschiffahrt auf dem Rhein beteiligten Orte gewährt schon für den Beginn des 12. Jahrhunderts der Tarif des in Koblenz erhobenen Zolles.[255] Dieser Zoll bestand aus einem Durchgangszoll von der Schiffahrt

---

255. Hans. UB. 1 n. 5. Erläuterungen unter anderen Gesichtspunkten bei Lamprecht, Deutsches Wirtschaftsleben 2, S. 298 ff.; vgl. Bär, Urk. u. Akten z. Gesch. der Verfassung und Verwaltung der Stadt Koblenz S. 3 ff.

und aus einem Marktzoll vom Landverkehr. Ihn hatte Erzbischof Poppo von Trier 1042 dem S. Simeonstift in Trier übertragen. Später ließ Erzbischof Bruno die alten Zollsätze durch die Koblenzer Schöffen und die erzbischöflichen Beamten- und Dienerschaft von neuem feststellen und durch Heinrich IV. im Jahre 1104 bestätigen. Der Tarif, dessen handelsgeschichtlich wichtigster Teil, der Tarif des Durchgangszolls von der Schiffahrt, hier zunächst allein in Betracht kommt, nennt die einzelnen Orte oder in einzelnen Fällen Gruppen von Orten mit den Zollsätzen, die sie zahlten. Der Zoll wird erhoben von den Schiffen der einzelnen Orte. Der Tarif ordnet die Orte in einer im allgemeinen, wenn auch nicht fehlerfrei von Norden nach Süden gerichteten Reihenfolge, die am Schlusse die östlich und westlich vom Rhein gelegenen Orte hinzufügt; wir beginnen umgekehrt mit den südlichsten Orten, die den Anschluß des Rheingebiets an das Alpenland und an Italien vermittelten. Nach dem Tarif waren beteiligt an dem Rheinhandel, der am Koblenzer Rheinzoll durchfuhr: im Alpengebiet Zürich, am Bodensee Konstanz, im Elsaß Straßburg, weiter rheinabwärts Speyer und Worms, dann Mainz. Bei Mainz tritt der Main in den Rhein; von den Handelsorten am Main nennt der Tarif Würzburg. Von den Donauorten erscheint nur Regensburg, dessen Verkehr bei den drei zuletzt genannten Rheinorten den Rhein erreicht haben wird. Auf Mainz folgen im Rheingau Bingen und Lorch. Bei Koblenz, welches selbst unerwähnt bleibt, vereinigt sich die Mosel mit dem Rhein. Von den Handelsorten an der Mosel waren Trier, Metz und Toul am Rheinverkehr beteiligt. Unterhalb Koblenz erscheinen im Tarif Bonn, Köln und Deutz, dann Neuß und Duisburg. Alsdann beginnt das Gebiet des geteilten Rheins. An den Schiffahrtswegen zur Zuiderzee hin werden genannt Deventer an der Jssel und Utrecht am Alten Rhein und der Vecht. Am Waal erscheinen Tiel, zusammengefaßt mit allen zugehörigen Orten, dazu Heerewaarden und Zaltbommel. Daran reiht der

Tarif Antwerpen an der Scheldemündung. Weiter westwärts faßt er die zusammen, die aus dem Reiche Balduins, also aus Flandern, kamen. Von den Handelsorten, die an der Maas lagen, beteiligten sich Dinant, Namur, Huy und Lüttich, außerdem noch andere Orte des Maasgebiets, die summarisch angeführt werden. Schon diese Uebersicht über die Handelsorte, die an der Schiffahrt, wie sie an einem Orte des Mittelrheins durchging, teilhatten, gibt einige Aufschlüsse. Sie erweist den starken Anteil der niederländischen Handelsorte an dem Verkehr des Mittelrheins und der Mosel wie vermutlich auch des Oberrheins. In entgegengesetzter Richtung verkehrten die Kaufleute aus oberdeutschen, ziemlich entfernten Orten nach dem Niederrhein. Nicht wenige Orte, deren Tätigkeit im Verkehr die Ueberlieferung sonst verschweigt, treten hier hervor: Bingen, Lorch, Bonn, Deutz, Heerewarden, Zaltbommel. Einzelne Orte dagegen, welche die Vermutung als im Rheinhandel und auch an dieser Zollstelle beschäftigt suchen möchte, fehlen im Tarif. Auffallend ist, daß Basel unerwähnt bleibt, denn Basel war damals bereits ein ansehnlicher Handelsort. Das Ortsverzeichnis des Tarifs schließt keineswegs die Annahme aus, daß auch rechtsrheinische Handelsorte außer den beiden genannten — Regensburg und Würzburg — am Rhein und auf dem Rhein Handel treiben. Denn der Koblenzer Zoll war, soweit ihm von der Schiffahrt ein Zoll erhoben wurde, in den Ansätzen, welche die Ortsnamen enthalten, fast durchweg ein Schiffszoll, in der Regel kein Warenzoll. Unter den Waren, welche den Koblenzer Zoll passierten, können sich daher auch solche von rechtsrheinischen Kaufleuten befunden haben, deren Heimatorte der Tarif nicht zu nennen brauchte. Daß Orte wegen Zollfreiheit in dem Tarif weggelassen sind, ist nicht wahrscheinlich, auch nicht, daß Bewohner von Reichszollstätten, wie Frankfurt oder Dortmund, als solche vom Koblenzer Zoll befreit gewesen wären Von den Reichszollstätten werden im Tarif Duisburg und Tiel genannt, die allerdings in der

Abfassungszeit des Tarifs, sowie längere Zeit vor und nach ihr nicht als solche nachzuweisen sind. Zollbefreiungen werden im Tarif nicht ausgesprochen. Auch findet sich kein Unterschied zwischen Geistlichen und Laien, etwa die Begünstigung eines Klosters, angedeutet. Alle Orte, deren Namen der Tarif enthält, waren Flußorte, an der Schelde, der Maas, dem Rhein oder dessen Zuflüssen und an der Donau gelegen. Darin würde sich die außerordentliche Ueberlegenheit der Wasser- vor der Landstraße aussprechen, wenn man annehmen müßte, daß die den Koblenzer Zoll durchfahrenden Schiffe regelmäßig von den einzelnen Orten ausgingen, die der Tarif nennt, zumal die Länge der Wasserfahrt etwa von Lüttich nach Koblenz mehr als dreimal die in der Luftlinie zwischen Lüttich und Koblenz gemessene Entfernung übertrifft. Daß die Schiffahrt nicht von den im Tarif genannten Orten auszugehen brauchte, zeigen die Beispiele von Regensburg und Konstanz. Diese mußten die Schiffahrt von einem anderen Orte, der entweder am Rhein oder an einem schiffbaren Nebenfluß des Rheins lag, beginnen. Ebenso wird man für die Schiffahrt der Kaufleute aus den Maasorten anzunehmen haben, daß sie nicht schon in ihrer Heimat begannen, sondern, wenn sie nicht vom Auslande und den Rheinmündungen her kam, erst etwa in Köln begannen, das zunächst auf dem Landwege erreicht wurde. Der Tarif setzt allerdings voraus, daß die Kaufleute der in ihm genannten Orte auf eigenen Schiffen fuhren. Eigene Schiffe konnten sie aber auch an fremden Orten besitzen oder für die einzelne Fahrt am fremden Orte erwerben. Dazu waren jedenfalls die Regensburger und Konstanzer gezwungen. Ueber die Art des Betriebes der Handelsschiffahrt besonders auf den Flüssen wissen wir wenig. Die technischen Voraussetzungen, auf denen der Tarif hinsichtlich der Schiffahrt beruht, bleiben uns leider verborgen. Das Beispiel von Toul lehrt, daß die Handelsschiffahrt aus den Nebenflüssen zum Rhein selbst hier aus recht weiter Entfernung betrieben wurde. Im großen und ganzen bietet der Tarif in dem Namen der Handelsorte, die sich an der den Koblenzer Zoll passierenden Rheinschiffahrt beteiligten, nichts Ueberraschendes. Es kann bei der Geringfügigkeit der handelsgeschichtlichen Ueberlieferung dieser und gar der früheren Zeit nicht auffallen, daß kleinere Handelsorte, die hier erscheinen, sonst nicht erwähnt werden. Diejenigen Handelsplätze, die sich in der vorhergehenden Periode als die bedeutenderen unter den Marktorten darstellten, kehren auch in dem Koblenzer Tarif wieder. Er enthält wiederum den Namen von manchen kleineren Orten am Rhein, besonders am Niederrhein, nicht, deren Handel und Schiffahrt sich im Laufe des folgenden Jahrhunderts bereits nachweisen läßt. Vielleicht erreichte ihr Verkehr auch später noch nicht den Mittelrhein, vielleicht aber kam ihr Verkehr erst seit dem Anfang des Jahrhunderts, aus welchem der Koblenzer Tarif stammt, empor und bezeichnet daher der Tarif eine Entwicklungsstufe, die das Ende eines älteren Zustandes bedeutet, dem in dem neuen Jahrhundert eine Zeit viel reicherer Entfaltung des Verkehrs folgte, eine Tatsache, die für den Verkehr zum mindesten am Niederrhein auch abhängig von der Beurteilung des Koblenzer Tarifs feststeht. In welche Zeit die Zollsätze des Tarifs hinaufreichten, die nach der Aussage des Erzbischofs das alte Recht wiedergeben, ist ungewiß. Die Art der Verzollung entspricht der üblichen jener Zeit; wir erörtern sie später. Beachtenswert sind einige Zollabgaben, welche eine Andeutung über die in den Schiffen geführten Waren enthalten.[256] Denn abgesehen von wenigen Ausnahmen wurde, wie bereits erwähnt, der Zoll nur vom Schiff, nicht von der Ladung erhoben. Für die Bewegung der Waren und die Warengattungen läßt sich daher dem Tarif nicht viel entnehmen. Einige Orte zollten zum Teil mit Gegenständen, die allerdings für ihren Handel

---

256. Im folgenden sind nur diese erwähnt, nicht auch die übrigen.

bezeichnend waren und einem von ihnen gepflegten Handelszweige entsprachen. Die von Huy, Dinant, Namur und allen Orten des Maasgebiets gaben von jedem Schiffe einen ehernen Kessel und zwei Becken; die Lütticher zwei Becken. Die Züricher, welche Kupfer brachten, bezahlten vom Zentner 4 Den. Dieses Kupfer ging gewiß denselben Weg wie das, wie wir sehen werden, aus Sachsen nach Köln und weiter westwärts gebrachte: in die Werkstätten der erwähnten Industrieorte des Maasgebietes. Auf dem Wege der Rheinschiffahrt fand demnach zwischen dem Oberrhein und den Niederlanden ein Austausch statt, der von dorther dem Metallgewerbe der Maasorte einen Teil der Rohstoffe lieferte. Die aus Flandern und Antwerpen entrichteten ein Widderfell für Polsterdecken und einen Käse; die von Zaltbommel nur einen Käse. Die von Heerewarden, Tiel und den zugehörigen Orten gaben einen guten Salm, die Utrechter von Ostern bis Herbst ebenfalls einen Salm, von Herbst bis Ostern 120 Heringe; die von Deventer in der Fastenzeit bis Ostern 120 Heringe und von Ostern bis Herbst 20 Aale. Die von Duisburg und Neuß entrichteten eine Tafel Wachs, dasselbe auch die Kölner im Herbst. Die übrigen bezahlten, abgesehen stets von der für fast alle vorgeschriebenen Weingebühr und, wie schon erwähnt, von den Zürichern, in Geld. Auch was der Tarif, dessen Inhalt offensichtlich den besonderen Bedürfnissen und Wünschen der Wirtschaft des Zollinhabers, des St. Simeonstiftes, angepaßt ist,[257] als Abgabe bestimmter Orte außer Metallen und Metallwaren anführt: als Stoff für Decken, Käse, Fische und Wachs, bezeichnete Erzeugnisse der Gebiete, in denen jene Orte lagen, oder einzelnen Orten eigentümliche Handelsartikel und bildete in den meisten Fällen wahrscheinlich einen Teil der gewohnten Fracht, welche die Schiffe aus jenen Orten als Handelswaren nach dem Mittel- und Oberrhein oder die Mosel aufwärts führten. Insgesamt bietet

---

257. Baechtold S. 221 f.

freilich der Tarif nur wenig ergiebige Andeutungen über den wirklichen Güterverkehr auf dem Rhein.

Wir behalten zunächst den Verkehr der Orte am Ober- und Mittelrhein im Auge. Die Nachrichten über den Handel an und von diesen Orten bleiben auch weiterhin vereinzelt. Speyer und Worms treten im Verkehr hervor. An ihm erscheinen auch wieder Juden beteiligt. Die Ueberlieferung darüber, Verleihungen Heinrichs IV. und des Bischofs Rüdiger von Speyer, unterliegt allerdings in mehrfacher Hinsicht Bedenken.[258] Was von dem Inhalt der kaiserlichen Privilegien hier Beachtung verdient, kann aber wahrscheinlich zum Teil als geschichtlich gelten. Angeblich wies der Bischof damals den Speyerer Juden einen von den Wohnungen der Bürger getrennten und ummauerten Wohnplatz an, erlaubte ihnen den Wechsel von Gold und Silber sowie den Betrieb von jederlei Handelsgeschäften in ihrem Wohnplatz, am Hafen und überhaupt in der ganzen Stadt, versprach fremden Juden, die bei ihnen verkehrten, Zollfreiheit und sicherte ihnen im allgemeinen das beste Recht zu; das die Juden in irgend einem Orte des Reiches hatten. Die Zusicherungen Heinrichs IV. waren einigen angesehenen Juden in Speyer erteilt; ebenso, wie es scheint, in Worms. Das Privileg des Kaisers für Wormser Juden liegt in einer Bestätigung Friedrichs I. von 1157 vor, jetzt ausgedehnt auf alle Wormser Juden. Heinrich IV. verlieh seinen Juden in Speyer und Worms das Recht freien und friedlichen Verkehrs im Reiche zur Ausübung ihrer Handelsgeschäfte und außerdem Befreiung von jederlei Zöllen oder Abgaben, öffentlichen und privaten. Zugleich berührten seine Anordnungen den Sklavenhandel, den die Juden betrieben. Sie durften Christen mieten zu Arbeitsverrichtungen außer an Sonn- und Festtagen; christliche Sklaven zu kaufen war

---

258. Hilgard, Urk. z. Gesch. d. St. Speyer n. 11, 12; MG. Const. I n. 163. Vgl. die Erörterungen Bresslaus und Stobbes in der Zeitschr f. die Gesch. der Juden in Deutschland 1. S. 152 ff., 205 ff.

ihnen verboten; dagegen durften die Christen nicht die heidnischen Sklaven der Juden kaufen oder von ihrem Dienst bei den Juden abspenstig machen. Sodann erlaubte er ihnen, ihren Wein und ihre Spezereien und Arzeneimittel an Christen zu verkaufen. Den Wormser Bürgern und Juden bestätigte Heinrich V. 1112 die ihnen von seinem Vater gewährte Zollfreiheit an den schon genannten Reichszollstätten jetzt auch in Nürnberg. Die Hinzufügung dieses im Osten gegen Böhmen hin liegenden Reichsortes wird vermutlich ebenso wie die Erwähnung der anderen Zollstätten ihren Grund in wirklichen Handelsbeziehungen gehabt haben. Kurz darauf fällt ein Licht auf den Tuchhandel, den die Rheinschiffahrt vermittelte. Der Kaiser bewilligte 1114 den Wormser Bürgern, daß Niemand gegen seinen Willen zur Erhebung des Wormser Schiffszolls bestellt werden sollte; damit das Amt nicht aus Furcht vor Schaden unbesetzt blieb, bestimmte der Kaiser den festgesetzten Zoll vom schwarzen und dicken Wollentuch als Zulage für das Zöllneramt. Der Zoll betrug von jedem Tuch einen halben Denar.[259] Schwarzes Tuch nannte das Gedicht vom Wettkampf des Schafes und des Flachses als Erzeugnis der Rheinlande.[260] Im letzten Jahrzehnt der Regierung Friedrichs I. erfreuten sich Worms und Speyer neuer Gunstbezeugungen des Kaisers, die ihren Verkehr betrafen. Den Wormsern bestätigte Friedrich 1184 jene älteren Anordnungen der beiden letzten Salier.[259] Wir gedachten schon der Hinzufügung der niederrheinischen Reichszollstätten Nimwegen und Duisburg in die Bestätigung der Zollfreiheit der Wormser an den Reichszöllen und der Wichtigkeit der Bestimmung über die gegenseitige Zollfreiheit der Reichsorte und der Stadt Worms. Speyer ließ sich einige Jahre früher ein angebliches Privileg Heinrichs V. von 1111

---

259. Bresslau, Cent. dipl. n. 81, 82; Boos, UB. d. St. Worms 1 n. 61, 62.

260. Bresslau n. 85, Boos n. 90.

vom Kaiser bestätigen. Ein Teil seines Inhalts, der als echter Bestandteil der Urkunde Heinrichs große Bedenken erregt,[261] aber bis zur Bestätigung durch Friedrich I. 1181 sich früher oder später verwirklicht haben wird, betraf auch die Rheinschiffahrt der Speyerer im 12. Jahrhundert. Von den Schiffen wurde eine Abgabe in Pfeffer erhoben. Zum mindesten bestand früher ein Herrenrecht, das die Beschlagnahme von Schiffen der Bürger zu Gunsten eines Herren durch dessen Diener gestattete. Man beförderte die Güter auf eigenen oder gemieteten Schiffen. Für ihr eigenes Gut waren die Speyerer abgabenfrei. Die Schiffe führten also nicht nur die eigenen Waren des Schiffseigentümers, sondern auch fremde. Außerdem besaßen die Speyerer Zollfreiheit im ganzen Bistum und an allen Orten, die dem Reich gehörten. Endlich war im Verkehr mit Straßburg die Höhe des Schiffszolls bestimmt: die Speyerer bezahlten in Straßburg nicht mehr als 13 Denare vom Schiff. Sowohl der Koblenzer Tarif wie jene kaiserlichen Befreiungen, welche die einzelnen Reichszollstätten nennen, bezeugen, daß die Schiffahrt beider Bischofsstädte zum Niederrhein hinabreichte. Ebenso bestätigt der Koblenzer Tarif die Andeutungen der Privilegien Heinrichs IV. für Speyerer und Wormser Juden sowie ihrer Erneuerung durch Friedrich I. über den Sklavenhandel im Rheingebiet. Er setzte den Zoll für den Kaufsklaven auf 4 Denare an. Eine etwas ältere Fassung des Tarifs aus dem Ende des 11. Jahrhunderts spricht ausdrücklich aus, daß die Juden diese Abgabe von jedem Kaufsklaven bezahlen.[262] Die neue Festsetzung des Koblenzer Zolles fiel in die unruhige Zeit der letzten Regierungsjahre Heinrichs IV. Die inneren Kämpfe zogen auch den rheinischen Handel in Mitleidenschaft. Der Streit zwischen Heinrich V. und dem Erzbischof Adalbert von

---

261. S. die Untersuchungen Wibels, Die ältesten deutschen Stadtprivilegien, Archiv f. Urkundenforschung 6. S. 234 f.
262. Hans. UB. 3, S. 388.

Mainz, dem Führer der hochkirchlichen und salierfeindlichen Partei im Reiche, schädigte die Kaufleute aus niederrheinischen Reichsorten, die der Handel und die Rheinschiffahrt an den Mittelrhein führten. Vermutlich ließen es beide Teile nicht fehlen an gegenseitiger Belästigung ihrer Kaufleute. Die Kaufleute des Reichsortes Duisburg, die in Mainz Handel trieben, hatten damals wegen ihres kaiserlichen Herrn in Mainz Gewalt erlitten; es war ihnen ein ungerechter und unmäßiger Zoll auferlegt worden. Diese Benachteiligung des Duisburger Handels in Mainz dauerte, bis Friedrich I. sich ins Mittel legte und den Erzbischof Arnold zu einer gerechten Regelung der Sache veranlaßte. Die Duisburger Kaufleute wiesen 1155 durch das Zeugnis von Mainzer Bürgern die ursprüngliche und gesetzliche Höhe ihres Schiffszolls bei Ankunft, Abfahrt und Befrachtung ihrer Schiffe im Mainzer Hafen nach.[263] Dabei blieb es. Genaueren Einblick gewährt die Ueberlieferung in die Beziehungen zwischen Moselhandel und Rheinhandel während des 12. Jahrhunderts, in dem Güteraustausch zwischen beiden Gebieten, den besonders die Schiffahrt herbeiführte. Ueber die Schiffahrt gab schon der Koblenzer Tarif Auskunft. Als wichtigste Haltestelle des Moselhandels am Niederrhein erscheint Köln. Doch reichten Schiffahrt und Handel des Moselgebiets noch weiter hinab. Der Zollvertrag zwischen Trier und Köln von 1146[264] gibt darüber wichtige Aufschlüsse. Er stellte gegen die Versuche des Kölner Zöllners und seines Anhangs, das alte Zollrecht der Trierer in Köln zu ändern, dieses Recht wieder her. In feierlicher Form ward zugleich der Verkehrsfrieden und die Eintracht zwischen den beiden großen Handelsplätzen und ihrer Bewohnerschaft erneuert.[265] Die deutlichen An-

---

263. Lacomblet 1 n. 382.
264. Quellen z. Rechts- u. Wirtschaftsgesch. d. Rhein-Städte. Trier (hrsg. v. Kentenich) S. 273 n. 4.
265. In dem Schlußsatz der Trierer Urkunde: Data sententia iudicis hec consummata sunt: Sicut in supra dictis nos Colonienses

spielungen des Vertrages auf die rücksichtslose Nichtachtung bestehenden Rechts durch Bürger beider Teile lassen auch hier erkennen, daß das Streben nach Umgestaltung der wirklich oder vermeintlich änderungsbedürftigen Zustände in den Kreisen der Bürger und Kaufleute selbst seinen Sitz und Ursprung hatte. Die Waren, welche der Vertrag einzeln nennt, sind Wein und Honig; dazu ist von gepackten Waren die Rede. Wein und Honig waren anscheinend die Hauptgegenstände der Trierer Ausfuhr, welche zu Schiff die Mosel und den Rhein hinabging. Die Trierer bezahlten in Köln von ihrem zu Schiff gebrachten Wein und Honig, wenn sie ihn dort verkauften, einen Zoll, vom Wein ein Maß Wein und 4 Denare, vom Honig dasselbe. Kamen sie zu Schiff mit anderen Waren nach Köln, so gaben sie bei der Rückkehr nur 6 Denare Zoll. Ihre Schiffahrt ging auch über Köln hinab. Bei Bergfahrt und Talfahrt an Köln vorbei durften sie in Notfällen Gegenstände im Wert von etwa 30 Schilling in Köln zollfrei verkaufen. Außerdem bestand Landverkehr der Trierer bei ihrer Rückkehr aus Köln auf dem Landwege: für den in Köln mit ihrem Gelde erworbenen Saum, für die großen und kleinen Wagen, für das auf den Sattel des Reittieres hinter dem Rücken des Reiters gebundene Gepäck. Mehrere Jahrzehnte später wurden auch die Abgaben der Kölner Kaufleute in Trier von neuem festgesetzt und eine Erklärung, wahrscheinlich der beiden Erzbischöfe, darüber zum öffentlichen Gedächtnis in die

---

et Trevirenses convenimus efficientes, ut unus essemus populus, ita nunc super hac re, quae sequitur, removentes omnia, quae nos adinvicem possunt turbare, ut plena in nobis regnet concordia, communi placuit convenire consilio, sind die Worte efficientes ut unus essemus populus Reminiszenz an die berühmte Stelle der Vita Karoli Magni Einhards am Ende des c. 7, wo es nach der Erzählung der Kriege mit den Sachsen und ihrer Bekehrung zum Christentum heißt, daß die Sachsen jetzt Francis adunati unus cum eis populus efficerentur. Die älteste Hs. der A.-Klasse der Einhardhs., vom Ende des 9. Jahrhunderts, jetzt in Wien, gehörte früher dem Kloster S. Eucharius (später S. Mathias) in Trier; SS. rer. Germ., ed. 5, S. XV ff.

Außenmauer des Trierer Doms eingemeißelt.²⁶⁶ Die Abgaben betrafen die Schiffe der Kölner, die am Trierer Staden anlegten. Die Schiffe brachten Wein, Salz, Wolle und, wie es scheint, Getreide. Auch diese Inschrift spricht von Versuchen das bestehende Recht der Abgaben zu brechen, und stellt es darum wieder fest. Die Gründe für den Widerstand gegen die alte Norm der Abgaben liegen nahe. Einen Teil der genannten Waren, zum mindesten den Wein, wahrscheinlich auch das Salz, holten die Kölner in ihren Schiffen oberhalb Triers, um es weiter abwärts zu verschiffen, denn es ist nicht anzunehmen, daß Kölner, von unter- oder von oberhalb kommend, Trier mit Wein versorgten. Mit den anderen Waren stand es ebenso oder die Kölner, rhein- und moselaufwärts fahrend, brachten diese wichtigen Waren in Wettbewerb mit den Trierer Kaufleuten, die selbst, wie wir sahen, den Niederrhein und vermutlich die Niederlande auch über Köln hinab besuchten, nach Trier. Daß aus diesem Wettbewerb der Schiffahrt, zumal der auf dem eigenen Fluß, zwischen den Einheimischen und fremden, weiter entfernt beheimateten Kaufleuten, Konflikte entstanden, wird sich auch sonst zeigen. Den Handelsverkehr in Trier und auf der Mosel gegen das Ende des Jahr-

---

266. Die leider zum Teil verstümmelte Inschrift bei Kraus, die christlichen Inschriften der Rheinlande 2. S. 170 f. u. 351; dazu Tafel XXIII. Zur Datierung bemerkt Kraus, daß die Inschrift dem Schriftcharakter nach im 12., aber auch noch in der ersten Hälfte des 13. Jahrh. entstanden sein könne. Anhaltspunkte für die Datierung geben außerdem die gut erhaltenen Namen mehrerer Kölner Kaufleute — Willeman, Wezel, Berenger —, die in der Kölner Gildeliste, und zwar insgesamt nur in ihrer vierten und letzten Rubrik vorkommen. Höniger. Kölner Schreinsurk. d. 12. Jahrh. 2, 2, S. 47; zum Datum der Liste Höniger S. 7. Entscheidend ist der Name Willmann, der nur einmal in der Liste und zwar in ihrem spätesten Teil, im Faksimile unten rechts am Ende einer der letzten Zeilen, also gegen das Jahr 1180, erscheint. (Sonst noch in den Schreinskarten des Niederich. Register S. 193.) Zu der unsicheren Lesung frumentum in der Inschrift s. Kraus zu Zeile 5.

hunderts veranschaulicht sodann das älteste erhaltene Trierer Stadtrecht, das um das Jahr 1190 abgefaßt ist.[267] Es setzt mit großer Ausführlichkeit die Zölle und Abgaben fest, die im Hafen, auf dem Markt, auf der Moselbrücke und sonst, durchgängig oder zu bestimmten Zeiten, namentlich auf den Jahrmärkten, zu entrichten waren und steht hinsichtlich seiner Fülle von Angaben über sehr viele Warengattungen unter den Handelsorten des Rheins und Moselgebiets fast einzig da. Es nennt häufig die fremden Kaufleute, die in Trier verkehrten, und gewährt einen Ueberblick über die mannigfachen Gegenstände der Ausfuhr und Einfuhr. Beide erfolgten zu Wasser und zu Lande. Neuer Wein wird zu Schiff auch von Fremden eingeführt, Wein überhaupt auch auf Wagen und Lasttieren ausgeführt. Von der oberen Mosel kam Getreide auf Schiffen. Als fremde Kaufleute begegnen hier die wiederholt genannten Gewürzhändler (Krämer), die besonders auf den Jahrmärkten und Festtagen erschienen, wo sie auf dem Markte ihre Zeltbuden und ihre Tische aufstellten, und Pfeffer u. a. Gewürze, sowie Wachs feilboten. Sodann verkehrten Kaufleute von Köln, Worms, Speyer, Bingen und den Orten am Moselufer zu Schiff in Trier. Sie bezahlten beim Handel, den sie ausübten, nur einen Schiffszoll. Im Anschluß an sie oder in Verbindung mit ihnen wurden die Abgaben von eingeführten Heringen erwähnt. Vermutlich brachten die Schiffe aus jenen Rheinorten diese begehrte Ware vom Niederrhein. Die Kaufleute von Metz und Echternach an der Sauer befaßten sich in Trier besonders mit der Einfuhr und dem Verkauf von Häuten, Fellen und Pelzen. Eisen wird auf Wagen eingeführt. Auch Leinentuch und Flachs gehörte zur Einfuhr; sonst werden Rohstoffe und Erzeugnisse der Weberei nicht genannt. Andere Waren erwähnen wir später. Den neuen Wein brachten Ortsfremde auf Kähnen, die zum Teil keine gekrümmten Planken hatten;

---

267. Quellen S. 1 ff.

es ist vom Verkauf von Einbäumen aus einem Eichenstamm oder aus einem geringeren Baum die Rede. Aber die Schifffahrtsverbindungen Triers reichten weithin die Mosel aufwärts und in deren Nebenflüsse hinein, sowie ostwärts zum Rhein hinab in die Handelsorte des Mittel- und Niederrheins. Trier nahm am Rheinhandel einen starken Anteil. Ob auf demselben Wege auch Verdun mit dem Rheingebiet in Verbindung stand, ist ungewiß.

Jedenfalls bestand eine enge Handelsverbindung zwischen Huy und Metz. Kaufleute von Huy besaßen zu Beginn des 13. Jahrhunderts Häuser in Metz und verweigerten aus diesem Grunde die Zollzahlung in Metz. Friedrich II. bestätigte 1214 ein Urteil des Trierer Erzbischofs, des Herzogs Theobald von Lothringen und anderen, welches die Kaufleute von Huy als zollpflichtig erkannte, weil sie in Metz keinen Haushalt besaßen und die Bürgerpflichten nicht erfüllten.[268] Der Handelsverkehr der Metzer Kaufleute reichte ostwärts über das Gebiet des Rheins hinaus. Sie erschienen damals mit anderen linksrheinischen Kaufleuten in Oesterreich.

Die Kaufleute verkehrten im 12. Jahrhundert in Köln, einzelne ließen sich auch, wie wir sehen werden, in Köln nieder. Bei einem zwischen Köln und den Kaufleuten von Verdun 1178 in Köln getroffenen Abkommen wurden diesen allen Zollsätze zugesichert, die sie seit Alters in Köln bezahlten. Verdun bildete das oberste Glied der Kette von Maasorten, die mit Köln Verkehr unterhielten. Ob sich die Verduner Kaufleute des Schiffsweges der Mosel oder des Landweges nach Köln bedienten, läßt sich nicht erkennen. In den beiden Kölner Aufzeichnungen, welche über diesen Verkehr der Verduner in Köln erhalten sind,[269] deutet nichts

---

268. Jahrbuch d. Ges. f. Lothring. Gesch. Altertumskunde 1, 160; Böhmer-Ficker, Reg. imp. n. 774.
269. Quellen z. Gesch. d. Stadt Köln 1 n. 90: Höniger, Kölner Schreinsurkunden II 1, S. 293. Der Text bei Höniger ist besser als der des Hans. UB. I n. 30.

auf Benutzung der Schiffahrt; vielmehr spricht das Zollabkommen nur von Landtransportmitteln. Das Abkommen von 1178 regelte das Verfahren bei Streitigkeiten wegen der Kreditgeschäfte zwischen Kölner und Einwohnern von Verdun. Es bestätigte, wie schon erwähnt wurde, die alten Zollsätze der Verduner in Köln. Die damals oder etwas später im Schöffenschrein niedergelegte kurze Bekundung betrifft Zollsätze der Einwohner von Verdun, deren Verkehr während des Jahres oder des Augustjahrmarkts in Köln. Sie bezahlten Abgaben von jedem Wagen bei Einfahrt und Ausfahrt, außerdem von jedem Saum, auf dem Jahrmarkt nur eine Pauschalgebühr von 4 Den. und zwei Pfund Gewürz. Welche Waren die Verduner nach Köln brachten und wieder ausführten, ergibt sich nicht. Ob Kölner Kaufleute wiederum Verdun besuchten, bleibt ebenso zweifelhaft. Die Ueberlieferung weist eher darauf hin, daß der Verkehr einseitig war und sich auf den der Verduner in Köln beschränkte. Es ist ein neues Zeichen der Anziehungskraft Kölns auch für die Gegend, die der oberen Mosel nahe lag. Wir wenden uns zu dem Handelsverkehr des Niederrheins und vor allem zu dem Handel Kölns. Im Laufe des 12. Jahrhunderts wuchs Köln zur ersten Handelsstadt des Reiches auf. Sein Handel und seine Schiffahrt reichten weit die Mosel aufwärts, auch über Trier hinaus. Beide Tätigkeiten waren es auch, die am Mittel- und Oberrhein, ohne daß sie sich dort an bestimmten Orten nachweisen ließen, sein überlegenes Ansehen begründeten. Bei der Gründung des neuen Marktes Freiburg im Breisgau im Jahre 1120, dem Werk wahrscheinlich einer Unternehmergesellschaft angesehener Kaufleute, bestimmte der Marktherr Konrad von Zähringen, daß die Streitigkeiten der neuen Marktansiedler untereinander nach gemeinem Markt- und Kaufmannsrecht, vor allem nach dem der Kölner, gerichtet werden sollten.[270] Die Grundlagen dieser Handelsmacht

---

270. Fr. Beyerle a. a. O. S. 74, 77.

bildete aber nicht allein der Rheinverkehr, sondern das Zusammentreffen einer Reihe von Verkehrslinien aus Westen, Norden und Osten in Köln, wo sie ihr Ziel fanden oder sich kreuzten und weiter fortsetzten. Der Schwerpunkt des Kölner Handelsverkehrs lag augenscheinlich längere Zeit in seinen Beziehungen zu den westlichen Niederlanden,

Am Beginn des 12. Jahrhunderts liegt ein Zweig dieses Verkehrs, damals der wichtigste, deutlich vor Augen. Nicht lange vor der Ausfertigung des Koblenzer Zolltarifs, Ende des Jahres 1103, stellte Erzbischof Friedrich von Köln die Rechte der Kaufleute von Lüttich und Huy in Köln fest. Diese Kaufleute beschwerten sich über ungerechte Abgaben und wiesen durch eine Abordnung dem Erzbischof nach, daß sie das alte gesetzliche Recht, das ihre Vorfahren besaßen, verloren hatten. Der Bischof von Lüttich, der damals in Köln verweilte, trat für seine Untertanen ein, und der Erzbischof regelte mit Hilfe der städtischen Sachverständigen und mit dem Beirat mehrerer ebenfalls anwesender Bischöfe die Abgabenpflichten und Rechte jener Kaufleute in Köln. Aus den Bestimmungen dieser Neuordnung, von denen schon früher gesprochen, sieht man, daß der Verkehr der Kaufleute von Lüttich und Huy in, nach und von Köln sich zu Land und zu Wasser vollzog. Jene Maasstädte standen auf Wasser- und Landwegen mit Köln in Verbindung. Was die Schiffahrt betrifft, so bedienten sich die Kaufleute eigener oder fremder Schiffe. Brachten sie ihre Waren, woher sie auch kamen und irgendwelcher Art, auf fremdem Schiffe, so bezahlten sie weder Zoll noch Gebühren, wenn auf eigenem Schiffe 10 Denare. Der unbestimmte Hinweis auf die Herkunft der Waren bezieht sich auf die Richtung der Schiffahrt und die Herkunftsgebiete der Waren. Wie der gleichzeitige Koblenzer Tarif zeigt, verkehrten die Schiffe der Kaufleute von Lüttich und Huy auch am Mittelrhein. Sie fuhren also über Köln hinaus und brachten auch ihre Waren, die sie von niederwärts mitführten, wie der weitere Zusammenhang lehrt, über Köln den Rhein hinauf, wenn sie sie nicht in Köln verkauften. Die Ordnung spricht nicht von der Rückkehr der Schiffe, sondern nur von Anfuhr der Waren durch die Schiffe, dieser aber von beiden Seiten, von unten, was die Ordnung hauptsächlich im Auge hat, und von oben, was sie ebenfalls einbegreift. Sie fährt aber sogleich nach der Bestimmung über die Abgaben von den Schiffen fort: wenn aber die Kaufleute Zinn, Wolle, Speck, Fett oder was zur Wage gehört verkaufen, bezahlt nicht der Verkäufer sondern der Käufer die Gebühr; wenn sie linnene oder wollene Tuche verkaufen, können sie sie, wenigstens auf den Jahrmärkten, mit halber Elle oder mit beliebigem Maß verkaufen; ebenso die anderen Waren. Ueber das Herkunftsland der zuerst genannten Waren: Zinn, Wolle, Speck und Fett kann kein Zweifel bestehen; es war England. Wolle und Fett nannte schon die uns bekannte ältere Aufzeichnung über die Rechte der Deutschen in London als Gegenstände der deutschen Ausfuhr. Diese aus England stammenden Waren brachten demnach die Kaufleute aus Lüttich und Huy auf eigenen und fremden Schiffen, wahrscheinlich in direkter Fahrt von England her, rheinaufwärts nach Köln und auch weiter über Köln hinaus zum Mittelrhein. Die Ordnung setzt ferner die Abgaben der Kaufleute von Lüttich und Huy auf den Kölner Jahrmärkten und sonst im Jahre fest, wobei nur die Transportmittel des Landverkehrs behandelt, die Waren selbst nicht erwähnt werden. Lösen sie bei der Ankunft die Verpackung ihrer Waren und verkaufen etwas, so bezahlen sie beim Abzug am Tor 4 Denare vom Saum; lösen und verkaufen sie nicht, so sind sie zollfrei. Dann aber wendet sich die Ordnung dem anderen wichtigen Verkehrswege und den Waren zu.[271] Wenn die Kaufleute von Lüttich und Huy nach Sachsen oder in der Richtung auf Dortmund ziehen und Kupfer oder anderes zurückbringen, zahlen sie beim Abgang nichts, bei der Rückkehr, wenn sie vom Wagen abgeladen und wieder aufgeladen haben, 4 Denare. Wenn sie ferner einen Wagen Kupfer in Köln kaufen oder verkaufen, zahlen sie eine viertel Mark, außerdem gewisse Zölle von Zug- und Lasttieren und vom Vieh. Der Weg, der die Kaufleute von Lüttich und Huy von Köln landeinwärts von Sachsen führte, ging über Dortmund nach Goslar. Denn aus dem Bergwerke Goslars stammte das Kupfer, welches die Kaufleute nach Köln brachten und von dort weiter in die Werkstätten ihrer Heimatorte führten. Eine andere Bezugsquelle des Kupfers war, wie der Koblenzer Tarif lehrte, das Alpengebiet, von wo die Züricher Kupfer zu Schiff rheinabwärts beförderten. Die Bedeutung Dortmunds für den niederrheinisch-sächsischen Handel tritt in der Zollordnung von 1103 wieder deutlich zutage. Es lag als wichtigste Station nächst Köln auf dem Wege, den ein Menschenalter nach der Entdeckung der Goslarer Metallschätze die Privilegien Ottos III. für Helmarshausen und Gandersheim, und in der früheren Regierungszeit Heinrichs IV. dessen Namenliste der Reichszollstätten in dem Privileg für die Wormser bezeichneten. Die Zollordnung von 1103 gibt nur die Richtung der Reise der Kaufleute von Lüttich und Huy nach Sachsen und Dortmund an. Gerade dieser Umstand spricht dafür, daß die Kaufleute nicht in Dortmund Halt machten, sondern darüber hinaus nach dem Ursprungsort der Förderung des Kupfers vordrangen. Daß sie nicht die einzigen waren, die Kupfer aus Sachsen und von Dortmund her nach Köln brachten, läßt die Zollordnung durchblicken. Sie kauften Kupfer auch in Köln selbst. Wie alt diese Verbindung der Kaufleute von Lüttich und Huy mit Sachsen und ihr Kupferhandel dort war, ist nicht nachzuweisen. Die innigen Beziehungen der salischen Kaiser, die Goslar mit besonderer Zuneigung förderten, zum Lütticher Bistum lassen aber auf ein hohes Alter dieses Verkehrszuges schließen. Welche anderen Waren die Kaufleute der beiden Maasorte aus

---

271. Vgl. Höhlbaums Erläuterungen dieses Teils der Urkunde S. 387, Anm. 4.

Sachsen nach Köln und über den Rhein führten, macht die Zollordnung nicht weiter ersichtlich. Zu den anderen Kaufleuten aus den angesehenen Industrieorten an der Maas, die in Köln und Sachsen auf denselben Wegen und in ähnlicher Weise wie die bisher genannten verkehrten, gehörten die Kaufleute von Dinant. Sie fuhren, wie der Koblenzer Tarif lehrt, gleich den anderen Kaufleuten der Maasorte, über Köln hinaus zum Mittelrhein oder die Mosel aufwärts. Auch sie erhielten vom Erzbischof Friedrich I. (1100—1131) ein Privileg über ihre Zollpflichten, welche sie im Jahre 1171 aus Anlaß von Streitigkeiten mit den Kölner Unterzöllnern vorlegten und dessen Inhalt damals die Kölner Schöffen wiederholten und bestätigten. Der wichtigste Gegenstand des Handels der Dinanter in Köln war ebenfalls das Kupfer. Die Ordnung nennt von allen Waren, mit denen die Dinanter in Köln handelten, namentlich nur das Kupfer. Sie bestimmt die Zollsätze für Kupfer, welches die Dinanter in Köln während des Severinsmarktes im Herbst und sonst im Jahre einkauften. Der Verkauf von Kupfer und anderen Waren in Köln blieb zollfrei. Außerdem kauften die Kaufleute von Dinant Kupfer, wie die Ordnung sagt, jenseits des Rheins und führten es nach Köln. Wenn sie das Kupfer von den Wagen abluden und umluden, zahlten sie vom Wagen 4 Denare, wenn sie es ohne Umladung durchführten, waren sie zollfrei. Sodann setzt die Ordnung noch die Zölle von den anderen Waren während des Augustmarktes und des übrigen Jahres fest, ohne die Waren einzeln zu nennen. In der Hauptsache, dem Kupferhandel, seiner Richtung und dem Zollverfahren dabei, stimmen die beiden Ordnungen Erzbischof Friedrichs vielfach überein. Die Dinanter Kaufleute gelangten wahrscheinlich ebenfalls bis nach Goslar selbst. Volle Klarheit über den Handel der Dinanter in Köln bringt die neue Zollordnung Erzbischof Adolfs (1203) für sie, die gerade ein Jahrhundert nach der Ordnung für die Kaufleute von Lüttich und Huy abgefaßt ist. Ihr Inhalt berührt sich vielfach mit dieser älteren Ordnung, natürlich auch mit der älteren Dinanter, und legt zugleich Zeugnis ab von der großen Stetigkeit des Handels dieser Maasorte und seiner besonderen Eigenart. Die neue Zollordnung behandelt den Landverkehr und den Schiffsverkehr der Dinanter in Köln. Beim Landverkehr, der sich auf den Jahrmärkten und sonst während des Jahres vollzog und dessen Abgaben die Ordnung festsetzt, erscheinen die wichtigsten Waren: Kupfer, Blei, Zinn und Fett. Hauptsächlich sind es Rohstoffe für das Dinanter Metallgewerbe. Die Dinanter führten sie in Köln ein und setzten sie dort ab oder führten sie durch, oder sie kauften sie auch dort ein und führten sie aus. Von diesen Waren stammten sicher das Kupfer, vermutlich auch das Blei aus Goslar, das Zinn und das Fett, wie früher, aus England. Die Ordnung sagt jetzt ausdrücklich, daß die Dinanter aus Goslar oder anderen Gegenden jenseits des Rheins Kupfer und andere Waren nach Köln brachten. Sie kürzten aber auch, wie die Ordnung berichtet, den von jenseits des Rheins, d. h. von Dortmund, nach Dinant führenden Weg in der Weise ab, daß sie bei Neuß statt bei Köln den Rhein überschritten, wobei sie dem Kölner Zoll zollpflichtig blieben. Wie ihnen, war vermutlich auch den Kaufleuten aus den anderen Maasorten diese Abkürzung gestattet. Schiffahrt betrieben die Dinanter wie früher nach Köln und über Köln hinaus nach dem Mittelrhein. Auch diese Ordnung macht deutlich, daß Köln nicht nur eine Durchfuhrstation für Kupfer und die sonst genannten Waren bildete, sondern daß auch ein starker Handel mit diesen Waren in Köln selbst, besonders auf den Jahrmärkten, stattfand. Die Kaufleute aus den Maasorten waren sicher nicht die einzigen, die Kupfer aus Goslar über Dortmund nach Köln und weiter in ihre Heimatorte führten, aber es scheint, daß sie an diesem Handelszuge durchaus am stärksten beteiligt waren. Diese Handelsbeziehungen der Kaufleute aus den Maasorten längs des Rheins sowie nach Köln, Dortmund und Goslar bekunden auch hinsichtlich der Hauptgegenstände des Warenhandels eine große Stetigkeit und Gleichmäßigkeit; ihre unzweifelhaft lange Dauer läßt es nicht so unbegreiflich erscheinen, wenn die Ordnung von 1203 jene Zollrechte der Dinanter in Köln bis auf Karls des Großen Zeit zurückführte. Die Zeiten des stärksten Anteils der Kaufleute aus den Maasorten an diesem Handelszuge fielen in das 11. und 12. Jahrhundert; auch die Kaufleute von Verdun gehörten in diesen Kreis. Ob die Kölner Kaufleute wiederum in diesen Maasorten verkehrten, lassen die Quellen ungewiß.[272] Eine Gegenseitigkeit von Leistungen oder Rechten ist in ihnen nicht ausgesprochen. Aus dieser Verbindung schöpfte aber auch Köln selbst neue Kräfte. Das 12. Jahrhundert war, wie es scheint, die Blütezeit der Kölner Jahrmärkte, die vor allem diesem Fremdhandel dienten; darin lag freilich auch eine Gefahr.

Neben dem Handelswege, der von Köln über Dortmund zu den Bergwerken Goslars führte, bestand eine andere Verbindung zwischen Köln und dem Osten. Wie jene nördlich, verlief diese südlich des Mittelgebirges. Dieser Handelszug schloß sich dem Donauhandel an, mit dem er die Donau abwärts ging, zweigte aber auch in größere Handelsorte Oberdeutschlands südwärts des Hauptflusses ab. Er nahm besonders Teil an dem raschen Aufblühen des nicht lange nach dem Regierungsantritt Friedrichs I. selbständig gewordenen Herzogtums Oesterreich. Zwar steht er in näherem Zusammenhang mit einer anderen weitverzweigten und in breiter Linie in den Osten vordringenden Kulturbewegung, deren wir später gedenken werden, aber er hatte unverkennbar seinen Ausgangspunkt oder wenigstens seinen Sammelpunkt in Köln. Ueber diese Ausstrahlung des Kölner Verkehrs nach dem Südosten des Reiches liegt zuerst ein Zeugnis in Friedrichs I. Stadtrecht für Augsburg von 1156 vor.[273] Es erwähnt aus Anlaß des Geldwechsels,

---

272. 1211 bestätigte Erzbischof Dietrich von Köln den Dinantern das Privileg von 1203, HUB. 1 n. 86; Knipping Reg. 3 n. 90.
273. Keutgen, Urk. n. 125 § 6.

daß Augsburger Kaufleute nach Köln reisten. Hiernach bestand eine regelmäßige Verkehrsverbindung zwischen Köln und dem Hauptort des östlichen Schwabens. Deutlich tritt dieser Verkehrszug auf der Linie des Donauhandels am Ende des Jahrhunderts zutage. Die Erneuerung der Marktordnung für Enns gibt darüber Aufschluß.[274] Herzog Ottokar von Steiermark erließ sie 1191/92 auf Bitte der Regensburger, die eine Gesandtschaft an ihn geschickt hatten. Als Zweck der Erneuerung bezeichnet er das Verlangen, daß von den Regensburgern, Kölnern, Aachenern und Ulmern keine anderen Auflagen erhoben werden sollten als die, welche ihnen bei der ersten Einrichtung des Jahrmarktes auferlegt waren. Danach verkehrten Kölner und Aachener Kaufleute auf den Märkten, die der Donauhandel aufsuchte. Schon die Begründung spricht für einen erheblichen Anteil dieser rheinischen Kaufleute am Donauverkehr, in dem doch die Regensburger seit Alters die Vorhand hatten. Auch auf dem Jahrmarkt zu Enns lag, wie die Ordnungen für das Verhalten der Schiffer und Kaufleute lehrten, die Führung der fremden Kaufleute in den Händen der Regensburger und ihres Hansagrafen. Aber bereits früher nahm die ältere Marktordnung Rücksicht auf jene fremden Kaufleute vom Rhein, und bei ihrer Erneuerung besaß auch der Verkehr dieser Fremden soviel Gewicht, daß er gemeinschaftlich mit dem der Regensburger sich Geltung verschaffen konnte. Diese starke Stellung der Kölner und Aachener im Donauhandel hebt sich dadurch noch deutlicher heraus, daß sie nicht als die einzigen Kaufleute erscheinen, die vom Niederrhein her nach der Donau kamen. Die Marktordnung spricht noch von Besuchern aus weiterer Ferne. Sie setzt im Anschluß an Bestimmungen über den Zoll von Wagen, welche die Brücke passieren und von solchen, die in Enns selbst beladen wurden, hinzu, daß die von „jenseits der Grenzen" kommenden Kaufleute, näm-

---

274. Regensburger UB. 1 (Mon. Boica 53, NF. 7) n. 43.

lich die von Maastricht und auswärtigen Ländern, gewisse
besondere Gebühren an Silber, Pfeffer, Schuhen und Handschuhen bei Talfahrt und Bergfahrt und zwar dieselben wie
zur Zeit der Vaters des Herzogs bezahlen sollten. Welche
Grenze gemeint war, läßt sich nicht ganz sicher entscheiden.
Eine politische kam zwischen Aachen und Maastricht nicht
in Frage, eher die hart westlich von Aachen verlaufende
Kölner Diözesangrenze. Dagegen bildete die Maas sicher
eine handelspolitische Grenze. Den besonderen Charakter
der anderen bedeutenden Maasorte haben wir kennen gelernt; ihre Kaufleute traten mit Nachdruck in Köln auf und
besaßen auf Grund ihres Handels mit einer Anzahl wertvoller und begehrter Warengattungen feste und alteingewurzelte Verbindungen in Köln und in Sachsen. Bei
Maastricht überschritt der aus Flandern und von der
Schelde kommende Handel auf dem Wege nach Aachen
und Köln die Maas und betrat damit das Gebiet der Rheinlande. Schon wegen der starken Stellung der Maasorte
namentlich in ihrem Verkehr mit Köln und Sachsen konnte
wahrscheinlich Aachen seinen Verkehr eher fördern im Anschluß an den so kräftigen Wettbewerber, wie die Maasorte
waren. Aachen stand dem Verkehr der Rheinorte näher
als dem der Maasorte. Das läßt sich auch später noch nachweisen. Zugleich bedeutete vielleicht der Anschluß an
Köln in dem Handel an und auf der Donau auch, wie sogleich zu zeigen sein wird, einen verkehrstechnischen Vorteil für die Aachener. Jedenfalls bestand, wie die Marktordnung von Enns anzeigt, eine verkehrspolitische und zugleich verkehrstechnische Scheidelinie zwischen den Städten
am Rhein und an der Maas, die zwischen Aachen und
Maastricht durchging und sich sogar fern im Osten an der
Donau geltend machte in einer verschiedenen Behandlung
und Gruppierung der westlichen Kaufleute aus nicht weit
entfernt voneinander liegenden Orten. Da die Marktordnung die Wagen erwähnt, die nach Rußland fuhren oder von
dorther kamen, einen Zoll von 16 Denaren bezahlten und

nicht angehalten werden durften, so läßt sich annehmen, daß auch die Kaufleute aus Aachen, Köln und Ulm an diesem über die Grenzen des Reiches nach Rußland reichenden Verkehr Anteil hatten. Ueber die Waren, die auf dem Jahrmarkt zu Enns gehandelt wurden, gibt die Ordnung wenig Auskunft. Sie nennt besonders Wachs und Häute, dazu als übliche Gegenstände der Durchfuhr auf der Donau Wein, Getreide und andere Lebensmittel. Die Sonderabgaben der Maastrichter und ausländischen Kaufleute an Silber, Pfeffer, Schuhen und Handschuhen wurden schon erwähnt. Genauere Nachrichten über den Warenverkehr enthält die aus derselben Zeit (1192) stammende Verordnung Herzog Leopolds von Oesterreich für den Verkehr der Kaufleute von Regensburg in seinem Lande.[275] Sie wird uns später noch beschäftigen. Hier kommt in Betracht, was den Verkehr mit dem Rhein und Köln betrifft. Die Verordnung nennt außer den schon vorhin genannten Handelswaren Tuch, Pelzwerk, Kupfer, Zinn, Heringe. Der wichtigste Teil dieser Waren, das Tuch, kam aus Köln. Die Verordnung berührt den Tuchhandel zunächst in einer Bestimmung über das Gerichtsverfahren in einem Streit zwischen einem Landesbewohner und einem Gast, wenn dieser jenem ein angeschnittenes Tuch verkauft hatte. Sodann setzte sie die Zollabgabe für die Last eines großen Wagens Tuch, d. h. „für ein Wagengewand", wie sie mit Stricken umwunden von Köln geführt wurde, auf 3 Pfund fest. Wenn dem Zöllner die Menge des Tuchs eine Wagenlast zu überschreiten schien, durfte der Gast mit seinem Eide versichern, daß es nicht mehr sei. Wenn jemand durch Zufall oder Not die Verpackung der Wagenlast löste und sie dann wieder verpackte, genügte ebenfalls seine eidliche Versicherung, daß er das Tuch in der Menge, wie es von Köln verpackt kommt, wieder verpackt habe. Daraus erhellt

---

275. Regensburger UB. 1 n. 44; v. Schwind u. Dopsch, Ausgew. Urk. n. 18.

ein Doppeltes. Köln war der Sammelpunkt für den Tuchhandel, der die Donau abwärts ging, nicht nur Bayern und Oesterreich versorgte, sondern auch die Ostgrenze überschritt. Schon in Köln erhielten die Tuche, welche für den Donauhandel bestimmt waren, ihre endgültige Verpackung. Es kam dabei nicht auf die Herkunft der Tuche an, die wohl zum größten und wertvollsten Teil erst in Köln vom Westen und Norden her eingeführt wurden. Aber die Ordnung und Verpackung der Tuche für die Reise zur Donau fand in Köln statt. Die Kölner Wagenlast Tuch war die Transport- und Zolleinheit an der Donau. Hergerichtet für den Bestimmungsort wurde sie schon in Köln. Damit erscheinen Köln und der Rhein wiederum als eine Scheidelinie in dem Verkehr der westlicher gelegenen Gebiete mit entwickelter Tuchweberei und dem Osten, der ihre Erzeugnisse aufnahm. Auch die Erwähnung der Heringe, die nach Lasten verzollt wurden, also in größeren Mengen nach Oesterreich kamen, deutet auf die Verbindung mit dem Rhein. Der reichhaltige Tarif des Burgzolles in Wien aus der Zeit vor dem Jahre 1221 gibt neue Aufschlüsse über den Verkehr der Kaufleute des Westens in Wien und Oesterreich.[276] Er hebt den Verkehr der Kaufleute aus fremdem Lande hervor, die mit Wagen kommen, deren Inhalt Tuche und andere Waren sind. Unter den Gästen, die in Wien erschienen, nennt er die Kaufleute aus Schwaben und Regensburg, aus Aachen, Metz und Maastricht; sie entrichteten keinen Pfundzoll, sondern Burgzoll. Hiernach beteiligten sich nicht nur die Kaufleute vom Rhein und aus dem engeren Rheingebiet sowie von der Maas, sondern auch die Kaufleute von der Mosel am Donauverkehr. Diese Kaufleute machten in Wien nicht halt. Der Tarif läßt den Gästen frei, nach Ungarn durchzufahren oder nach Verkauf ihrer Waren andere Waren nach Ungarn zu führen, und bestimmt ihre Abgaben.

---

276. Geschichtsquellen d. St. Wien I 1 n. 3 (Tomaschek, Rechte und Freiheiten d. St. Wien).

Auf welchem Wege die Kaufleute vom Rhein und von der Mosel her nach der Donau gelangten, läßt sich nicht unmittelbar nachweisen. Wir erinnern uns, daß der Verkehr gegenseitig war, denn nach dem Koblenzer Tarif vom Jahre 1104 verkehrten die Kaufleute von Regensburg und Würzburg auch auf dem Rhein und passierten die Zollstelle von Koblenz. Wahrscheinlich bildete der Main die wichtigste Verbindungsstrecke und wurde ein Landweg von Köln aus nicht benutzt. Den Kaufleuten von Metz bot sich schwerlich eine bessere Verbindung als die Schiffahrt den Main hinauf. Auf dem Main hatte, wie sich noch zeigen wird, Friedrich I. energisch mit den überflüssigen und ungesetzlichen Zöllen aufgeräumt und damit diese wichtige Verkehrsstraße gesäubert. Mehrere Klöster ließen, wie wir sahen, auf dem Rhein und dem Main ihre Schiffe fahren. Vermutlich traf der den Rhein und Main heraufkommende Verkehr bei Regensburg die Donau, ohne daß sich die Verbindungslinie in Einzelheiten beschreiben ließe.

Die beiden Verkehrsrichtungen, die von Köln nach Osten zweigten, die über Dortmund nach Ostsachsen und die über Regensburg die Donau abwärts, standen auf der Rheinlinie und mündeten zum Teil wieder in den Rheinverkehr ein. Sie verstärkten die Stellung der Stadt auch im Rheinverkehr selbst, die man sich nicht als eine den anderen Mitbewerbern weit überlegene oder alles beherrschende vorstellen darf. Dem Fremdhandel, der Köln aufsuchte und durchschritt, verdankte die Stadt außerordentlich viel, aber sich gegen ihn und neben ihm zu halten und zugleich den eigenen Handel zu fördern, war zweifellos keine leichte Aufgabe. Wie neben den Kölnern im Donauverkehr die Aachener Kaufleute auftraten, so fand Köln auch im Rheinhandel manche Wettbewerber von oberhalb und unterhalb der Stadt. Die Deutzer Schiffe erschienen in den Koblenzer Tarifen von 1104 und 1209. Weiter abwärts tritt am häufigsten Duisburg als begünstigter Handelsort auf. Außerdem hatte es den starken Wettbewerb der Flandrer im

Rheinhandel abzuwehren, was später in anderem Zusammenhang erörtert werden soll. Es machten sich augenscheinlich auch Gegensätze kaiserlicher und erzbischöflichstädtischer Handelspolitik geltend. Einzelne Reichsorte gewannen durch die Gunst der Könige Verkehrsvorteile vor anderen Orten. Im allgemeinen läßt sich von der Rheinschiffahrt und dem Rheinhandel nur ein Bild gewinnen, das sich unvollkommen aus ungleichartigen und zerstreuten Einzelnachrichten zusammensetzt und zugleich eine Anzahl von besonderen und verschiedenen Zielen zustrebenden Handelsrichtungen in sich vereinigt und zusammenfaßt, die sich zum guten Teil nicht trennen und für sich allein behandeln lassen.

Der Handelsverkehr des Reichsorts Aachen erfreute sich der Förderung der staufischen Kaiser in reichem Maße. Friedrich I. verlieh ihm 1166, wie wir hörten, die beiden vierzehntägigen Jahrmärkte mit wertvollen Vorrechten. Die fremden Kaufleute, die Aachen besuchten, waren zollfrei während der Jahrmärkte und während des ganzen Jahres. Man betrachtete einen regen Verkehr der Fremdkaufleute als das wirksamste Mittel, den Ort hochzubringen. Das Beispiel der benachbarten Maasorte und des Verkehrs ihrer Kaufleute in Köln und darüber hinaus blieb nicht ohne Wirkung. Sieben Jahre später legte der Kaiser zwei von den vier Jahrmärkten, die er für die flandrischen Kaufleute zu Land und auf dem Wasser (am Rhein) einrichtete, nach Aachen. Sie fielen mit den früher errichteten Jahrmärkten ungefähr zusammen und verschafften jetzt den Aachenern einen festen Stamm von regelmäßigen Besuchern aus einem Gebiet, dessen Handel damals nach mehreren Richtungen kräftig vordrang und sich zugleich auch als Wettbewerber der benachbarten Maasorte empfahl. Von den Flandrern konnten die Aachener die Ware übernehmen, die für ihren eigenen Fernhandel die wichtigste werden konnte, die Tuche. Diesen eigenen Fernhandel der Aachener begünstigten die Zollprivilegien der Kaiser. Die Aachener Kaufleute genossen Zollfreiheit im ganzen Reiche, die sie, wie die Dinanter ihre Zollrechte in Köln, auf Karl den Großen zurückführten. Sie erhoben Einspruch gegen ihre Nichtbeachtung.[277] Der erneuerte Koblenzer Zolltarif von 1209 erkannte sie ausdrücklich an.[278] Friedrich II. bestätigte sie ihnen mehrmals. Wie weit ihr Eigenhandel reichte, zeigte ihr Auftreten zusammen mit anderen Kaufleuten des Westens an der Donau in Oesterreich. Wahrscheinlich erscheinen sie dort hauptsächlich als Tuchhändler, deren Rückfracht Metalle, Wachs und Pelzwerk bildete. Von den kleinen Landorten in der unmittelbaren Nachbarschaft Kölns, die auch am Rheinhandel teilnahmen, wird Siegburg erwähnt. Den Kaufleuten von Siegburg gewährte Erzbischof Friedrich im Jahre 1125 Zollfreiheit in Köln für ihren Handel auf dem Rhein wie auf dem Kölner Markt.[279] Unterhalb Köln war Neuß mit dem erzbischöflichen Zoll ein Ort nicht ohne eigenen Verkehr auf dem Rhein, wie bereits der Koblenzer Tarif von 1104 bekundet. Es genoß, gemäß Heinrichs VI. Abmachungen mit den Erzbischöfen, samt Köln und anderen erzstiftischen Orten Zollfreiheit in Kaiserswerth und zahlte nur den alten Zoll in Boppard.[280] Otto IV. erneuerte die Zollfreiheit der Neußer beim Kaiserswerther Reichszoll, stellte sie darin nochmals ausdrücklich den Kölnern gleich und verbot den Zollbeamten dort jede Belästigung des Neußer Handels.[281] In Neuß machte auch die Rheinschiffahrt der Fremden Halt, um auf dem Neußer Markt Handel zu treiben.[282] Wir

---

277. Lacomblet 1 n. 543, 2 n. 51; Huillard-Bréholles 1, S. 446.
278. Beyer, Mittelrhein. UB. 2, S. 281.
279. Lacomblet 1 n. 300: sive igitur navalis sit negotiatio sive per civitatem forensi exerceatur commentio.
280. Lacomblet 1 n. 524, 539.
281. Quellen z. Rechts- u. Wirtschaftsgesch. d. Rhein. Städte I. Neuß, bearb. v. Lau S. 40 f. n. 4.
282. Annalen des Hist. Ver. f. d. Niederrhein 65, S. 209 n. 7; Knipping Reg. 2 n. 862.

sahen, daß der rechtsrheinische Handelszug der Maasorte nach Dortmund und Sachsen bei der Rückkehr einen kürzeren Weg in die Heimat benutzte, der den Rhein bei Neuß querte. Auch die Kaufleute der Reichszollstätte Kaiserswerth waren im Rheinhandel tätig. Die königlichen Zollherren kamen ihren Wünschen entgegen, die sich wie üblich vor allem auf Zollvergünstigungen bezogen. Von Konrad III. und Heinrich VI. liegen Privilegien vor, die es an Weitherzigkeit nicht fehlen ließen.[283] Nebst einer Bestätigung der alten von den Vorgängern verliehenen Rechte gewährten sie den Kaiserswerther Kaufleuten Zollfreiheit in Angermund, Nimwegen, Utrecht und Neuß und überhaupt an allen Orten, wohin sie des Handels wegen kamen, verboten auch jede Beeinträchtigung dieses Handels. Damit nicht genug, fügen sie hinzu, daß die Kaiserswerther dieselben Gewohnheiten und Rechte im ganzen Reich wie die Aachener genießen sollten. Die wiederholt so allgemein gefaßte Zollbefreiung, die sich auch nicht beschränkte auf Reichszölle, läßt kaum einen Zweifel daran, daß an jenen vier ausdrücklich genannten Orten die Kaiserswerther Kaufleute tatsächlich verkehrten. Ihr Handel erstreckte sich demnach wohl nicht über Köln aufwärts, wie sie denn auch in dem Koblenzer Tarif von 1104 nicht genannt werden, reichte aber nach Nimwegen und Utrecht. Bedeutender war der Rheinhandel Duisburgs, das ebenso wie Neuß damals unmittelbar am Rhein lag. Er reichte aufwärts über Koblenz hinaus in die Gebiete am Mittelrhein und in die an der Mosel, abwärts nach Utrecht. Als Reichsort mit einem Reichszolle erscheint Duisburg auch als ein gewisser Stützpunkt der kaiserlichen Rheinhandelspolitik. Seine Schiffahrt bezeugt der Koblenzer Tarif von 1104. Wir lernten den Verkehr der Duisburger in Mainz in der Zeit Heinrichs V. und die Regelung ihrer Zollpflichten dort nach

---

283. Kelleter, UB. d. Stifts Kaiserswerth n. 12; Lacomblet 2 n. 639, Anm. 3 und 4, 4 n. 622; Boehmer, Act. imp. sol. 1 n. 190.

der Mitte des Jahrhunderts schon kennen. Auch Duisburg gewann seinen Anteil an den Fortschritten, die der Aufschwung der Handelstätigkeit am Rhein für manche Orte mit sich brachte. Der Ort baute sich stärker aus. Die Bürger errichteten Häuser und Gebäude auch um die Pfalz und den Königshof sowie am Markt. Konrad III. bekundete im Jahre 1145 sein Einverständnis mit dieser Entwicklung, weil sie ein Mittel sei, um die Einwohner zu desto eifrigerer Fürsorge für ihren Wohnort anzuspornen, und weil bei Hof- und Reichsversammlungen, die in Duisburg stattfänden, die Fürsten und die königlichen Hofleute jetzt bessere Herberge fänden, wie sie für solchen Fall in anderen königlichen Orten zur Verfügung standen.[284] Entschieden begünstigte Friedrich I. den Verkehr des Ortes und seiner Bewohner. Er trat 1166 beim Bischof von Utrecht für die Duisburger ein, und zwar in ihrer Eigenschaft als Bewohner eines Reichsorts. Als solche beanspruchten die Duisburger Zollfreiheit. Sie beschwerten sich über Unrecht und Gewalt, die sie oft vom Bischof erlitten hatten, zumal über die Erhebung eines ungebührlichen Zolles, da sie doch allein dem Reich gehörten. Ein Fürstenurteil sprach zu ihren Gunsten, und der Kaiser befreite sie von allem Zoll in Stadt und Land Utrecht, ausgenommen von der Maßgebühr in Utrecht (1 Denar), wenn sie das Maß in Anspruch nahmen.[285] Sieben Jahre später legte Friedrich von den vier Jahrmärkten, die er den flandrischen Kaufleuten am Niederrhein gewährte, die beiden für die Rheinschiffahrt bestimmten nach Duisburg, die beiden Landjahrmärkte, wie wir wissen, nach Aachen.[286] Die beiden vierzehntägigen Duisburger Jahrmärkte fanden im Frühjahr, von Lätare ab, und im Spätsommer, vom 24. August ab, statt. Wahrscheinlich bestanden diese Jahrmärkte, an ungefähr denselben

---

284. Lacomblet 1 n. 353. Averdunk, Gesch. d. St. Duisburg S. 244.
285. Das. n. 424.
286. MG. Const. 1 n. 239.

Terminen, schon in früherer Zeit. Auch hier bevorzugte Friedrich zwei Reichsorte. Das geschah freilich hauptsächlich wegen der Flandrer. Aber beides traf hier zusammen, die Bestrebungen der Flandrer und der Wunsch, die Reichsorte zu fördern. Auch diesem Wunsch lag der Gedanke zu Grunde, gegen Köln aufzukommen und sich wenigstens zu behaupten, natürlich nicht in dem Sinne eines ernstlichen Wettkampfes mit der weit überlegeneren Metropole. Die Duisburger Jahrmärkte waren damals nicht unansehnlich und galten in einem gewissen Umkreise, so in Köln selbst, als Zahlungstermin.[287] Auch tritt die Bedeutung Duisburgs als eines für einen bestimmten Teil des Rheinhandels nicht unwichtigen Ortes sonst zu Tage. Die um das Jahr 1177 auf den Namen Heinrichs V. in Utrecht gefälschte Urkunde über den Utrechter Zoll[288] setzt die Zollsätze für die Schiffe, welche Getreide brachten, verschieden an, je nachdem sie von Orten oberhalb oder unterhalb Duisburgs kamen. Die Schiffe bezahlten, außer gleichen Maßgebühren, in jenem Fall 8, in diesem 7 Denare, von denen je 1 Denar zurückerstattet wurde.[289] Ob Duisburg selbst an diesem Getreidehandel beteiligt war, ist unbekannt. Die Abgabe an Wachs — eine Tafel —, welche die Duisburger nach dem Tarif von 1104 am Koblenzer Zoll entrichteten, braucht ebenfalls nicht auf Wachshandel zu deuten.[290] In der Mitte der achtziger Jahre gab das Verfahren Erzbischof Philipps von Köln gegen mehrere Duisburger Kaufleute den Anstoß zu der tiefen Entfremdung zwischen Erzbischof und König Heinrich, wenn man der Erzählung Arnolds von Lübeck trauen darf. Der Erzbischof hatte Duisburger Kaufleute, die durch sein Land zogen, anhalten und wegen gewisser,

---

287. Höniger, Kölner Schreinskarten 1, S. 253 § 19: et est terminus (der Bezahlung) in decollatione s. Johannis (Aug. 29) ad nundinas in Dusburc; Eintragung zwischen 1170 und 1182.
288. Oppermann, Westdeutsche Zeitschr. 27, S. 202 f.
289. HUB. 1 n. 8.
290. Averdunk S. 68.

nicht näher bekannter Vergehen pfänden lassen. Auf die Beschwerde der Kaufleute trat der König sehr nachdrücklich für sie ein und verlangte wiederholt, aber erfolglos, die Rückgabe der gepfändeten Güter. Daß der Erzbischof schließlich nachgab, ist wohl anzunehmen, wenn es auch nicht ausdrücklich gesagt ist. Der König zwang den widerspenstigen Kirchenfürsten, der sich zu Drohungen gegen ihn hinreißen ließ, am Ende zur Genugtuung und zu einer Geldbuße.

In dem hier nur angedeuteten Teil der Erzählung, der das Verfahren des Königs gegen den Erzbischof beschreibt, unterliegt die Richtigkeit der Darstellung Arnolds starken Zweifeln.[291] Dagegen erscheint es ebenso unwahrscheinlich, daß der Streit des Erzbischofs mit den Duisburger Kaufleuten nur ein Phantasiegebilde Arnolds oder seiner Gewährsmänner war. Die Geschichtschreibung des Nordostens achtete mehr als andere auf solche Ereignisse. Gegensätze zwischen kaiserlicher und kölnischer Verkehrs- und Zollpolitik bestanden im Rheinhandel damals ohne Zweifel. Unter solchem Gesichtspunkt kann ein Streit Philipps mit den Kaufleuten des Reichsorts Duisburg und das entschiedene Eingreifen des Königs nicht auffallen. Aus dem kleinen Zuge eines Streits zwischen Duisburger Kaufleuten und dem Kölner Erzbischof wird man freilich auch nicht viel folgern dürfen. Daß der Duisburger Reichszoll dem Kölner Handel und der erzbischöflichen Finanzpolitik unbequem war, ergibt sich auch aus der Verzichtleistung Ottos IV. auf diesen Zoll in seinem Abkommen mit dem Erzbischof Adolf vom Jahre 1202.[292] Doch unterblieb die Ausführung des Verzichts; ein Jahrzehnt später erscheint der Duisburger Zoll samt der Zollpflicht der Kölner wieder in dem Zollprivileg Ottos für Köln.[293] Auch im

---

291. Vgl. besonders Giesebrechts Kritik der Erzählung Arnolds, Gesch. d. deutschen Kaiserzeit 6, S. 83 f., 614 f.
292. MG. Const. 2 n. 24.
293. Ennen, Quellen z. Gesch. d. St. Köln 2 n. 37.

Pelzhandel besaß der Duisburger Markt neben dem Kölner einen Ruf. Im Mosellande hielt man an diesen alten Beziehungen, die sich in dem Koblenzer Tarif von 1104 andeuten, fest. Den Bedarf des Trierer Erzbischofs an Pelzwerk kaufte, wie die Zusammenstellung der Rechte und Einkünfte der Trierischen Kammer lehrt, der erzbischöfliche Kürschnermeister, dem der Kämmerer dafür das Reisepferd stellte, in Köln oder Duisburg ein.[294] Zugleich wird dort in dem Abschnitte über die Rechte des Trierer Erzbischofs in Koblenz darauf hingewiesen, daß bei Wiederherstellung der Koblenzer Mauern denen von Deutz und Duisburg, „die von Alters nach Koblenz gehörten", die Pflicht zum Bau eines Turmes oblag. Die Verpflichtung wurzelte wohl in einer längst vergangenen Zeit, da der Koblenzer Königshof, der erst durch Heinrich II. (1018) an die Trierer Kirche kam, noch Reichsgut war.[295]

Weiter abwärts standen viele kleine Rheinorte in Handelsverkehr untereinander. Schon um die Mitte des 12. Jahrhunderts treten sie gewissermaßen als eine Verkehrsgruppe für sich hervor. Zu ihr gehörten Wesel, Xanten, Rees, Emmerich, Schmidthausen, dazu Elten am Alten Rhein und Doetinchem an der Alten Jjssel. Erzbischof Arnold von Köln bezeugte 1142, daß nach alter Gewohnheit die Kaufleute von Rees bei ihrem Handelsverkehr in den anderen genannten Orten Zollfreiheit genossen und ebenso die Kaufleute aller dieser Orte in Rees. Er bestätigte diese Gewohnheit. Augenscheinlich bestand ein wechselseitiger Verkehr aller dieser Orte untereinander, hauptsächlich auf dem Rhein, dann auf seinen Seitenarmen und über Land, wie z. B. zwischen Doetinchem und Rees. Ob diese Orte auch an dem entfernteren Rheinschiffahrtsverkehr teilnahmen, bleibt verborgen. In den Koblenzer Tarifen werden

---

294. Quellen z. Rechts- u. Wirtschaftsgesch. I. Trier, S. 9.
295. Beyer, Mittelrhein. UB. 2, S. 415; Bär, Der Koblenzer **Mauerbau S. 6 f.**

sie nicht genannt.[296] Arnheim erscheint gegen Ende des Jahrhunderts (1196) als Zollstätte in dem Verkehr der Brabanter Kaufleute.[297] Dort und in Zütfen erhielt bald darauf das Kloster Bedburg Zollfreiheit.[298] Zütfens Teilnahme an der Rheinschiffahrt läßt sich im ersten Jahrzehnt des 13. Jahrhunderts nachweisen. Es erwarb von **König Philipp** im Jahre 1206 für seine Kaufleute bei Berg- und Talfahrt auf dem Rhein Zollfreiheit am Kaiserswerther Reichszoll.[299] Demnach verkehrten die Zütfener Kaufleute jedenfalls in Köln. Auch über den Rheinschiffahrtsverkehr der Kaufleute von Deventer ist wenig überliefert. Er ist nur aus dem Koblenzer Tarif von 1104 bekannt. Seinen wichtigsten Stützpunkt in der Nähe der Küste fand der niederrheinische Handelsverkehr nach wie vor in Utrecht. Die Utrechter Handelsschiffahrt den Rhein aufwärts bezeugte der Koblenzer Tarif, den ansehnlichen Handelsbetrieb in der Stadt selbst der schon besprochene Streit aus der Zeit des Bischofs Godebald (1127) über die Verlegung der Jahrmärkte. Ein halbes Jahrhundert später fällt auf den Rheinhandel Utrechts ein etwas deutlicheres Licht durch die schon erwähnte, um das Jahr 1177 gefälschte Urkunde, die den Utrechter Zoll festsetzte. Sie traf, wie wir sahen, Bestimmungen über den Getreidehandel Utrechts. Nach Utrecht wurde Getreide in Schiffen von unterhalb und oberhalb Duisburg eingeführt. Andere Schiffe brachten Wein. Dabei wird erwähnt, daß für den Wein in Utrecht Heringe eingekauft wurden. Damit sind drei der wichtigsten Handelsgegenstände des Utrechter Rheinverkehrs bezeichnet: Wein, Getreide und Heringe. Die beiden ersten beförderte der Rheinverkehr nach Utrecht; die Heringe führte der Seeverkehr ein und brachte der Rhein-

---

296. Sloet, OB. d. Grafsch. Gelre en Zutfen 1 n. 277; Liesegang, Niederrhein. Städtewesen vornehmlich im Mittealter, S. 577 f.
297. Sloet 1 n. 387.
298. Sloet 1 n. 404 (1203).
299. Sloet 1 n. 415.

verkehr ins Innere des Landes; in Utrecht erfolgte der Austausch dieser Gegenstände des Rheinhandels und des Seehandels. Außerdem behandelt die Zollurkunde den Handel der Friesen, Sachsen, Dänen und Norweger in Utrecht, also den Seeverkehr. Im Zusammenhang mit dem Verkehr der Friesen und Sachsen in Utrecht nennt sie als Handelsgegenstände Salz und Erz. Jenes kam aus der Nachbarschaft, dieses wahrscheinlich von Goslar. Wir werden darauf bei der Besprechung des überseeischen Handels eingehen. Die Beteiligung der Utrechter am Rhein- und Seeverkehr bekundete eine Entscheidung Friedrichs I. vom Jahre 1174.[300] Sie stellte auf Grund einer Untersuchung der Schöffen von Tiel am Waal fest, daß die Utrechter dort, wie sie es beansprucht hatten, zollfrei waren, außer wenn sie vom Ausland her und über See kamen. Die Zollfreiheit der Utrechter in Tiel erstreckte sich also nur auf ihren Binnenverkehr, der sie nach Tiel oder an Tiel vorbei führte, nicht auch auf ihren auswärtigen Handel, bei dem sie sich des Schiffahrtsweges über Tiel und auf dem Waal bedienten. Bei ihrem Verkehr in Tiel selbst waren die Utrechter verpflichtet zur Bezahlung der Maßabgaben vom Scheffel, vom Ohm und von der Zungenwage. Auch darin erkennt man zum Teil die Waren, mit welchen die Utrechter bei ihrem Verkehr mit Tiel handelten: Getreide und Wein. Diese Festsetzungen waren übrigens grundsätzlicher Art und bezeugten einen älteren Rechtszustand, die Zollfreiheit der Utrechter am Reichszoll zu Tiel, der sich schon nicht mehr völlig mit der Wirklichkeit deckte. Denn der Kaiser hatte bereits den Reichszoll von Tiel nach Kaiserswerth verlegt, wahrscheinlich erst vor kurzer Zeit. Diese Verlegung bildete vermutlich auch den eigentlichen Grund für die angestellte Untersuchung über die Zollfreiheit der Utrechter an dem alten Tieler Reichszoll. Es handelte sich tatsächlich um die Frage der Zollfreiheit der Utrechter an der neuen Stätte

---

300. Sloet 1 n. 337 und 366; Hans. UB. 1 n. 24.

des alten Reichszolles. Friedrich erkannte das Recht der Utrechter auch für diese an. Die Utrechter sollten zollfrei bleiben auch am Reichszoll in Kaiserswerth oder an dem Ort, wohin etwa der Reichszoll in Zukunft verlegt werden würde, und auch in dem Umfang, in dem sie früher in Tiel zollfrei gewesen waren, also nicht frei vom Seezoll. Die Bestrebungen der Utrechter, ihr altes Recht am Tieler Zoll auch für die tief im Binnenlande, schon oberhalb Duisburg und nicht fern von Köln gelegene Zollstätte zu Kaiserswerth zu behaupten, weisen darauf hin, daß ihr Rheinschiffahrtsverkehr zum mindesten Köln erreichte. Den Schiffsweg dorthin auf dem Neder-Rijn von Belästigungen frei zu halten, gelang ihnen kurz darauf (1177). Sie benutzten einen Aufenthalt des Grafen Gerhard von Geldern in Utrecht, um ihn zur Abstellung gewisser Mißstände zu veranlassen, die an der geldrischen Zollstätte Rijnwijk unterhalb Arnheim der Utrechter Schiffahrt lästig fielen. Die Anordnungen des Grafen zu Gunsten der dort verkehrenden Utrechter betrafen die Miete von Leichterschiffen und das Verfahren bei der Verzollung. Außerdem versprach er den Utrechtern sicheren Frieden für ihren Verkehr auf dem Rhein in dem ganzen Bereich seiner Grafschaft.[301] Die wichtige Zollstätte Gein, die letzte vor Utrecht, war Bedrohungen durch Graf Dietrich VII. von Holland ausgesetzt. König Philipp gestattete daher im Jahre 1200 dem Utrechter Bistum, diesen Zoll in einen anderen bequemer liegenden Ort innerhalb des Bezirks des Utrechter Schultheißenamts zu verlegen. Doch fand die Verlegung tatsächlich nicht statt.[302] Der Verkehr Utrechts mit Köln war nicht ohne Störung geblieben. Graf Willhelm, der Bruder Graf Dietrichs, hatte Kölner Bürgern Waren weggenommen. Daraus entstand ein langer Zwist zwischen Köln und Utrecht. Näheres ist darüber nicht bekannt. Den Abschluß bildete

---

301. Sloet 1 n. 344; Hans. UB. 1 n. 27.

302. Muller, Het oudste cartularium v. h. sticht Utrecht n. 13, S. 144 f.; Vogel, Hans. Geschichtsbl. 1909, S. 21.

die an Utrecht gerichtete Erklärung Kölns vom Jahre 1196 oder 1197, daß wieder Frieden und Eintracht zwischen beiden Städten herrschen solle.[303] Frühzeitig finden sich auch schon Kaufleute von der Zuidersee im Rheinverkehr. Den Einwohnern von Staveren bestätigte Heinrich V. im Jahre 1108 ältere Rechte und traf zugleich Bestimmungen über den Zoll, den sie bei Auf- und Abfahrt auf den Rhein zu bezahlen hatten. Die Verletzung des Privilegs bedrohte auf Anordnung des Königs Erzbischof Friedrich von Köln mit dem Bann. Die Mitwirkung des Erzbischofs geschah zunächst in seiner Eigenschaft als Metropolit; sie mochte aber auch deshalb erwünscht sein, weil die Rheinfahrten der Kaufleute von Staveren bis in das Gebiet des Erzbistums und bis nach Köln reichten.[304] In dem vier Jahre älteren Koblenzer Tarif erscheinen die Staverer nicht und überhaupt kein Ort nordwärts Utrecht.

Von der rheinaufwärts gerichteten Handelstätigkeit der bekannteren Orte am Waal, Tiel und Nimwegen, erfahren wir wenig. Tiel verlor, wie erwähnt, unter Friedrich I. den Reichszoll. Damit war vermutlich ein Rückgang seines Handels verbunden. König Philipp bestätigte der Stadt, die brabantisch geworden war, im Jahre 1204 ihre alten Zollfreiheiten aus der Zeit Friedrichs I. und Heinrichs VI. im ganzen Reiche.[305] Welche reale Bedeutung das noch hatte, steht dahin. Nimwegen beteiligte sich am Rheinverkehr nach Köln und darüber hinaus nach dem Mittelrhein oder der Mosel. Ein Bericht über die „Wunder des heiligen Aegidius", dessen weitbekannte Verehrungsstätte St. Gilles im südlichen Frankreich war, schildert um die Mitte des 12. Jahrhunderts anschaulich, wie ein deutscher Kaufmann

---

303. Hans. UB. 1 n. 47.
304. Waitz. Urk. z. deutschen Verfassungsgesch. im 11. und 12. Jhdt. n. 9; Knipping. Reg. 1 n. 53; Dobenecker. Reg. Thur. 1 1035, 1036.
305. Sloet 1 n. 412. Vgl. Wilkens, Hans. Geschichtsblätter 1909, S. 354 f.

Bruning aus Nimwegen — welcher Ort nach Angabe des Berichts ungefähr vier Meilen von Köln entfernt liegt — auf der Fahrt von England sein mit Salz beladenes Schiff mit Hilfe seiner Genossen auf dem Leinpfad am Rhein an Stricken aufwärts zog, während seine beiden jungen Söhne mit dem Steuermann im Schiffe saßen. Der ältere der beiden Knaben, die mit dem Ausschöpfen des Wassers aus dem Schiffe beschäftigt waren, fiel durch eine Unvorsichtigkeit beim Ausleeren des Schöpfgefäßes ins Wasser und wurde durch Anrufung des Heiligen gerettet.[306] In dem umredigierten Koblenzer Zolltarif von 1209 wird von allen niederrheinischen Handelsorten, die jetzt nicht mehr einzeln genannt, sondern in ganzen Gruppen geordnet und zusammengefaßt aufgeführt werden, unterhalb Neuß allein Nimwegen genannt, und zwar mit der Leistung des Bratstücks eines großen Rinds oder entsprechender Geldzahlung.[307] Der Reichszoll blieb nur vorübergehend in Nimwegen. Auch der Verkehr der niederrheinischen Territorien untereinander tritt jetzt, um die Wende des Jahrhunderts, öfter als früher ans Licht. Namentlich die weltlichen Dynasten, die ihre Herrschaftsansprüche und die Territorialisierung ihrer Länder gegenüber den Bischöfen und untereinander zu erweitern und sicher zu stellen suchten, nahmen sich nun des Verkehrs ihrer Untertanen und ihrer Handelsinteressen nachdrücklich an. Sie begannen diese Wünsche und Forderungen ihrer Untertanen vertraglich festzulegen und damit einen Zustand gegenseitiger Berechtigungen und Verpflichtungen zu schaffen, der einen Fortschritt bedeutete. In diesen Ländern mit altem regem Verkehr, der sie von allen Seiten, vom Binnenlande, von den Küsten und von Uebersee her kreuzte und

---

306. MG. SS. XII, S. 319.
307. Beyer, Mittelrhein. UB. 2 n. 242: assaturam bubumbli id est magni bovis, quo posita super fustem collis duorum virorum superposito ex utraque parte dependens terram attingat. Vgl. Heyne, Fünf Bücher deutscher Hausaltertümer 2, S. 290 f.

die Einwohner zur Schiffahrt in der Nähe und in die Ferne zwang, machte es sich fühlbar, daß der Handelsverkehr sich nicht mehr allein durch einseitige Privilegierung regeln ließ. Förderungen des Handelsverkehrs erfolgten bisher in der Form einseitiger Begünstigung, wiewohl gewiß das Zugestandene und Bewilligte oft tatsächlich das Ergebnis wechselseitiger Vereinbarungen oder der Ausdruck von Forderungen oder Wünschen der Begünstigten war. Vor allem konnte das Königtum auch den Handelsverkehr, der im Reiche bestand, im allgemeinen und im einzelnen nur regeln in der Form einseitiger Gunstbezeugung durch Privileg, nicht durch Vertrag. Ein Vertragsverhältnis des Königs zu den Untertanen konnte auf diesem Gebiet nicht in Frage kommen, um so weniger als der Einfluß des Königtums im Reiche noch sehr groß und überragend war. In derselben Weise verhielten sich zunächst auch die Fürsten und Großen. Wo sie in Angelegenheiten des Verkehrs eingriffen und sie regelten, geschah es in der Form einseitig erteilter und gewährter Vergünstigungen, Vorrechte und Vorteile. Allein die fortschreitende Territorialisierung des Reiches, das Streben der Fürsten und Großen nach selbständiger Erfüllung der Aufgaben, welche die besondere Lage ihrer Herrschaftsgebiete und namentlich auch die fortschreitende Entwicklung des Verkehrslebens in denselben und außerhalb derselben stellten, führte dazu, daß die Territorien beginnen mußten, sich über die wechselseitigen Verkehrsbeziehungen ihrer Untertanen auseinander zu setzen und das unvermeidliche Hinübergreifen des Verkehrs der eigenen Untertanen in das Herrschaftsgebiet eines Anderen und umgekehrt der Anderen in das eigene Gebiet zu regeln. Das konnte jetzt oft nicht anders geschehen als durch Uebereinkommen und Vertrag. Die Territorialisierung nötigte dazu, den Verkehr auch auf die Grundlage zweiseitiger Rechtsverpflichtungen zu stellen. So wurde auch der Handelsverkehr im Innern des Reiches Gegenstand der Regelung durch Vertrag. Er nahm einen wichtigen Platz ein in den Verträgen der Territorialherrschaften untereinander, wo diese gewillt und fähig waren, sich einen Einfluß zu wahren auf die Verkehrsbeziehungen ihrer Untertanen. Das war der Fall in den niederrheinischen Gebieten, wo die weltlichen Territorialherrschaften frühzeitig kräftig emporstrebten. Um die Wende des Jahrhunderts regelten einzelne Territorien am Niederrhein den Handelsverkehr ihrer Untertanen auch durch Verträge. Solche Verträge schlossen damals ab die Grafschaft Geldern, das Herzogtum Brabant, die Grafschaft Holland, die Grafschaft Laon, das Bistum Utrecht. Ihr Inhalt beschränkte sich im wesentlichen auf das Gebiet der vertragschließenden Territorien und den Verkehr der Untertanen in denselben. Sie trafen Bestimmungen über die Zollpflichten und Zollrechte der Untertanen des einen Territoriums in dem anderen und über das Zollverfahren, über die Verfolgung von Geldschulden, über die Freiheit des Handelsverkehrs, über die Münze. Geldern gestand — um den Inhalt beispielsweise zu kennzeichnen — Brabant 1196 Zollfreiheit für die eigenen Waren der Brabanter Kaufleute am Zoll in Arnheim zu, die Zollrechte einzelner brabantischer Orte, 's Hertogenbosch und Tiel, auf geldrischem Gebiet wurden festgelegt. Laon versprach 1204, die Kaufleute, die Salz und andere Waren in das Bistum Utrecht brachten, niemals zu hindern, und Utrecht sagte dementsprechend zu, den fremden Kaufleuten den Zutritt zum Lande Laon nicht zu sperren.[308] Die Gesichtspunkte, unter denen diese Verträge den Verkehr regelten, waren überwiegend territorial. Ueber den Fernverkehr de Untertanen gewähren daher ihre Abmachungen nur geringen Aufschluß.

Der Rheinverkehr mit seinen Seitenzweigen, die wir bisher ins Auge faßten, besaß unverkennbar in Köln den Ort, der allen anderen Orten am Niederrhein durch seine

---

308. Sloet 1 n. 387, 401; v. d. Bergh 1 n. 184, 197; Muller, Het oudste cartularium S. 188 f., 194 f.; Hans. UB. 1 n. 53.

Lage und seine Verbindungen überlegen war und in dem die meisten und stärksten Fäden des nordwestdeutschen Verkehrsnetzes zusammenliefen. Die Handelsbeziehungen Kölns erschöpften sich noch nicht in den bisher nachgewiesenen Richtungen und Verbindungen. Sie reichten auch nordwärts nach Flandern, und Köln mußte das Andringen des flandrischen Handels am Niederrhein und vor seinen Mauern selbst abwehren. Außerdem erstreckten sie sich nach England und sodann auch über See und über Land nach dem Norden und Nordosten. Diese Beziehungen werden wir hernach in ihrem Zusammenhang darstellen. Innerhalb des weiten Gesamtgebiets, mit dem die Stadt in Verbindung stand, übte sie eine große Anziehungskraft aus. Sie erscheint auch in der Zusammensetzung ihrer Bevölkerung als ein Mittelpunkt des ausgedehnten Kreises, in welchem ihr Handel, sei es ihr eigener, sei es fremder, der sie kreuzte, wirksam war. Die außergewöhnlich reiche bürgerliche Ueberlieferung Kölns aus dem 12. Jahrhundert läßt das deutlich erkennen. Neben dem alten Ruhm der Stadt, den sie der überreichen Fülle ihrer Gotteshäuser und Heiligtümer verdankte, trugen vor allem die vielfältig ausgestalteten Verkehrsbeziehungen dazu bei, sie als einen aussichtsreichen Ansiedlungsort zu empfehlen und ihr neue ortsfremde Bevölkerung zuzuführen. Was sich aus den bürgerlichen Quellen des 12. Jahrhunderts über die Herkunft der Kölner Bevölkerung ergibt, stimmt überein mit dem Vorstellungsbilde, das wir aus der bisher besprochenen handelsgeschichtlichen Ueberlieferung über die Handelsverbindungen Kölns und über den Bereich, innerhalb dessen sie vorhanden waren, gewannen. Dieselben Gegenden und Orte, mit denen wir Köln in Verbindung sehen, wenn auch aus Mangel an genauer Kenntnis nur als Rheinfahrer, die auf ihrer Fahrt die große Stadt streiften, haben der Bevölkerung Kölns Zuwachs geliefert. Natürlich überwog die Zuwanderung aus der unmittelbaren Nachbarschaft und zwar der Landbevölkerung kleiner Landorte. Aber ebenso bestimmt bezeugt diese Ueberlieferung, daß nicht nur aus größerer, ja aus recht weiter Ferne sich neue Einwanderer unter die alte Bewohnerschaft mischten, sondern daß gerade die im Verkehrsleben bekannten näheren und ferner liegenden Orte eine verhältnismäßig große Zahl von Zuwanderern lieferten. Hier läßt sich die Wirkung der Verkehrsbeziehungen auf die Bewegung der Bevölkerung zum vorteilhaftesten Wohnplatz hin nicht verkennen. Die Nachweise, die diese Herkunftsstatistik bietet, stimmt durchweg so gut überein mit den handelsgeschichtlichen Ergebnissen, daß sie mitunter als Ergänzung dienen könnten in Fällen, wo die handelsgeschichtliche Ueberlieferung für den Beweis des Vorhandenseins handelsmäßiger Beziehungen nicht ausreicht. Die Ueberlieferung ist freilich ungleichmäßig und vom Zufall abhängig. Sie liefert durchaus keine exakten Zahlen entsprechend dem damals tatsächlich vorhandenen Bestande der Fremdbürtigen. Sie reicht aber aus, um nicht allein ein in den wesentlichsten Zügen richtiges Bild von der Herkunft der ortsfremden Bestandteile der Kölner Bevölkerung des 12. Jahrhunderts gewinnen zu lassen, sondern auch, um den Nachweis zu liefern, daß die aus ihr gewonnenen Ergebnisse im Einklang stehen mit denen der handelsgeschichtlichen Forschung. Sie besteht aus den Personennamen, die in den Schreinskarten, den Bürgerlisten und der Liste der Kaufmannsgilde vorkommen und gehört hauptsächlich der zweiten Hälfte des Jahrhunderts an.[309] In der nahen Nachbarschaft — die nächste über-

---

309. In Betracht kommt vor allem Bd. 2, 2. Hälfte der Kölner Schreinsurkunden Hönigers, der die Bürger- und Gildelisten sowie die Register der ganzen Publikation enthält. Statistiken haben von der Herkunft unter anderen Gesichtspunkten Doren, Untersuchungen z. Gesch. d. Kaufmannsgilden des MA. (Staats- u. sozialwissensch. Forschg. hg. v. Schmoller XII, Heft 2, 1893, S. 205 ff., 81 ff.), und Bungers, Beiträge zur mittelalterlichen Topographie, Rechtsgeschichte und Sozialstatistik der St. Köln, Leipziger Studien III., Heft 1, 1897, S. 44 ff. aufgestellt. Die Bungersche Statistik ist nach-

gehen wir — zeichneten sich durch eine größere Zahl von Zuwanderern von anderen Orten aus: Siegburg, Neuß, Duisburg und Aachen, darunter Neuß (24) und Aachen (14) mit den größten Zahlen, die für einzelne Orte nachweisbar sind. Auch Kaiserswerth stellte mehrere Zuwanderer. Von den Orten oberhalb Kölns bis Koblenz erschienen am häufigsten die früheren und damaligen Königshöfe Andernach und Boppard, daneben Linz und Sinzig. Von den Orten an der Mosel kamen die meisten Zuwanderer aus Trier und Metz (je 4). Am Mittelrhein behauptete Mainz den ersten Platz; stellte so viele Einwanderer (7) wie die anderen Orte, auch Worms und Speyer eingeschlossen, zusammen. Den Oberrhein vertraten Basel, Zürich und Straßburg; Basel mit ziemlich zahlreichen Zuwanderern. Auch Freiburg i. Br. und Breisach kommen als Herkunftsorte vor.[310] Aus Konstanz und Regensburg läßt sich Einwanderung nicht nachweisen, dagegen eine Anzahl Zuwanderer aus Würzburg, vereinzelte auch aus Nürnberg und Ulm. Außerdem findet sich ziemlich häufig die Herkunftsbezeichnung „Schwabe", einmal ein Einwanderer „aus Bayern" Mitteldeutschland leistete verhältnismäßig wenigen Zuzug. Frankfurt, Aschaffenburg, Fritzlar, Wetzlar, Eschwege und Erfurt werden meist mit nur einer Person genannt. Dazu kommen einige „Thüring" und je ein „Hesse" und „Mainhesse" Weit zahlreicher war der Norden des Reiches vertreten, am stärksten, wie es den Verkehrsbeziehungen entsprach, der Nordwesten. Westfalen stellte Zuwanderer aus Dortmund, Herne, Medebach, Münster und Soest, vereinzelt auch aus Recklinghausen, Werl, Erwitte, Attendorn, Warendorf, Brilon, Unna, Herford und Osnabrück. In Ostsachsen erscheinen Göt-

---

lässig gearbeitet und sehr unvollständig. Ich gebe die im Text angeführten Zahlen, soweit sie Bungers entlehnt sind, nur mit Vorbehalt; an mehreren Stellen habe ich sie geändert. Zahlreiche im Text genannte Orte fehlen bei Bungers, darunter auch wichtige.

310. Beide fehlen bei Bungers.

tingen und Hildesheim vereinzelt als Herkunftsorte, häufiger kamen Zuwanderer aus Goslar (3) und Bardowiek (4). Außerdem findet sich öfter (6) der Zuname „Sachse". Die Ostgrenze des Reiches mit Magdeburg, Merseburg usw. ist nicht vertreten. Vereinzelt begegnet ein Zuwanderer „aus Polen" und ein „Wende" Reichhaltig und bezeichnend ist die Reihe der Maasorte und anderer Orte westlich der Maas, aus denen Zuwanderung erfolgte. An der Spitze der Maasorte stand Lüttich (10),[311] dann folgte Huy (4), weiter mit mehreren Zuwanderern Maastricht und Dinant, vereinzelt auch Verdun. Weiter westlich schlossen sich an Hasselt, Bilsen, St. Troud, Tienen, Jodoigne, Nivelles, Löwen, Brüssel und Antwerpen, auch Gent und Ypern, endlich Valenciennes, St. Quentin und Bar-le Duc, von denen Hasselt, Gent, Brüssel und Nivelles mehrere Zuwanderer stellten.[312] Die vereinzelt auftretenden Zunamen „von der Maas", „Maasländer", „Vlame", „flaminc", „Gallicus", „Walo", „Romanus" (in der Bedeutung Wallone)[313] weisen auf dieselben Gegenden hin. In den nördlichen Niederlanden kennzeichnet sich der Hauptverkehrsort Utrecht durch weitaus die meisten Zuwanderer (mindestens 12). Von den übrigen Orten im Rheindelta werden Nimwegen, Arnheim und Deventer, sodann Zaltbommel und Vlaardingen meist mit einzelnen Zuwanderern genannt. Von der Zuiderzee kamen aus Staveren einige Fremdbürtige, ein einzelner aus Groningen; der wiederholt vorkommende Zuname „Friso" kann sich auf die Herkunft aus diesen Gebieten beziehen. Im übrigen weist der vorhandene Bestand von Herkunftsbezeichnungen an dieser

---

311. Bungers hat nur 2.
312. Bungers läßt Utrecht ganz aus und verzeichnet Maastricht mit nur einem Zuwanderer. Maastricht wird wiederholt ausgeschrieben: Masetruht, Masetrich, Trict; auch Utrecht; Utrect, Utret (!), Uztricht. Den Beinamen de Traiecto finde ich zwölfmal und beziehe ihn in den meisten Fällen auf Utrecht.
313. B. S. 19 VI n. 79.

Stelle deutlich auf zwei wichtige Richtungen des Kölner Verkehrs hin. Die neue nach Norden gewandte verlief durch die nördlichen Arme des Rheindeltas, besonders über Utrecht, und weiter über die Zuiderzee. Die andere ging über Land nach Westen zu den Maasorten und den Verkehrsstätten jenseits der Maas; dort gelangte sie in die Nähe der Küste. Mit den holländisch-seeländischen Küstenstrecken bestand noch keine nennenswerte Verbindung. Das stimmt mit dem uns bekannten Befund der handelsgeschichtlichen Tatsachen überein. Zuwanderer von überseeischer oder ausländischer Herkunft finden sich einige Male. Mehrfach erscheint der Zuname „von England" oder „Engländer", einmal ein Mann aus Ipswich.[314] Ebenso begegnen wiederholt die Beinamen „Däne" und „von Norwegen"; auch der Zuname „Norman" deutet wohl auf norwegische Beziehungen.[315] Auf diese Verbindungen mit dem Ausland gehen wir später ein.

Die Entwicklung des Rheinverkehrs oberhalb Köln läßt sich in den späteren Jahrzehnten unseres Zeitraumes nicht so leicht überblicken wie früher. Die Erneuerungen des Koblenzer Tarifs, der für den Anfang des 12. Jahrhunderts eine so zuverlässige Uebersicht über die am Rheinhandel beteiligten Orte gewährte, ließen die alte Anordnung fallen und begnügten sich hinsichtlich der Angaben über die Herkunftsorte der Schiffe mit summarischen Angaben. Die Bestätigung des Zolles durch Heinrich VI. im Jahre 1195 erneuerte den lange Zeit nicht erhobenen Zoll von den Saumtieren und schrieb sodann eine Umwandlung der in dem älteren Tarif geforderten Naturalabgaben in Geldzahlungen vor. Dabei erwähnt sie wieder die Schiffe, die aus den Orten jenseits der Maas, und die, welche aus dem Waalabschnitt kamen.[316] Reichhaltigere Angaben macht die Er-

---

314. Le Gipswich, Höniger S. 61 n. 199.
315. Das. S. 66, 77 f.
316. Beyer, Mittelrhein. UB. 2 n. 142.

neuerung des Tarifs im Jahre 1209. Sie bestrebt sich, das Gesamtgebiet der Flüsse, die sie behandelt, in Abschnitte zu zerlegen und faßt auch sonst die Besucher aus größeren Gebieten zusammen, gewährt aber immer noch eine Uebersicht über den weiten Bereich, aus welchem die Handeltreibenden den Koblenzer Zoll passierten.[317] Im Norden nennt sie die, welche in den Waalabschnitt, also aus dem Gebiet unterhalb der Trennung des Rheins gehörten. Sie spricht da nur von Orten, die früher einen guten Salm gaben. Das waren Heerewarden, Tiel und Utrecht. Neu erscheint jetzt hier Nimwegen. Außerdem gedenkt sie der Besucher von jenseits der Maas. Den nächsten Abschnitt bilden die Orte zwischen Neuß und dem Waalabschnitt. Von ihnen wird aus besonderen Gründen nur Duisburg erwähnt, außerdem das St. Quirinstift in Neuß. Dann folgen die Besucher aus dem Kölner Bistum. Aus diesem nennt der Tarif, abgesehen von Aachen, nur einige unbedeutende Orte, namentlich nur, wie es scheint, Klosterleute: die von Kornelimünster, die von Deutz, das Kloster Siegburg, die Mönche von Korvey und die von S. Servatius in Maastricht. Daran schließen sich die Besucher aus dem Trierer Erzbistum, aus Orten am Rhein und jenseits des Rheins.

Auch die Mosel wird eingeteilt: von der Eltzmündung bis Pfalzel (unterhalb Trier), von Pfalzel bis Konzerbrück, von Konzerbrück bis Toul, von Toul bis zur Reichsgrenze. Von Orten führt der Tarif nur Toul selbst an. An das Triersche Gebiet am Rhein reiht sich das Bistum Mainz an, außer Thüringen. Von den Rheinorten werden Mainz, Worms, Speyer erwähnt, sodann Straßburg, außerdem die Gebiete der drei Bistümer Worms, Speyer und Straßburg, weiter Basel, Zürich, die Besucher von dort bis Rom und Rom selbst. Ferner nennt der Tarif die Besucher aus Thüringen, aus Bamberg und summarisch die aus Bayern und Schwaben. Von einzelnen Orten in diesen Gebieten er-

---

317. Beyer 2 u. 242.

scheint außerdem nur Regensburg. Endlich gedenkt der Tarif auch derer, die von jenseit der Reichsgrenzen kamen, Juden und Christen. Es läßt sich dem Tarif nicht entnehmen, daß einzelne Gebiete oder Orte, welche der hundert Jahre ältere Tarif aufzählt, nicht mehr den Koblenzer Zoll passierten oder daß der Tarif keine Rücksicht mehr auf sie nahm. Die Maasorte und was westlich von ihnen lag bleiben nicht unerwähnt. Dagegen läßt der Tarif und seine Anordnung keinen Zweifel darüber, daß der Rheinverkehr gewachsen war. Darauf deutet nicht sowohl die veränderte Art der Verzollung als die Einteilung nach Gebieten, die politisch die Vorherrschaft des geistlichen Fürstentums im Rheinverkehrsgebiet von der nördlichen Kölner Diöcesangrenze an kennzeichnet, wirtschaftlich die Teilnahme zahlreicherer Ortschaften als früher am Rheinverkehr voraussetzt. Statt der einzelnen Orte, die der ältere Tarif nannte, werden jetzt ganze Komplexe von Orten gemeinschaftlich behandelt. Wären in der Zwischenzeit nur einzelne bestimmte Orte in den Rheinverkehr eingetreten, so hätte man keinen Grund gehabt, die Alte Ordnung, welche die einzelnen Orte aufzählt, zu verlassen. Man verließ sie wegen der zahlreichen kleinen Orte, die jetzt am Rheinverkehr teilnahmen. Es bedarf dafür nur eines Hinweises auf die vielen Klöster, deren Beteiligung an dem Flußverkehr, auch an dem Rheinverkehr, wir kennen gelernt haben. Vermag man deren Teilnahme aus den Zollbefreiungen festzustellen, so fehlen für viele andere kleine weltliche Orte, die keine Ueberlieferung wie die Klöster besaßen oder bewahrt haben, solche Beweise. Die neue Einteilung des Mosellaufes in die erwähnten Abschnitte an Stelle der alten ihr zu Grunde liegenden Ordnung von 1104, die nur die entsprechenden drei Hauptorte Trier, Metz und Toul nannte, zeigt klar genug, daß an der Mosel- und Rheinschiffahrt jetzt auch dazwischen liegende kleinere Orte Anteil hatten. Ebenso läßt der Tarif von 1209 auch erkennen, daß in dem Verhältnis der wichtigen zu den minderwichtigen Handelsorten, die am Rheinhandel teilnahmen, sich keine wesentliche Aenderung vollzogen hatte. Denn die Erwähnungen einzelner Orte bezweckten keine Feststellung größerer oder geringerer Wichtigkeit derselben im Verkehr, sondern sollen nur gewisse technische Verschiedenheiten der Verzollung festlegen. Daher sind die Erwähnungen der großen und der kleinen Orte in dem Tarif zufälliger Art. Wie groß die Zahl der jetzt am Verkehr teilnehmenden kleinen Orte war, bleibt leider ungewiß, die der größeren hat sich sicher kaum verändert. Einige Festsetzungen des Tarifs lassen auf den Warenverkehr auf dem Rhein Licht fallen, obwohl auch dieser jüngere Tarif die verzollten Güter nur ausnahmsweise nennt. Das meiste von dem, was an Naturalien von den Schiffen entrichtet wurde, trug wie früher den Charakter der Versorgung von Vorratskammer und Küche des St. Simeonstifts. Das Wachs der Duisburger, der Abtei Neuß und der von Gerstingen, die großen englischen Käse der von Kornelimünster, die Gans der von Gerstingen, das Schwein und das Bier des Klosters Korvey; die Gerstinger erhielten sogar für ihre erwähnten Abgaben einen Sexter Weins. Wichtiger ist, daß der Heringshandel der Kaufleute des Mittelrheins mehr hervortritt. Die Schiffe aus dem Bereich des Bistums Mainz (außer Thüringen) entrichteten zwischen Martini (11. Nov.) und Himmelfahrt 120 Heringe und einen leichten Denar. Die Abgabe wurde jetzt in Geld gezahlt (9½ Denare). Sie zeigt aber, daß die Schiffe vom Mittelrhein im Herbst und im Frühjahr bei ihrer Rückkehr von den Handelsorten des Niederrheins die Erträgnisse der Heringsfischerei des Jahres von dort ins Binnenland brachten. Dazu kommt der Verkehr mit Rohmetallen. Kannte der Tarif vor hundert Jahren nur den Handel der Züricher mit Rohkupfer, so setzt der von 1209 Zölle fest für Zinn (Zolleinheit 10 Zentner), Kupfer (Zolleinheit eine Carrata = 4 Zentner), Blei (Zolleinheit 1 Zentner) und, wie schon der Tarif von 1104, für Schwerter. Bezeichnend für die veränderte Stellung der Juden sind die Zollsätze für Juden und schwangere Jüdinnen. Sodann erscheint zum ersten Mal die Holzflößerei. Vom Floß wurden die gleichen Abgaben gezahlt wie vom Schiffe.

Auf den Verkehr oberhalb Mainz fällt in den letzten Jahrzehnten hier und da ein helleres Licht. Einzelne Verkehrsorte traten selbsttätiger auf und regelten ihre Verkehrsbeziehungen. Zwischen Worms und Speyer kam c. 1207 eine Uebereinkunft zu Stande, zwischen Straßburg und Saarburg 1229. Jene erfolgte in Gegenwart König Philipps und fand die Billigung beider Bischöfe.[318] Sie setzte die Abgaben der Wormser auf dem Speyerer Markt fest und behandelte im einzelnen den Zoll von den Transportmitteln zu Land und zu Wasser. Sie berührt auch den Personenverkehr auf dem Rhein: Schiffe, die Pilger beförderten, waren zollfrei. Die Waren bleiben meist unerwähnt: nur Vieh und Oel werden genannt. Der Vertrag zwischen Straßburg und Saarburg betraf gewisse vorübergehende Abgaben ihrer Kaufleute in gegenseitigem Verkehr. Deren Erhebung wurde vereinbart zur Entschädigung von Straßburger Bürgern, die früher bei einem Zuge Herzog Theobalds von Lothringen in das Elsaß Verluste erlitten hatten. Die Entschädigungssumme wurde aufgebracht durch Erhebung eines besonderen Pfundgeldes von den Waren; die Saarburger Kaufleute bezahlten auf dem Straßburger Jahrmarkt, auch von sonst zollfreien Waren, 2 Denare vom Pfund, die Straßburger in Saarburg nur 1 Denar vom Pfund. Welcher Kaufmann die Zahlung verweigerte, bezahlte doppelten Zoll.[319] Es ist das erste erhaltene Beispiel eines Entschädigungsvertrages, der für besondere Zwecke dem Handel selbst die Aufbringung einer Summe Geldes durch einen Zuschlag zum gewöhnlichen Zoll oder durch einen Zoll im Falle sonst bestehender Zollfreiheit auferlegte. Die

---

318. Hilgard, Urk. z. Gesch. d. St. Speyer n. 23; Boos, UB. d. St. Worms 1 n. 111 (zu „um 1208").
319. Wiegand, UB. d. St. Straßburg 1 n. 216.

Höhe des Schiffszolles auf dem Rhein, der dem Germanusstift in Speyer zustand, wurde 1224 durch Vereinbarung zwischen der Speyerer Bürgerschaft und dem Stift geregelt.[320] Die Abgabe traf sowohl die Speyerer Schiffe wie fremde Schiffe, größere und kleinere verschiedener Art. Wir kommen darauf bei der Besprechung der Transportmittel dieser Zeit zurück. Ueber die Herkunft der fremden Schiffe verlautet nichts. Im Elsaß hatte Hagenau schon durch das Stadtrecht Friedrichs I. von 1164, wie wir wissen, Zollfreiheit für den Verkehr im ganzen Reiche erworben.[321] In welchem Umfang der Ort davon Gebrauch machen konnte, ist ungewiß. Bestimmtere Andeutungen über den Fernverkehr Straßburgs enthält dessen ältestes Stadtrecht, dessen Abfassungszeit in die letzten Jahrzehnte des 12. Jahrhunderts fällt. Es spricht von den Handelsreisen der Straßburger Bürger zu Lande mit Pferd und Wagen oder zu Schiffe, vom Verkehr der Fremden in der Stadt, vom Zoll und dergl. Wiederholt erwähnt es den Verkehr mit Köln. Zoll von Schwertern erhoben der Burggraf und der Zöllner, und zwar der Zöllner den Zoll von solchen Schwertern, die in Schiffen von Köln oder anderswoher kamen. Schwerter als Handelsware nannten, wie wir sahen, auch die Koblenzer Tarife von 1104 und 1209. Köln erscheint auch hier als ein wichtiger Ort für die Ausfuhr von Waffen, wie es zugleich ein Mittelpunkt des Metallhandels war. Ebenso bestätigt sich hier seine Bedeutung als ein Hauptort des Pelzhandels auch für den Oberrhein. Die Vorräte an Pelzwerk, welche die für den Bedarf des Bischofs arbeitenden zwölf Kürschner nötig hatten, kauften der Kürschnermeister und die von den Zwölfen, die er mit auf die Reise nahm, mit dem Gelde des Bischofs in Mainz oder in Köln ein. Wenn der Erzbischof von Trier damals den Bedarf seiner Hofhaltung an Pelzwerk in Köln

---

320. Hilgard n. 36.
321. Keutgen, Urk. n. 135 § 4.

und Duisburg, der von Straßburg den seinigen in Mainz und Köln deckte, so bedeutet das den Vorrang Kölns auch im Pelzhandel des Rheingebiets. Man fand in Köln nicht nur die geläufige Ware, sondern auch die kostbaren Seltenheiten des Pelzhandels. Cäsarius von Heisterbach erzählt,[322] daß ein Kanonikus an S. Andreas in Köln zwei jungen Kölnern, deren Handelsreisen sie in ferne Länder führten, bei ihrer Abreise nach Norwegen fünf Schillinge gegeben habe, um ihm damit das Fell eines Eisbären zu kaufen, das als Bodenbelag vor dem Altar des hl. Andreas dienen sollte. Die Kölner führten den Auftrag aus; bei einem Sturm auf dem Meere rettete der Besitz des Felles ihnen das Leben; nach Köln zurückgekehrt, gaben sie das empfangene Geld zurück und brachten das Fell dem Heiligen als Geschenk dar. Auch in Basel blühte das Kürschnergewerbe und fand daher wohl der Pelzhandel guten Absatz. Bischof Heinrich bestätigte hier 1226 die Zunft der Kürschner und verlieh ihr den Zunftzwang, der alle außerhalb ihrer Gemeinschaft stehenden auch vom Markthandel ausschloß.[323] Weiter aber bildete Basel den Ort, an dem der von der Lombardei und von Frankreich kommende Verkehr auf den Rhein traf und der Handel nach jenen Ländern sich vom Rhein ablöste. Derselbe Bischof Heinrich verpfändete 1223 dem Domkapitel den Durchgangszoll, der in Basel von den Waren und Transportmitteln erhoben wurde, die von der Lombardei und von Frankreich her durch die Stadt kamen.[324]

Den Anteil Kölns und der westrheinischen Städte an dem oberdeutschen Handel lernten wir bereits kennen. Der oberdeutsche Handel war zum größten Teil gebunden an die Flußläufe des Mains und der Donau sowie ihrer Nebenflüsse. Der untere Main aber stellte auch den Zusammenhang mit dem mitteldeutschen Handel her, soweit dieser

---

322. Dial. Mirac. Dist. oct. c. 57; Strange 2, S. 129 f.
323. Wackernagel u. Thommen, UB. d. St. Basel 1 n. 108.
324. a. a. O. n. 103.

etwa mit dem Rheingebiet in Verbindung stand. Er bildete den bequemsten und am stärksten benutzten Eingang und Ausgang für den Verkehr zwischen den Rheinlanden auf der einen Seite und dem mittleren Deutschland sowie vor allem dem Donaugebiet auf der anderen. Friedrich I. erwarb sich daher ein Verdienst um diese Verkehrsbeziehungen, als er die Zugangsstraße in das rechtsrheinische Deutschland nach seiner Rückkehr aus Italien im Jahre 1155 energisch und gründlich von überflüssigen Belastungen säuberte. Die kaiserliche Politik konnte um so kräftiger auftreten, als sie in dem Frankfurter Reichszoll den Schlüssel zu dem wichtigsten Verkehrstor am Eingang dieser Straße in der Hand hielt. Sie konnte sich auch hier stützen auf eine außerordentlich wichtige Stelle im Verkehr, deren Bedeutung innerhalb des Kranzes der anderen Reichszollstätten am Rhein und in dessen Nähe um so größer war, als sich hier der Handelsverkehr in das Innere des Reiches wie an keiner andern Stelle überwachen ließ und als sie zugleich den verkehrspolitischen Einfluß der Stadt Mainz zu Gunsten der kaiserlichen Zoll- und Verkehrsinteressen nach dem Osten hin wesentlich eindämmte. Die offene Sprache der kaiserlichen Verordnung, welche die Verkehrserschwerungen auf der Wasserstraße des Mains beseitigte, bekundete eine verbreitete Mißstimmung über die Zustände, die bereits damals einen wichtigen Schiffahrtsweg des Reiches zu überlasten und unvorteilhaft zu machen drohten. Auf dem Würzburger Hoftage von 1155 brachten Bürger und Kaufleute heftige Klagen vor den Kaiser, weil von Bamberg bis Mainz an vielen Orten am Main neue ungewohnte und jeder Vernunft entbehrende Zölle von den Kaufleuten erhoben und die Kaufleute auf diese Weise ausgeplündert würden. Der Kaiser ließ durch Fürstenurteil den Befehl ergehen, daß alle, die auf dem Main Zölle zu erheben pflegten, ihre Zollrechte vor dem Kaiser selbst durch Vorlegung königlicher oder kaiserlicher Schenkungsurkunden nachweisen sollten; die Zölle, deren Erhebung solcher königlichen Erwächtigung entbehrten, sollten aufgehoben werden. Tatsächlich stellte sich Niemand beim Kaiser ein und wies Niemand verlangtermaßen seine Zollberechtigung nach. Friedrich ließ daher auf dem folgenden Reichstage in Worms alle Zölle von Bamberg bis Mainz ebenfalls durch Fürstenurteil aufheben und gestattete nur noch drei bestimmte Zölle auf dem Main: je einen in Neustadt (in Unterfranken) und in Aschaffenburg, an welchen beiden Orten im August je sieben Tage vor und nach Marien Himmelfahrt (8. bis 22. August) jedem neuen Schiffe ein Zoll von vier Denaren erhoben wurde, und den Reichszoll in Frankfurt. Um auch die Belästigung der Bergschiffahrt durch Besteuerung der auf dem Leinpfad, also auf dem Lande, dahinschreitenden Schiffszieher zu verhindern, wurde jede Beschwerung derselben vermittelst Zöllen oder anderen Hindernissen verboten und die Eigenschaft des Leinpfades als königliche Straße wieder dem Gedächtnis eingeschärft.[325] Hiernach blieb von den Mainzöllen nicht viel mehr übrig als der Reichszoll in Frankfurt

---

325. Mon. Germ. Const. 1 n. 162. Die Urkunde ist erst am 6. April 1157 in Worms ausgestellt. Vgl. Wetzel, Das Zollrecht der deutschen Könige von d. ältesten Zeiten bis zur Gold. Bulle S. 25 ff.; R. Scholz, Beiträge z. Gesch. d. Hoheitsrechte des deutschen Königs z. Zt. d. ersten Staufer (1138—1197) (Leipziger Studien II, 4) S. 95; Hummel, Die Mainzölle von Wertheim bis Mainz, Westdeutsche Zeitschr. 11 (1892) S. 110 f.; Simonsfeld, Jahrb. Friedrichs I. S. 393, 400 f. Die Ansicht Wetzels, S. 28 ff., daß durch die neuen und vernunftwidrigen Zölle, über welche die Kaufleute sich beklagten, nur die Bergfahrt auf dem Main betroffen gewesen sei, hat Scholz, S. 95; Anm. 3, mit Recht abgewiesen. Die Annahme, daß auf dem Main nur die Bergfahrt mit Zöllen belastet, die Talfahrt frei gewesen sei, müßte sich auch durch Spuren eines ähnlichen Gebrauchs bei anderen Strömen des Reiches stützen lassen. Davon ist m. W. nichts bekannt. In der Bestimmung der Urkunde über den Verkehr auf dem Leinpfad erblicke ich mit Scholz eine Ergänzung der früheren, wörtlich nur auf die Wasserstraße (qui in prefato flumine theloneum solebant accipere) sich beziehenden Reichstagsbeschlüsse, die deren Umgehung durch Belästigung der bei der Bergfahrt zur Benutzung des Landpfades neben der Wasserstraße Genötigten verhindern sollte.

vor der Mündung des Flusses. Die außer ihm noch in Neustadt und Aschaffenburg erhobenen Zölle waren zeitlich und sachlich derartig beschränkt,[326] daß sie keinen hohen Ertrag gebracht und keine empfindliche Belastung des Verkehrs bedeutet haben können. Wie es um ihre Herkunft stand, bleibt ungewiß.

Es ist überhaupt nicht anzunehmen, daß alle diese jetzt aufgehobenen Zölle im Sinne der früheren Zeit als ungesetzlich gelten konnten und galten. Die Erklärung Friedrichs bezeichnete sie auch nicht als ungesetzlich, sondern ließ sie durch die Kaufleute als neu, ungewohnt und jeder Vernunft entbehrend erklären und nannte sie dann selbst in diesem Sinne ein Unrecht. Die Forderung, daß ein Zoll seine Rechtmäßigkeit nur durch königliches Privileg beweisen sollte oder konnte, war gewiß, ebenso wie bei den Märkten, für manche legitimen Zölle damals unerfüllbar, weil in älterer Zeit zur Einrichtung und Erhebung eines Zolles zweifellos eine eigene königliche Urkunde notwendig war und manche Zölle an sich keiner schriftlichen Begründung ihrer Berechtigung bedurften und beim Uebergang an die Bischöfe ebenfalls im einzelnen keine besondere urkundliche Anerkennung in königlichen Urkunden gefunden hatten, sondern etwa bei Privilegienbestätigungen summarisch in den Pertinenzformeln der Urkunden erschienen, außerdem auch manche Zollberechtigung vom Könige an Begünstigte verliehen worden war ohne besondere Sicherung durch Privileg. Auch hinsichtlich der Zölle wird man sagen dürfen, daß gerade die älteren Zölle ihr Alter und ihre „Rechtmäßigkeit" am wenigsten durch Königsurkunden nachweisen konnten. Jene Mainzölle zu Neustadt und Aschaffenburg waren Privatzölle, denn sie werden dem kaiserlichen Zoll zu Frankfurt gewissermaßen gegenüber gestellt. Sie konnten ihre Berechtigung ebenfalls nicht durch königliche Privilegien nachweisen. Denn dieser Forderung hatte, wie Friedrichs Darstellung ausdrücklich hervorhob, kein einziger Zollinhaber genügt. Ihre Inhaber müssen daher mit anderen Mitteln die Berechtigung zur Erhebung dieser Zölle erwiesen haben. Man konnte sie um so eher bestehen lassen, als ihre wirtschaftliche Bedeutung, wie schon gesagt wurde, gering war. Jedenfalls begünstigte und verstärkte das Verfahren Friedrichs bei der Regelung der Mainzölle, das seine nahe innere Verwandtschaft in der Art seines Verfahrens zur Feststellung der kaiserlichen Rechte in Italien auf dem ronkalischen Reichstage nicht verleugnet, den Einfluß des Königtums und der königlichen Zollpolitik auf den Verkehr zwischen Mittel- und Oberdeutschland und dem Rheingebiet, vor allem an der wichtigen Stelle des Zusammenflusses beider Ströme und bei der Schiffahrt auf der größten Wasserstraße Mitteldeutschlands.

Das Königtum wandte weiter seine Fürsorge dem Verkehr der nördlich vom Main in Hessen liegenden Reichsorte zu. Bei der Gründung Gelnhausens verlieh Friedrich I. 1170 allen Kaufleuten Gelnhausens, wohin immer ihre Handelsgeschäfte sie führten, Zollfreiheit in allen Reichsorten. Zugleich sicherte er ihnen freien und ungehinderten Reiseverkehr zu im ganzen Reiche für ihre Handelsgeschäfte ohne Belästigung durch Erhebung von Gebühren — wie etwa Geleit — oder durch sonstige Schädigung oder Verletzung ihrer Personen und Güter.[326] Heinrich VI. dehnte aber nach zwei Jahrzehnten die Zollfreiheit der Gelnhäuser auf das ganze Reich aus.[327] Auch Friedrich II. bemühte sich,

---

326. Ueber den Ursprung der Zölle und ihrer Besonderheit wissen wir nichts. Die Bestimmung „von jedem neuen Schiffe" („de singulis navibus") bedeutet nicht von jedem zum ersten Male neu dorthin kommenden" Schiff, wie Simonsfeld S. 401, Anm. 385, vermutet, sondern von jedem neugebauten Schiffe, wenn es zum ersten Male dorthin kommt. Die Zollpflicht bestand also nur für die erste Fahrt eines Schiffes.

327. Roimer, Hess. UB. II 1 n. 102: nullum solvent theloneum in locis imperialibus; n. 103: per universum imperium nostrum absque omni cuiusquam consuetudinis exactione vel rerum detrimento seu personarum offensione. Eine allgemeine Zollfreiheit soll hiermit m. E. nicht ausgesprochen werden, sondern die Hinderung

den Verkehr dieses Reichsorts zu heben. Er verlegte dreißig Jahre später den Jahrmarkt von Marköbel (nordöstlich von Hanau) nach Gelnhausen, der nun dort mit sechszehntägiger Dauer stattfinden sollte und dessen Besucher mit ihren Gütern den kaiserlichen Schutz genossen.[328] Auch des Verkehrs der Kaufleute in den Reichsorten Frankfurt und Wetzlar in der Wetterau nahm das Königtum sich an. Das wird ersichtlich aus Friedrichs I. Privileg für Wetzlar vom Jahre 1180.[329] Darin gewährte er den Wetzlarer Bürgern für ihre Reisefahrten samt ihren Gütern dasselbe Recht und dieselbe Freiheit, welche die Frankfurter besaßen.[330] Die Richtung des Verkehrs dieser Reichsorte läßt sich nicht erkennen. Vermutlich standen sie vor allem untereinander in Verkehrsbeziehungen und vermittelten den Güteraustausch vom Mittelrhein und Frankfurt nach den Tälern der Lahn und der Kinzig. Ueber den Außenhandel der am Main selbst liegenden Handelsplätze erfahren wir wenig. Fremde Kaufleute, die in Würzburg verkehrten, waren es, die den Bischof Gotfried von Würzburg veranlaßten, im Jahre 1189 gewisse, für ihren Handelsbetrieb am Würzburger Mainufer günstig gelegene Grundstücke von den darauf stehenden Gebäuden zu befreien, die auch dem Bischof das zu ihrer Erwerbung nötige Geld, 110 Mark, vorstreckten.[331] Wir sahen, daß die Würzburger im Rheingebiet Handel trieben und, laut dem Tarif von 1104, den Koblenzer Zoll passierten. Mit dem Donauhandel hielt Würzburg auch später die jedenfalls alte Verbindung aufrecht. Zur Zeit König Heinrichs VII., 1227, richtete Bischof Hermann von Würzburg einen neuen Jahrmarkt in Würzburg um Allerheiligen ein. Der König forderte Regensburg zum Besuch des Jahrmarktes auf und versprach den Regensburgern

---

des Reiseverkehrs durch Vorschriften, deren Beobachtung mit Gebühren verbunden waren, verboten werden.

328. Reimer n. 114.
329. Reimer n. 140.
330. Wiese, UB. d. St. Wetzlar 1 n. 5.

Geleit und Schutz für die Reise dorthin und zurück zu demselben Recht, das er den Besuchern der königlichen Jahrmärkte in Frankfurt und Donauwörth gewährt hatte.[332] Den Kaufleuten des Bamberger Bistums insgesamt, namentlich denen von Bamberg und Amberg, verlieh Friedrich I. 1163 dieselbe Sicherheit und Freiheit, welche die Nürnberger bei ihrem Handelsverkehr im ganzen Reiche genossen; er verbot, irgendwo im Reiche von ihnen Abgaben, Zoll oder sonstige Leistungen zu fordern, die auch von den Nürnbergern nicht erhoben würden.[333] Die Amberger Kaufleute beteiligten sich am Donauhandel. Auch da förderte sie der Kaiser. Auf seinen Befehl gewährte ihnen Bischof Rupert von Passau 1166 das Recht der Regensburger, wenn sie zur Zeit des Jahrmarktes oder sonst im Laufe des Jahres nach Passau kamen und mit ihren Waren zu Schiff durchfuhren; sie waren bei Berg- und Talfahrt in Passau zollfrei, durften aber keine fremden Güter zollfrei durchführen.[234] Ihr Handelsverkehr erstreckte sich demnach über Passau hinaus die Donau abwärts. Auch der Handel Nürnbergs tritt greifbar zunächst nur hervor in Bekundungen kaiserlicher Privilegien. Die staufischen Könige förderten den Verkehr des Reichsortes Nürnberg nach Kräften. Im Koblenzer Tarif vom Anfang des 12. Jahrhunderts werden die Nürnberger nicht genannt. Nach der Mitte des Jahrhunderts besaßen sie bereits wertvolle Vorrechte bei ihrem Verkehr im Reiche. Das vorhin erwähnte Privileg Friedrichs von 1163 für die Kaufleute des Bistums Bamberg zeigt das deutlich. Die Verkehrsrechte, welche die Nürnberger im ganzen Reiche genossen, bildeten das Vorbild für jene. Sie bezogen sich besonders auf Zölle und andere Abgaben. Wie weit sie gingen, läßt sich aus den Bestimmungen des Bamberger Privilegs nicht entnehmen. Jedenfalls lag ein Vor-

---

331. Mon. Boica 37 n. 144.
332. Mon. Boica 30 a n. 685.
333. Mon. Boica 31 a n. 221.
334. Mon. Boica 28 b n. 17.

zug für die Bamberger darin, den Nürnbergern damals gleichgestellt zu werden. Genaueren Einblick in die Richtungen des Nürnberger Fernhandels gewährt erst das Stadtrecht Friedrichs II. von 1219.[335] Es berücksichtigt den Handel der Nürnberger am Mittelrhein und im Donaugebiet. Am Mittelrhein verkehrten die Nürnberger in Worms und Speyer. In Speyer waren sie zollfrei, wie die Speyerer in Nürnberg; in Worms konnten sie sich, wie schon gezeigt wurde, durch eine am St. Johannistage gezahlte Abgabe Zollfreiheit während des übrigen Jahres sichern. Im Gebiet der oberen Donau erschienen die Nürnberger Kaufleute in bevorzugter Stellung auf den Jahrmärkten von Donauwörth und Nördlingen. Sie durften dort mit Nürnberger Geld handeln, Gold und Silber kaufen, auch Nürnberger Geld auf diesen Märkten durch den Nürnberger Münzmeister schlagen lassen. Wahrscheinlich unterhielten sie von diesen und anderen Orten des oberen Donaugebiets Verbindungen durch das nördliche Schwaben nach jenen Orten am Mittelrhein. Indessen läßt sich von den mannigfachen Verkehrsbeziehungen, welche die in den ersten Jahrzehnten des 13. Jahrhunderts genannten und angesehenen Jahrmärkte von Frankfurt, Würzburg, Donauwörth und Nördlingen in ihrem Gesamtgebiet mit ihrer näheren oder weiteren Nachbarschaft gepflegt oder hervorgerufen haben werden, eine bestimmtere Vorstellung nur selten gewinnen. Sodann nehmen die Nürnberger Teil am Donauhandel von Regensburg abwärts. Von Regensburg bis Passau war ihr Donauverkehr zollfrei. Er reichte ins Gebiet Oesterreichs. In Aschach an der Donau nördlich von Linz brauchten sie von ihren Gütern nicht mehr Zoll zu bezahlen wie der Schiffer von seinem Schiff. Von den Handelsorten südlich der Donau läßt sich nur für Augsburg ein Außenhandel in weitere Entfernung nachweisen. Um die Mitte des 12. Jahrhunderts bestand bereits eine regelmäßige Verkehrsverbindung zwischen

---

335. Keutgen Urk. n. 157.

Augsburg und Köln. Das Stadtrecht Friedrichs I. für Augsburg von 1156 nahm, wie wir schon sahen, besondere Rücksicht auf die Augsburger Kaufleute, die nach Köln reisten.[336]

Allen anderen Handelsorten Ober- und Mitteldeutschlands weit voran stand der Handel Regensburgs. Ueber ihn liegt auch eine ansehnliche, wenngleich der Bedeutung der Sache keineswegs entsprechende Ueberlieferung vor. Der Handel Regensburgs zeichnete sich durch vier Eigenschaften aus: durch seinen sehr weiten Umfang, durch seine Organisation, durch seine tatkräftige Aktivität und durch die beherrschende Stellung, die ihm im deutschen Donaugebiet zukam. In diesen Eigenschaften übertraf Regensburg auch den Handel Kölns. Köln übte eine stärkere Anziehungskraft auf die fremden Kaufleute aus als Regensburg, und daher tritt die Bedeutung Kölns im Handel und für den Handel mehr in der Ueberlieferung über die Tätigkeit fremder Kaufleute in Köln und ihrer Beziehungen zu Köln hervor als in der über die auswärtige Tätigkeit der Kölner selbst. Verkehrsbeziehungen von so weiter Ausdehnung wie die Regensburger lassen sich für Köln wenigstens nicht nachweisen. Ebenso fehlen Nachrichten über die Organisation des Kölner Fernhandels. Endlich besaßen die Kölner in den benachbarten Territorien keine durch vielseitige Privilegien gestützte Vorzugsstellung wie die Regensburger im Herzogtum Oesterreich. Die Regensburger befanden sich da in einer handelspolitisch günstigeren Lage, weil sie die Donauschiffahrt leichter beherrschen konnten als die Kölner die Rheinschiffahrt. Der Handel Regensburgs erstreckte sich vorzugsweise nach Westen und nach Osten. Beziehungen zu den südwärts der Donau liegenden Gebieten, dem Oberrhein und den Alpen treten wenig hervor. Natürlich lag nach Maßgabe historisch-geographischer Vorbedingungen der Schwerpunkt des Regensburger Handels im Osten, vor allem in dem Donaugebiet. Im Westen beteiligten

---

336. Keutgen Urk. n. 125.

sich die Regensburger am Rheinhandel. Sie allein, mit den Würzburgern, werden von den rechtsrheinischen Handelsorten Innerdeutschlands in dem Koblenzer Tarif des Rheinzolles von 1104 genannt. Auch die Erneuerung des Koblenzer Tarifs von 1209, die sonst, wie wir bemerkten, nur die Namen weniger Orte anführt, erwähnt die Regensburger. Die Verbindung zwischen beiden Gebieten stellte wahrscheinlich der Main her. Friedrich I. befreite die Wasserstraße des Mains von überflüssigen und hemmenden Zöllen; der Reichsort Nürnberg, der jetzt emporkam, hält die Mitte der Verbindungslinie zwischen Würzburg und Regensburg, deren Richtung den Donaulauf von Linz und Passau aufwärts zu Lande fortsetzt nach dem mittleren und unteren Main hin. König Heinrich richtete 1227, wie erwähnt, die Einladung zum Besuch des neueingerichteten Herbstjahrmarktes in Würzburg an Regensburg, sagte Schutz und Geleit zu und versprach dieselben Freiheiten wie den Besuchern seiner Jahrmärkte in Frankfurt und Donauwörth.[337] Das setzt voraus, daß auch diese Jahrmärkte den Regensburgern bekannt waren, und der Frankfurter war schon ein Jahrmarkt auch des Rheingebiets. Auf diesen Jahrmärkten waren die Regensburger angesehene Gäste. Der König bestätigte ihnen und ihrem Hansegraf ihre besondere Organisation und ihre Rechte, die sie bei ihrem Auftreten auf den anderen königlichen Märkten haben und ausüben durften, auch für den Besuch des neuen Würzburger Jahrmarktes. Ueber das Gebiet des Rheins reichten aber die Regensburger Verkehrsbeziehungen weit hinaus. Nicht nur in Deutschland, auch in Frankreich und England standen feine und wertvolle Gewebe aus Regensburg während des 12. Jahrhunderts in hohem Ruf. Die Statuten des Cluniacenserordens in der Redaktion des Abtes Petrus Venerabilis (1122—1156) verboten den Ordensmitgliedern den Gebrauch von feinen, in Regensburg

---

337. Mon. Boica 30 a n. 685.

hergestellten Tucharten: Scharlachtuch (scarlatax), Barchent (barracanus) und burellus, einem als kostbar bezeichneten Stoffe. In der altfränkischen Literatur erscheint wiederholt ein Stoff, der nicht nach seiner Herstellungsart bezeichnet wurde, sondern nur den Namen „Regensburg" (Raineborc, Renebors) trug.[338] Aus derselben Zeit wie jene Ordensstatuten, vermutlich aus den späten Regierungsjahren König Heinrichs I. von England († 1135), stammt eine verwandte Nachricht aus England. In den Vorschriften für die Lothringer Kaufleute, die nach London kamen, werden eine Anzahl kostbarer Gegenstände bezeichnet, welche der Sheriff und der Kämmerer des Königs während den ersten drei Gezeiten, zwei Ebben und einer Flut, nach dem Anlegen der Schiffe jenseits der Brücke von London für den König erwerben konnten: goldene oder silberne Gefäße von künstlerischer Arbeit, Edelsteine, feine Stoffe aus Seide oder Baumwolle (pailles) von Konstantinopel oder Regensburg, feine Stoffe aus Leinen oder Hanf (chemsie), Harnische von Mainz. An derselben Stelle spricht der Londoner Liber Ordinationum von goldenen oder silbernen Gefäßen derselben Art, Edelsteinen, feinen Palaststoffen aus Leinen oder Baumwolle (payles de paleis), Pelzwerk (gryseyn) von Regensburg, feinen Stoffen aus Leinen oder Hanf (cheysil).[339] Auch in Deutschland erwähnt Wolfram von Eschenbach im Parzival, vielleicht nicht unbeeinflußt durch die französische Dichtung, als einen preiswerten Stoff, den Regensburger Zindal, ein taftähnliches leichtes Seidenzeug.[340] Diese Nachrichten verbinden den Namen der Stadt mit kostbaren Luxusgeweben, mit denen der Handel den höchsten Ansprüchen entgegenkam. Ob die Regensburger Kaufleute auch selbst die Waren nach

---

338. W. Hertz, Parzival von W. v. Eschenbach, 2. Aufl., S. 518.
339. Hans. UB. 3 n. 602 mit Höhlbaums Bemerkungen; M. Bateson, A London municipal collection, the English Histor. Review 17 (1902), S. 492 ff.
340. Parzival 377, 30; dazu ed. Martin 2, S. 306; Hertz a. a. O.

Frankreich und England brachten, läßt sich nicht nachweisen. Von den Niederlothringer Kaufleuten, die sie nach England führten, verkehrten die Maastrichter, wie wir schon sahen, in Regensburg, wie auch die Aachener und Kölner, und von den Oberlothringern ebenso die Metzer, die jene Stoffe nach Frankreich und Burgund bringen konnten. Aber da die Regensburger auch am Koblenzer Zoll vorüberfuhren, wo der Schiffsweg sich nach Westen und Norden gabelte, liegt kein Grund vor, ihre eigene Beteiligung an dem Handel gerade mit diesen Stoffen auch in Frankreich und England in Abrede zu stellen, da es sich doch um kostbare Gegenstände handelte. Eine andere Frage ist, ob diese hochwertigen Stoffe, die zum Teil aus Seide oder feinster Baumwolle gewebt waren, in Regensburg selbst hergestellt wurden. Das ist auf Grund unserer Kenntnis der Geschichte der Regensburger und überhaupt der deutschen Weberei entschieden geleugnet worden.[341] Unser Wissen davon ist freilich für das 12. Jahrhundert und diesen ganzen Zeitraum gering. Seit dem 13. Jahrhundert erscheint die Regensburger Weberei, soweit sie bekannt ist, als nicht ungewöhnlich entwickelt. Ob sie es auch im 11. und 12. Jahrhundert nicht war, steht doch dahin. Das früher erwähnte Gedicht vom „Wettkampf des Schafes und des Flachses" aus dem 11. Jahrhundert nannte nach den in den Rheinlanden und in Schwaben hergestellten schwarzen und roten Tuchen die natur(gemischt)farbigen Tuche, welche die Donau zur Bekleidung der König bereite.[342] Wenn hier auch Regensburg nicht besonders genannt wird — außer ihm könnte nur Ulm genannt sein —, so hat doch das Gedicht keine geringwertigen, sondern teure Stoffe im Auge, wie sie ja in den mitgeteilten englischen Quellen geschätzt

---

341. Bastian, Regensburgs Handelsbeziehungen zu Frankreich.
342. Haupts Zeitschr. f. deutsches Altertum 11, S. 221, V. 205 f.: hanc speciem pannis innatam sponte coloris, Hister amande, paras regibus ad tunicas.

werden, nach denen die Beamten Regensburger Stoffe für die königliche Hofhaltung einkauften. In der Mitte des 12. Jahrhunderts wird eine in Regensburg „unter den Tuchscherern" gelegene Hofstätte, also in einer Oertlichkeit oder Gasse, wo die Tuchscherer zusammen wohnten, genannt.[343] Das deutet allerdings auf eine stark entwickelte Tuchweberei in Regensburg um die Zeit, in welche die erwähnten ausländischen Zeugnisse fallen. Gleichwohl erscheint die Herstellung kostbarer Stoffe aus Seide und feiner Baumwolle zu Handelszwecken, also in solcher Menge, daß sie weithin einen besonderen Ruf des Herstellungsortes begründen konnten, in Regensburg, während dieses Zeitraumes nicht wahrscheinlich. Es wird anzunehmen sein, daß diese Art von Luxusstoffen durch den Handel aus dem Osten eingeführt wurden. Demnach arbeiteten der Handel und das eigene Tuchgewerbe Hand in Hand. Da auch dieses hochwertige Tuche hervorbrachte, unterschied man nicht mehr die eingeführten oder selbstgefertigten Stoffe. Der Name der Stadt verbürgte mit Recht die Güte und den Wert dieser Waren. Bedeutender erscheint die Stellung der Stadt im Handel auf dem Donaustrom, den sie zum ersten Mal durch den Bau der großen steinernen Brücke als ein Hindernis des Landverkehrs ausschaltete. Im fernen Osten lassen sich die Handelsverbindungen Regensburgs sicherer nachweisen als im Westen. Auch die Juden in Regensburg genossen weitgehende Verkehrsfreiheit. Friedrich I. bestätigte ihnen die guten Gewohnheiten, die seine Vorgänger ihnen gewährt hatten. Gold, Silber, jede Art von Metallen und jegliche Art Handelsware zu verkaufen und in herkömmlicher Weise zu erwerben, Tauschhandel zu treiben

---

343. UB. d. St. Regensburg I (Mon. Boica 53 NF. 7) u. 28 c: inter tonsores pannorum; auch c. 1156: duo curtilia in Ratispona inter tonsores in loco, qui dicitur ad horreum; Ried, Cod. chron.-dipl. ep. Ratisbon. 1 n. 246. Die Scherer werden dann wieder 1225 erwähnt; in ihrer Gasse wohnte der damalige Hansegraf Gerhard. n. 52, deutsche Uebersetzung.

und in gewohnter Weise nutzbringende Geschäfte zu machen. Diese Zusicherungen erneuerte Friedrich II.[344] Die Regensburger Kaufleute nahmen im Donauhandel abwärts ihrer Stadt ohne Zweifel die herrschende Stellung ein. In die Rechte, welche die Regensburger in Passau besaßen, auf dem Jahrmarkt und bei der Schiffahrt, ließ Friedrich I., wie wir sahen, die Kaufleute von Amberg eintreten.

Eine Salzburger Quelle berichtet zum Ende des 12. Jahrhunderts, daß Kaufleute von Regensburg, die auf der Donau zum Jahrmarkt nach Ardagger unterhalb Enns fuhren, Schiffbruch erlitten.[345] Am deutlichsten bekundet die Erneuerung der Marktordnung für Enns durch Herzog Ottokar von Steiermark im Jahre 1191/92 den Vorrang der Regensburger.[346] Eine Gesandtschaft Regensburgs beriet und vereinbarte mit dem Herzog die neuen Bestimmungen. Die Regensburger handelten dabei nicht für sich allein, sondern auch für andere Fremdkaufleute. Die Neuordnung bezweckte, wie ihr Eingang sagt, den Regensburgern, Kölnern, Aachenern und Ulmern die alten Rechte zu erhalten, die ihnen bei der ersten Einrichtung des Marktes zur Zeit des Vaters des Markgrafen auferlegt waren. Regensburg handelte demnach, wenn nicht im Auftrage, so doch in Vertretung der Rechte dieser Kaufleute. Auch die Gebühren der Kaufleute aus Maastricht und dem Auslande wurden, wie sie zur Zeit des Vaters des Markgrafen bestanden, wieder festgesetzt. Regensburg sorgte auch hier für die Fremden. Ihm kam die Leitung des ganzen Verfahrens beim Besuch des Marktes zu, das nach bestimmter Ordnung vor sich ging. Er übernahm auch die Verantwortung für die Erfüllung der Verpflichtungen und die Einhaltung der richtigen Marktzeit. Wenn die Termine des Beginns und des Endes des Jahrmarktes nicht eingehalten

---

344. UB. d. St. Regensburg 1 n. 41, 50.
345. Gesta ep. Salisburg. De s. Virgilia c. 16. MG. SS. XI, S. 93.
346. UB. d. St. Regensburg 1 n. 43.

wurden, verfiel Regensburg in eine Strafe von 100 Pfund. Die Ordnung enthält Vorschriften über die Ankunft und Abfertigung der seit einem bestimmten Termin (25. März) ankommenden, bleibenden oder durchfahrenden, Schiffe. Nachdem der Markt beendigt und die Schiffe beladen waren, ging der Regensburger Hansegraf mit den Richtern, den herzoglichen Beamten des Orts zum Hafen und stellte durch Befragung der Schiffer die Ladung jedes Schiffes fest, worauf der Zoll erhoben wurde.

Der Zoll wurde berechnet nach Zentnern Ware. Der Zentner Wachs, Häute und andere Handelsware bezahlte 12 Pfen. Wein und Getreide, die während der Marktzeit in Schiffen gebracht waren, bezahlten ebenfalls nach Scheffel und Fuder, je 12 Pfen. Nachdem alle Schiffe den Zoll entrichtet hatten und der Regensburger Hansegraf weggegangen war, mußten die Waren, die ans Ufer gebracht wurden, Wagenzoll, 12 Pfen. vom Lastwagen, zahlen. Hierauf begann die Rückfahrt der Schiffe flußaufwärts, in der Reihenfolge, in der die Schiffe während des Marktes gelegen hatten, so daß jetzt die letzten Schiffe die ersten waren. Sodann setzt die Ordnung die Zölle für die Wagen und Lasttiere fest, welche die Ennsbrücke passierten. Sie erwähnt von den Richtungen, die hier der Landverkehr einschlug, den Verkehr nach und von Rußland: Wagen, die nach Rußland fuhren oder von dort kamen, bezahlten 16 Pfen. Zoll und durften nicht angehalten werden. Von den eigentlichen Markthandelswaren werden nur Wachs und Häute ausdrücklich erwähnt. Es geht aus alledem hervor, daß die Führung der ganzen Unternehmung, die der Besuch des Ennser Jahrmarktes darstellte, ausschließlich in den Händen der Regensburger und ihres Hansegrafen lag. Die fremden Kaufleute von Köln, Aachen, Maastricht, Ulm, ordneten sich ohne Zweifel dem Unternehmen, wenn sie an ihm teilnahmen, ein. Sicher unterstanden auch sie der Ordnungsgewalt des Regensburger Hansegrafen. Sie konnten selbstverständlich daran nur teilnehmen, wenn sie

in Regensburg dazu zugelassen wurden. Darin machte
ihnen Regensburg offenbar keine Schwierigkeit, denn es
trat ja für ihre älteren Rechte in Enns ein und übernahm
doch allein die Verantwortung für das ordnungsmäßige Zustandekommen
des Jahrmarktes. Die Regensburger besuchten
unter der Leitung ihres Hansegrafen, wie wir sahen,
auch andere Jahrmärkte, z. B. den Würzburger, oder königliche
Jahrmärkte wie den Donauwörther und Frankfurter.
Ob sie auch hier in Gemeinschaft mit anderen fremden
Kaufleuten, die sich ihnen anschlossen, auftraten, läßt sich
nicht nachweisen. Aber für den Verkehr auf der Donau
unterhalb Regensburg sahen sich jene fremden Kaufleute,
wie man annehmen darf, auf den Anschluß an die Regensburger
angewiesen, vielleicht weil die Regensburger die
Schiffahrt auf der Donau in ihren Händen hatten. Ob jene
erwähnten fremden Kaufleute die einzigen waren, die an
dem Jahrmarktbesuch von Enns teilnahmen, oder ob sich
vorhandene Fremde anschlossen, bleibt ungewiß. Die Ordnung
nennt diese Fremden nur deshalb nach ihren Heimatorten,
weil sie in Enns mit den Regensburgern zusammen
von früher her besondere Rechte genossen oder wie die
Maastrichter und andere Ausländer, zu besonderen Abgaben
verpflichtet waren. Daß der Markt zu Enns auch
Kaufleute aus dem Auslande, die nicht mit Namen genannt
waren, zu seinen Besuchern zählte, zeigt der unbestimmte
Hinweis auf diese Fremden „aus auswärtigen Gegenden".
Von Kaufleuten aus dem Reiche trafen wir die von Amberg,
Nürnberg und Metz im Donauverkehr unterhalb Regensburg.
Ob sie und andere uns nicht bekannte ebenfalls den
Jahrmarkt unter Führung Regensburgs besuchten, bleibt
dahingestellt. Ein Grund, ein solches Verhältnis zu
leugnen, besteht nicht. Denn die Ennser Marktordnung
bekundet ein Einvernehmen der Kaufleute von Köln,
Aachen und Ulm mit Regensburg, das von Engherzigkeit
frei war. Für die fremden Kaufleute bedeutete der Ennser
Jahrmarkt keineswegs eine äußerste Grenze ihres Vor-

dringens nach Osten. Die Ordnung sprach es, worauf wir schon früher hinwiesen, selbst aus, indem sie Abgaben der Kaufleute aus Maastricht und dem Auslande bei Talfahrt und Bergfahrt[347] festsetzte. Die fremden Kaufleute reisten auch weiter donauabwärts und kehrten auf dem Donauwege wieder dorther zurück. Aber diese Fremden verkehrten auch in Regensburg selbst. Den Main aufwärts werden sie über Würzburg und Nürnberg nach Regensburg gelangt sein. Dort erst erreichten sie die Donau und richteten sich zu weiterer Fahrt, bei Jahrmarktbesuch zu gemeinsamer Unternehmung unter Leitung der Regensburger und ihres Hansegrafen.

Der Handel Regensburgs richtete freilich seine Hauptkraft nach auswärts, und ihr folgten auch die fremden Kaufleute. Nicht ein Jahrmarkt in Regensburg selbst und der Verkehr der fremden Kaufleute auf ihm verlieh dem Handel Regensburgs sein besonderes Gepräge. Ein Jahrmarkt ist in Regensburg gar nicht bekannt und kann, wenn ein solcher bestanden hat, keine besondere Bedeutung im Verkehrsleben Regensburgs besessen haben. Das Auszeichnende des Regensburger Handels bestand vielmehr in dem organisierten Besuch fremder Jahrmärkte durch die Regensburger. Daneben bedurfte es für die lebhafte Tätigkeit der handeltreibenden Bevölkerung Regensburgs keiner Anregung durch einen eigenen zugkräftigen Jahrmarkt, und auch die fremden Kaufleute fanden dabei ihre Rechnung, weil sie infolge der weitausgedehnten Handelsverbindungen der Regensburger und des reichlichen Zusammenflusses der wertvollsten Handelsgüter in Regensburg sich dort, ohne auf die bestimmte und beschränkte Dauer eines Jahrmarktes Rücksicht zu nehmen müssen, jederzeit mit Waren versorgen, oder, wie bei Enns, selbst an den Jahrmarktbesuchen der Regensburger teilnehmen konnten.

---

347. Nicht Ankunft und Abfahrt beim Marktbesuch sind gemeint, was man anders ausgedrückt hätte.

Einheimische Kaufleute in Regensburg erscheinen in den keineswegs reichhaltigen Quellen dieses Zeitraumes neben den eigentlichen Handwerkern ziemlich häufig unter verschiedenen Bezeichnungen: Salzkaufleute, Bierverkäufer,[348] öfter Kleinhändler mit Tuch (watmanger,[349] einmal ein wathmagister[350]), Kaufleute ohne Beschränkung auf besondere Warengattung,[351] einmal in der Regierungszeit Konrads III. fünf Kaufleute, die „Krämer" waren,[352] Unterkäufer (lietchofare).[353]

Fremde Kaufleute außer denen aus den linksrheinischen Gebieten werden in Regensburg ausdrücklich nicht genannt. Wahrscheinlich aber waren die Bewohner der Gasse in Regensburg, die schon 1135 und c. 1170 den Namen „inter Latinos" trug,[354] fremdbürtige Kaufleute, vermutlich Italiener, vielleicht auch Romanen von jenseits der Westgrenze des Reiches. Schon in dem wohlgeordneten und durch Privilegien, Verträge, Zusicherungen und Verpflichtungen vorbereiteten Besuch der Jahrmärkte bekundet sich die ebenso planmäßige wie lebhafte Aktivität des Regensburger Handels. Sie tritt uns noch bedeutender entgegen in dem inhaltreichen Privileg Herzog Leopolds von Oesterreich für die Regensburger Kaufleute vom Jahre 1192. Darin regelte der Herzog ihren Verkehr in seinem Lande in eingehender Weise. Schon hinsichtlich dieser Tatsache selbst steht das Privileg in der deutschen Handelsgeschichte der Zeit einzig da. Es ist nicht nur ein Beweis für die frühzeitige und fortgeschrittene Entwicklung des

---

348. Quellen u. Erörter. Bayerischen Gesch. 1, S. 74 (n. 165): mercator salis; venditor cervisie.
349. Das. S. 78 (n. 172); S. 91 (n. 191, 192); S. 217 (n. 131).
350. Regensburger UB. 1 n. 46.
351. mercator, institor, Quellen 1, S. 183 (n. 49); S. 190 (n. 61 und 63).
352. Das. S. 68 n. 150.
353. UB. a. a. O.
354. UB. d. St. Regensburg n. 23 und 37.

österreichischen Territoriums und der Territorialgewalt des österreichischen Herzogs. Es läßt sich auch nicht vergleichen mit den Privilegien vielseitigen Inhalts, welche in denselben Jahrzehnten die Deutschen in Prag und in Nowgorod oder im 12. Jahrhundert die Kaufleute der Maasorte Lüttich, Huy, Dinant, Verdun in Köln, oder etwa die Kölner in England erwarben. Die Kaufleute der Maasorte erhielten Zusicherungen und Vergünstigungen in einer einzelnen Stadt. Die Deutschen, welche in Prag und Nowgorod wohnten oder verkehrten, bildeten einen Kreis von Kaufleuten aus mehreren, vermutlich zahlreichen Orten und Gegenden des Reiches, außerdem lag der Schauplatz für den Gebrauch der verliehenen Rechte im Auslande. Hier handelte es sich um eine einzige Stadt, die in einem Territorium des Reiches, freilich einem von vornherein dem Reiche gegenüber sehr selbständig gestellten, weitgehende Zusicherungen für den Schutz des Verkehrs ihrer Kaufleute erhielt. Am ersten könnte man die Privilegien der Kölner in England zum Vergleiche heranziehen. Aber auch hier lag das Verkehrsgebiet im Auslande, und außerdem waren die Kölner weit davon entfernt, Zusicherungen von so außergewöhnlicher Vielseitigkeit für die verschiedensten Gebiete des Verkehrslebens zu erlangen wie die Regensburger in Oesterreich. Was den Regensburgern in diesem Privileg zugesichert wurde, war gewiß vielfach nicht neu, sondern ein neuer Ausdruck älterer Uebung und Gewohnheit. Aber die sorgfältige und umständliche Regelung nicht allein der Handelsrechte der Regensburger im engeren Sinne, wie der Verkehrsabgaben, des Handelsbetriebs, des Rechtsverfahrens in Handelssachen, sondern auch anderer Rechte, die allerdings mit dem Verkehr zusammen hingen, aber doch in das allgemeine Volks- oder bürgerliche Recht hinübergriffen, wie bei Straftaten der Regensburger, die das Strafrecht berührten, oder bei ihrem Verkehr mit Frauen, zeigen eine auf alteingewurzelte Verkehrsbeziehungen begründete Ueberlegenheit und Sicherheit der Regensburger bei ihrem Verkehr in und durch das Grenzherzogtum, wie sie sonst innerhalb des deutschen Reichsgebietes für andere und wohl auch für die Regensburger selbst zweifellos nirgends bestanden. Die Vergünstigungen, die das herzogliche Privileg den Regensburgern gewährte, erstreckten sich auf ein Doppeltes: Der Herzog setzte die Abgaben der Regensburger von ihren ins Land eingeführten oder daraus ausgeführten Handelsgütern herab und milderte die Willkür des Eingriffs und die Härte des Verfahrens seiner Beamten gegen die Regensburger in ihren Angelegenheiten, die ihr Verhalten im Verkehrsleben und sonst betrafen. Demgemäß bestimmte das Privileg vor allem die jetzt giltige Höhe der Handelsabgaben und regelte besonders das Gerichtsverfahren in Handels- und Strafsachen unter Festsetzung der Bußen. Die Orte, an welchen die Regensburger im Herzogtum Handel trieben, werden mit Ausnahme derer, an denen sie Abgaben entrichteten, nicht genannt, wiederum mit Ausnahme von Wien, der als der angesehendste Handelsort des Herzogtums erscheint. Durch die Zahlung von Abgaben wird ihr Verkehr bezeugt in Mauthausen, Melk, Stein, auch in Wien und St. Pölten, alle außer St. Pölten an der Donau gelegen. Ein Teil der Bestimmungen bezieht sich auf den Handelsverkehr selbst. Die Regensburger durften Gold, Häute und alles, was sie wollten, kaufen, außer Silber. Das Silber behielt jedenfalls der Herzog seiner Münze vor. Waren, welche die Regensburger in einem Ort des Herzogtums an einem Bewohner des Herzogtums verkauft haben und von dem Käufer unbesehen aus dem Ort weggeführt sind, können später nicht mehr gerichtlich als schlechte Ware reklamiert werden; der Verkäufer braucht sich wegen der Ware nicht zu verantworten. Findet nach abgeschlossenem Kauf ein Untertan des Herzogs einen verborgenen Fehler an der Ware und verspricht der Regensburger Verkäufer Besserung des Schadens ohne gerichtliches Verfahren, so darf der Richter wegen dieser Sache nicht gegen den Regensburger einschreiten. Ein Regensburger, der einem österreichischen Untertanen ein angeschnittenes Tuch verkauft hat und von dem Käufer deshalb vor dem Richter beklagt wird, braucht nur den Schaden zu ersetzen und im übrigen dem Käufer nichts zu bezahlen, wenn er schwört, daß er den Fehler nicht gekannt habe; schwört er nicht, so bezahlt er dem Richter ein halbes Pfund und dem Büttel zwölf Denare. Bei Streitigkeiten über den Abschluß von Handelsgeschäften der Regensburger durften die gering geachteten Unterkäufer (Makler, litcofare) nicht gegen Regensburger als Zeugen zugelassen werden, sondern nur angesehene Leute, nämlich die Wirte, die als solche Glaubwürdigkeit verdienten, und zwar Wiener oder Regensburger, gehört werden. Auf dem Warenverkehr fällt hier mehr Licht als in der Marktordnung für Enns. Wie schon erwähnt, durften die Regensburger Häute und alle Waren einkaufen. Wir sahen auch bereits, woher ein bedeutender Teil der Waren stammte, welche die Regensburger donauabwärts nach und durch Oesterreich führten. Er kam von Köln und bestand aus Tuch, das in Köln verpackt wurde und in unveränderter Packung nach Oesterreich durchgeführt wurde. Die Verpackung war einheitlich aus zolltechnischen Gründen. Zu Tuchen und Häuten trat als wichtige Handelsware das Wachs. Die Verzollung erfolgte nach großen Quantitäten: Der Einheitssatz bei Häuten (50 Denare) betrug 100 Häute, bei Wachs (50 Denare) 15 Zentner. Die Zahl der Tuche in der Einheitspackung wird nicht angegeben; aber auch da spricht die Höhe des Zolles für große Ladungen. Außerdem erscheinen als Handelsgut Kramwaren, Pelzwerk, Kupfer, Zinn, Glockenerz und Heringe. Auch hier geschah die Verzollung im Großen. Heringe wurden nach Last verzollt, die genannten Metalle nach Zentnern, die Kramwaren in Mengen vom Wert mindestens eines Viertel Wagens mit Tuch. Es war, nach den Vorstellungen der Zeit, ein Großhandel, der hier die österreichischen Zollstätten passierte und hauptsächlich in den Händen der Regensburger Kaufleute lag. Als ausländisches Reiseziel der Regensburger wird nur Rußland erwähnt. Rußlandfahrer (Ruzarii), die nach Rußland reisten, bezahlten zwei Pfund, bei der Rückreise von Rußland ein halbes Pfund. Der Verkehr dieser Regensburger Rußlandfahrer erscheint vor allem als ein Durchgangsverkehr durch das Herzogtum. Wo sie einen Ort des Landes betraten, augenscheinlich zum Zweck des Handels, bezahlten sie zwölf Denare. Die einzigen Fernpunkte des Handels, deren Namen diese Ordnung nannte, waren Köln und Rußland (Kiew). Regensburg vermittelte durch den Donauhandel die Verbindung zwischen beiden. Weiter befaßt sich das Privileg eingehend mit dem Strafrecht. Es setzt die Bußen der Regensburger fest für die von ihnen verursachten Verwundungen mit oder ohne Lähmung der Glieder, für Totschlag, für Schlägereien und für Beschimpfungen, wie sie ähnlich in anderen Rechtsquellen oft erscheinen. Auch der Fall, daß die Verwundung in einem anderen Lande geschehen war und von dem Verletzten später im Herzogtum vor Gericht gezogen wurde, wird berücksichtigt. Beachtenswert sind die Angaben über die Stellung der Diener der Regensburger Kaufleute. Züchtigt ein Regensburger seinen Diener mit Schlägen oder sonst, so braucht er sich darüber nicht vor Gericht zu verantworten. Wenn der Diener eines Regensburgers ein Unrecht begangen hat, wird er nach Landesrecht bestraft, während der Herr mit allem, was er hat, davon unberührt und unbelästigt bleibt. Andere Bestimmungen betreffen besondere Fälle des Vorgehens der Richter gegen Regensburger, sodann Erbschaftsstreitigkeiten der Regensburger untereinander und Klagen wegen Geldschulden. Endlich behandeln sie auch den Verkehr der Regensburger mit losen Frauen und öffentlichen Dirnen. Die Vielseitigkeit der Gesichtspunkte, unter denen das Privileg den Handel sowie den öffentlichen und privaten Verkehr der Regensburger zu regeln versuchte und die wohlwollende Art, in der es geschieht, gewähren so deutliche Einblicke in das Handelsleben der Zeit an einem der wichtigsten Stellen des großen Stromverkehrs im Reiche, wie kaum ein anderes Dokument in dem ganzen Zeitraum. Des Besuchs von Jahrmärkten im Herzogtum durch die Regensburger und ihres Hansegrafen geschieht in diesem Privileg keine Erwähnung. Der Handelsbetrieb der Regensburger vollzog sich, worauf die besprochene Bestimmung über die Wegführung der von Regensburgern verkauften Waren ohne Besichtigung derselben durch die Käufer hindeutet, in den größeren Orten (Städten) des Herzogtums. Dorthin kamen die Landeseinwohner und kauften ihren Bedarf, zum Weiterverkauf oder zum eigenen Gebrauch, von den Regensburgern ein.

Auch andere österreichische Quellen berichten über den Handelsverkehr der Regensburger im Herzogtum. Der vor dem Jahre 1221 abgefaßte Tarif des Burgzolls in Wien nennt den Handel der Regensburger mit gefärbten und leinenen Tuchen, von denen sie Wasserzoll und Burgzoll entrichteten. Von den wichtigsten Gegenständen des Regensburger Donauhandels, die besonders in den österreichisch-steiermärkischen Urkunden erscheinen: Tuche, Häute, Pelzwerk, Wachs, Metalle, Heringe, treten nach den Tüchern die Häute am häufigsten hervor; dazu kam noch das Salz. Ueber den Verkehr mit Häuten und Salz auf der Donau gerieten um die Wende des 12. Jahrhunderts die Bischöfe von Passau und Regensburg hart aneinander. Der Regensburger legte auf seinem Territorium in Achdorf südöstlich von Wörth einen „ungerechten und willkürlichen" Zoll auf die mit Salz beladenen Donauschiffe. Der Passauer antwortete mit einem Zoll auf Viehhäute in Passau. Schließlich bewirkten die Bürger von Regensburg im Jahre 1201 die Aufhebung beider neuen Zölle.[355] Offenbar handelte es

---

355. Ried, Cod. chron.-dipl. ep. Ratisb. 1 n. 301. Der Zoll in Achdorf wurde erhoben de navibus ferentibus salem, der in Passau de navibus portantibus pecorum et jumentorum cutes. Die Bürger von Regensburg baten ihren Bischof um Aufhebung seines Zolles und

sich um zwei unentbehrliche Gegenstände der Zufuhr nach beiden Orten. Wir kommen auf den Passauer Handel zurück. Die Einkünfte vom Verkauf des Salzes in Regensburg werden in der Auseinandersetzung des Regensburger Bischofs mit Herzog Ludwig von Bayern über ihre Rechte in Regensburg (1205/6) erwähnt.[356] Es gab dort eigene Salzkaufleute; um 1200 erscheinen mehrere Salzherren.

Ueber die Ostgrenze des Herzogtums Oesterreich erstreckte sich der Handel Regensburgs weit hinaus. Er ging die Donau abwärts nach Ungarn. Der erwähnte Tarif des Wiener Burgzolls aus der Zeit vor 1221, der die Abgaben im Verkehr der fremden Kaufleute regelte, behandelt auch ihre Reise nach Ungarn. Damals stand den fremden Kaufleuten die Weiterfahrt nach Ungarn noch frei. Unter denen, die davon Gebrauch machten — es waren, wie wir sahen, darunter auch Kaufleute des Rhein—Mosel- und Maasgebiets — befanden sich außer schwäbischen Kaufleuten auch die Regensburger; diese Fremden bezahlten bei der Reise nach Ungarn am Tor keinen Pfundzoll, sondern Burgzoll.[358] Doch schnitt die Gesetzgebung schon frühzeitig diesen Verkehr nach Ungarn ab. Das Wiener Stadtrecht Herzog Leopolds von 1221 verbot allen Kaufleuten aus Schwaben, Regensburg und Passau, mit ihren Waren nach Ungarn zu ziehen. Auch sonst erschwerte und beschränkte es den Handel der fremden Kaufleute in Wien empfindlich.[359] Man begann, die Vorteile der vorgeschobenen, aber jetzt gesicherten Lage rücksichtslos gegenüber dem Hinterlande auszunutzen. Sichere Nachrichten bekunden sodann den unmittelbaren Verkehr der Regensburger in Kiew. Den Ruhm der russischen Haupt-

---

der Passauer beurkundete den Verlauf und den Ausgang des Streits ebenfalls auf Bitte der Regensburger.

356. Mon. Boica 29 a n. 582.
357. Regensburger UB. 1 n. 46.
358. Tomaschek, Geschichtsqu. d. St. Wien I, 1 n. 3.
359. Tomaschek n. 5.

stadt als des großen Handelsplatzes des weiten Ostens bekundeten, wie uns bereits bekannt, die deutschen Geschichtschreiber des 11. Jahrhunderts. Thietmar von Merseburg rühmte ihre vierzig Kirchen und acht Märkte. Adam von Bremen nannte sie am Schluß seiner Beschreibung des Verkehrsweges längs der Südküste der Ostsee nach Jumne und über Jumne hinaus nach Ostrogard in Rußland die Hauptstadt Rußlands, die Nebenbuhlerin Konstantinopels, die berühmteste Zierde „Griechenlands" Aus dem 12. Jahrhundert liegen bestimmte Beweise für den Verkehr mit Kiew vor. Konrads III. Schreiben an den oströmischen Kaiser Johannes vom Februar 1142 enthält außer anderen Anliegen auch den Wunsch um Beihilfe des Kaisers in der Angelegenheit der Russen, die mehrere Leute des deutschen Königs getötet und Geld derselben weggenommen hatten. Genaueres über den Vorfall läßt sich auch aus der Antwort des Kaisers und einem neuen Schreiben Konrads an Kaiser Manuel nicht erkennen.[360] Der erste dieser Briefe Konrads datierte aus Regensburg. Vielleicht handelte es sich um Kaufleute,[361] die dann freilich in engeren Geschäftsbeziehungen zum Könige gestanden haben müßten. Nach einer Schenkungsurkunde für St. Emmeram in Regensburg, die etwa in die Jahre 1178—1180 fällt, ließ ein in Kiew wohnender Deutscher namens Hartwich, selbst ein Angehöriger der engeren Gemeinschaft (familia) der Klosterleute von St. Emmeram, durch drei Regensburger Bürger, die seine Schuldner waren, dem Kloster 18 Pfund zum Ankauf eines Landgutes zur Verpflegung der Armen und Pilger beim Hospital von St. Emmeram überweisen; das Geld wurde ausgezahlt und der Ankauf ausgeführt.[302] In dieselbe Zeit fällt die Niederschrift einer anderen Mitteilung über diese Handelsbeziehungen. Der kurz vor 1185 schrei-

---

360. Ottonis et Rahewini gesta Fried. I. imp. (Waitz) I c. 25.
361. Das hält Bernhardi, Konrad III., 1, S. 271 u. Anm. 22 für wahrscheinlich.

bende Verfasser der Chronik des Schottenklosters zu
St. Jakob in Regensburg erzählt, daß bei dem Bau des
Klosters zur Zeit Heinrichs V. die Beihilfe reicher Regensburger Bürger nicht ausreichte und daher der Klosterbruder
Mauritius mit nur einem Knaben als Begleiter zum König
von Rußland reiste, von dem König und dem Fürsten der
Stadt kostbares Pelzwerk im Wert von 100 Mark empfing
und mit diesem, das er auf Wagen mitführte, in Begleitung
von Kaufleuten glücklich wieder nach Regensburg gelangte.[363] Diese Nachrichten veranschaulichen und ergänzen die Aussagen der Urkunden. Es bestand im 12.
Jahrhundert ein regelmäßiger Verkehr zwischen Regensburg
und Rußland. Das Hauptziel dieses Handels war Kiew.
Regensburger hielten sich in Kiew auf und standen in Geschäftsverbindung mit ihrer Heimat. Der Weg dieses
Handelszuges war bis nach Oesterreich hinein die Donau.
Die weiteren Stationen des Reiseweges sind nicht bekannt.
Als ein sicher verbürgter Gegenstand des Regensburg-Kiewer Handels erscheint Pelzwerk. Vermutlich verlegten
die Oesterreicher den Regensburgern auch diesen Handelsweg. Der Bericht der päpstlichen Gesandtschaft, welche
1245/46 über Kiew zum Khan der Goldenen Horde von Sarai
reiste, nennt außer italienischen Kaufleuten solche aus Breslau,
Polen und Oesterreich in Kiew.[364] Ueber Handelsverbindungen Regensburgs mit dem griechischen Kaiserreich und
mit Konstantinopel liegen bestimmte Nachrichten nicht vor.
Die geringe Kunde, die uns von der deutschen Kolonie in
Konstantinopel, ihrer Kirche, ihren Landungsstätten, ihrer
Zahl erhalten ist, nennt die Regensburger nicht. Jedenfalls

---

362. Die Urkunde bei Wasiliewski, Kiews Handel mit Regensburg in alter Zeit, Verhandl. d. hist. Vereins v. Oberpfalz u. Regensburg 57 (NF. 47) S. 210, Anm. 1.

363. Der Bericht der Vita S. Mariani Scoti Act. SS. Boll. z.
9 Febr. S. 369, teilweise bei Wasiliewski S. 203 f. Ueber die Abfassungszeit der Chronik s. Wattenbach 2, S. 382.

364. D'Avezac, Relation des Mongols ou Tartares par le frère Jean du Plan de Carpin S. 376.

war die Kolonie unbedeutend.[365] Wegen der gemeinschaftlichen Erwähnung der feinen Seiden- oder Baumwollstoffe (paillas) von Konstantinopel und Regensburg in jenen englischen Statuten und mit Rücksicht auf den Umstand, daß die hochwertigen Gewebe, mit denen in Westeuropa der Name Regensburg sich verband, die aber gewiß zum Teil nicht in Regensburg hergestellt, sondern von Regensburgern oder über Regensburg eingeführt wurden, wies man auf Konstantinopel als ihren Herkunftsort.[366] Verbindungen durch die Länder an der unteren Donau und die Balkanhalbinsel haben aber Regensburger Kaufleute mit Konstantinopel im 12. Jahrhundert schwerlich unterhalten können.[367] Die Regensburger Ueberlieferung kennt nur einen wiederholt und gut bezeugten, regelmäßigen Verkehr mit Rußland und Kiew. In Kiew konnten die Regensburger nicht nur die Erzeugnisse Rußlands, Pelzwerk und Wachs, sondern auch die kostbaren Gewebe aus dem griechischen Kaiserreich und dem Orient erwerben, die aus Konstantinopel und aus den arabischen Ländern über das Schwarze Meer nach Kiew gelangten.[368] Andere ausländische und orientalische Waren brachten vermutlich auch jene in der Lateinergasse zu Regensburg wohnenden Kaufleute heran.

Von den Handelsorten, die oberhalb und unterhalb Regensburgs an der Donau lagen, treten nur Ulm und Passau im Donauverkehr auf. Die Ulmer Kaufleute besuchten unter der Leitung des Regensburger Hansegrafen die Jahrmärkte zu Enns. Unter den schwäbischen Kaufleuten, deren Zölle in Wien bei der Durchfuhr nach Ungarn

---

365. Heyd, Gesch. d. Levantehandels 1, S. 248 f., 290 f.
366. Höhlbaum HUB. 3, S. 390, Anm. 9; Weinhold, Deutsche Frauen, 23, S. 240.
367. Das hat Heyd 2, S. 716 ff. mit guten Gründen dargetan.
368. Heyd 2, S. 719. Kostbare Kleider gelangten mit anderen Geschenken durch den aus Kiew vertriebenen Großfürsten Jsjaslav 1075 an den Hof Heinrichs IV. Lampert z. J. 1075 (S. 202); Meyer v. Knonau, Jahrb. Heinrichs IV. 2, S. 481 f.

der Wiener Burgzolltarif bestimmte und deren Handel nach Ungarn das Wiener Stadtrecht von 1221 verbot, werden auch Ulmer zu verstehen sein. Dieselbe Richtung nahm der Passauer Handel. Die Passauer Kaufleute führten gleich den Regensburgern, wie der Wiener Burgzolltarif lehrt, gefärbte und leinene Tuche nach Oesterreich und weiter ostwärts. Auch ihnen untersagte das Wiener Stadtrecht die Weiterreise nach Ungarn.[369] Auch der Passauer Jahrmarkt im Sommer jeden Jahres war angesehen. Bischof Konrad schenkte ihn 1164 den Passauer Bürgern. Bald darauf erhielten die Amberger Kaufleute die Rechte der Regensburger beim Besuch des Passauer Jahrmarktes und beim Passieren des Passauer Donauzolls.[370] Salz und Häute werden als Gegenstände der Zufuhr und Durchfuhr genannt.[371] Der Tarif des Zolles, der zur Deckung der Kosten der Stadtbefestigung im Jahre 1209 eingeführt wurde, erwähnt außer Salz auch Wein und Getreide; er weist zugleich auf den Besuch des Passauer Jahrmarktes durch fremde Kaufleute hin.[372] Auch der schon alte Verkehr mit Böhmen bestand fort.[373] Die Kaufleute Freisings treten im Fernhandel nicht hervor, erscheinen aber nicht selten als Zeugen in den Traditionsurkunden des Hochstifts während der zweiten Hälfte des 11. Jahrhunderts und der ersten des folgenden (mercator, institor).[374] Münchener Kaufleute lieferten gegen Ende des 12. Jahrhunderts Mäntel (pallia) an das Kloster Schäftlarn.[375]

Der Handel der Fremden im Herzogtum Oesterreich

---

369. Tomatschek n. 3 und 5.
370. Mon. Boica 28 b n. 17, 29 b S. 239 f.   26.
371. S. 171.
372. Mon. Boica 28 b n. 53.
373. Ein Passauer „chramar" Mon. Boica 29 b S. 270.
374. Traditionen des Hochstifts Freising, hrsg. v. Bitterauf 2 n. 1502 b, 1644 h, 1655, 1693 a, 1745.
375. Baumann, Archival. Zeitschr. NF. 10 S. 88. Ein institor in Eichstätt (1222) Mon. Boica 49 NF. 3 n. 37.

wurde schon oft berührt. Außer den Urkunden, die den Rechten und Pflichten der Regensburger Kaufleute gewidmet sind, gibt darüber der Wiener Burgzolltarif aus der Zeit vor 1221 die beste Auskunft.[376] Von fremden Kaufleuten, die in Wien verkehrten oder durch Wien reisten, nennt er nur die, welche aus dem Reich, also aus dem Westen stammten: die Schwaben, die von Regensburg, Passau, Aachen, Maastricht und Metz, dazu die an der Ostgrenze gelegenen Orte Hainburg und Bruck an der Leitha. Das Schwergewicht des Fremdhandels lag augenscheinlich in den Händen der Kaufleute aus dem Westen, vor allem der Regensburger. Sie beherrschten damals die Durchfuhr. Als der wichtigste Gegenstand des Handels, der die Stadt Wien passierte, erscheint das Tuch. Bei der Festsetzung des Zolles für die verschiedenen Arten von Wagen der fremden Kaufleute wird von der Ladung nur gesagt, daß es gleich sei, ob sie Tuche oder andere Waren führten. Regensburger und Passauer brachten, wie schon gesagt, gefärbte und leinene Tücher. Die Kaufleute von Aachen, Metz und Maastricht führten gewiß zu erheblichem Teil Tuchladungen mit sich. Auch in anderem Zusammenhang werden Abgaben der Fremden von Leinentuch, auch von Wolle, Flachs, Rinderhaar und ähnlichen Waren genannt.

Das Uebergewicht des fremden Tuchhandels und die Ueberlegenheit der fremden Ware veranlaßten die Regierung, das Gewerbe selbst nach Wien zu ziehen. 1208 verlieh Herzog Leopold VI. den „Flandrern", flandrischen Färbern, in Wien die rechtliche Gleichstellung mit den Einwohnern Wiens in Wien und seinem ganzen Lande. Zugleich entzog er ihre Streitigkeiten den herzoglichen Richtern und unterstellte sie dem Kämmerer der herzoglichen Münze.

Niemand durfte ihr Gewerbe ausüben, der nicht von ihnen in ihre Genossenschaft aufgenommen war.[376a] Die

---

376. Tomaschek n. 9.

Gewährung dieser Vorrechte stand schon in dem größeren Zusammhang der Kolonisationsbewegung. Im Burgzolltarif erscheinen außerdem mannigfache Lebensmittel unter den zollpflichtigen Gegenständen. Ungarischer oder anderer fremdländischer Wein durfte nur mit besonderer Erlaubnis eingeführt werden.

Unter den Flußtransportmitteln sind die Holzflöße erwähnenswert. Fremde Kaufleute, die ihre Waren, nachdem sie sie am Tor verzollt hatten, weder verkauften noch vom Wagen abluden, sondern abzogen, waren an den Toren zollfrei; luden sie dagegen ab, verkauften sie ihr Gut und beluden sie ihre Wagen mit anderem eingekauften Gut, so bezahlten sie Burgzoll und Marktzoll und konnten dann frei abziehen. Das Wiener Stadtrecht von 1221[377] machte dem freien Durchfuhrhandel der süddeutschen Kaufleute nach Ungarn ein Ende. Wer das Verbot übertrat, fiel in die Strafe von zwei Mark Gold. Außerdem schränkte es aber auch die Aufenthaltsdauer und den Handelsbetrieb der Fremden in der Stadt empfindlich ein. Fremde Kaufleute durften sich mit ihren Waren nur zwei Monate lang in der Stadt aufhalten. Der freie Handel der Gäste untereinander wurde verboten. Die fremden Kaufleute durften die von ihnen eingeführten Waren nur den Bürgern, aber keinem Fremden verkaufen. Außerdem wurde ihnen der Verkauf von Silber und Gold untersagt, außer an den herzoglichen Kämmerer. Diese fremdenfeindliche Richtung der österreichischen Gesetzgebung traf gewiß am schwersten die Kaufleute des bayerischen und schwäbischen Hinterlandes. An keinem anderen Ort des Reiches nahm das Gästerecht schon damals so harte Formen an. Kaum aber genossen auch bis dahin andere Kaufleute aus dem Reiche in einem Reichsgebiet selbst so erhebliche Vorzüge und fanden ihre Wünsche so weitgehende Berücksichtigung wie die der Regensburger Kaufleute in Oesterreich.

---

376 a. Tomaschek n. 2; v. Schwind u. Dopsch, Ausgew. Urk. n. 23.

Ihnen kam wohl auch noch eine andere Bewegung von allgemeiner Bedeutung und Wirkung zustatten. Auch das gewichtige Auftreten der Kaufleute aus dem rheinischen und linksrheinischen Gebiet im Donauhandel wird damit in einer gewissen sachlichen Verbindung stehen. Die Auswanderung deutscher Bevölkerung, besonders solcher, die Kriegsdienste suchte, nach Ungarn, setzte sich, nachdem sie schon in früherer Zeit begonnen hatte, seit dem 12. Jahrhundert in verstärktem Maße fort. Sie führte immer zahlreichere Kolonisten nach Ungarn, die in verschiedenen Gegenden des Landes sich niederließen und ihre Ansiedlungen stetig erweiterten.[378] Die ungarischen Herrscher förderten die Bewegung. Der Freibrief des Königs Andreas II. von 1224 für die Deutschen in Siebenbürgen führt die Berufung dieser Kolonisten nach Ungarn auf Geisa II. (1142—1161) zurück. In den Jahrzehnten um die Wende des 12. und 13. Jahrhunderts treten schon an manchen Stellen des Landes, namentlich Siebenbürgen und Nordungarn, die deutschen Ansiedlungen hervor. Auch deutsches Städtewesen formte sich hier bald. Schon 1217 wurde das Recht von Pest, Ofen und Stuhlweißenburg auf St. Benedikt an der Gran übertragen. Mittelpunkt der großen deutschen Kolonie in Siebenbürgen war Hermannstadt. Andreas II. berief 1211 den deutschen Orden in das Burgenland (im südöstlichen Siebenbürgen), der das Land gegen die Ueberfälle der Kumanen schützen sollte, bald freilich es wieder räumen mußte. Diese Einwanderung nach Ungarn vollzog sich zum großen Teil gewiß auf dem Donauwege. Handel und Wanderung werden auch hier Gemeinschaft gemacht und gehabt haben. Ob der Handel dabei vorbereitend oder begleitend oder stützend oder befestigend wirkte, vermögen wir nicht zu erkennen. Die Herkunft der

---

377. Tomaschek n. 5; Keutgen Urk. n. 164.
378. Kaindl, Geschichte d. Deutschen in den Karpathenländern 2 S. 14 ff., 142, 181 ff. und sonst (leider fehlen dem Werk die Belege).

Ansiedler in der Zips und deren Nachbarschaft, sowie in Siebenbürgen, namentlich so weit sie aus sprachlichen Anzeichen erschlossen werden kann, fiel im großen und ganzen zusammen mit den Gebieten, welche die Kaufleute der rheinischen und linksrheinischen Handelsorte vertraten, die im Donauhandel neben den Süddeutschen — denen von Regensburg, Ulm, Passau, den Schwaben und Bayern überhaupt — nachzuweisen sind: die Kaufleute aus Köln, Aachen, Maastricht, Metz und den ausländischen Gebieten jenseits der Westgrenze des Reichs. Jene Kolonisten stammten hauptsächlich aus dem mittel- und niederfränkischen Sprachgebiet, dem Moselland, dem Rheinlande, dem Luxemburgischen und Limburgischen, aus Flandern.

Die nahen Beziehungen zwischen dem Tuchhandel der Kaufleute jener Handelsorte des Westens und dem Tuchmachergewerbe dieser und benachbarter Orte selbst sind kaum zu erkennen. Die Klosterchronik von St. Troud, die zum Jahre 1133 oder etwas später von dem Zauberschiff erzählt, welches die Weber von Ort zu Ort zogen, zeigt nicht nur den Webereibetrieb in zahlreichen größeren und kleineren Orten wie Kornelimünster, Aachen, Maastricht, Tongern, Loos, S. Troud, sondern schildert auch die gedrückte und gering geachtete Stellung, in der die Weber sich befanden und fühlten.[379] Die Kaufleute jener Orte werden sicher auch mit den Geweben der eigenen Heimat oder benachbarter Orte Handel getrieben haben, und die soziale Lage der Weber war derart, daß es ihnen an Beweggründen zur Auswanderung dahin, wohin die eigenen Landsleute ihre Gewerbeerzeugnisse ausführten und wo man die Fähigkeit, solche Dinge herzustellen, höher schätzte als in der Heimat, nicht fehlte. Der Tuchhandel, den die fremden Kaufleute des Westens an der Donau trieben, trug zweifellos dazu bei, das entsprechende Gewerbe auch dort einzubürgern. Die Flandrer in Wien, deren Verhältnisse

---

379. Gesta abbat. Trudonens. 12 c. 11—14, MG. SS. X S. 309 ff.

das erwähnte Privileg von 1208 ordnete, sind Zeugnis dafür. Auch in Ungarn ist flandrische Einwanderung wiederholt bezeugt.[380] Indessen dürfen Handel und Kolonisation hier nicht in eine Verbindung gebracht werden, die einseitig und zu stark betont ihre entscheidenden Merkmale verwischen würde. Die Kaufleute jener rheinischen und linksrheinischen Handelsorte übten doch ihre Tätigkeit, worüber die Quellen keinen Zweifel lassen, im Donaugebiet selbst, auf den Jahrmärkten und sonst aus. Die Auswanderung war ein Vorgang, der eigenen Beweggründen entsprang und nach eigenem Ziele strebte. Sie konnte vom Handel angeregt werden und konnte ihn anregen. Solche wechselseitige Beeinflussung fand gewiß statt. Ihre Stärke und ihr Maß zu erkennen, hindert aber die Dürftigkeit der Ueberlieferung. Das Wiener Stadtrecht unterband auch bald die unmittelbare Verbindung mit den Ansiedlern in Ungarn

Aehnlich verhält es sich mit den Verkehrsbeziehungen zu Böhmen. Unser Wissen von ihnen ist so gering, daß jede Mühe eine bestimmte Vorstellung davon zu gewinnen, vergeblich ist. Ans Licht treten hier seit dem 11. Jahrhundert die wichtigsten Wege, auf denen sich der Verkehr im Innern des Landes bewegte und auch über seine westlichen und nördlichen Grenzen hinausführte: der von Leitmeritz nach Norden über Aussig und das Gebirge in die Markgrafschaft Meißen zur Elbe bei Pirna und Dresden ziehende, der längs der Eger über Eger dem oberen Main und dem Nordgau zustrebende, der von Pilsen und Taus über den Böhmerwald auf Regensburg zu führende, eine Verbindung mit Passau und wohl auch mit Oesterreich.[381] Anschauliche und zugleich sicher verbürgte Einzelheiten des Verkehrs über die Grenze fehlen. Eine undatierte Aufzeichnung über den kleinen „Böhmerzoll" in Passau aus dem 12. Jahrhundert, deren Inhalt wahrscheinlich in das

---

380. Kaindl 2 S. 171, 182, 207.
381. Bretholz, Gesch. Böhmens und Mährens (1912) S. 361.

vorhergehende Jahrhundert hinaufreicht, spricht von den Böhmen, die mit beladenen Pferden, Saumer genannt, nach Passau kamen. Von einem „gemeinsamen Zuge" (communi concursu) der Böhmen, die mit Pferden allwöchentlich am Dienstag in Passau erschienen, von ihrer Ueberfahrt über die Donau bei Passau.[382] Sicher bezeugt ist jetzt die angesehene Stellung, welche die deutsche Gemeinde in Prag auf Grund der Statuten Herzog Sobieslaws II. einnahm. Wie schon früher war Prag weitaus der wichtigste Verkehrsort des Landes. Cosmas rühmt zum Jahre 1091 in dem uns bekannten Stil seiner Zeit den Reichtum des Ortes und seiner Händler: den großen Besitz der Juden an Gold und Silber, sehr reiche Kaufleute „aus allen Völkern" und sehr wohlhabende Münzer, den Ueberfluß des Marktes.[383] Gegen die Mitte des 12. Jahrhunderts erhält der Ort die erste stadtmäßige Ummauerung und durch die Königin Judith, König Vladislaws II. zweite Gemahlin, eine Schwester des Landgrafen Ludwig II. von Thüringen, seine feste Brücke.[384] Die Statuten der deutschen Gemeinde in Prag, die Sobieslaw 1174/78 ihr verlieh,[385] erneuerten das alte Recht, welches die Deutschen seit König Wratislaws Zeiten besaßen, und legitimierte ihre Sonderstellung hinsichtlich ihres Wohnens und ihres Rechts. Im Gegensatz zu solchen Untertanen, die Verpflichtungen gegen Gäste, Fremde und Ankömmlinge hatten, betonte der Herzog, daß sie davon frei seien, und erklärt dabei ausdrücklich: ihr sollt wissen, daß die Deutschen freie Leute sind. Ihre Ansiedlung war geschlossen und bestand aus mehreren Gassen. Sie besaßen ihre eigene Kirche, St. Peter geweiht, wählten ihren Pfarrer und ihren Richter selbst, ohne daß der Bischof

---

382. Reg. dipl. Bohemiae et Moraviae 1 (Abhandl. d. böhm. Ges. d. Wissenschaften 5. Folge Bd. 8, 1854) S. 619 f. n. 1347.

383. MG. SS. 9 S. 98.

384. Bretholz S. 353 f.

385. Die Urkunde bei Koetzschke n. 32; vgl. Lippert, Sozialgesch. Böhmens in vorhussitischer Zeit 2 S. 127 ff., Bretholz S. 354 f.

Widerspruch erheben durfte, waren zu keinem Kriegsdienst verpflichtet, außer zur Landesverteidigung, und beteiligten sich, wenn der Herzog auf einem Kriegszuge außerhalb Böhmens verweilte, mit zwölf Schilden an der Bewachung Prags. Andere Bestimmungen betrafen das Prozeßverfahren. Einzelnes weist auch auf die Verkehrsverhältnisse der Deutschen. Verpflichtungen gegen Gäste und andere Fremde lagen ihnen, wie schon erwähnt, nicht ob. Aber sie konnten Gäste und Ankömmlinge bei sich aufnehmen und in ihren Rechts- und Wohnkreis zulassen. Fremde, die aus irgend einem Lande kamen und bei den Deutschen dauernd in Prag wohnen wollten, traten in Recht und Gewohnheit der Deutschen ein. So konnte gerade die deutsche Gemeinde den Fremden, vor allem den Landsleuten, den Vorzug eines gesicherten und angemessenen Wohnens bieten.

Die Statuten regelten nicht nur das Verfahren bei Streitigkeiten zwischen Deutschen und Böhmen, sondern auch zwischen Deutschen und „Romanen", sowie zwischen Deutschen und Juden. Sie bezeichneten mit Romanen wohl den Teil der Fremdbürtigen in Prag, der aus dem Süden und Südosten Europas stammte und den der Handelsverkehr nach Prag führte. Die Münze, in welcher die Bußen der Deutschen wegen Totschlags an den Herzog gezahlt wurden, war die von Regensburg. Die Statuten bildeten das Recht einer dauernd und fest angesiedelten Gemeinde, aber die Verwandtschaft einzelner Rechtssätze mit den Bestimmungen einiger Privilegien des Auslandes für Deutsche, die sich nur als Kaufleute vorübergehend im Auslande aufhielten, ist unverkennbar. Auch in dieser deutschen Gemeinde zu Prag bildeten sicherlich Handel und Gewerbe den wichtigsten Bestandteil ihrer Tätigkeit und die eigentliche Grundlage ihres Daseins.

Wenden wir uns dem Norden Deutschlands zu, so gewinnen wir hier noch mehr als im Süden den Eindruck einer wachsenden Ausdehnungskraft des Verkehrslebens. Der innere Verkehr, vor allem begründet wie überall im Reiche auf die Sicherheit und die unter der Teilnahme auch der oberen Stände sich durchringende bürgerliche Ordnung in den kleineren und größeren Stadtorten sowie auf die Fortschritte im wirtschaftlichen Ausbau des Landes, wurde stetiger, regelmäßiger und umfangreicher. Die Beziehungen zwischen innerem und äußerem Verkehr gestalteten sich leichter und zweckmäßiger. Der äußere Verkehr dehnte und befestigte sich fast im ganzen Umkreise der nördlichen und nordöstlichen Reichsgrenzen und konnte jetzt festere Wurzeln schlagen in den Nachbarländern des Reiches, zum Teil bereits in größerer Form. Die Anregungen, welche die ganze Nation aus den starken Berührungen mit dem Morgenlande und den Mittelmeerländern, durch die italienische Kaiserpolitik und die Kreuzzüge, empfing und die zunächst dem Süden und dem Westen des Reiches zugute kamen, blieben auch auf den norddeutschen Verkehr nicht ohne Wirkung. Gegenüber den ausländischen Nachbarn der nördlichen Hälfte des Reiches begann sich jetzt auch die überlegene Gesittung und der größere Wohlstand Norddeutschlands geltend zu machen. Auch im Innern desselben fehlte es nicht an wirksamen und weitreichenden Verschiebungen der Bevölkerung, die Leben und Bewegung hervorriefen, an zahlreichen Stellen Umgestaltungen der älteren Lebensverhältnisse bewirkten und sie dadurch auch dem Verkehr nützlich erwiesen. Die Entfaltung des Verkehrs im deutschen Norden läßt keinen Zweifel daran, daß die Zeit ihn begünstigte und daß er ihrem Gebot auch folgte. Der innere Verkehr läßt sich aus der spärlichen Ueberlieferung leider nur undeutlich erkennen. Die Nachrichten bleiben meistens kurz und vereinzelt. Ein eigenes Schrifttum hat sich hier in den meisten Verkehrsorten erst sehr langsam entwickelt. Von den inneren Zuständen, besonders des Verkehrs, auch in den größeren und längst weitbekannten Orten wissen wir außerordentlich wenig, weil hier zweifellos die Ueberlieferung zum großen Teil zu

Grunde gegangen ist. Die interlokalen Beziehungen des Verkehrs, so sicher sie vorhanden waren, lassen sich kaum erkennen. Geringe, in ihrem Zusammenhang oft nicht faßbare Andeutungen der Quellen müssen daher genügen. Unter den größeren westfälischen Orten gewann Dortmund im 12. Jahrhundert, wie wir schon sahen, eine Bedeutung als wichtige Station auf dem Wege von Köln nach Goslar, den die Kaufleute aus den Maasorten für ihren Handel mit Kupfer und Erz benutzten. Als Reichsort bevorzugten es die Könige. Friedrich II. wies auf den regen Handelsverkehr der Dortmunder mit manchen fremden Orten, auf ihre Handelsreisen über Meer und Land, hin. Er befreite die Dortmunder 1220 und 1236 innerhalb des Reichsgebiets von der Verpflichtung zum gerichtlichen Zweikampf. Zugleich gewährte er ihnen Freiheit von allem Zoll und ungebührlichen Abgaben ebenfalls im ganzen Reich.[386] Die Teilnahme der Dortmunder auch am überseeischen Verkehr ist damit bezeugt, wenngleich Richtung und Ziel desselben noch nicht bekannt sind. Soest erscheint, schon aus territorialpolitischen Gründen, in engerer Verbindung mit Köln. Erzbischof Arnold II. von Köln regelte 1154 die Zollpflicht der Soester Kaufleute, die den Kölner Markt besuchten und sonst in Köln Handelsgeschäfte betrieben, in Köln. Sie waren beim Eintritt in die Stadt zollfrei und bezahlten nur bei der Rückkehr Zoll wie alle anderen.[387] Die Zugeständnisse, die Otto IV. im Jahre 1198 nach seiner Wahl und Krönung dem Kölner Erzbischof machte, bedachten auch die Bürger von Soest. Gleich den Kölnern und allen Einwohnern des Erzbistums sollten sie im ganzen Reiche kein anderes Wegegeld bezahlen als das in dem Privileg Heinrichs VI. festgesetzte.[388] Aus Köln bezog man in Soest vermutlich

---

386. Rübel, Dortmunder UB. 1 n. 74: ut siue per mare siue per terram cum negotiationibus suis necesse habeant proficisci.

387. Ilgen, Hans. Geschichtsbl. 27 (1900) S. 137 Anm. 3; Knipping, Reg. 2 n. 572 a S. (348).

388. MG. Const. 2 n. 17; Wilmans, Kaiserurk. d. Pr. Westfalen 2 n. 256.

Wein. Den Weinausschank eines Bürgers in Soest erwähnt Cäsarius von Heisterbach.[389] In der zweiten Hälfte des 12. Jahrhunderts fand in Soest eine starke Einwanderung statt. Das älteste erhaltene Stadtrecht von Soest, in der ersten Hälfte des 13. Jahrhunderts niedergeschrieben, oder in seinen wesentlichen Bestandteilen in die erste Hälfte des 12. Jahrhunderts zurückreichend, nennt Friesen und Wallonen (Frisones et Galli) in Soest, deren Hinterlassenschaft der städtische Vogt einzog.[390] Wahrscheinlich waren es Gewerbetreibende, deren Zuwanderung im Zusammenhang der weitreichenden Siedelungsbewegung, auf die wir zurückkommen, verständlich wird. Schon frühzeitig erscheint Soest als ein Verkehrsort von großem Ansehen. Sein Recht wirkte vorbildlich in seiner westfälischen Nachbarschaft, dann aber auch weit darüber hinaus. Die Lage der entfernten Orte, welche die Ausbreitung des Soester Rechts bezeugen, bezeichnet zugleich die andere Richtung, in welcher der Handelsverkehr der Soester verlief. Die nahe Umgebung des Orts genoß Vorzüge bei ihrem Verkehr auf dem Markt von Soest. Die Pfarrei Hoinkhausen, östlich von Soest, besaß seit Alters das Recht zollfreien Handels auf dem Soester Markt. Ein Gerichtsbeschluß des Soester Gerichts stellte um die Mitte des 12. Jahrhunderts dies Verkehrsvorrecht ausdrücklich fest.[391] In der ersten Hälfte dieses Jahrhunderts, im Jahre 1144, setzte Erzbischof Arnold von Köln die Rechte des Soester Marktes für den Markt des südöstlich von Soest gelegenen Ortes Medebach in Kraft. Das geschah bei Gelegenheit der Wiederherstellung des Medebacher Marktes, der durch Uebergriffe der erzbischöflichen Ministerialen zerrüttet war. Diese hatten durch Ueberlastung der Marktbewohner mit Dienst-

---

389. Dial. Mirac. 3, 11; Strange 1, 123.
390. Stadtrecht § 13; Ilgen, Die Chron. d. deutschen Städte 24 S. XX und CXXIX ff.; Keutgen, Urk. n. 139.
391. Seibertz, UB. z. Landes- u. Rechtsgesch. d. Hzgt. Westfalen 1 n. 58.

leistungen, Aenderungen des Rechts, neue Abgaben von den Fleischbänken und Verkaufständen der Kaufleute den Marktverkehr ruiniert und fast ganz aus dem Ort verscheucht. Der Erzbischof machte diesen Zuständen ein Ende, zog die Schuldigen vor Gericht, setzte die Marktbewohner wieder in den Genuß ihrer früheren Rechte, schärfte die Beobachtung des Friedens beim Marktverkehr ein und ordnete schließlich, wie schon erwähnt, die Gültigkeit des Rechtes des Soester Marktes für den Medebacher an. Zwei Jahrzehnte später, im Jahre 1165, wiederholte Erzbischof Rainold in strenger Form diese Bestimmungen seines Vorgängers über den Frieden auf dem Medebacher Markt und die Geltung des Soester Rechtes.[392] Schon damals galt das Soester Marktrecht als ein erprobtes und den Bedürfnissen des Marktverkehrs besonders zweckdienliches. Man nahm es an und ahmte es nach, weil es in seinen wesentlichen Grundzügen am besten dem Stande der Entwicklung und ihren Erfordernissen entsprach. Lippstadt und Hamm übernahmen, jener Ort 1198, dieser 1213, bei der Festsetzung ihres Stadtrechtes das Recht von Soest, beide mit dem Vorbehalt, es da zu ändern, wo es ihnen gut dünke und Besseres an seine Stelle gesetzt werden könne.[393] Dieselbe Bedeutung des Soester Rechts bezeugt sich an den Stellen, wo es im Norden wirksam erscheint. Hier verschaffte es sich Geltung gerade an den beiden Orten, auf deren Bestand und Fortschritt die Entwicklung des norddeutschen Handels in Zukunft beruhte, in Lübeck und Hamburg. Die Rechte, welche Heinrich der Löwe dem von ihm neugegründeten Marktort Lübeck gewährt und schriftlich zugesichert hatte, beruhten auf dem Soester Recht. Als die Lübecker sich 1181 nach dem Zusammenbruch der Macht des Herzogs dem Kaiser unterwarfen, erbaten sie von ihm Erhaltung und Bestätigung der ihnen vom Herzog zuge-

---

392. Seibertz n. 46; Keutgen Urk. n. 141 § 25.
393. Keutgen, Urk. n. 142 Eingang, n. 143 § 1.

standenen Freiheit ihrer Stadt und der Rechte, die sie urkundlich besaßen gemäß dem Rechte von Soest.[394] In einer ähnlichen Zusicherung von allgemeiner Fassung erscheint das Soester Recht in Hamburg. Graf Albrecht vor Orlamünde und Holstein gewährte, etwa 1216 den Hamburgern, denen er damals alte Zollrechte an verschiedenen Stellen der Umgebung Hamburgs erneuerte und das alte Recht der Weide- und Holznutzung bestätigte, schließlich noch mit kurzen Worten „im übrigen" (in reliquis) das Recht der Lübecker und Soester.[395] Auch in diesen Fällen galt das Recht von Soest als eine Norm, die in ihren Grundzügen den Wünschen und Anschauungen der Bevölkerung eines ansehnlicheren Marktortes in besonderem Maße entsprach und die daher unter dem Einfluß des Handelsverkehrs und der Zuwanderung aus Soest selbst und anderen westfälischen Orten auch in den aufstrebenden Verkehrsorten an der unteren Elbe und Trave Verbreitung und Anerkennung gefunden hatte. Das alte Recht von Soest enthielt in der Tat Bestandteile, die auch in der etwas späteren Fassung, in der wir es kennen, die besondere Rücksicht verraten, die es auf die Berufstätigkeit seiner Kaufleute außerhalb ihrer Heimat und überhaupt auf die Beteiligung seiner Einwohner am Fernverkehr nahm. Es hielt alte Anschauungen und Gewohnheiten, die mit dem Verkehrsleben zusammenhingen, fest und stellte Sätze auf, die in der Zeit, da der auswärtige Handel der Marktbewohner in die Ferne häufiger und regelmäßiger wurde, für das Verhalten derselben außerhalb der Heimat eine Richtschnur boten. Das lag zum Teil in der Entwicklung des Verkehrs im Lande selbst, im lokalen und interlokalen Verkehr begründet. Die alten westfälischen Stadtrechte enthalten häufiger als andere Stadtrechte Bestimmungen zur Erleichterung des Marktverkehrs. Das Recht von Soest berücksichtigte aber

---

394. Arnold v. Lübeck, Chron. Slav. 1, 21.
395. Lappenberg, Hamb. UB. 1 n. 401; HUB. 1 n. 133.

besonders den Fernverkehr. Dabei berührte es den Punkt, der in Zukunft entscheidend wurde. Die Gemeinschaft, welche die bürgerliche Marktbewohnerschaft umfaßte, war und wurde immer mehr eine Gemeinschaft des Rechts und mannigfacher sittlicher Verpflichtungen untereinander. Es war die Frage, ob diese an innerer Kraft und Geschlossenheit wachsende Gemeinschaft sich außerhalb des Ortes und namentlich bei ihren in der Ferne beruflich wirkenden Angehörigen lösen könnte und ob also die bürgerlichen Ortsgewalten ihren Einfluß auf ihre Mitbewohner während deren Tätigkeit in der Fremde und ihre Autorität über sie verlieren könnten. Letzten Endes bedeutete das, ob der Marktort selbst und seine Leiter im Stande wären, auf den auswärtigen Handel, den seine Bewohner trieben, auch auf weitere Entfernung einen Einfluß zu üben, einen solchen zu erwerben oder einen erworbenen zu behaupten oder nicht.

Man fand verschiedene Mittel, um diesen Einfluß der heimischen Gewalten zu wahren. Wir werden sie später noch erörtern. Das Soester Recht löste die Schwierigkeit in bestimmter, den Rechtsanschauungen der Zeit und des Landes entsprechender Weise. Auch andere Stadtrechte gaben Vorschriften über das Verhalten der Bürger zur Zeit der Ausübung ihres Fernhandelsberufs. Sie kamen aber darin nicht weit. Das Freiburger Stadtrecht sieht in seinen Zusätzen wiederholt den Fall vor, daß Bürger außerhalb der Stadt in Streitigkeiten geraten. Es bestraft solchen Streit unter allen Umständen; wenn die außerhalb der Stadt streitenden Bürger als Freunde die Stadt verlassen hatten, verfielen beide dem Schultheißen in eine Strafe von 3 Schill., wenn als Feinde und wenn der Streit in Beraubung, Verletzung und Verwundung ausartete, verloren sie die Huld des Stadtherrn; spätere Umarbeitung lockerte die Strenge des alten Rechts, bestrafte nur den Täter und begnügte sich damit, dieselbe Strafe anzudrohen, die den Schuldigen getroffen hätte, wenn der Streit in der Sadt geschehen wäre.[396] Das älteste Straßburger Stadtrecht verbot den Bürgern, einen Mitbürger, der im Begriff war eine Reise anzutreten, sei es daß er das Schiff, das Pferd oder den Wagen besteigen wollte, durch eine Klage an der Abreise zu hindern. Die Klage mußte bis zur Rückkehr des Reisenden aufgeschoben werden.[397] Tiefer griff das Soester Recht das Problem an. Seine Vorschriften bekunden einen weiteren Blick. Wenn Soester Bürger, so bestimmt es, außer Landes (extra provinciam) unter sich Streit haben, sollen sie sich nicht an fremde Gerichte (extranea iudicia) wenden; entweder sollen sie unter sich den Streit beilegen oder, wenn sie genügend zahlreich sind, einen von ihren Genossen zum Richter bestellen; der soll den Streit, wenn er kann, erledigen; wenn er es nicht kann, sollen die Genossen die Entscheidung des Streits bis zur Rückkehr in die Heimat aufschieben. Wer die Vorschrift bricht, bezahlt als Buße 10 Mark und ein Fuder Wein.[398] Damit stimmt im wesentlichen das Stadtrecht Medebachs von 1165 überein. Es verbietet dem Bürger, in der Fremde (in alienis regionibus) gegen einen Mitbürger eine Klage anhängig zu machen. Wer mit einem Mitbürger Streit hat, soll ihn in Gegenwart ihrer Mitbürger gütlich und freundschaftlich zu beendigen suchen; gelingt die Beendigung des Streits mit dem Rat ihrer Mitbürger nicht, so soll die Entscheidung hinausgeschoben und in Medebach von dem Stadtgericht herbeigeführt werden. Die Strafe beträgt hier nur 10 Mark.[399] Diese Vorschriften sind wichtig. Sie bezogen sich nicht allein auf entferntere Gebiete des Reiches, sondern zweifellos auch auf das Ausland. Im Medebacher Stadtrecht wird dieses denn auch, wie sich sogleich zeigen wird, bestimmt genannt. Diese Stadtrechte zeigen zunächst, daß die Kauf-

---

396. Keutgen Urk. n. 133 §§ 15 und 24.
397. Keutgen Urk. n. 126 § 30.
398. Keutgen Urk. n. 139 § 29.
399. Keutgen Urk. n. 141 § 17.

leute desselben Orts in der Fremde vielfach gemeinsam auftraten. Sie hielten auch auf der Handelsreise die Heimatgemeinschaft aufrecht. Ferner verwarfen die Stadtrechte ausdrücklich die Anrufung fremden Gerichts gegen einen Mitbürger. Damit verkündeten sie grundsätzlich die Gültigkeit nur des eigenen Rechts im fremden Lande, einen besonderen Rechtskreis, dem die eigenen Bürger angehörten. Damit war Vorsorge getroffen für die Erhaltung der eigenen Art in der Fremde, für den engsten Zusammenhalt der Mitbürger, für gemeinschaftliches Handeln und sicheres Auftreten in der Fremde. Die Vorschrift über die Erwählung des Richters im Soester Recht zeigt schon, worauf die Entwicklung vermutlich hinaus wollte. Sie war der Keim genossenschaftlicher Organisation in der Fremde. Der Grund dafür, daß das Medebacher Recht nicht von dem Richter spricht, liegt in den Worten des Soester Rechts angedeutet, welche die Bestellung des Richters bei ausreichender Zahl anwesender Mitbürger anordnen. Die Zahl der im Ausland tätigen Bürger des kleinen Ortes Medebach war gering, die Aufstellung eines Richters aus den Genossen daher in der Regel nicht möglich oder unratsam. Für die Soester, die zahlreicher in das Ausland kamen, ließ sich eine solche Vorschrift eher durchführen. Sie bedeutet auch nicht, daß den Soestern in der Fremde im gegebenen Fall die Entscheidung darüber, ob ihre Zahl zur Wahl des Richters ausreicht, überlassen bleiben sollte, sondern sie verpflichtete sie zur Wahl des Richters, wenn sie in ausreichender Anzahl anwesend waren. Eine bestimmte Zahl nennt sie nicht, aber über die angemessene Zahl, die nicht eine einzige allein gültige gewesen zu sein braucht, waren die Bürger und Kaufleute sicher nicht im Zweifel. War es den Soestern möglich, in einer Zahl im Auslande aufzutreten, die ihnen die Aufstellung des Richters, wenn auch zunächst nur für einzelne Rechtsstreitfälle, ermöglicht, so folgt daraus schon ihre Ueberlegenheit auch im Auslande gegenüber denen, die dazu nicht in der Lage waren, wie die

Bewohner kleinerer Orte. Die Vorteile, die sich daraus für das Auftreten der Soester, also der Kaufleute aus größeren Handelsorten, im Auslande ergaben, mußten sich geltend machen. Dem größeren Ort und seinen Kaufleuten in der Fremde fiel von selbst eine gewisse Ueberlegenheit und daher die Führung zu. Medebach übernahm ja auch sein Recht von Soest. Die Abhängigkeit des Medebacher Rechts von dem Soester liegt auch in der hier besprochenen Vorschrift über das Verhalten der Bürger bei Streitigkeiten in der Fremde auf der Hand. Die Bestimmungen der beiden Stadtrechte hierüber zeigen zugleich, daß die Heimatorte ihre Bürger und Kaufleute auch während ihrer Tätigkeit im Auslande nicht aus der Hand ließen. Der Bürger nahm sein Stadtrecht mit sich fort in die Ferne und Fremde und verpflanzte es dorthin, solange und soweit er unter seinen Mitbürgern verweilte oder mit ihnen in Beziehungen blieb. Die Heimat selbst hielt ihn auch in der Ferne streng in seinem Bürgerverbande fest und behielt dadurch auch ihren Einfluß auf seine Tätigkeit im Auslande und übte durch diese Verbindung naturgemäß, wenn sie wollte und soweit sie konnte, auch einen Einfluß auf das Ausland selbst aus, wenn natürlich auch nur durch die Verbindung, die sie mit ihren Kaufleuten und deren Tun und Treiben dauernd festhielten. In diesen Vorschriften tritt schon zutage, was das Soester Recht als ein Recht erscheinen ließ, das in gewissen Grundzügen für manche Orte passend schien, deren Verkehr ebenfalls nach dem Auslande gerichtet war und sich unter ähnlichen Rechtsanschauungen entwickelte. Dazu kamen noch andere Bestimmungen, die in dieselbe Richtung liefen. Das Soester Recht setzte fest: wenn ein Bürger einem Mitbürger sein Gut anvertraut, um damit Handel zu treiben, soll es vor geeigneten Zeugen geschehen, damit, wenn jener das Darlehen leugnen will, er überführt werden kann. Daß die Vorschrift sich vor allem auf den Handel im Auslande bezog, lehrt das Medebacher Recht von 1165. Es verordnet, daß ein Bürger, der einem Mitbürger Geld übergibt, damit derselbe damit in Dänemark oder Rußland oder in einer anderen Gegend zum Nutzen beider Handel treibe, soll dabei vertrauenswürdige Mitbürger zuziehen, damit sie es sehen und Zeugen der Sache sind. Wenn später der Empfänger des Geldes sich betrügerisch verhält und durch Falscheid obsiegen will, soll vielmehr der Darleiher durch das Zeugnis der damals Anwesenden mit größerem Recht über den Gegner obsiegen.[400] Das Medebacher Recht, das auch noch den Zeugen, falls sie aus irgend einem Grunde die Wahrheit verleugnen wollten, einen Eid auferlegte, lehrt zunächst, daß schon damals unter Mitbürgern Handelsgesellschaften vorkamen, und hielt sie für wichtig und häufig genug, um ihren Abschluß und ihre Gültigkeit durch besondere Rechtsformen zu sichern. War dies in dem kleinen Ort Medebach notwendig, so trat derselbe Fall in größeren Verkehrsorten wie Soest gewiß noch viel häufiger ein. Die Gewohnheiten und das Recht von Soest konnten auch in dieser Hinsicht ein Vorbild sein für andere Orte mit Auslandsverkehr. Außerdem bezeichnet das Medebacher Recht deutlich die Richtung des Fernverkehrs aus dieser Gegend Westfalens: nach Dänemark und Rußland. Der Ostseeverkehr lockte die Kaufleute aus diesen Orten an. Die beiden Länder, in die er sich erstreckte, waren noch Dänemark und bereits Rußland. Jedenfalls übten diese beiden die größte Anziehungskraft aus. Obwohl damals bereits Lübeck nach seiner zweiten Gründung durch Heinrich den Löwen rasch aufblühte und Heinrich sich in jenen Jahren eifrig um den Handel der Fremden, namentlich der Gotländer, in Lübeck und der deutschen Kaufleute in Gotland bemühte, nennt das Medebacher Stadtrecht noch Dänemark neben Rußland als ein Hauptziel der Handelsreisen der Medebacher Kaufleute. Dabei wird es, neben vielleicht vorhandenen Beziehungen der Medebacher zur dänischen Heringsfischerei oder

---

400. Keutgen n. 139 § 30; n. 141 § 15.

zu einem dänischen Verkehrsort, vor allem noch den Verkehr mit Schleswig und über Schleswig in die Ostsee im Auge gehabt haben. Darauf deutet auch die spätere Ueberlieferung Soests, während dessen ältere Ueberlieferung die Auslandsgebiete, nach denen der Fremdhandel seiner Kaufleute sich richtete, nicht ausdrücklich nennt. Seit dem Ende des 13. Jahrhunderts liegen aus Soest Nachrichten vor über eine Brüderschaft der sogenannten Schleswiger in Soest, die sich in angesehener Stellung befand und deren Angehörige sich mit Weinhandel befaßten.[401] Sie kann ihren Namen kaum einem anderen Umstande als dem Verkehr der Soester mit Schleswig in früherer Zeit verdanken. Diese Zeit muß weit zurückliegen. Der Name führt in eine Periode, in der Schleswig noch nicht durch Lübeck in den Hintergrund gedrängt, sondern noch, wie vor Alters, der wichtigste Ostseehafen für die deutschen Kaufleute war, die am Ostseehandel teilnahmen. Auch diese Erwägung leitet zurück in die erste Hälfte des 12. Jahrhunderts und in die Jahrzehnte um die Mitte desselben, in die Zeit der Abfassung des Medebacher Stadtrechts. Bis dahin lag der wichtigste Ausgangspunkt für den binnendeutschen Ostseehandel in Dänemark. Immerhin tritt in den dürftigen und zerstreuten Quellen der früheren Zeit die Bedeutung Soests und des Soester Handels unverkennbar hervor.

Am wenigsten ist über die ältere Handelsentwicklung des dritten der größeren Verkehrsorte Westfalens, über Münster, bekannt. Der Ort verdankte wohl sein Wachstum im 12. Jahrhundert besonders der Lage an dem Verkehrszuge, der von Köln und den rheinabwärts gelegenen Handelsorten in das nördliche Westfalen eindrang und sich in Münster gabelte, indem er von dort entweder in nordöstlicher Richtung über Osnabrück nach Bremen oder direkt östlich über Bielefeld und Herford zur mittleren Weser führte. Eine Urkunde von 1184 nennt unter anderen Ge-

---

401. Ilgen in Chron. d. deutschen Städte 24 S. CXVII ff.

werbetreibenden in Münster auch Kürschner und einen Kaufmann.[402] Das Stadtrecht Münsters, welches um das Jahr 1221 an Bielefeld mitgeteilt wurde, berücksichtigt auch den Verkehr in mehreren Einzelzügen. Es gewährte dem Marktbesucher, der von einem Bürger wegen Schulden belangt wurde, eine Frist von vierzehn Tagen, wenn er einen Einwohner als Bürgen stellen konnte, und ebenso einem Bürger, den ein Marktbesucher wegen Schulden beklagte, doch in diesem Fall ohne Bürgschaft. Kein Bürger durfte seinen Mitbürger am Markttage vor Gericht ziehen. Es behandelte den Fall, daß ein Fremder einem Münsterer Bürger Geld dargeliehen hatte.[403] Am Ostseehandel war es frühzeitig stark beteiligt. Auch die Münsterer Kaufleute trieben nach Rußland Handel. Wir werden sehen, welche Stellung sie dort schon am Ende unseres Zeitraumes gewonnen hatten. Die Vorteile, welche die Stadtrechte von Lippstadt (1198) und Hamm (1213) den Besuchern ihrer Wochen- und Jahrmärkte gewährten, lernten wir schon kennen. Die Saline zu Werl tritt zuerst am Ausgang des 12. Jahrhunderts (1196) hervor; das Salzhaus dort wird schon 1203 erwähnt.[404] Das Kloster Liesborn bei Lippstadt bezog Wein und anderes Gut vom Rhein. Erzbischof Philipp von Köln verlieh ihm (1186) Zollfreiheit dafür in Neuß und nahm den Transport des Klostergutes in seinem Lande unter Geleit und Schutz.[405] Ueber den Verkehr Osnabrücks fehlen Nachrichten fast ganz.[406] In Wiedenbrück, einer alten Marktgründung, wird 1201 ein Kaufmann als Bürger genannt.[407] Den Landesverkehr bezeugen im zweiten und dritten Jahrzehnt des 13. Jahrhunderts die

---

402. Erhard, Reg. hist. Westfal. 2 n. 443.
403. Keutgen Urk. n. 144 §§ 29, 29a, 35.
404. Westfäl. UB. Additam. zu 1 u. 2 ed. Wilmans n. 82; Seibertz 1 n. 118.
405. Erhard, Reg. hist. Westfal. 2 n. 463, 521.
406. Vgl. etwa Philippi, Osnabrücker UB. 1 n. 345.
407. Westfäl. UB. 3 n. 5.

Zölle, die, im Besitz der Grafen von Ravensberg, in Bielefeld, in Vechta, in Haselünne an der Hase und in Vlotho an der Weser erhoben wurden; Graf Heinrich befreite 1218 die Wagen des Klosters Herzebrock, nordwestlich von Wiedenbrück, vom Zoll.[408] Bei der Zollstelle in Vlotho gelangte der Verkehr von Soest, Lippstadt und Hamm her über Wiedenbrück, Bielefeld und Herford an die Weser.[409] Auf der Weser und der Ems bediente sich der Verkehr der Flußschiffahrt. Die Münze in Emden und der Zoll auf der Ems befand sich, zu derselben Zeit wie die erwähnten anderen Zölle, als Reichslehen in den Händen der Ravensberger Grafen.[410] Auf der Weser bestand Schiffsverkehr zwischen Hameln und Minden. Bischof Thietmar von Minden (1185—1206) schlichtete einen Streit zwischen den Bürgern von Minden und Hameln über den Zoll beider Orte. Er entschied, daß die Mindener in Hameln keinen Zoll zu geben brauchten, die Hamelner in Minden ebenfalls nicht außer von aufwärts und abwärts fahrenden Schiffen.[411] Der Warenverkehr war mithin zollfrei, und für die Hamelner bestand in Minden nur, wahrscheinlich altherkömmlich, ein Schiffszoll. In Minden war das Martinsstift im Besitz des Marktzolles, der je acht Tage vor und nach dem Fest der Kirchweihe alljährlich überall in Minden zu Land und Wasser für das Stift erhoben wurde. Diesen Besitz machte zur Zeit des Bischofs Konrad der Zöllner Elfer dem Stift streitig, weshalb das Stift durch Zeugenbeweis sein Recht verteidigte und der Bischof ihm 1228 den rechtmäßigen Besitz des Zolles wieder zusprach. Unter den Bürgern, die dabei als Zeugen auftraten, befand sich

---

408. Westfäl. UB. 6 n. 76.
409. Wilmans. D. Kaiserurk. d. Prov. Westfalen 2 n. 262, 272; Westfäl. UB. 3 n. 198, 4 n. 91.
410. monetam in Emethen, theloneum in Emesa, Westfäl. UB. 3 n. 198, Wilmans n. 272.
411. Westfäl. UB. 6 n. 1.

auch ein Kaufmann.[412] Unterhalb Minden und oberhalb Hameln schloß sich zweifellos Schiffahrt nach Bremen und Münden an. Weseraufwärts war das Kloster Korvey mit Höxter am Verkehr beteiligt. Das Kloster, im Besitz des Marktes zu Höxter bei der Weserbrücke, setzte 1115, weil es von dem Markt keinen Nutzen hatte, den Marktzoll fest. Der Zoll wurde jährlich von den einzelnen Fleischbänken und den Verkaufsständen der Kaufleute entrichtet und betrug, wie auf allen durch Königsprivileg gegründeten Märkten, vier Pfennige vom Stand. Zur Erleichterung der Abgabe wurde den Inhabern der Stände der Verkauf und die Verpfändung derselben nach alter Gewohnheit gestattet.[413] Das Kloster beteiligte sich, wie schon früher gezeigt wurde, am Rheinhandel. Erzbischof Philipp von Köln befreite es 1181 für seinen Wein vom Zoll in Neuß. Heinrich VI. gewährte ihm 1190 Zollfreiheit in Kaiserswerth.[414] Außerdem hatte Korvey Verbindungen mit dem Osten. In Bardowiek besaß Korvey ansehnlichen Grundbesitz und Einkünfte. Bei dem erfolgreichen Feldzuge Herzog Lothars gegen die Slaven und den Fürsten von Rügen im Jahre 1114 versprachen, nach dem Bericht des Chronographen von Korvey, die Slaven dem hl. Veit von Korvey von jedem Pflug eine jährliche Abgabe von einem Fuchsfell oder zwei- oder dreimal je 10 Pfennige Bardowiekscher oder ihr entsprechender Münze.[415] Wenn die Abgabe tatsächlich entrichtet worden ist, wird das Kloster sie über Bardowiek bezogen haben. Die Schiffahrt auf der Weser oberhalb Hameln, sowie auf der Werra und der Fulda bezeugen die Zollstätten und die Befreiungen mehrerer Klöster von den Zöllen. Das Kloster Lippolds-

---

412. Westfäl. UB. 6 n. 185.
413. Erhard, Reg. hist. Westfal. 1 n. 184.
414. Erhard 2 n. 408; Knipping, Reg. 2 n. 1168; Wilmans, Kaiserurk. 2 n. 245.
415. Jaffé, Bibl. 1 S. 44; Meyer v. Knonau, Jahrb. Heinrichs IV. und Heinrichs V. 6 S. 296 f. Anm. 19.

berg an der Weser oberhalb Karlshafen verkehrte mit Münden und Creuzburg an der Werra. Der Landgraf Ludwig von Hessen wies seine Beamten dort (1182—1185) an, die Klosterleute, die in seinen Orten Lebensmittel für das Kloster einkauften und hinabführten, zoll- und abgabenfrei verkehren zu lassen. Von demselben Landgrafen erhielt das hessische Kloster Spieskappel im Kreise Ziegenhain Zollfreiheit für die von ihm erworbenen Lebensmittel und Kleidung in Kassel, Münden, Creuzburg, Eisenach, Gotha und Breitungen. Einige Jahrzehnte später erneuerten und erweiterten die Landgrafen dem Kloster Lippoldsberg die frühere Vergünstigung. Die Schiffe des Klosters, die auf der Werra und der Fulda die Güter des Klosters, Getreide, Wein und allen sonstigen Bedarf, beförderten, sollten ohne Zoll und ohne Hinderung verkehren.[416] Auch hier bildete der Klosterhandel nur eine Ergänzung des bürgerlichen Verkehrs an und zwischen jenen Orten des hessisch-thüringischen Landes. In den wichtigsten Ortschaften an der Werra, der Fulda und an ihrem Zusammenfluß bestanden Zölle. Den bürgerlichen Verkehr selbst läßt die geringe Ueberlieferung noch im Dunkeln.

Bis zur Weser reichte bereits der Einfluß Goslars. Im letzten Jahrzehnt des 11. Jahrhunderts setzte Erzbischof Liemar von Bremen eine Zahlung an einen Edlen auf dem Bremer Markt in Goslarer Pfennigen an und beurkundete der Mainzer Erzbischof die Gründung des Klosters Bursfelde an der Weser samt dessen Markt und Münzprägung nach dem Vorbild der Goslarer Münze.[417] Auf die Entwicklung des inneren und äußeren Verkehrs der Bergwerkstadt am Harz werfen schon eine Reihe von Nachrichten des 12. Jahrhunderts helleres Licht. Auch die über Gewerbe und Marktverkehr verdienen Beachtung. Urkunden aus den letzten Jahrzehnten des Jahrhunderts über

---

416. Cod. dipl. Sax. I, 2 n. 516, 551; 3 n. 403, 420.
417. Lappenberg, Hamburg. UB. 1 n. 119 (1091); Orig. Guelf. 4 praef. S. 81 (1093).

das Kloster Neuwerk in Goslar nennen die Hallen zwischen der Marktlaube, dem Friedhof der Marktkirche und der Straße der „Krämer" (platea cramistarum) am Markt, welche die Verkaufsstände der Schuster, der Kaufleute (institores) und der Lederhändler enthielten; von diesen Ständen kamen jährlich sieben Mark ein.[418] Ein kleines Haus, das dem Handelsbetrieb diente, brachte 1131 nicht weniger als 8 Schillinge Zins ein; eine Krambude (taberna institoria) wird 1195 genannt.[419] Bald nach der Mitte des Jahrhunderts (1154) treten gelegentlich als bürgerliche Zeugen auf je zwei Leinweber, Goldschmiede und Schildermacher, je ein Steinmetz, Glockengießer, Blasebalgmacher, Sattler, Färber und Kaufleute.[420] Mehrere von diesen Sondergewerben deuten auf den Bergbau und den Hüttenbetrieb. Die Gewerbe waren bereits reich gegliedert.[421] Nach außen übten natürlich die stärkste Anziehungskraft die Bergwerke aus. Der äußere Verkehr nach und von Goslar läßt sich nach den beiden Richtungen, in denen er sich füglich, gemäß der Ortslage der Stadt, am leichtesten entfalten konnte, am deutlichsten verfolgen, nach Westen und Norden. Den Verkehr ausländischer Kaufleute in Goslar erwähnte schon Lampert von Hersfeld, wie wir sahen, beim Beginn der Kriege Heinrichs IV. mit den Sachsen. Goslar bildete, wie sich zeigte, im 12. Jahrhundert und schon früher, das Ziel für die Kaufleute aus den Maasorten Lüttich, Huy und Dinant, die über Köln nach Dortmund und Sachsen bis Goslar zogen und für ihr einheimisches Metallgewerbe den in Goslar geförderten Rohstoff, Kupfer und Erz, holten.[422]

---

418. Bode, UB. d. St. Goslar 1 n. 306, 320, 351; Borchers, Villa u. civitas Goslar S. 34 ff.

419. Bode 1 n. 181, 345.

420. Bode 1 n. 229. Die beiden Schildmacher (scutarii) hießen Rocelinus und Achilles!

421. Borchers S. 71.

422. Die Angabe, daß die Dinanter Kaufleute vom Markt- und

Den Kupferhandel nach Süden bezeugt eine Nachricht aus der Zeit Lothars. Der Abt Wignand, dem Bischof Otto von Bamberg für die Zeit seiner Abwesenheit auf seiner zweiten, im Frühjahr 1128 begonnenen Missionsreise nach Pommern die Bewachung Bambergs und die Fortführung des bereits begonnenen Werkes der Bedachung des Bamberger Domes und seiner Türme mit Kupferplatten anvertraut hatte, berichtete darüber dem Bischof, daß er mehr als 700 Zentner Kupfer erworben und davon 300 mit großer Schwierigkeit bis nach Schmalkalden geführt habe. Die Erwähnung des letzteren Ortes als Station auf dem Wege, den man für den Transport des Kupfers nach Bamberg benutzte, schließt jeden anderen Herkunftsort als Goslar aus.[423] Daß auch von Osten her fremde Kaufleute Goslar aufsuchten, bekundet eine Ueberlieferung aus dem letzten Jahrzehnten des 11. Jahrhunderts, die freilich viele phantasievolle Wundergeschichten zum Besten gibt. Sie erzählt von Slaven, die des Handels wegen nach Goslar gekommen waren.[424] Daß aus der Nachbarschaft Goslars, der die Metallschätze des Rammelsberges gewiß in erster Linie zugute kamen, die älteste Nachricht über den Preis des Kupfers und Erzes, die wir besitzen, vorliegt, kann nicht überraschen. Ein Bürger von Quedlinburg erwarb gegen Ende des 12. Jahrhunderts oder zu Beginn des folgenden, in den Jahren 1184 bis 1203. zum Gießen einer Glocke einen Zentner Kupfer für 3 Ferto (¾ Mark) und 6½ Zentner Erz für 6½ Mark, mithin den Zentner für eine Mark.[425] Die

---

Durchgangszoll in Goslar befreit gewesen seien, Bode 1 Einl. S. 98; Borchers S. 70, ist irrig.

423. MG. SS. XII S. 854; Jaffé, Bibl. rer. Germ. 5 S. 642. Der Abt spricht vorher davon, daß er am 22. Sept. nach Sachsen gekommen sei. Ueber die Datierung s. Bernhardi, Lothar v. Supplinburg S. 827 ff.

424. Jocundi translatio s. Servatii c. 47. MG. SS. 12 S. 109. Das Werk ist um 1088 verfaßt, Wattenbach 2 S. 176 f.

425. Janicke, UB. d. St. Quedlinburg n. 18.

Angabe ist um so wertvoller, als der Preis von dem am Erzeugungsort üblichen noch nicht erheblich verschieden gewesen sein kann. Die Eroberung Goslars durch die Truppen Ottos IV. im Juni 1206 und die damit verbundene Plünderung des Orts trafen auch den Handel der Fremden schwer. Viele Wagen aus verschiedenen fremden Orten wurden von den Plünderern weggenommen; acht Tage lang dauerte die Abfuhr der Beute. Darunter befand sich eine solche Menge Pfeffer und Gewürze, daß man sie, wie es heißt, mit Scheffeln und in sehr große Haufen teilte.[426] Die Uebertreibung liegt mehr im Ausdruck als in der Sache. Der starke Verbrauch von Gewürzen bei der Zubereitung der Speisen entsprach dem Geschmack der Zeit.[427] Der Abt Arnold von Lübeck, der wenige Jahre später seinen Bericht über diese Ereignisse niederschrieb, konnte sich leicht über den Hergang unterrichten. Pfeffer und Gewürze wurden in großen Mengen nach Goslar eingeführt und fielen damals den Siegern zur Beute. Von dem Umfang des Kupferhandels gibt die erwähnte Nachricht aus Bamberg eine Vorstellung.

Der Handelsverkehr der Goslarer Kaufleute selbst verlief, wenigstens zum Teil, in nördlicher Richtung nach der unteren Elbe. Das zeigt ihr Streit mit Herzog Bernhard von Sachsen über den Zoll zu Artlenburg am Uebergang über die Elbe unterhalb Lauenburg in den letzten Jahren der Regierung Friedrichs I. Da die Goslarer seit den salischen Kaisern, wie früher gezeigt wurde, Zollfreiheit im ganzen Reich außer in Köln, Tiel und Bardowiek genossen und diese Zollfreiheit von der Reichsregierung durchaus auch in Privilegien für andere Orte,[428] anerkannt wurde, hatten ihre beim Kaiser erhobenen dringenden Beschwerden über den herzoglichen Zoll in Artlenburg

---

426. Arnold, Chron. Slav. VI c. 7, auch bei Bode UB. 1 n. 367.
427. Heyne, Deutsche Hausaltertümer 2 S. 331.
428. z. B. in dem Privileg Lothars für Quedlinburg von 1134, Bode 1 n. 186.

Erfolg. Der Herzog mußte auf seine Erhebung von den Goslarer Kaufleuten 1188 verzichten und versprechen, daß hinfort in Artlenburg kein Zoll oder sonstige ungerechte Gebühr von den Goslarern erhoben würde.[429] Der Zoll in Bardowiek war für das Reich längst belanglos, seit der Zertrümmerung des alten sächsischen Herzogtums — im nächsten Jahre wurde der Ort zerstört — auch für den großen Durchgangsverkehr gleichgültig geworden. Um so entschiedener bestanden die Goslarer auf ihren Vorteil, den ihnen der Wortlaut ihrer Privilegien gewährte. Der Uebergang über die Elbe bei Artlenburg, dessen Zollstätte jetzt die alte zu Bardowiek ablöste, führte die Goslarer Kaufleute nach Holstein und Lübeck. Dort öffneten sich ihrem Handel die Ostseeländer. Die Gegenstände ihres Handels nennt die Ueberlieferung nicht ausdrücklich. Ohne Zweifel bestanden sie in Rohmetall und Metallfabrikaten, Geräten und Waffen für die kriegslustigen Bewohner der Küstenländer an der Ostsee. Aus dem Gebiet der unteren Elbe kam wahrscheinlich auch das Erz, welches die um 1177 gefälschte Urkunde des Utrechter Zolles erwähnt, nach Utrecht.[430] Sie führt in geographisch geordneter Reihenfolge Gebiete und Stämme oder Völker auf, deren Kaufleute nach Utrecht kamen und der Zollpflicht unterlagen: das Gebiet oberhalb Duisburg; das Gebiet unterhalb Duisburg; Friesen, die Salz bringen; Friesen, die vom Osterland kommen; die von Sachsen kommen; die Erz bringen; die Dänen; die Norweger. Eine Erklärung dieser Ordnung, die auch die aus Sachsen kommenden und Erz bringenden Kaufleute zu den Friesen rechnet, kann nur befremden. Der Tarif hat die Kaufleute im Auge, die aus dem Gebiet Sachsens kamen. Denn daß sächsische Kaufleute in Utrecht damals nicht verkehrt hätten, liegt außerhalb jeder Wahrscheinlichkeit. Unverkennbar beweist jedenfalls die

---

429. Bode 1 n. 323.
430. HUB. I n. 8.

Stellung derer, die Erz brachten, im Zusammenhang der Anordnung des Tarifs auch das Gebiet ihrer Herkunft. Es war Sachsen, weil Dänemark nicht in Frage kam, wahrscheinlich das Gebiet an der unteren Elbe.[431] Der Zolltarif führt nur deshalb die Erzbringenden getrennt von den aus Sachsen Kommenden auf, weil im allgemeinen die aus Sachsen Kommenden Schiffszoll bezahlten und nur das von ihnen gebrachte Erz nach dem Maß, nämlich der Last, und zwar eine Viertel Mark (ein Ferto) von der Last, verzollt wurde. Der Ort der Gewinnung dieses Erzes war schwerlich ein anderer als Goslar, sei es, daß fremde Kaufleute oder Goslarer selbst, deren Handel über die untere Elbe hinaus ihr Kampf um die Zollfreiheit bei Artlenburg bezeugt, das Erz durch Sachsen zur Küste oder bis nach Utrecht führten. Kupfer und Erz der Goslarer Bergwerke gelangten demnach auf dem westlichen Landwege durch Westfalen an den Rhein, von dort weiter in die gewerbereichen Maasorte oder rheinabwärts, oder auf den nördlichen Land- oder Wasserwegen durch Ostsachsen an die Häfen der Küste und von hier weiter nach Utrecht. Das Stadtrecht Friedrichs II. von 1219, das auch die Ausfuhr

---

431. Die Interpunktion in dem Druck des Tarifs bei Höhlbaum ist die richtige. Vgl. dazu Wilkens, Hans. Geschbl. Jg. 1909 S. 130 f., 130 Anm. 2. Auch die von Baechtold S. 140 f., Anm. 446, erhobenen Einwände halten in der Hauptsache der Kritik nicht Stich. Es trifft nicht zu, daß kein Abschnitt der Zollrolle mit einem Ausdruck beginne, der dem „de Saxonia venientes" analog war. Zweifellos sind die Bezeichnungen für die Rheingebiete: oberhalb und unterhalb Duisburg, analog dem Ausdruck „von Sachsen" gebraucht. In beiden Fällen liegen für große Gebiete, und zwar für die Hauptgebiete des Utrechter Handels, die Rheinlande und Sachsen, Bezeichnungen vor, die lediglich örtlicher Art sind, während im übrigen der Tarif einige Stammes- und Volksnamen nennt: Friesen, Dänen, Norweger. Diese bildeten damals im Utrechter Handel, was man nicht hätte übersehen sollen, gegenüber dem Verkehr aus den größten und wichtigsten Gebieten die Ausnahme und eine Nebensache. Die Norweger waren sogar zollfrei. Die besondere Erwähnung der Friesen, die vom Osterland kamen, hatte wohl ihre eigenen Gründe.

von Rohkupfer erwähnt, bestätigte ausdrücklich den Goslarer Kaufleuten die allgemeine Zollfreiheit im ganzen Reiche außer an jenen drei Orten, die damals für den Aktivhandel der Goslarer,[432] kaum mehr in Betracht kamen.

Von dem Verkehr der Nachbarorte ist wenig bekannt. Den Kaufleuten Quedlinburgs erneuerte Lothar 1134 das alte Recht des freien Handelsverkehrs in allen Marktorten des Reiches und den Genuß der Zollfreiheit im ganzen Reiche gleich den Kaufleuten von Goslar und Magdeburg, ausgenommen jene drei Zollstätten.[433] Auch Halberstadts Ueberlieferung beschränkt sich hinsichtlich des äußeren Verkehrs auf die königlichen Urkunden, die ältere Vergünstigungen wiederholten. Bischof Friedrichs Privileg von 1105 förderte die Gemeindeverfassung und überwies der Gemeinde das Gericht über den Handel mit Lebensmitteln samt der Aufsicht über Maß und Gewicht. Heinrich VI. (1196) erneuerte den Halberstädtern Kaufleuten das alte, von Heinrich IV. verliehene Recht zum zollfreien Besuch aller königlichen Märkte.[434] Den Kaufleuten von Wernigerode gewährten auf ihren Wunsch die Grafen von Wernigerode 1229 das Recht von Goslar. Wer in die Gemeinschaft der Kaufleute eintreten wollte, zahlte der Gemeinde eine Mark und eine halbe Viertelmark.[435] Diese Zeugnisse erweisen zum mindesten einen landschaftlichen Verkehr der Handelsorte am Nordrande des Harzes. Sie standen unter dem Einfluß Goslars. Noch mehr überragt sie weiter östlich Magdeburg. Goslars Verkehrsbeziehungen weisen hauptsächlich in den Westen, nach dem Rhein und in den Norden, nach den Küstengebieten, Magdeburgs Verkehr richtete sich in erster Linie nach Osten. Hier erfüllte es, auch auf dem Gebiet des Verkehrs, eine große Aufgabe.

---

432. Bode 1 n. 401 §§ 32, 43.
433. Janicke, UB. d. St. Quedlinburg 1 n. 9.
434. Schmidt, UB. v. Halberstadt 1 n. 5 und 9.
435. Bode 1 n. 497.

Wie der größte Handelsplatz am Niederrhein, Köln, ward auch dem bedeutendsten Verkehrsort an der Elbe, Magdeburg, das Glück zuteil, in einer Zeit reicher Anregungen und Fortschritte auf dem Gebiete des Verkehrslebens, während der Regierung Friedrichs I., einen ausgezeichneten, gedankenreichen und schaffensfreudigen Regenten in dem Erzbischof Wichmann zu finden. Auch ihn hatte Friedrich I. selbst auf den Platz gestellt, der seinen Fähigkeiten ein fruchtbares Arbeitsfeld darbot. Der Fernhandel Magdeburgs tritt kaum hervor. Die Ueberlieferung versagt da fast ganz. Aber eindrucksvoll wirkt die Stellung des Orts in dem Verkehr der Umgegend. Er bildet den überlegenen Mittelpunkt eines Verkehrsgebietes, das von ihm abhängig war und von welchem starke Verkehrsanregungen ausgingen. Am größten ist die Wirkung des Vorortes und Vorbildes auf dem rechten Ufer der Elbe, im alten Slavenlande. Der Verkehr auf der Elbe verband Magdeburg mit den meißenschen Landen und abwärts mit Gebieten, für die Lothars und Heinrichs des Löwen tatkräftige und erfolgreiche Politik größere Sicherheit und reichere Entfaltung des Verkehrs ermöglichte und errang. Lothar hat im Jahre 1136 für den Verkehr der Magdeburger Kaufleute auf der Elbe die Zölle an mehreren Stellen ermäßigt und festgesetzt.[436] Der Verdacht der Fälschung seiner Urkunde ist unbegründet.[437] Markgraf Albrecht hatte es bei Lothar erreicht, daß den Magdeburgern ein Teil der Zölle an verschiedenen Orten, wo sie besonders drückend waren, nachgelassen wurde. Der Tarif erwähnt drei Zollstätten zwischen Magdeburg und der Mündung der Tanger: Elbey im Kreise Wolmirstedt, den heute wüsten Ort Mellingen bei Ringfurth oder Parey und Tangermünde. Die Herabsetzung dieser Zölle erfolgte demnach zum Nutzen des Verkehrs der Magdeburger mit der Altmark.

---

436. Heinemann, Cod. dipl. Anhalt. 1 n. 237; Hertel, UB. d. St. Magdeburg 1 n. 27.

Wenn ihnen und dem Markgrafen in der Urkunde ein Teil (die Hälfte) der auf die Verletzung der königlichen Anordnung gesetzten Strafe zugesprochen wurde, so lag darin eine bemerkenswerte Vergünstigung für sie. Die Zölle wurden, wie üblich, vom Schiff erhoben. Der Tarif unterscheidet mehrere Arten von Schiffen, welche die Mannigfaltigkeit des Verkehrs veranschaulichen: sehr große (maxima); mittlere (mediocris), von denen je zwei zusammengekoppelt fuhren, kleinere (minor), Kähne (navicula), sehr kleine Schiffe (minima). Beachtet man die Zollsätze, so versteht man nicht nur die Beschwerden der Magdeburger über die Höhe des Zolles, sondern es ergibt sich auch aus ihnen, daß die Schiffe Güter in erheblichem Umfang oder von ansehnlichem Wert beförderten. Denn die Zollsätze betrugen von den größten Schiffen in Elbey 3 Schill., in Mellingen 18 Den., in Tangermünde 6 Schill., von den mittleren gekoppelten in Elbey 18 Den., in Mellingen 11 Den., in Tangermünde 3 Schill., von den kleinsten Schiffen in Mellingen immer noch 2 Den., in Tangermünde 4 Den. Dieser regen Handelsschiffahrt auf der Elbe selbst entsprach der Verkehr auf dem rechtselbischen Gebiet. Hier erscheint Burg, 23 km nordöstlich von Magdeburg, ein Ort mit eigener betriebsamer Kaufmannschaft, wie ein Außenposten, gleichsam ein Ableger des Hauptortes im äußeren und neuen Siedlungs- und Verkehrsgebiet. Unter den kleineren Verkehrsorten dieses überelbischen Gebiets nahm Burg die erste Stelle ein, derart, daß es auch selbst durch sein Recht wieder als Vorbild wirkte. Die Kaufleute dieser kleinen Orte brachten die Erzeugnisse ihres Gewerbefleißes auf den Markt Magdeburgs und nährten dadurch auch den Magdeburger Handel selbst. Erzbischof Wichmann wies 1176 den Kaufleuten, die aus Burg und anderen überelbischen Orten mit Tuch und anderer Handelsware nach Magdeburg kamen, den am Markt gelegenen

---

437. Die Urkunde, gedruckt bei Heinemann, Cod. dipl. Anhalt.

Hof des Klosters Berge als Absteigequartier und Verkaufsstelle ihrer Waren zu. Einige Jahre später (1179) schenkte er den Kaufleuten von Burg zwanzig Budenplätze auf dem Jahrmarkt zu erblichem Besitz mit dem Recht „zur Verpfändung oder zum Verkauf".[438] Der erwähnte Hof erscheint dann als „Kaufhaus von Burg". Als es abgebrannt war, übernahm Burg jene Wiederherstellung und verblieb dem Erzbischof, wie die Vereinbarung von 1224 bestimmte, nur eine Abgabe von einem halben Denar von jedem in dem Kaufhause verkauften Tuch.[439] Augenscheinlich waren Tuche das wichtigste Erzeugnis der Gewerbe der kleinen Orte. Die Gewerbegesetzgebung schützte natürlich den Handel der Einheimischen gegenüber dem der Fremden. Fremde Schuster durften ihre selbstgefertigten Handwerkserzeugnisse nur mit Zustimmung aller Mitglieder der Schusterinnung auf den Magdeburger Markt bringen und dort verkaufen. Ebenso war für Einheimische und Fremde der Gewandschnitt, sei es in oder vor der Stadt, gebunden an die Mitgliedschaft der Gewandschneiderinnung und deren Zulassung.[440] Schon Wichmann vereinfachte zum Zweck schnellerer Abwicklung des Verkehrs zwischen Magdeburg und dem Umlande das Gerichtsverfahren. Sein Erlaß von 1188 bestimmte, daß Streitigkeiten zwischen Bürgern und Gästen, die vor das Gericht des Burggrafen oder Schultheißen gehörten, um Schädigungen der Parteien durch Verzögerung der Rechtsentscheidung zu verhüten, noch am Tage des Beginns des Prozeßverfahrens erledigt

---

I n .237; Hertel, UB. d. St. Magdeburg I n. 27; Stumpf RK. 2 n. 3325, ist in der kaiserlichen Kanzlei von dem Notar Ekkehard umediert worden. J. Schultze, D. Urk. Lothars III. S. 34 u. Anm. 1, S. 60 u. Anm. 4, S. 96; Bresslau, Handb. d. Urkundenlehre 1, 2. Aufl., S. 503. Die Technik der Verzollung ist unzweifelhaft die des 12. Jahrhunderts.

438. Hertel, UB. d. St. Magdeburg 1 n. 46, 49.
439. Hertel n. 82.
440. Hertel n. 55, 62, 77.

und das Urteil bei Abwesenheit der Gerichtsschöffen durch Bürger gefunden werden solle.[441] Lebendig tritt Wichmanns Fürsorge für die Belebung des Verkehrs in seinem Lande bei seinen Kolonisationsbestrebungen hervor. In der Rechtserteilung an die flandrischen Ansiedler in Wusterwitz an der Havel (1159) hob er die sehr günstige Lage des Orts für die Reisenden und Händler hervor und richtete dort einen Jahrmarkt ein. Der Ort sollte dem Verkehr durch reichlichen Vorrat von Handelswaren Anregung bieten; die Ortsbewohner und die ansässigen Kaufleute erhielten das Recht zu freiem Handelbetrieb und für ihre Angelegenheiten und Geschäfte die Rechte der Magdeburger. Allen Besuchern des Orts ward auf fünf Jahre zollfreier Verkehr gewährt.[442] Mehr noch als bei dieser Neugründung beleuchten die Anordnungen Wichmanns für Jüterbog und dessen Umgebung vom Jahre 1174 die Bestrebungen und Ziele des Kolonisators. Sie erhoben Jüterbog zum Hauptort und Mittelpunkt des umliegenden Verkehrsgebiets, zum „Anfang und Haupt dieser Provinz", und bestimmten daher einerseits das Verhältnis Jüterbogs zum Hauptverkehrsplatz des Gesamtlandes Magdeburg, sowie seiner übrigen wichtigeren Verkehrsplätze, und andererseits zu seinem Umlande. Das Rechtsvorbild für den provinzialen Vorort konnte nur Magdeburg sein. Jüterbog erhielt das Recht Magdeburgs. Der Handelsverkehr zwischen Jüterbog und den ansehnlicheren Orten des Erzbistums ward unter dem Gesichtspunkt territorialer Zollfreiheit geregelt. Die Bürger von Magdeburg, Halle, Kalbe, Burg und Taucha genossen für ihre Handelsgeschäfte Zollfreiheit in Jüterbog, die von Jüterbog in jenen Orten. Damit schloß man den neuen Verkehrsplatz an das bestehende territoriale Verkehrsrecht an. Jüterbog selbst wurde wiederum Vorort und Rechtsvorbild für die in seiner Umgebung noch einzu-

---

441. Hertel n. 59.
442. Koetzschke n. 16.

richtenden Marktorte. Marktdörfer, die in diesem Gebiet angelegt wurden, sollten nach dem Recht Jüterbogs leben. Die Bestimmungen Wichmanns nehmen auch sonst wiederholt Bezug auf die Einwanderer, die noch in das Land kommen würden. Sie enthalten und bedeuten ein wohldurchdachtes und die Gedanken der Zeit scharf und plastisch wiederspiegelndes Programm, das über die Gegenwart hinaus wirken sollte. Sie ordneten nicht in erster Linie die Ansiedlung der neuen Bewohner und deren nächste Bedürfnisse, sondern regelten darüber hinaus von vornherein planmäßig und zusammenhängend die wichtigsten Verkehrsverhältnisse eines ganzen Gebietes in ihrer rechtlichen und wirtschaftlichen Abstufung.[443] Unter den anderen Verkehrsorten des Erzstifts trat Halle durch seine Salzgewinnung hervor. Die Abhängigkeit der Umgegend von dem Besitz der Salzquellen machte sich auch hier geltend. Das Bistum Merseburg fand sich belästigt durch den erzbischöflichen Zoll in Halle, und Wichmann befreite deshalb 1177 die Merseburger Kirche, nämlich den Bischofshof in Merseburg samt den Höfen des Bischofs und der Kanoniker, für ihren Bezug von Salz und anderen Waren vom Hallenser Zoll.[444] Die Salzgewinnung sicherte dem Verkehr Halles einen festen Grund und zugleich dem Ort einen weiten Ruf. Salz blieb daher nicht der einzige wichtige Gegenstand des Verkehrs im Ort, und es kann nicht auffallen, daß der Jahrmarkt von Halle berühmt war und überhaupt der Ort Gelegenheit bot zum Einkauf seltener und hochwertiger Waren.

Dies war es, was nicht wenig dazu beitrug, daß für den Bischof Otto von Bamberg bei seinem ersten Versuch einer Anknüpfung mit den heidnischen Pommern und bei seiner eigenen zweiten Missionsreise dorthin Halle der Ausgangspunkt dieser Unternehmungen wurde. In der Lebens-

---

443. Koetzschke n. 31.
444. Kehr, UB. d. Hochstifts Merseburg I n. 117.

beschreibung Ottos, die Herbord, der Michelsberger Mönch, zwanzig Jahre nach Ottos Tode († 1139) auf Grund guter Ueberlieferung verfaßte, tritt die Bedeutung des Hallenser Marktes anschaulich zu Tage. Auf dem Jahrmarkt zu Halle kaufte, gemäß der Anweisung des Bischofs, dessen Verwalter zur Mitnahme nach Pommern wertvolle Tuche und andere kostbare Waren. Namentlich von Tuchen sollte er dort die besten und farbenschönsten Arten, deren Namen nicht unerwähnt bleiben (fustani et purpurae, prunati, friscalii), erwerben. Auf dem Hallenser Markt gab es für solche Ware bequeme Kaufgelegenheit. Von den beiden Missionsfahrten nach Pommern, die Otto persönlich unternahm, ging die zweite (1128) von Halle selbst aus. Dort wurden die Schiffe beladen, die den Bischof und seinen Begleiter die Saale und Elbe hinab über Magdeburg und weiter auf der Havel bis Havelberg brachten. Die Ladung der Schiffe bestand aus Lebensmitteln, wertvollen Geweben und Tuchen (purpura et bisso et pannis preciosis) samt verschiedenen anderen Waren, darunter auch Salz in größerer Menge. Alles war in Halle gekauft.[445] Nicht nur der erste Versuch des Verwalters, sondern auch die zweite Reise des Bischofs trugen in den erwähnten und in gewissen anderen Merkmalen die Züge von Handelsfahrten großen Stils an sich. Die Beschreibungen machen daraus auch kein Hehl. Die gelegentlich mitgenommenen Waren dienten zum Teil als Geschenke und zum Verkauf. Die Lebendigkeit und Natürlichkeit der Schilderung dieser Unternehmungen, die deutlich sich trotz des religiösen Haupt- und Endzwecks, um Erfolg zu haben, der Mittel bedienen mußten, die der Handelsverkehr mit den slavischen Gebieten bereits ausgebildet hatte, vermögen den Mangel an unmittelbaren Nachrichten über den Handel der an der Ostgrenze liegenden Handelsorte mit den Slavenländern nicht auszu-

---

445. Besonders Herbordi vita Ottonis I c. 36, III c. 1; Ebonis vita Ott. c. 4, Jaffé, Bibl. rer. Germ. 5 S. 656 f.

gleichen. Sie bekunden aber zugleich deutlich das Bestehen dieser Verkehrsverbindungen. An diesen Orten, unter denen gewiß nicht nur Halle in Betracht kam, wußte man Bescheid über die Verkehrsverhältnisse jener Gebiete, über die Mittel und Wege, die der Handel dort zu beachten hatte, über die Gegenstände des Handels, die den Bedürfnissen und Wünschen der slavischen Bevölkerung entsprachen.

Auch für die meisten anderen Verkehrsorte in der Nachbarschaft der Ostgrenze fehlen Nachrichten über ihren Außenhandel und läßt sich das Vorhandensein und das Wachsen des Verkehrs nur im Innern dieser Orte an einzelnen Anzeichen beobachten. Wir erwähnten schon, daß Merseburg in Verkehr mit Halle stand und gegen Ende der Regierungszeit Friedrichs I. seinen Markt erheblich erheblich erweiterte.[446] In Erfurt erscheint nach der Mitte des 12. Jahrhunderts die Brücke, an der mehrere Schenken lagen, die später sog. Krämerbrücke, als eine Hauptstätte des Handelsverkehrs.[447] Um dieselbe Zeit werden in Hildesheim zuerst die Schenken am Markt genannt.[448] Ein in Hildesheim am Schluß des Jahrhunderts schreibender Verfasser von Stilübungen macht auf einen angeblichen Handelsverkehr zwischen Köln und Hildesheim in dem Briefwechsel eines Hildesheimer mit einem Kölner Kaufmann zum Gegenstand seiner Versuche.[449] Sie beweisen freilich nur den damals unbestreitbaren Vorrang des Kölner Handels in Norddeutschland. In den ersten Jahrzehnten des 13. Jahrhunderts treten dann wiederholt in den Urkunden Hildesheimer Kaufleute und Münzer (mercatores, institores, monetarii) auf. Bei der Gründung der Neustadt

---

446. Kehr, UB. d. Hochstifts Merseburg I n. 132 (1188).
447. Beyer, UB. d. St. Erfurt I n. 38 (1156): 2 tabernae super pontem rerum venalium.
448. Doebner, UB. d. St. Hildesheim I n. 29.
449. Zeitschrift d. hist. Ver. f. Niedersachsen 1896 S. 92 f. n. 9 und 10.

Hildesheim im Jahre 1229 wurde zugleich mit dem Wochenmarkt ein Jahrmarkt verliehen, deren Besuchern König Heinrich seinen Schutz versprach.[450] Auf die Verkehrsverhältnisse der Altmark und ihrer näheren überelbischen Nachbarschaft fällt bei der Gründung Stendals nach 1150 einiges Licht. Der neue Marktort erhielt das Recht Magdeburgs. Der Markgraf gewährte den Einwohnern der Neugründung Zollfreiheit in den wichtigeren Verkehrsorten seines Gebiets beiderseits der Elbe: Salzwedel, Osterburg, Arneburg, Werben, Tangermünde, Havelberg und Brandenburg sowie in allen zugehörigen Orten. An diesem Ort bestanden demnach wahrscheinlich bereits Zölle. Auch hier wirkte schon der territoriale Gedanke in der Zollbehandlung. Außerdem genossen während der ersten fünf Jahre seit Bestehen der Neugründung alle Besucher derselben, die mit ihren Waren kamen, Zollfreiheit.[451] Die Verwandtschaft der Grundzüge dieser und der Magdeburger Gründungen ist leicht zu erkennen. Im Lande des Markgrafen gab es demnach bereits um die Mitte des 12. Jahrhunderts eine größere Zahl von Verkehrsorten. Im Handel der Mark erscheinen bald darauf Fische und Salz als Gegenstände des Verkehrs. Markgraf Otto gewährte 1170 den Bürgern von Brandenburg zollfreien Handelsverkehr in seinem ganzen Lande, zollfrei auch für Heringe, Störe, Murenen und Lachse, unter Vorbehalt des Zolles von anderen Fischen.[452] Etwas später (1179) verlautet, daß das Brandenburger Domkapitel jährlich auf 59 große Scheffel Salz vom Brandenburger Zoll Anspruch hatte.[453]

---

450. Doebner n. 72, 96; Janicke, UB. d. Hochstifts Hildesheim I 719.
451. Cod. dipl. Anhalt. I n. 370; zum Datum s. Krabbo, Reg. d. Markgrafen v. Brandenburg n. 386.
452. Riedel, Cod. dipl. Brand. I 9 S. 2 n. 1; Heinemann, Cod. dipl. Anhalt. I n. 576.
453. Heinemann, Cod. dipl. Anhalt. I n. 576; Krabbo Reg. n. 430. Die Annahme, daß allecibus durch das übergeschriebene sturiones

In Uelzen werden 1142 Zoll und Brücke erwähnt.[454] Weiter nördlich besaß von den beiden anderen ebenfalls an der Ilmenau gelegenen Verkehrsorten Lüneburg und Bardowiek im zwölften Jahrhundert der letztgenannte Ort noch die größere Anziehungskraft für den Handel. Die Bedeutung Bardowieks für den Handelsverkehr namentlich Ostsachsens war bis über die Mitte des 12. Jahrhunderts nicht gering, darf aber nicht überschätzt werden. Die geringfügige und zerstreute Ueberlieferung, vielleicht mit verursacht durch die Zerstörung des Ortes, läßt kein sicheres Urteil zu, übertriebene Vorstellungen von der vermeintlichen ehemaligen Handelsgröße des Ortes sind aber jedenfalls nicht am Platze. Die Geschichtschreiber des 11. und 12. Jahrhunderts erwähnen den Ort, ohne ihn, wie andere im Verkehr bekannte Orte der näheren und weiteren Umgegend, wie z. B. das dichtbenachbarte Lüneburg[455] durch ein schmückendes Beiwort auszuzeichnen. Bardowieks Wertstellung im Verkehr knüpfte sich an den Besitz seines Marktes mit Zoll und Münze sowie an den Umstand, daß es als letzte Markt- und Zollstätte vor dem wichtigen Elbübergang nach Transalbingien lag. Der Verkehr von Wagrien und Polabien, der an dieser Stelle die Elbe querte und in das diesseitige Sachsen eindrang, oder den umgekehrten Weg nahm, um etwa noch weiter die Ostsee zu befahren, konnte den Ort nicht umgehen. Der Zoll zu Bardowiek war kaiserlich. Er erscheint nicht nur in den schon erwähnten älteren und jüngeren Privilegien der Kaiser, durch welche die Magdeburger, Goslarer und Quedlinburger vom Zoll zu Bardowiek befreit wurden, sondern auch in anderen kaiserlichen Verfügungen. Lothar bestätigte 1134 dem Michaeliskloster in Lüneburg die alte

---

getilgt werden soll, scheint mir nicht notwendig. Vielleicht beabsichtigte man, nur die eigentliche Handelsware zollfrei zu lassen.

454. Lappenberg, Hamb. UB. I n. 167.

455. Lampert v. Hersfeld S. 160: Liuneburg oppidum maximum Ottonis ducis Saxonici.

Schenkung des zehnten Teils des ganzen kaiserlichen Bardowieker Marktzolles — die Einkünfte sowohl aus der Münze als auch aus anderen Nutzungen — und Friedrich I. erneuerte 1170 diese Schenkung, indem er sie um die Hälfte, auf den fünften Teil, erhöhte. Das weist vielleicht auf eine starke, aus der sogleich zu erörternden ungünstigen Entwicklung des Marktverkehrs leicht erklärlichen Verminderung der Zolleinnahmen hin.[456] Von dem kommunalen Eigenleben des Ortes ist fast nichts Bemerkenswertes überliefert. Mehrere Klöster der weiteren Umgebung erfreuten sich in der ersten Hälfte des Jahrhunderts und auch später nicht unbedeutender Besitzungen und Einkünfte in Bardowiek. Kloster Rastede nördlich von Oldenburg besaß dort 30 Hofstätten, dazu den Zoll von der Brücke und den Weiden; Kloster Schöningen im Bistum Halberstadt bezog aus mehreren Höfen zu Bardowiek 4 Schillinge; Kloster Kemnade an der Weser verfügte vor der Mitte des 12. Jahrhunderts dort über Einkünfte im Betrage von 7 Mark.[457] Die sichtbaren Ueberreste des alten Ortes, die heute vorhanden sind, lassen durchaus nicht auf ungewöhnlichen Umfang oder Reichtum des Ortes in jener Zeit schließen. Gleichwohl besaß Bardowiek eine nicht geringe Bedeutung im Verkehr. Für den aktiven Fernhandel der Bardowieker liegen zwar sichere Beweise nicht vor, doch kann eine Nachricht Helmolds ohne Zwang auf eine solche Tätigkeit der Kaufleute dieses Ortes in der Ostsee gedeutet werden. Helmold erzählt in seiner Beschreibung des Kultus des Swantewit auf Rügen, die er zum Jahre 1168 einflicht, daß vor wenigen Jahren in Rügen eine große Menge christlicher Kaufleute wegen des im November stattfindenden Heringsfanges zusammen gekommen war, denen unter der Voraus-

---

456. Boehmer, Acta imp. sel. I n. 81, 131; Stumpf RK. 2, n. 3296, 4116.

457. Lappenberg, Hamb. UB. I n. 138 (1124); Falke, Cod. Trad. Corbeiens. S. 764, 770 (1137 u. 1180); Jaffé, Bibl. rer. Germ. I S. 156 (1146—1148).

setzung, daß sie dem Landesgott die schuldigen Leistungen entrichteten, freier Zugang gewährt war. Unter ihnen befand sich auch ein Geistlicher Gotschalk von Bardowiek, der eingeladen war, um unter den in so großer Zahl anwesenden Kaufleuten die gottesdienstlichen Handlungen zu verrichten. Auf Anstiften des Richters des Swantewit forderten die Rugianer die Auslieferung jenes Geistlichen, um ihn dem Gott zu opfern. Das verweigerten die christlichen Kaufleute, die alsdann in der Nacht, da am nächsten Tage offener Kampf drohte, samt den bereits gefangenen Heringen und ihrem Geistlichen, mit günstigem Winde von dannen segelten.[458] Die Erzählung betont selbst, daß der Priester Gotschalk von Bardowiek sich nicht zufällig in der Schar der Kaufleute, die Rügen besuchten, befand, sondern nach Aufforderung zur Ausübung priesterlicher Funktionen mitgezogen war. Dies Verfahren hat nichts Auffälliges; wir lernen es auch später im Verkehr der Deutschen mit Nowgorod kennen; es war gewiß auch nichts Neues. Aber diese Tatsache in Verbindung mit dem Umstande, daß seine Kaufleute dem Heringsfange oblagen, bei dem das Salz, sicher einer der wichtigsten Handelsgegenstände des Bardowieker Marktes, ein unentbehrliches und umfangreiches Hilfsmittel bildete, läßt darauf schließen, daß zwischen den Kaufleuten und dem Ort, aus dem der Priester Gotschalk stammte, engere und persönliche Beziehungen bestanden. An jenen Unternehmungen der christlichen Kaufleute bei Rügen, mithin auch sonst am Verkehr über die Elbe und in die Gebiete der Ostsee hinein, werden sehr wahrscheinlich auch Kaufleute aus dem Marktort Bardowiek selbst beteiligt gewesen sein. Auch landeinwärts reichten die Verkehrsbeziehungen Bardowieks ziemlich weit, namentlich in der Richtung, welche die erwähnten kaiserlichen Zollbefreiungen für einzelne ostsächsische Städte schon andeuteten. Das um 1150 niedergeschriebene Heberegister

---

458. Helmold II c. 108 S. 213.

des Klosters S. Liudger bei Helmstedt verzeichnet unter den Fronden der Hofhörigen eine Reise, welche vier Männer einmal im Jahr mit Getreide (9 Malter und 1 Scheffel) nach Bardowiek auszuführen hatten; das Getreide verkauften sie dort und kauften dafür und noch dazu für 6 Schill. in Bardowiek Fische ein, die sie in ihrem Wagen wieder nach Helmstedt zurückführten; wenn sie die Fahrt nach Bardowiek nicht ausführen konnten, sollte sie das Kloster dafür entschädigen.[459] Auch von dem in der Nachbarschaft Helmstedts gelegenen Kloster Gröningen nordöstlich von Halberstadt fanden damals regelmäßige Fahrten nach Bardowiek zu Einkaufszwecken statt; vier Hörige der Probstei reisten jährlich nach Korvey oder Bardowiek, um Fische einzukaufen, oder mußten statt der Reise Geld bezahlen. Diese Verpflichtungen, die in den ersten Jahrzehnten des 12. Jahrhunderts zur Zeit des Abts Erckenbert (1106—1128) bestanden, lebten noch um die Wende des Jahrhunderts in der Ferne fort, daß, soweit Reisen nach größeren Verkehrsorten in Betracht kamen, ebensoviele nach Goslar und eine nach Bardowiek auszuführen waren. In beiden Fällen handelte es sich um den Einkauf von Fischen in Bardowiek für den Klosterbedarf. In Anbetracht der weiten Entfernung des Reiseziels kann man annehmen, daß hauptsächlich Heringe eingekauft wurden.[460] Jedenfalls stellen diese Nachrichten die Bedeutung Bardowieks als eines vorteilhaften Einkaufsplatzes für Fischer außer Zweifel. Namentlich aus dem ostsächsischen Hinterlande, den nördlichen Vorlanden des Harzes,, fand ein lebhafter und regelmäßiger Verkehr nach Bardowiek statt. Den wichtigsten Einblick in die handelswirtschaftliche Stellung Bardowieks gewährt endlich das Verfahren Heinrichs des Löwen, als es ihm

---

459. Kötzschke, Die Urbare d. Abt. Werden a. d. Ruhr (Rheinische Urbare Bd. 2) S. 174; Mutke, Helmstedt i. Mittelalter (Quellen u. Forsch. z. Braunschweig. Gesch. Bd. 4) S. 41.

460. Das Helmstedter Kloster lieferte jährlich am Festtage des Klosterheiligen jedem subvillicus u. a. drei Heringe. Kötzschke a. a. O.

darauf ankam, das neugegründete deutsche Lübeck in seine Gewalt zu bringen. Da klärt sich auch das Verhältnis der beiden Nachbarorte Lüneburg und Bardowiek zueinander auf. Die handelswirtschaftlichen Folgen der Gründung Neu-Lübecks auf dem Hügel Buku durch den Grafen Adolf von Holstein im Jahre 1143 machten sich bald im Zeichen der unaufhaltsamen Fortschritte und wachsenden Sicherheit der deutschen Herrschaft in Wagrien geltend. Der neue Markt gewann sogleich die vorteilhafte Stellung eines gut gelegenen Grenzplatzes und zog daher die handeltreibende Bevölkerung des bisherigen nächstgelegenen und ansehnlichen Grenz- und Marktortes Bardowiek an sich. Die Bardowieker Kaufleute ließen ihre Heimat in Stich und wanderten nach dem neuen Marktort Lübeck aus. Zugleich gewährte die Erschließung oder bessere Ausbeutung der Salzquelle in Oldesloe der neuen Marktgründung einen willkommenen handelswirtschaftlichen Rückhalt. Darüber beklagten sich die Lüneburger, deren Salzwerk durch die Saline zu Oldesloe schwer geschädigt wurde. Begreiflicherweise sah der Herzog dieser Veränderung nicht müßig zu.[461] Er machte 1152 gegen den Grafen geltend, daß die neuen Unternehmungen sein ererbtes Eigengut, seine wohlerworbenen Rechte, nicht beeinträchtigen dürften. Die Forderung war gerechtfertigt und konnte weitgehender Zustimmung sicher sein. Wir sahen bereits, daß die schwierige Frage des Wettbewerbes alter und neuer Märkte die Zeit beschäftigte und mit welchen Mitteln man sie zu lösen suchte. Der Herzog versuchte einen Ausgleich. Er schlug dem Grafen vor, ihm die Hälfte Lübecks und der Oldesloer Sülze zu überlassen, wies freilich zugleich auf seine Absicht hin, im Falle der Weigerung des Grafen den Lübecker Handel lahm zu legen. Als der Graf ablehnte, griff der Herzog zur Gewalt. Die Mittel, über die er gebot, waren

---

461. Ich beurteile das Verhalten Heinrichs des Löwen anders als Baechtold S. 288.

rechtliche und wirtschaftliche. Er untersagte den Marktverkehr in Lübeck, die Erlaubnis zum Kauf und Verkauf, mit Ausnahme des notwendigen Lebensmittelverkehrs. Die Handelswaren ließ er von Lübeck nach Bardowiek schaffen. Außerdem wurden auf seinen Befehl die Oldesloer Salzquellen verstopft. Dieses Vorgehen, vor allem die Aufhebung des Handelsrechts auf dem Markt, verurteilte die Neugründung zum Stillstand. Nachdem dann die Bürger Neu-Lübecks eine Weile ihrer Häuser wegen in Lübeck ausgehalten hatten und, als ein Brand ihre Wohnstätten in Asche gelegt hatte, eine Neugründung durch den Herzog auf Ratzeburger Gebiet (1157/58), die Löwenstadt, sich als ein ungeeigneter Hafen erwiesen hatte, somit die Gründung einer lebensfähigen Stadt in dem für den sächsischen und allgemeinen Handel weitaus vorteilhaftesten Gebiet Wagriens gegen den Willen und die Machtmittel des Herzogs unmöglich erschien, gab der Graf dem Zwang der Lage und den Versprechungen des Herzogs nach und überließ ihm den Ort seiner früheren Gründung, die der Herzog nunmehr von den aus der Löwenstadt wieder umsiedelnden Bürgern abermals aufbauen ließ und sogleich mit ganzem Nachdruck und vollem Verständnis für die handelswirtschaftliche Bedeutung des Ortes weitsichtig zu fördern verstand.[462] Diese Hergänge rücken das Verhältnis der überelbischen Neugründung zu den älteren Handelsorten diesseits der Elbe und besonders auch die Stellung Bardowieks in helles Licht. Es kam dem Herzog offensichtlich nicht auf die Wohlfahrt und die Förderung Bardowieks an. Er durchschaute die jetzt eingetretene Veränderung der handelspolitischen Lage und konnte sogleich auf sein Ziel, die Erwerbung Lübecks, losschreiten, weil seine Machtmittel unwiderstehlich waren. Das eine gewährte ihm seine herzogliche Gewalt, die Verfügung über das Marktrecht bei

---

462. Die außerordentlich sorgfältige, sachkundige und anschauliche Erzählung Helmolds bes. l c. 76 u. 86 (Schmeidler S. 145, 168 f.)

neuen Gründungen zumal im Vorlande auf Markenboden, über die Ausübung des öffentlichen Kauf- und Verkaufsrechts, also namentlich des Fremdhandels, das andere der Besitz der Lüneburger Salzwerke.

Die Lüneburger Saline, an der in der ersten Hälfte des 12. Jahrhunderts eine Anzahl auswärtiger Klöster und Kirchen Pfannenstellen besaßen, war damals bereits ein größeres Werk, von dem mehrere Häuser genannt werden, jedes mit mindestens drei Pfannen.[463] Die Beschwerde über den Wettbewerb der neuen Saline in Oldesloe und die Schließung derselben erweisen die bedeutsame Rolle, die dieser wirtschaftliche Faktor spielte. Der Herzog konnte den Fernhandel lähmen durch Verbot des Markthandels in Lübeck. Zugleich verfügte er durch die Lüneburger Saline über den Handelsartikel, das Salz, der besonders im überelbischen Handelsverkehr sowohl für die handelswirtschaftliche Ausnützung der Heringsfischerei als auch für die Versorgung der Ostseeländer mit dieser lebensnotwendigen Ware eine einschneidende Bedeutung hatte. Dieses Machtmittel ließ er sich nicht durch den neuen Wettbewerb der Oldesloer Saline schwächen. Dabei liegt denn auch die Abhängigkeit Bardowieks von der Lüneburger Saline auf der Hand. Wer dem überelbischen Handel das Lüneburger Salz entzog, wie es der Herzog durch das Markthandelsverbot für Lübeck tat, oder wieder zuführen lassen konnte, wie es natürlich später wieder geschah, nachdem er sein Ziel erreicht hatte, der beherrschte in wichtigen, für den Ostseehandel vielleicht ausschlaggebenden Dingen den Bardowieker Markt, wo der Handel mit Fischen, wie wir sahen, wiederholt nachweisbar ist und der mit dem Salz der benachbarten Saline Lüneburg keinem Zweifel unterliegen kann. Bardowieks Schicksal war damit schon besiegelt.

---

463. UB. d. St. Lüneburg I n. 13; Zenker, Zur volkswirtschaftl. Bedeutung der Lüneburger Saline für die Zeit von 950—1370 (Forsch. z. Gesch. Niedersachsens I Heft 2) S. 4.

Allzu nahe an Lüneburg und abgelöst in seiner alten Funktion als Grenzmarktort durch das viel weiter und vorteilhafter gegen die Ostsee vorgelagerte Lübeck, dem der Herzog jetzt seine volle Gunst zuwandte, verlor es seine selbständige Bedeutung als Verkehrsplatz. Die spätere Zerstörung durch Heinrich nach seiner Rückkehr aus der Verbannung traf einen Ort, der keine reichere Entfaltung mehr hoffen konnte. Der Handelsverkehr des Binnenlandes nach und über Bardowiek läßt sich, wie wir sahen, aus dem Gebiete nördlich vom Harz, und zwar aus mehreren Oertlichkeiten desselben wahrnehmen. Dieser Handel wählte wahrscheinlich nicht nur teilweise, sondern durchweg den Landweg. Daß er den Schiffahrtsweg die Elbe abwärts benutzte, ist nicht bekannt und auch nicht anzunehmen. Die erwähnten Klöster, die doch Magdeburg so viel näher lagen als Bardowiek, zogen die Landreise vor. Der bürgerliche Handel aus ihrer Gegend wird sich nicht anders verhalten haben. Auch die geographische Lage Bardowieks selbst spricht schließlich zu Gunsten dieser Annahme. Ob weiter westlich auch der nach Dänemark und Rußland gerichtete Handel der westfälischen Handelsorte, von denen, wie oben gezeigt, Soest und Medebach in der Ueberlieferung namhaft werden, sich des Landweges von der Weser her über Bardowiek nach ihrem ausländischen Reiseziel bediente, entzieht sich unserer unmittelbaren Kenntnis. Ueber die Benutzung des Wasserweges der Weser über Bremen und sodann längs der Nordseeküste durch den westfälischen Handel liegt so wenig eine direkte Nachricht vor, wie über eine Landreise der Westfalen etwa von Korvey-Höxter nach Bardowiek. Bestimmte Anhaltspunkte zur Entscheidung für die eine oder andere Möglichkeit gibt die Ueberlieferung nicht an die Hand. Der Annahme, daß der westfälische Handel, der bei Helmarshausen, Herstelle oder Vlotho die Weser erreichte, beide Wege, die Weser und den Landweg benutzte, steht nichts im Wege. Wir sahen, daß der Handel ostsächsischer Orte nach Bardowiek den zu Lande verfolgte. Daß er von Korvey oder Minden aus auch zu Lande über Bardowiek die Landesgrenze zu erreichen strebte, läßt sich um so weniger mit Grund leugnen, als die geographischen Bedingungen da nicht wesentlich verschieden waren von denen jener ostsächsischer Orte, und Korvey wegen seiner Besitzungen in Bardowiek mit diesem Verkehrsplatz in ähnlicher Verbindung gestanden haben wird wie die etwas weiter östlich liegenden Klöster.[464]

Die bedeutungsvolle Veränderung der handelspolitischen Gesamtlage an der nordöstlichen Reichsgrenze, die sich in dem Wettkampf zwischen Lübeck und Bardowiek bekundete und zu Gunsten des neugegründeten Lübeck gestaltete, führt bereits hinein in die zukunftsreichen Beziehungen Norddeutschlands zum Auslande. Ihrer Entfaltung und ihren Fortschritten haben wir jetzt nachzugehen. Wir fassen nun die Entwicklung des norddeutschen Handels in den Gebieten an der Nordsee und Ostsee ins Auge.

W. Stein hat diese Aufgabe nicht mehr erledigen können. Der Tod nahm ihm die Feder aus der Hand. Nur wenige Seiten liegen noch vor, die von der Stellung der Flandrer im norddeutschen Handel berichten. Umfangreiche Sammlungen von Quellenstellen und Notizen, die sich im Nachlaß des Verewigten vorfanden, könnten dem Forscher auf diesem Gebiete noch wertvolle Dienste leisten.

Der Herausgeber.

---

464. Die Frage, welche Richtung die nach Dänemark und Rußland handeltreibenden Kaufleute Westfalens einschlugen, erörtert eingehend Kiesselbach, Zur Frage der Handelsstellung Bardowieks, Schleswigs und Stades im 12. und beginnenden 13. Jh., Zeitschr. d. hist. Vereins f. Niedersachsen 1912 S. 210 ff., der m. E. mit zu großer Bestimmtheit die Benutzung des Landweges von der Weser nach Bardowiek leugnet.

Orts- und Personenverzeichnis.

Die Namen der deutschen Landschaften und Flüsse sowie die Namen, die nur zur Bezeichnung der Lage der urkundlich genannten Orte dienen, sind nicht aufgenommen. Da die Anmerkungen aus drucktechnischen Gründen fortlaufend gezählt werden mußten, sind die des zweiten Kapitels mit A. II. aufgeführt. Infolge der riesigen Unkosten war auch hier größte Sparsamkeit nötig.

Aachen 92. 188. 190. 191. 193. 196. 198—204. 224. 269—74. 276. 277. 290. 293. 309. 311—13. 326. 329.
Aalborg 138. 147.
Aarhus 138.
Abderrahman, Kalif, 108.
Abdinghof 87.
Achdorf 320. A. II. 355.
Adalbert, Eb. v. Bremen, 84. 85. A. 80.
— Eb. v. Mainz, A. II. 56. 191. 256.
— v. Prag 107.
Adaldag, Eb. v. Hamburg, 35. A. 150.
Adalward, Bischof, 145.
Adam v. Bremen A. 150. 83—85. 88. 126—29. 135. 136. A. 393. 137. A. 394. 138. 139—41. A. 410. 142. A. 411. 143—47. 322. A. II 452.
Adelhard, Abt, 61. 99.
Adelheid, Kaiserin, 75.
Aderstedt a. d. Saale 30.
Admont 233.
Adolf, Eb. v. Köln, 192, 266, 279.
— Graf v. Holstein, 173. 177. 179. 184. 366. 367.
— Graf v. d. Mark, 191.

Aelfred, König v. England, 131.
Aethelred II., König v. England, 118.
Alarich, Abt v. Reichenau, 36.
Al-Bekri, arab. Geograph, 114.
Albod, Friese, 144.
Albrecht d. Bär. 174. 354.
— Graf v. Orlamünde u. Holstein, 377.
Allensbach 12. 27. A. 89. 36. A. 191, 193. 51. 52. 56. 68. 70. 97. 100. 101. 150. 157. 173. 176.
Alne i. Hennegau 234.
Altdorf i. Elsaß 11. 27. 68. A. 89. 95. 174.
Altenberg 239. 241—44.
Altenhohenau am Inn 220.
Altenkamp 241. 243.
Altenzelle 233—35. 238.
Alpart v. Metz, Mönch, 153. 158.
Amberg 12. 64. 227. 304. 311. 313. 375.
Amund Jacob, schwed. König, 144.
Andernach 31. 243. 244. 290.
Andlau 11. 28. 36. A. 193. 51 158.
Andreas II., König v. Ungarn 328.
Angermund 30. 67. 230. 276.

Anno, Eb. v. Köln, A. 83. 57. 85. 95. 96. 105.
Anselm, Domherr i. Lüttich, 99.
Ansfried, Vasall Ottos I., A. 95. 29.
Antwerpen 31. 234. 243. 244. 250 253. 291.
Arbon 102.
Ardagger 311.
Armersfoort 91.
Arneburg 223. 361.
Arnheim 243. 281. 283. 287. 291.
Arnold, Eb. v. Köln, 178. 223. 280. 334. 335.
— Abt i. Lübeck, 128. 278. 279. A. II 291. 350.
— Eb. v. Mainz, 257.
Arnsburg 243.
Arnulf, Herzog v. Bayern 103.
— Bischof v. Halberstadt, 38. 79
Artlenburg 83. 350. 351.
Aschach a. d. Donau 305.
Aschaffenburg 65. 290. 300. 301.
Attendorn 290.
Augsburg 12. 18. 68. 268. 269. 305. 306.
Aussig 330.

Badsulza s. Sulza.
Balduin, Graf v. Flandern, 250.
Bamberg 12. 13. 18. 19. 64. 68. 70. 172. 182. 190. 208. 226. 227. 229. 293. 300. 304. 305. 349. 350.
Bar, Grafschaft, 51.
Bardo, Eb. v. Mainz, 13. 27.
Bardowiek 30. 67. 82. 83. 134. 139. 167. 189. A. II. 28. 184. 227. 234. 291. 346. 350. 351. 362—70.
Bar-le-Duc 291.
Basel 12. 18. 19. 52. 68. 70. 101. 102. 215. 218. 247. 250. 290. 293.
Baumgartenberg 243.
Bedburg 233. 237. 239. 243. 281.
Beilngries 12. 28. 63 .
Belgern 30. 115. A. 359.

Benno, Bischof v. Osnabrück, 62.
Bensheim 11, 66. A. 145.
Benjamin v. Tudela 107.
Berchtold, Graf, A. 95.
Bergen i. Norw. 148.
Bernhard, Herzog v. Sachsen, 84. 109. 350.
— Markgraf, 109.
— zur Lippe 173.
Bertold III., Graf v. Andechs 180.
— IV., Graf v. Andechs 180.
Bezelin, Eb. v. Bremen, 34. 84.
Biburg 241. 244.
Bielefeld 66. 343—45.
Bilsen 291.
Bingen 64. 249. 250. 260.
Birca, Björkö, 143. 144.
St. Blasien 216. 218.
Blaubeuren A. II. 56.
Böhmen 104. A. 338. 106. 115—117. 161. 187. 255. 325. 330—32.
Bolsward 31.
Bonn 29. 249. 250.
Boppard 10. 67. 229. 241. 290.
Bornholm 140.
Bosau 128. 363.
Brabant 234. 242. 244. 281. 284. 287.
Brandenburg 222. 223. 361.
Brantog, Bischof v. Halberstadt, 38. 79.
Braunschweig 212. 227
Breisach 31. 290.
Breitungen 188. 192. 223. 347.
Bremen 9. 13. 19. 34. 35. A. 150. 37. 42. A. 188. 47. A. 193. 71. 83—85. A. 267. 105. 106. 118. 126—29. A. 383. 130. 131. 134. 136—38. 144. 222. 343. 346. 347. 369.
Breslau 323.
Brilon 290.
Brixen 172. 173. A. II. 18. 208.
Bruck a. d. Leitha 326.
Brüssel 31. 291.
Brumpt 30.

Bruning, Kfm. a. Nimwegen, 285.
Bruno, Bischof v. Hildesheim, 218.
— Eb. v. Köln, 94.
— Eb. v. Trier, 249.
— v. Querfurt, 107.
Burchard I., Bischof Halberstadt, 79.
— Bischof v. Straßburg, 235.
Bürgeln 216. 218.
Burg, bei Magdeburg, 115. 223. 355—57.
Burgund 309.
Bursfelde 181. 337.
Byzanz, s. auch Konstantinopel, 156. 165.

C vgl. K.
Caesarius v. Heisterbach 235. 236. 241. 335.
Cambrai 10. 18. 68. 160.
Canaparius, Abt Johannes, 77.
Cateau-Cambrésis 10. A. 193. 68. 70.
Celles 31.
Cham 31.
Chnuba, König, 131.
Chur 20. 30. 102.
Ciney 31.
Clamm 185.
Cotrone 132.
Cosmas, Geschichtsschreiber, 331.
Cordoba 108.
Corbie 160.
Creuzburg 223. 347.

Dänemark, Dänen, 124. 125. 130— 33. A. 389. 135. 136. A. 393. 139. 140. 146. 248. 282. 292. 342. 343. 351. 352. 369.
Deidesheim 244.
Demmin 142. A. 411.
Deutz 30. A. II. 123. 215. 249. 250. 273. 280. 293.

Deventer 30. 90. 91. A. 288. 249. 253. 281. 291.
St. Dié 11. 16.
Diedenhofen 11. 16. 39.
Dietrich VII., Graf v. Holland, 283.
— Graf v. Katzenellenbogen, 239.
— Graf v. Kenemerland, 123.
— v. Kleve, 161.
— Eb. v. Köln, A. II. 272.
Dinant 10. 16. 192. 202. 203. 250. 253. 266—68. A. II. 272. 291. 316. 348. A. II. 422.
Dieulouard 31.
Dieuze 30.
Doetinchem 223. 280.
Dokkum 31.
Donauwörth 12. A. 95. 42. A. 193. 68. 70. 104. 197. 199. 204. 215. 218. 304. 305. 307. 313.
Donchery 10. 28.
Dorstat 90. 91. A. 288.
Dordmund 10. 17—19. 20. 37. 67— 70. 79. 80. 85. 86. A. 270. 227. 229. 230. 250. 264—68. 273. 290. 334. 348.
Dresden 330.
Driesen 113.
Drontheim 147. 148.
Dudo, Kfm. a. Verdun, 109.
Duisburg 30. 85. 188. 193. 196. 199. 200. 203. 204. 226. 230. 249. 250. 253. 255. 257. 273. 276—78. A. II. 287. 279—81. 283. 293. 295. 298. 351. A. II. 431.
Durstede 211.
Eberbach 239. 241. 243.
Eberhard, Graf. A. 89. 95. 174.
— Bischof v. Merseburg, 178.
Ebersberg 237. 242.
Echt 30.
Echternach 30. A. II. 103. 211. 260
Edward d. Bekenner 125.
Eger 330.

Egilbert, Bischof v. Minden, 89.
Egmond 243. 244.
Ehrenbreitstein 64.
Eichstätt 12. 20. 190. 193. 198. A. II. 375.
Einhard, Geschichtsschreiber, A. II. 265.
Einsiedeln 74. 102.
Eisenach 223. 347.
Eisleben 9. 16. 24. A. 97.
Ekbert v. Formbach 172.
Ekkehard, Abt v. Reichenau, A. 90.
Elbey, bei Wolmirstedt, 354, 355.
Elfer, Zöllner, 345.
Elten 91. 223. 280.
Emden 31. 345. A. II. 410.
Emmerich 223. 280.
Engelbert, Graf v. Wasserburg, 180.
Enger 244.
England 92. 105. 108. A. 370. 121. A. 372. 124. 125. 131—33. 135. 138. 144. 147. 160. 162. A. 453. 187. 224. 247. 264. 267. 285. 288. 292. 307—09. 316.
Enns A. 64. 194. 197. 206. 269. 270. 271. 311—14. 318. 324.
Epinal 11. 15.
Erckenbert, Abt v. Gröningen, 365.
Erfurt 31. 215. A. II. 138. 219. A. II. 152. 234. 243. 290. 360. 370.
Erich, König v. Schweden, 132.
Ermanhard, Kfm. v. Verdun, 109.
Erwitte 10. 290.
Eschwege 290. A. 442.
Essen 10. 42. A. 202.
Esserden 29.
Estland 131. 145.
Ettenheim 178. 186.
Everacker, Bischof v. Lüttich, 99.
Felderen 12.
Flandern, Flandrer, 119. A. 370. 121. 135. 161. 188. 190. 193. 196. 199. 200. 203. 204. 253. 270. 273.
274. 277. 278. 288. 326. 329. 330. 357.
Föhring 179. 181. 184. 185. 219. 220.
Folkmar, Eb. v. Köln, 95.
Formbach 243.
Fosses 10. 40. A. 170.
Frankenmarkt 190. 193.
Frankfurt a. M. 30. 67. A. 224. 197. 199. 213. 229. 250. 290. 299. 300. 301. 303—05. 307. 313.
Frankreich 118. 119. 121. 284. 298. 307. 309.
Freiburg i. Br. 174—76. 179. 199. 262. 290. 338.
Freising 12. 13. 20. 41. A. 175. 44. 46. A. 191. A. 193. 181. 190. 191. 237. 325.
Friedrich I., Kaiser, A. 89, 174. 456. 172. 178. 179. 181. 182. 185. A. II. 55. 190. 191. 196. 199. 202—04. 206. 209. 211. 213. 217. 224—26. 229. A. II. 184. 231. 254—57. 268. 273. 274. 277. 278. 282—84. 297. 299—304. 306. 307. 010. 311. 336. 350. 354. 360. 363.
— II., Kaiser, A. 456. 178. 185. 186. 190. 198. 204. 215. 218. 224. 226. 227. A. II. 179. 229. 230. A. II. 184. 240. 241. 261. 275. 302. 305. 311. 334. 352.
— Pfalzgraf v. Sachsen, A. 95.
— Herzog v. Schwaben, 232.
— Bischof v. Halberstadt, 353.
— Eb. v. Köln, 192. 263. 266. 275. 284.
Friedrichsrode 185.
Friesach 13.
Friesland, Friesen, 131. 138. 144. 169. 282. 291. 335. 351. A. II. 431.
Fritzlar 290.
Frohse, bei Magdeburg, 16.
Fühnen 138.
Fürth 12. 68. 70. 73. 102. 104.
Fulda 11. 16. 64. 89.

Gaertruidenburg 188. 193.
St. Gallen 101.
Gandersheim 9. 37. 68—70. 80. 86. 265.
Garrelsweer 9.
Garsten, i. Oesterreich, 232. 237. 243.
Gebhard, Bischof Würzburg, 190. 200.
Gein, bei Utrecht, 283.
Geisa II., König v. Ungarn, 328.
Geisenheim 244.
Geldern 283. 287.
Gelnhausen 190. 193. 197. 198. 225. 302. 303.
Gembloux A. II. 55. 191. 224.
Gent 74. 233. 237. 238. 242. 244. 291.
Gerhard, Graf v. Geldern, 283.
Gero, Markgraf, A. 83. A. 444.
Gernrode A. 83.
Gerresheim 29.
Gerstingen 295.
Giebichenstein 31.
Giseler, Eb. v. Magdeburg, 77. A. 249.
Gittelde 9. 76.
Gillenfeld 10. 15. 163. A. 455.
St. Gilles 284.
Gleink, i. Oesterreich, 237.
St. Goar 243.
Godebald, Bischof v. Utrecht. 192. 196. 206. 207. 281.
Göttingen 291.
Goslar 9. 18—20. 67. 69. 70. 78. 80—82. A. 260. 86. 92. 95. 106. 113. 121. 133. 134. A. 442. 161. 227. 229. 230. 265—68. 282. 291. 334. 347. 348. A. II. 422. 349—53. 362.
Gotfried, Patriarch v. Aguileja, 185.
— Bischof v. Würzburg, 303.
Gotha 223. 347.

Gotland 140. A. 408. 342.
Gotschalk, Geistlicher v. Bardowick, 364.
Gottesthal 241. 244.
Gröningen 365.
Groitzsch 219.
Grona 159. A. 442.
Groningen 30. 291.
Griechenland 322. 324.
Gunzelin, Markgraf v. Meißen, 107.
Gurk 180. A. II. 31. 181.
Hadeby 131.
Hadrian IV., Papst, A. II. 56.
Hagenau 225. 297.
Hagenrode 9. 26. 73.
Hainburg 326.
Halberstadt 9. A. 86. 20. 24. A. 97. 25. 38. 50. 65. 68. 79. A. 251. 80. 111. 157. 224. 228. 353. 365.
Hamburg 34. 35. 83. 84. 130. 132. 139. 140. 142. 173. 175. 177. 188. 190. 192. 222. 336. 337.
Hameln 345. 346.
Hamm A. II. 55. 191. 192. 200. 201. 336. 344. 345.
Hammerstein 30. 67. 229.
Harald Blauzahn, norweg. König, A. 389.
— Hardwade, norweg. König. 148
Harsefeld A. 444.
Hartwich, Kfm. i. Kiew, 322.
Harzgerode 9. 16. 24. A. 97.
Hasselt 291.
Haselünne 345.
Hatto, Eb. v. Mainz, 96. A. 303.
Hattonchâtel 31.
Havelberg 222. 223. 361.
Heerewarden 249. 250. 253. 293.
Heeslingen 9. 27. 34. 35. A. 148. 42.
Heidelberg 213. 214.
Heinrich I., Kaiser, A. 254. 85. 91. 102. 131. 136.
— II., 13. 15. A. 95. 27. 28. 29. 38. 39. 51. A. 226. 78. 81. 87 88. 98.

101. 104. 107. A. 365. 123. 124. 133. 153. 163. 280.
— III., 13. 22. 27. 28. 37. 40. A. 202. 58. 70. 73. 78. 81. 82. 85. 91. 125. 161. 163.
— IV., 1. A. 80. 95. 28. 51. 58. 67. 79. 86. 92. A. 288. 96. 100. 107. 159. 173. 185. 226. 227. 249. 254. 256. 265. 278. 279. A. II. 368. 346. 348. 353.
— V., 188. 224—27. 236. 242. 255. 256. 276. 278. 284. 323.
— VI., 178. 212. 224. 225. 232. 237. A. II. 186. 242. 275. 276. 284. 292. 302. 334.
— VII., 186. A. II. 55. 190. 192. 198. 201. 209. 242. 303. 307. 361.
— Bischof v. Basel, 298.
— I., König v. England, 308.
— derLette, 128.
— der Löwe, 167. 174. 177. 179. 181. 184. 212. 220. 230. 244. 336. 342. 354. 365. A. II. 461. 367. 368. 369.
— Graf v. Luxemburg, 163. A. 454.
— Eb. v. Mainz, 181.
— Graf v. Northeim, 181.
— Graf v. Ravensberg, 345.
— Graf v. Tirol, 185.
Heilrad, Kaufmannsfrau, 156.
Heisterbach, Caesarius v., s. Caesarius.
Helmarshausen 9. A. 193. 202. 63. 67—70. 80. 86. 94. 97. A. II. 55. 190. 192. 198. 265. 369.
Helmold v. Bosau 128. 177. 363. 364. 367.
Helmstedt 234. 365. A. II. 460.
Hengersberg 12. 27. 66.
Herbord v. Michelsberg 359.
— Brückenmeister v. Regensburg, 217.
Herford 9. A. 191. 193. 290. 343. 345.

Heribert, Eb. v. Köln, 96.
Hermann v. Reichenau 161. A. 452.
— I., Landgraf v. Thüringen, 185.
— Bischof v. Würzburg, 190. 303.
Hermannstadt 328.
Herne 290.
Hersbruck 12. A. 193.
Hersfeld 31. 64. 154. 188. 190. 192.
Herstelle 63. 67. 80. 174. 369.
s'Hertogenbusch 287.
Herzebrok 345.
Hildesheim 13. 31. A. 277. 190. 192. 215. 218. 243. 244. 291. 360. 361.
Himmerode 234.
Höxter 346. 369.
Hohenau 180. 220.
Hohenburg A. 442.
Hoinkhausen 325.
Holland 234. 242. 287.
Hornbach 39.
Hornburg 24. A. 97.
Hornu i. Hennegau 10.
Huy 31. 120. 202. 204. 250. 253. 261. 263—66. 291. 316. 348.

Ibrahim-ibn-Jacub, arab. Reisender, 107. 114. 117.
Indien 98.
Innsbruck 180.
Ipswich 292.
Isjaslav, russ. Großfürst, A. II. 368.
Island 134. 147.
Italien 65. A. 220. 102. 125. 161. 299. 302. 315. 323.
Ivoy 30.

Jchtershausen 234. 243.
Jena, Groß-, 38. 111. 150; Klein-, 22. 32. 58. 59. 72. 78. 111. 165.
Jodoigne 291.
Johann v. Gorze 108.
Johannisburg A. II. 56. 190. 192. 243.

Jüterbog 174. 182. A. II. 39. 222.
223. 357. 358.
Jumne 138. 139. 141. 142. A. 411.
146. 147. 321.

Kadaloh, Bischof v. Naumburg, 22.
32. 38. 58. 72. 150.
Kärnten 12.
Kailbach 11. 28.
Kaiserslautern 11. 16. 28.
Kaiserswerth 224—26. 230. 241.
275. 276. 281—83. 290. 346.
Kalbe a. d. Saale 115. 223. 357.
Kappenberg 239. 241. 243.
Karl d. Große 268. 275.
Karlshafen 347.
Kassel 16. A. 95. 42. 223. 347.
Kaufungen 27. 42. A. 202.
Kemnade 363.
Kempten 74.
Kessel 10. 29.
Ketsch 214.
Khan der gold. Horde 323.
Kiew 146. 319. 321—24. A. II. 368.
Kirchheim 30.
Klotten 10. 16.
Knut, König v. Dänemark. 124.
183.
Koblenz 10. 163. 197. A. II. 81. 232.
240. 244. 248—52. 256. 257. 263.
265. 266. 273—76. 278. 280—84.
285. 290. 292—94. 297. 303. 304.
307. 309.
Kochem 237. 238. 243.
Kölbigk 9. 27.
Köln 10. 17. A. 89. 19. 20. A. 97.
32. 42. A. 191. 57. 61. 65. A. 217.
67—70. 74. 77. 79. 82. 84. 93. 94.
A. 295. 95. A. 296. 298. 96. A.
304. 100. 154. 156. 157. 160. 164.
A. 456. 188. 192. 193. 195. 196.
200. 202—06. 213. A. II. 123. 215.
223. 227. 230. 234. 236. 243. 244.
247. 249. 253. 257—59. A. II. 265.
266. 260—76. 278—81. 283—85.
287—89. A. II. 309. 290. 292. 293.
297. 298. 306. 309. 311—13. 316.
318. 319. 329. 334—36. 343. 344.
346. 348. 350. 354. 360.
Königsmachern 10. 16.
Konrad I., Kaiser, 66. 102.
— II., 22. A. 95. 26. 34. 37. 44. 59.
64. A. 222. 72. 74. 76. 78. 81. 83.
87. 102. 109. A. 350. 110. 111.
124. 125. 133. 136. 157. A. 456.
165.
— III., 164. 172. A. II. 3. 173. 174.
176. 184. 188. 224. 225. A. II. 126.
276. 277. 315. 322.
— der Rote, 57. 98. 100. 105. 159.
— v. Zähringen, 174. 199. 262.
— Eb. v. Mainz, 239.
— Bischof v. Minden, 345.
— Bischof v. Passau, 191. 325.
Konstantin Porphyrogenetos,
griech. Kaiser, 98.
Konstantinopel 156. 165. 322—24.
Konstanz 12. 17. 19. A. 90. A. 191.
52. 68. 70. 101. 102. A. 437. 212.
217. 232. 249. 251. 290.
Konzerbrück 293.
Kornelimünster 10. 16. 293. 295.
329.
Korvey 49. 80. 240. 241. 243. 244.
293. 295. 346. 369. 370.
Krakau 116.
Krems 243.
Kremsmünster 243.
Kreuznach A. 193. 50. A. 201.
Kuik 206.
Kurland 145.

Lambach 30.
Lampert v. Hersfeld 57. 82. 97. 154.
A. 433. 348.
Langstein 172.
Laon 287.
Lavant 238.

Lauenburg 350.
Leeuwarden 31.
Leipzig A. II. 18. 177.
Leitmeritz 330.
Lenkersheim A. II. 18. 188. 190. 193.
Lennick 10. 27.
Leopold, Herzog v. Oesterreich. 271. 315. 316. 321. 326.
— Markgraf v. Steiermark, 232. 237.
Lesum 30.
Lieding 13.
Liemar, Eb. v. Bremen, 347.
Liesborn 240. 243. 244. 344.
Limburg 180. 220.
Linz 290. 307.
Lippoldsberg 240. 243. 347.
Lippstadt 173. A. II. 18. 190—92. 200. 201. 223. 336. 344. 345.
Lith 243.
Liutfred, Kfm. i. Mainz, 98. 156.
Liutprand v. Cremona 108. 156.
Livland 140.
Löwen 206. 291.
Logne 164. 173. 176.
Lombardei 298.
London 118. A. 365. 367. 119. 120—23. 308.
Longuion 31.
Loos 329.
Lorch 249. 250.
Lorsch 11. 28. 34. A. 145. 41. 66.
Lothar, Kaiser, A. 456. 211. 224. 346. 349. 353. 354.
— III., A. II. 31. 182. 199.
Lübeck 128. 130. 139. 167. 177. 179. 231. 248. 336. 337. 342. 343. 350. 351. 366—70.
Lüdinghausen 27.
Lüneburg 9. 82. 83. 140. 362. 366. 368. 369.
Lüttich 20. 31. 40. 61. 99. A. 312.

A. 365. 120. A. 370. 121. 158. 202. 204. 214. 219. 236. 250. 251. 253. 263. 264—66. 291. 316. 318.
Ludwig. Herzog v. Bayern, 321.
— Landgraf v. Hessen, 223. 347.
— Landgraf v. Thüringen, 233. 331.
— III., 80.
Ludwigshausen 10.

Maastricht 10. 16. 64. 236. 241. 270. 272. 291. A. II. 291. 293. 309. 311. 312. 314. 326. 329.
Magdeburg 9. 16—20. 22. A. 97. 37. 38. 52. A. 198. 58. 65. 67. 68. 70. 75. 76. A. 244. 77—80. 82. 92. 95. 107. 110. 111. A. 352. 115. 116. 121. 134. 162. 182. A. II. 56. 213. 222. 245. 291. 353—59. 361. 362. 369.
Mahlberg 178. 186.
Mainz 11. 17. 19. A. 89. 20. A. 97. 32. A. 191, 193. 65. 67—70. 77. 96. A. 303. 97. A. 304. 98. 107. 156. 159. 160. 165. A. II. 56. 221. 230. 245. 249. 257. 276. 290. 293. 295. 296. 298—300. 308. 347.
Mangold A. 95.
Manuel, griech. Kaiser, 322.
Marbach 12. 16. 29.
Marchtal 232. 244.
Marienwaard 243.
Marköbel 190. 303.
Marsal 31.
Mauritius, Mönch v. Regensburg, 323.
Mauthausen 243. 317.
St. Médard 28.
Medebach 178. 290. 335. 336. 339—43. 369.
Meer 31. 239. 243.
Meinwerk, Bischof v. Paderborn, A. 83. 87. 88. 160.

Meissen 30. 31. 111. 112. A. 352.
115. A. 359. 213. 214. 233. 235.
242. 330.
Melk 317.
Mellingen 354. 355.
Memleben 11. 16.
Meppen 9. 49. 63.
Merseburg 9. 16. 26. 38. A. 161. 77.
78. A. 247. 107. 111. 178. 234. 291.
358. 360.
Meschede 10. 17. 29. 39. 80.
Metten 12. 27. 42. 47. 66. 73. 239.
243.
Metz 16. 39. A. 179. 108. 153. 249.
260. 261. 272. 290. 294. 309. 313.
326. 329.
Michelsberg 359.
Minden 9. 19. 39. 89. 90. 345. 346.
370.
Mouzon 10. 16.
München 179. A. II. 27. 181. 184.
185. 220. 234. 325.
Münden 223. 346. 347.
Münster 57. 66. 290. 343. 344
Muiden 29. 89. 90. 91.
Mundburg 31.
Murbach 73.

Nabburg 31.
Namur 31. 250. 253.
Naumburg 11. 22. 38. 39. 58. 72.
78. 111. 150. 165. 222.
Neuburg a. d. Donau 31. 237.
Neunkirchen 172.
Neustadt i. Unterfranken 300. 301.
Neuß 233. 237. 240. 243. 244. 249.
253.
Niederaltaich 66. 243.
Nieder-Querbach 11.
Nienburg a. d. Saale 9. 26. 63. 72.
73. 115.
Nimwegen 161. 226. 230. 255. 276.
284. 285. 291.
Nitker, Bischof v. Freising, A. 218.

Nivelles 10. 16. 40. 120. 291.
Nördlingen 197. 204. 305.
Nörten 9. 42. 159.
Nordalbingien 132.
Nordhausen 9. 26. 234.
Normandie 119. A. 370.
Normannen 169.
Norwegen 138. 147. 247. 248. 282.
292. 298. 351. A. II. 431.
Notker v. Lüttich 158.
Nowgorod 139. 140. 146. 247. 316.
364.
Nürnberg 12. 73. 102. 204. 220.
226. 227. 230. 231. 255. 290. 304.
305. 307. 313. 314.

Obernkirchen 172. 199. 247.
Ober-Querbach 11.
Odenhausen 9.
Oesterreich 12. 179. 194. 231. 232.
242. 247. 261. 268. 272. 275. 305.
306. 315—21. 323. 325. 327.
Ofen 328.
Olav der Heilige v. Schweden 131.
135.
— Kyrre 148.
— Schoßkönig 144.
— Tryggveson 148.
Oldenburg i. Wagrien 138. 139. 142.
Oldenzaal 10. 28. 42.
Oldesloe 366—68.
St. Omer 74.
Oppenheim 11. 27. 190. 193.
Orient 160. 324.
Orkneyinseln 84.
Oscherslebener Bruch 24. A. 97.
Osterburg 223. 361.
Osterwiek (Seligenstadt) 9. 16. A.
86. 24. A. 97.
Oslo 148.
Osnabrück 9. 13. 19. 62. 66. 290.
343. 344.
Ostrogard 139. 142. 146. 322.
Ottar, Norweger, 131.

Ottmaring 30.
Otto I., Kaiser, 7. 29. A. 83, 95, 145.
35. 39. 49. 66. 71. A. 226. 74. 75.
77. 80. 83. 91. A. 288. 98. 102.
108. 111. 112. 131. 132. 134.
156. 165.
— II., 15. A. 86. 22. 27. 33. 38—40.
52. 58. 64. 67. 74—76. 78. 89—91.
95. 102—04. 110. A. 352. 115.
132. 134. 156. 157. 165. 334. 350.
— III., 16. A. 89. 25—28. 34. 75.
79. 92. A. 295. A. 90, 95. 34. A.
146. 36. 37. 40. A. 174. 41. 50. 51.
A. 365. 173. 183. 265.
IV., 226. 229. 239. 275. 279.
— v. Bamberg 128. 349. 358. 359.
— Markgraf v. Brandenburg, 361.
— Bischof v. Freising, 179. 184.
186.
— Graf v. Geldern, 239.
Ottokar, Markgraf v. Steiermark,
234. 238. 269. 311.

Paderborn 13. A. 83. 66. 86—88.
160. 174.
Päris 233. 239. 240.
Parey 354.
Passau 12. 16. 33. A. 144. 38. 39.
64. 104. 116. 117. 186. 191. 197.
207. 213. 215—18. 227. 230. 239.
304. 305. 307. 311. 320. A. II. 355.
321. 324—26. 329—31.
Pegau 185. 219.
Persenbeug 243.
Pest 328.
Pettau 30.
Philipp, König. 212. 217. 242. 281—
284. 296.
— Eb. v. Köln, 213. 239. 244. 278.
279. 344. 346.
Pfalzel 293.
Pforta 243.
Pfullendorf, Graf v., 212.

Piligrim, Eb. v. Passau, 33. A. 144.
38.
Pilsen 330.
Pirna 330.
Pöhlde A. 442.
St. Pölten 13. 317.
Polabien 362.
Polen 115. 133.
Ponthieu 119.
Poppo, Eb. v. Trier, 249.
Poritsch 117.
Prag 107. 115—17. 248. 316. 331.
332.
Prüm 10. 27. A. 179.
Pullach A. 218.

Quedlinburg 9. 16. 22. 24. A. 97.
34. 37. 58. 65. 68—70. 78. 82. 94.
97. 111. 157. 165. 183. 224. 228.
349. 353. 362.
St. Quentin 291.

Radolfzell 101. 173. 175. 176.
Rainald v. Dassel, Eb. Köln,
215. 336.
Raittenhaslach 243.
Rastede 363.
Ratzeburg 367.
Recklinghausen 290.
Rees 223. 280.
Regensburg 12. 16. 18. 19. 61. 64.
68. 70. 98. 103. A. 332. 104. 107.
116. 156. 190. 199. 201. 212. 215—
217. 227. 230. 249—51. 269.
271—73. 290. 294. 303—20. A. II.
355. 321—27. 330. 332.
Reginbert, Bischof v. Passau, 216.
218.
Reichenau 36. 51. 56. 150. 157. 173.
176.
Reichenhall 181. 220.
Reichersberg 237. 239.
Reinhardsbrunn 185.

Reinhausen 172. 180. A. II. 55. 190. 191.
Remagen 30.
Rethra 139.
Rhenen 211.
Richer, Geschichtsschreiber, 108.
Riding 12. 48.
Riesa 214.
Rijnwijk 283.
Rinka 12. 23. 28. 66.
Ripen 138.
Rom A. 220. 125. 133. 293.
Rommersdorf 239. 241. 244.
Rondorf, Graf v., 217.
Rorschach 12. 65. 102.
Rottleberode 9. 16. 24. A. 97.
Rouen 119.
Rudolf III., König v. Burgund, 125. 133.
Rüdiger v. Speyer 254.
Rügen 141. 346. 363. 364.
Rupert, Bischof v. Passau, 304.
Rußland 138. 139. 141. 144. 146. 270. 271. 312. 319. 321—23. 342. 344. 369.

Saarbrücken 11.
Saarburg 30. 269.
Salzburg 12. 20. 41. A. 175, 191, 193. 180. 181. 186. 233. 237. 242.
Salzkammergut 116.
Salzwedel 223. 361.
Samgallen 146.
Samland 138. 140. 142. A. 411. 145. 147. 161.
Samuel, Jude i. Regensburg, 104.
Schäftlarn A. 218. 234. 325.
Schaffhausen 174. A. II. 14. 193. 197.
Schierstadt 104.
Schleswig 130—36, 138—40. 142. 343.
Schmalkalden 349.

Schmithausen 223. 280.
Schöningen 363.
Schonen 138. 147.
Schottland 147.
Schussenried 242.
Schwäbisch-Hall 190. 192. 193. 197. 200.
Schwarzach 235.
Schweden 115. 131. 138. 140. 143— 146.
Schwerin 115.
Seben 30. 241.
Seeland 138. 244.
Seitz 243.
Setleboresdorf 112.
Siebenbürgen 328. 329.
Siegburg 10. 17. 51. 185. 275. 290. 293.
Siegfried, Graf v. Stade, 109. A. 444.
Sigerich, Eb. v. Canterbury, 125.
Sigtuna, 143—45.
Sinsheim 10. A. 80. 290.
Skiringsal 131.
Slode, Friese, 144.
Snorri Sturluson 134. 135.
Sobieslav II. v. Böhmen 331.
Soest 31. 86. A. 273. 223. 290. 334—43. 345. 346.
Spanien 106. 108. 109. 160. 165.
Speyer 20. 29. 30. 57. 66. 98. 100. 105 108. 158. 214. 225. 226. 228. 249. 254. 255. 260. 290. 293. 296. 297. 305.
Spieskappel 223. 238. 347.
Springiersbach 238. 241. 243.
Stablo 10. 163. 164. A. 456. 176.
Stade 9. 37. 83. A. 263. 109.
Staffelstein A. 456. 172. 182. 183. 199.
Stallhofen 66.
Staßfurt 9. 26. 72.
Staveren 31. 284. 291.

Straßburg A. 89. 30. A. 225. 179. 186. 233. 235. 239. 249. 256. 290. 293. 296—98.
Stein a. Rhein 28. 317.
Steiermark 242.
Stendal 174. 176. 181. 223. 361.
Stuhlweißenburg 328.
Suben 243.
Sulza, Sulz, Badsulza 11. A. 95. 27. 36. 42. 66.
Sulzburg 66.
Svein, Schwede, 146.
Svend Estridson v. Dänemark 137. A. 396.
Sven Gabelbart v. Dänemark 132.

Tangermünde 223. 354. 355. 361.
Taucha 223. 357.
Taus 330.
Tegernsee 74.
Theobald, Herzog v. Lothringen, 261. 296.
Theophano, Kaiserin, 92.
Thietmar v. Merseburg 77. 78. 80. 81. 107. 322.
— Bischof v. Minden, 345.
Thorkil, Friese, 144.
Thorn in Limburg 10. 16. 28.
Thuin 31.
Tiel 29. 67. 82. 90. 91. A. 288. 92. A. 289. 121. 123. 124. A. 376. 153. 157. 227. 243. 249. 250. 253. 282—84. 287. 291. 293. 350.
Tongern 329.
Tortosa 160.
Toul 16. A. 179. 249. 251. 293. 294.
Trier 10. 18. A. 89. 20. A. 191. 53. 68. 73. 74. 94. 188. 193. 197. 205. A. II 103. 227. 230. 237. 240. 242. 249. 257. A. II. 265. 258—62. 280. 290. 293. 294. 297.
St. Troud 61. 291. 329.
Truso a. Drausensee 131.

Tyrkir, deutscher Kleriker, 134.
Uelzen 218. 362.
Uhrsleben b. Magdeburg 9.

Ulm 269. 271. 290. 309. 311—13. 324. 325. 329.
Ulrich, Abt v. Reichenau, 73.
Ungarn 169. 272. 321. 324. 325. 327. 328. 330.
Unna 290.
Unteruhldingen 211.
Upsala 143. 145.
Urbach 39. A. 166.
Utrecht 20. 28. 30. 40. 89. 91. A. 280. 153. 192. 196. 206. 207. 211. 247. 249. 253. 276—78. 281—84. 287. 291. A. II. 312. 292. 293. 351. 352. A. II. 431.

Valenciennes 291.
Vechta 345.
Venedig 98.
Verden 9. 63. 218.
Verdun 11. 16. 20. 108. 109. A. 348. 165. 202. 261. 262. 291. 316.
Vieringen 90.
Viken 135. 147. 148.
Villach 13. A. 193. 190. 193.
Villers-Betnach 241.
Villingen 12. A. 95. 68. 70. A. 191, 193. 51. 52. A. 204.
Vinland (Amerika) 134.
Visé a. d. Maas 10. 41. 159. 214. 219.
Vlaardingen 124. 291.
Vladislav II. v. Böhmen 331.
Vlotho 345. 369.
Vorau 234. 238.
Vught 30.

Wagrien 362. 366.
Waldhausen 243.
Waldkirchen 12.

Waldsassen 242.
Wallhausen 9. 16. 24. A. 97.
Wallonen 291. 335.
Walkenried 234. 243.
Warendorf 290.
Wasserbillig 10. A. 89, 191, 193. 63. 68. 70. 94. A. 295. 97.
Wasserburg a. Inn 180. 191. 220.
Weibelstat, Ritter v., 214.
Weilburg a. d. Lahn 11.
Weinheim 11. 27. 28. 66. A. 193. 200.
Weißenau 174. 232.
Weißenstein 233. 238.
Wels 12. 217.
Wendila 147.
Werben 223. 361.
Werden a. d. Ruhr 10. 27. 64. A. 217. 94. A. 296.
Werla, Werl A. 442. 290. 344.
Wernigerode 353.
Wertheim 11. 27. 63.
Wesel 223. 239. 241. 243. 280.
Wessem 214.
Wetzlar 290. 303.
Wibald, Abt, 164. A. 456. 173.
Wicbert, Eb. v. Magdeburg, A. 249.
Wichmann, Eb. v. Magdeburg, 133. A. 389. 174. 182. A. II. 56. 191. 222. 223. 354—58.
Widukind v. Korvey 80. 133.
Wiedenbrück 10. 66. 345.
Wien 272. 317. 318. 320. 324. 325—30.
Wienhausen 9. A. 193. 64.
Wiesloch 11. 27. 66.
Wignand, Abt, 349.
Wijk 91. 211.
Wildeshausen 30.
Wilhelm, Graf v. Friesach, 13. A. 95. 27.

— Graf v. Holland, 283.
— Herzog v. d. Normandie, 125.
— Pfalzgraf, 238.
Wilhering 243.
Willigis, Eb. v. Mainz, 65.
Willihalm, Kfm. i. Regensburg, 103. 156. 165. A. 457.
Wilten 180.
Winsum 9.
Wismar 115. 134.
Wittenvelt 62.
Wolfsanger 11. 27. 42.
Wollin 141.
Worms 11. 17. 19. 29. 38. A. 191. 61. 66—68. 86. 98. 99. A. 313. 100. 107. 214. 225—28. 249. 254—56. 260. 265. 290—93. 296. 300. A. II. 325. 305.
Wratislav v. Böhmen 117. 331.
Würzburg 11. 16. 18. 19. 41—44. 46. A. 193. 64. 66. A. 221. 68. 70. 102. 182. 190. 192. 197—99. 201. 214. 217. 249. 250. 273. 296. 299. 303. 305. 307. 313. 314.
Wulfstan, Norweger, 131.
Wusterwitz 174. A. II. 56. 191. 223. 357.

Xanten 31. 223. 280.

Ypern 291.

Zaltbommel 30. 40. 249. 250. 253. 291.
Zeizolf, Graf, A. 95. 28.
Zips 329.
Zülpich 29.
Zürich 12. 17. 52. 68. 74. 102. A. 392. 249. 253. 265. 290. 293.
Zütfen A. II 95. 281. 243.
Zwenkau 178.